EN CHEMINANT AVEC HÉRODOTE

DU MÊME AUTEUR

LES GNOSTIQUES, Gallimard, 1973
CHEMIN FAISANT, Fayard, 1974
LES HOMMES IVRES DE DIEU, Fayard, 1975
L'ÉTÉ GREC, Plon, 1976
L'AURIGE (Poème), Fata Morgana, 1977
PROMENADES DANS LA GRÈCE ANTIQUE, Hachette, 1979
LE PAYS SOUS L'ÉCORCE, Le Seuil, 1980
SOURATES, Fayard, 1982
MARIE D'ÉGYPTE, Lattès, 1983
EN SUIVANT LES DIEUX, Philippe Lebaud, 1984

EN CHEMINANT AVEC
HÉRODOTE

Textes traduits
et commentés par

JACQUES LACARRIÈRE

Étonnants voyageurs

SEGHERS

Collection dirigée par DANIEL RADFORD

ISBN : 2-221-00689-5

PRÉLUDE

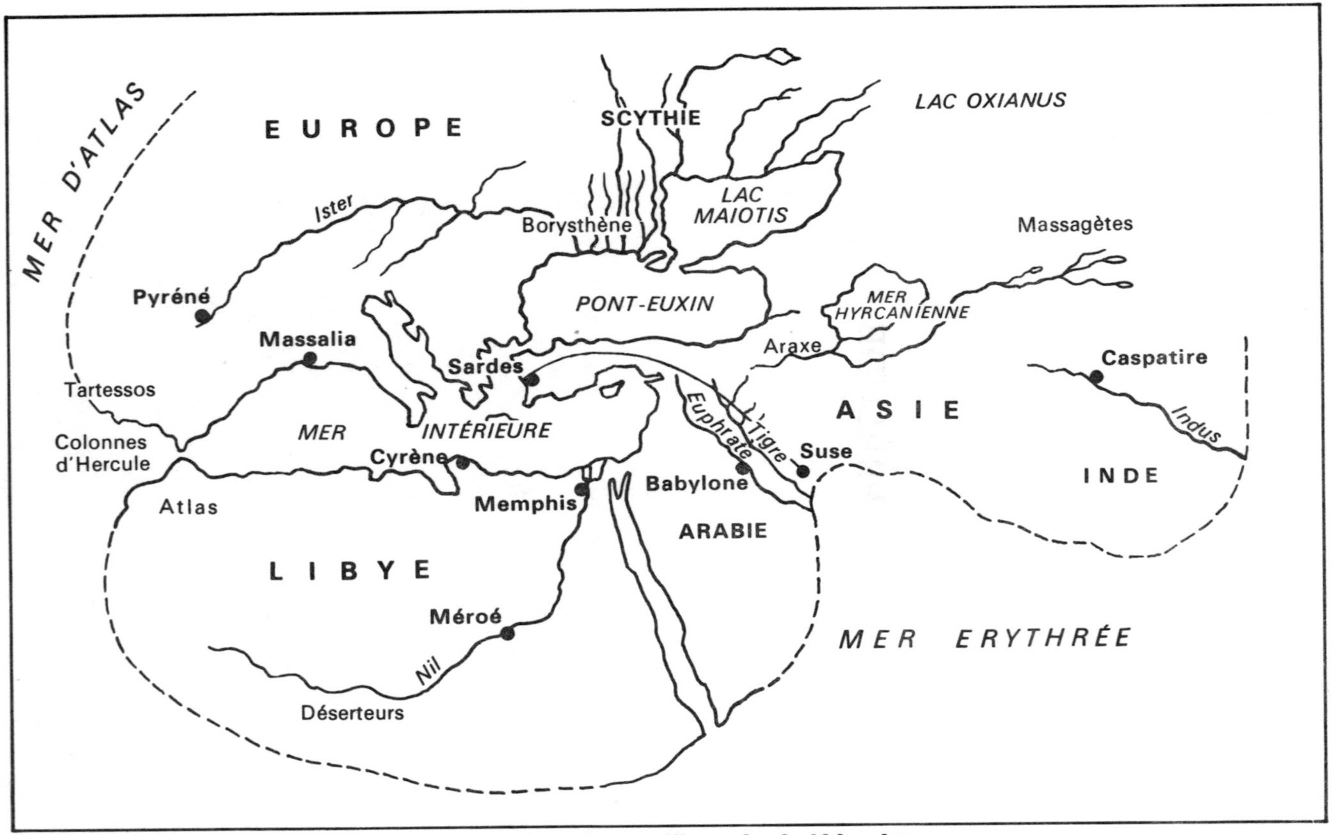

Le monde tel que l'imaginait Hérodote

Près de ce peuple vivent les Chorniens, qui ont les mêmes coutumes que leurs voisins, car la vie leur est indifférente.

Description anonyme du monde.

VIIᵉ siècle avant J.-C.

Pour Hérodote

Il ne fait guère bon aujourd'hui avoir été historien, géographe, physicien ou philosophe au Ve *siècle avant J.-C. ou dans le siècle précédent. Ceux qui, à cette époque, d'Hécatée à Hérodote, de Pythagore à Platon, tentèrent de décrire le monde tel qu'ils le concevaient et même de le comprendre, ne se doutaient guère qu'ils participaient à un vaste complot dont l'unique but était de confondre les historiens et les philologues de la deuxième moitié du* XXe *siècle. Ou, comme le dit si justement Georges Dumézil, dans un ouvrage quelque peu oublié aujourd'hui,* Loki, *publié en 1948, tous ces auteurs anciens, victimes de l'attitude hypercritique des philologues contemporains, n'apparaissent plus comme ce qu'ils furent, des hommes qui exprimèrent en leur temps leur vision du monde, mais « comme des récidivistes du truquage », des auteurs « dont la tâche était de monter, par des moyens inverses des miens, un édifice philologique que ma tâche à moi est de démonter... ». Or, de tous ces auteurs dont on finirait par croire qu'ils n'ont existé ou vécu que pour nous, l'un des plus critiqués, vilipendés fut Hérodote. Il y a là un problème que je n'envisage nullement de traiter ici de façon exhaustive mais qu'il n'est pas possible non plus d'ignorer. Car si la première édition de ce livre, paru en 1957 au Club des Libraires de France, avait pu se faire en toute innocence philologique ou philosophique (son but étant de présenter les* Enquêtes *d'Hérodote dans une collection d'histoire des voyages), la deuxième, reprise en 1968 aux éditions Arthaud, m'avait paru nécessiter des commentaires différents. Moins parce que des faits archéologiques nouveaux seraient apparus entre-temps que parce que notre regard à nous, contemporains, avait changé. C'est la raison pour laquelle j'avais à l'époque ren-*

contré des spécialistes des différents pays décrits par Hérodote pour faire le point — provisoire — de ses assertions et des nôtres. Il y eut Jean Deshayes (mort tragiquement depuis), spécialiste de l'histoire du Proche-Orient et auteur de Les Civilisations de l'Orient classique*, *avec qui je m'entretins des voyages d'Hérodote en Lydie, en Perse et en Babylonie ; il y eut Jean Yoyotte, auteur de* L'Égypte ancienne *et* L'Art de l'Égypte ancienne*, *avec qui j'eus une suite de conversations très éclairantes sur la rencontre d'Hérodote avec l'Égypte. Enfin, il y eut Zacharie Mayani, auteur d'ouvrages sur la Bible et les Étrusques*, avec qui je m'entretins d'Hérodote et des Scythes. Les renseignements, les idées, les conclusions issues de ces entretiens, ont été conservés dans la présente édition. Pour cette troisième publication, une réflexion nouvelle m'est apparue cependant nécessaire. Non, une fois de plus, sur le plan archéologique, où rien d'essentiel n'est venu confirmer ou infirmer les dires d'Hérodote, mais sur le plan je dirai philosophique. Car depuis dix ans notre regard a de nouveau changé sur l'histoire et la géographie. Et surtout de nouveaux chefs d'accusation sont apparus contre Hérodote. J'en citerai un, le dernier en date et le plus caractéristique, qui figure dans une revue portant précisément le titre d'*Hérodote *dont le but est une réflexion vivante et critique sur ce qu'est — ou devrait être — la géographie aujourd'hui. Pour être bref, je citerai uniquement les premières lignes concernant Hérodote :*

« Vous vous intéressez à l'histoire et vous connaissez sans doute Hérodote comme l'un des premiers historiens. C'est l'un des plus célèbres.

Cependant Hérodote fut aussi et surtout un grand voyageur et ce n'est pas tant une histoire qu'il a écrite qu'une *enquête* sur les pays voisins d'Athènes. Il a fourni à Périclès tous les renseignements qui peuvent présenter un intérêt stratégique : relief, fleuves, climat, répartition de la population, organisation militaire, etc., bref tout ce qu'il faut savoir pour faire la guerre.

Hérodote-géographe ne fut donc pas seulement un voyageur curieux ou l'un des premiers historiens mais en fait l'agent de renseignements de l'impérialisme athénien.

Hérodote était aussi chargé, si l'on peut dire, d'une fonction idéolo-

---

* Les astérisques renvoient à la bibliographie en fin de volume.

gique : démontrer aux Grecs que les peuples qui les entouraient étaient bien les "barbares"... »

On s'aperçoit d'emblée que la première accusation -- celle d'agent de l'impérialisme athénien - inverse purement et simplement les données de l'histoire. Accuser Hérodote de parcourir la Perse pour fournir à Périclès des renseignements stratégiques sur les Perses alors que ces derniers viennent d'envahir la Grèce, d'occuper l'Attique et d'incendier l'Acropole (et ce, sans l'aide d'aucun géographe espion) revient à accuser un historien ou voyageur français, parcourant l'Allemagne ex-nazie après la guerre pour tenter de comprendre l'horreur des génocides, d'être un agent de l'impérialisme français ! En réalité, il s'agit très exactement du contraire dans le cas d'Hérodote car à l'époque où il parcourt la Perse, trente ans environ après *l'invasion perse en Grèce, la politique officielle de Périclès est justement le rapprochement, la réconciliation avec la Perse. Des émissaires vont et viennent en permanence entre Athènes et Suse, si bien que les ambassadeurs grecs signeront à Suse en 449 un traité de paix et d'amitié avec la Perse, dit « paix de Callias ». Paix stable et parfaitement durable : aucun conflit n'opposera plus désormais Grecs et Perses. D'ailleurs, cette date de 449 est elle-même significative. Il est fort possible — bien qu'aucun document ne l'indique — que les voyages d'Hérodote en Perse, loin d'avoir pour but la préparation de la guerre, aient eu au contraire pour but la préparation de la paix car c'est justement à la fin de l'année 449, une fois l'alliance conclue, qu'Hérodote revient définitivement en Grèce ! On voit donc combien cette assertion est arbitraire et même totalement contraire aux faits. Hérodote, loin d'être un agent de troubles entre les Grecs et les Perses fut, avec Ctésias de Cnide (et nous verrons pourquoi), le seul à avoir donné aux Grecs une image plus objective (je dirai : réconciliatrice) de ceux qu'ils appelaient « barbares ».*

Nous voici à la seconde accusation qui, elle, repose sur une méprise traditionnelle. Barbaros *ne signifie pas barbare au sens où nous l'entendons aujourd'hui, c'est-à-dire par opposition à civilisé mais, au temps d'Hérodote et pratiquement jusqu'à l'avènement du christianisme, le mot a un sens strictement linguistique. Il signifie : qui ne parle pas grec ou qui ne comprend pas le grec. Le terme n'a, à cette époque, aucune connotation péjorative et encore moins raciste, puisque Homère applique déjà le terme* barbarophonos *— de langue barbare — à un* *peuple, les Cariens, vivant en Asie Mineure et dont les coutumes étaient pratiquement celles des Grecs.*

Chez aucun écrivain de cette époque (je pense notamment à Héraclite, Eschyle et Sophocle, auteurs que j'ai traduits personnellement) on ne trouve l'emploi du terme barbaros *ou* barbarizo *au sens qu'il prendra plus tard. Chez Hérodote par exemple,* barbarizo *— littéralement* je barbarise *— signifie : je parle une langue non grecque ou, politiquement, je prends à Athènes le parti des Mèdes et des Perses. La seule connotation péjorative qu'on puisse déceler alors dans ce mot, c'est qu'en effet les Grecs avaient conscience non pas d'appartenir à une race supérieure mais d'utiliser une langue noble et particulièrement adaptée aux nécessités de leur expression. C'est pourquoi ces termes de* barbaros *ou* barbarizo *ou* barbarophonos *proviennent sans doute d'une onomatopée imitant le balbutiement des enfants. Les Grecs parlent, les autres peuples balbutient. Encore n'est-ce pas là une connotation constante et si courante. On en trouve justement un exemple avec Hérodote dans ses notations sur l'Égypte et sur les Égyptiens, peuple qui à aucun moment ne pouvait passer pour un peuple d'enfants. Hérodote note expressément l'immense antiquité de ce pays, les listes sacerdotales des temples, la richesse et l'âge de la langue, qu'il dénomme néanmoins « barbare », voulant dire par là, simplement, qu'un Grec ne peut pas la comprendre.*

Mais arrêtons là ces remarques. Mon but ici n'est pas de polémiquer à propos d'Hérodote mais simplement de faire justice d'assertions arbitraires et entièrement démenties par l'œuvre même de l'auteur. Ces assertions — et d'autres non citées ici — ont un défaut majeur, qu'on retrouve chez presque tous les universitaires de notre temps : vouloir à tout prix introduire dans une pensée d'il y a trente siècles des idées et des mentalités typiques de notre époque. Mais Hérodote, il faut se le dire une fois pour toutes, ne pensait pas, ne vivait pas, ne ressentait pas l'univers comme un chercheur ou un universitaire de la deuxième moitié du XXe *siècle. Je sais bien que moi-même, en dépit de tous mes efforts d'abstraction ou de distanciation à l'égard de mon temps, je ne penserai jamais comme Hérodote et que, en écrivant ces lignes, je reste, je demeure un homme, un écrivain du* XXe *siècle. Le meilleur indianiste du monde sait bien qu'il ne deviendra jamais lui-même un Indien. Son but d'ailleurs n'est pas là. Mais il sait aussi que s'il veut approcher un peu la vision indienne du monde, il doit oublier le plus possible ses attitudes et ses réflexions, mentalités et jugements de Blanc occidental. Le problème est exactement le même avec la distance du temps. Rencontrer un auteur et une œuvre d'il y a trente siècles ne consiste pas, certes, à faire tourner des tables dans l'espoir d'entendre sa voix et de lui poser des questions (voix à laquelle d'ailleurs je ne comprendrai probablement rien car je ne pratique pas dans la vie courante, qu'on se le dise, le dialecte néo-ionien dans lequel écrivait Hérodote) mais c'est d'abord, quand on traduit un géographe, se demander si, en trente siècles, les mots n'ont pas changé de sens. Car lorsqu'on lit Hérodote — et à plus forte raison quand on traduit son texte — on ressent d'emblée que ses mots ne sont pas les nôtres. Je veux dire que les mots les plus courants et les plus simples comme* terre, continent, océan, *ou plus précis comme* Libye, Scythie, Asie, Europe, *ne correspondent plus du tout aux notions et aux étendues qui sont les nôtres. Les définir, essayer d'imaginer ce qu'ils évoquaient à l'époque, quel espace physique — et surtout mental — ils recouvraient, est la condition première pour aborder l'ancêtre de tous les géographes. Et pour commencer par le commencement, une simple question : au temps d'Hérodote, la* terre, *c'était quoi ?*

TERRE ÉCRITE, TERRE DÉCRITE

En fait, Hérodote ne fut pas le premier voyageur ni géographe du monde antique, il est simplement le premier dont nous possédons l'œuvre intégrale. Avant lui, il y eut maints navigateurs et logographes, ou auteurs de récits qui parcoururent le Proche-Orient et rédigèrent des œuvres aujourd'hui perdues. Une pléiade même, si l'on en juge par les noms légués par la tradition : Hécatée de Milet, Dionysos de Milet, Xanthos, Charon de Lampsaque, Hésiode même, auteur d'un periodos gis, *d'un* Voyage autour de la terre *malheureusement perdu, sans compter les logographes mentionnés par Hérodote lui-même comme Scyllax de Caryanda, l'Égyptien Nécos, le Perse Sataspe (que nous retrouverons dans le cours de ce livre) et les auteurs anonymes de* Descriptions du monde, Instructions nautiques, Périples *et ceux dont les récits furent peut-être à la source d'œuvres comme* L'Odyssée, Les Argonautiques *et* L'Arimaspée, *attribuée, elle, à Aristée de Proconnèse. Aujourd'hui, en ce siècle blasé et avide de sensations exotiques, on se dirait : quelle chance eurent ces voyageurs de découvrir l'indécouvert, d'explorer l'inconnu, de se mesurer à l'immesurable ! Mais eux, ces voyageurs, ces logographes, ne pensaient guère ainsi, d'après ce qu'on en sait. Voyager, surtout par mer sur des bateaux (disons plutôt sur des esquifs) sans la moindre quille, gréés sommairement, incapables de naviguer de nuit ou d'affronter la haute mer, n'avait guère de rapport avec une croisière aux îles enchantées. Les textes cités en annexe, notamment* Le Périple d'Hannon, *sont suffisamment éloquents là-dessus. On ne s'aventurait alors sur les mers que pour des raisons très impérieuses et, le plus souvent, contraint et forcé. Je n'en donnerai qu'un exemple, mentionné par Hérodote à propos du voyage africain du perse Sataspe. Ce dernier avait été condamné par le roi Xerxès au supplice du pal pour avoir violé une jeune fille noble. Mais la sœur du Grand Roi proposa à ce dernier d'infliger à Sataspe un supplice pire encore que le pal: partir le long des côtes d'Afrique et en rapporter un récit! Or — car ce n'est pas tout — Sataspe partit bien vers le sud mais, harassé, déprimé et terrorisé par ce périple, il préféra rentrer en Perse et s'y faire empaler que de continuer le voyage! Voilà de quoi, alors, il retournait. Rien de très romantique, on le voit.*

Mais revenons à Hérodote. Il a lu, c'est bien évident, ce qu'on a écrit avant lui. Mais quand lui-même écrit le mot terre, *il a en tête une réalité bien différente de la nôtre. D'ailleurs, comment, alors, aurait-il pu s'en faire une idée rationnelle, même approximative? Il n'avait à sa disposition ni les outils matériels nécessaires, je veux dire des instruments de mesure, ni surtout les outils mentaux adéquats, en ce sens qu'en son temps on ne se préoccupait pas encore d'expérimentation. Depuis des siècles, l'homme grec imaginait le monde en se souciant fort peu du témoignage de ses sens, en recourant exclusivement aux mythes, c'est-à-dire à des systèmes de croyance et de connaissance reposant sur des principes d'analogie et non sur une quelconque expérience du réel.*

Pour Homère et Hésiode, par exemple, la Terre est un disque plat autour duquel coule le fleuve Océan et sur lequel vivent les hommes. Au-dessus, le ciel, où habitent les dieux, la recouvre comme un grand bol renversé. Au-dessous, les Enfers et le Tartare où se trouvent les morts, les monstres primitifs et les vents grouillant dans une vaste jarre au col étroit. Vision singulière du monde dont la portée est surtout religieuse: ces strates verticales de dieux, d'humains et de morts sont là pour dire que l'homme est prisonnier entre les deux. Ainsi, même si cette conception saisissante est née, peut-être, de l'observation du réel (pratiques agraires ou funéraires consistant à enfouir les semences dans le sol et les morts dans les jarres) ou de constatations empiriques (le ciel est au-dessus de nos têtes, cela semble évident), elle ne provient que pour une faible part d'une expérience fournie par le réel.

Il en sera de même pour les écrits des philosophes ou physiologues de l'école ionienne et de la Grande Grèce: Anaximandre, Thalès, Pythagore, Empédocle... Leur système n'est plus mythique, ne se présente plus comme un discours sacré ou comme une parole révélée par les dieux (avec une exception, toutefois, pour Empédocle) mais comme le fruit d'une réflexion de nature théorique. Raison, logique, interviennent seules dans cette théoria *par laquelle ils rendent compte de la forme, des dimensions, de la nature de l'univers. Là encore, pas la moindre référence au réel ou à l'expérimentation. Pour Anaximandre, la Terre est un disque immobile dans l'espace, « soutenu par rien car il demeure toujours à la même distance de tous les points ». Pour Pythagore, la Terre est une sphère, intuition prodigieuse mais qui reposait avant tout sur des raisons de nature géométrique et philosophique. Car la sphère est, aux yeux des Pythagoriciens, la forme parfaite par excellence et de plus, une forme égalitaire: tous les points de sa circonférence ne sont-ils pas à la même distance du centre et donc égaux entre eux? On voit naître ainsi, par pure déduction théorique, ces principes d'égalité, de symétrie et d'équilibre — en d'autres termes, d'harmonie pure — que les Grecs appliqueront également par la suite à l'urbanisme, à la vie politique et à la vie sociale. La démocratie, par exemple, est à l'espace social ce que la sphère est à l'espace physique: un système dans lequel les citoyens sont tous égaux entre eux parce qu'à égale distance du pouvoir.*

Et Hérodote? Eh bien, quand il part vers la Perse et le Proche-Orient, dans les années qui précèdent la fameuse paix de Callias, il a en tête ce que les autres ont vu mais il tient aussi à découvrir les choses par lui-même. En fait, ce qu'on appelle la géographie physique ne l'intéresse guère et les renseignements — mesures, distances, climats, mouillages — qu'il serait censé fournir à Périclès pour ses expéditions militaires auraient plutôt égaré ce dernier au milieu des sables ou des vallées perdues! Néanmoins, il a une idée assez précise de la Terre: c'est très certainement une sphère sur laquelle sont répartis des mers et des continents. Ces continents sont au nombre de trois: l'Europe, qui va de l'actuelle Grande-Bretagne aux montagnes de l'Altaï et aux frontières de Sibérie; l'Afrique (qu'il nomme la Libye), qui va de l'Atlas marocain à la frontière soudano-éthiopienne; l'Asie, qui commence aux portes de la Grèce et qu'il décrit jusqu'aux frontières de l'actuel Pakis-

tan. Je simplifie bien sûr mais en gros, la Terre c'est cela : une boule à trois continents. Mais le plus intéressant, en cette géographie, est la répartition qu'il attribue aux terres, aux fleuves et aux mers. Car là, il demeure tributaire des théories précédemment évoquées en imaginant cette répartition de façon rigoureusement symétrique par rapport à l'axe de la Méditerranée. Au nord l'Europe, au sud la Libye, de dimensions à peu près identiques. Au nord l'Ister (le Danube), au sud le Nil qui lui correspond exactement quant à sa longueur. A l'ouest les monts de l'Atlas, à l'est ceux de l'Altaï. La terre d'Hérodote, en somme, c'est une galette plus ou moins gonflée qu'un dieu géomètre et obsédé de symétrie aurait pliée soigneusement le long de la Méditerranée, chaque moitié gardant ainsi l'empreinte de l'autre.

ET LES HOMMES ?

Sur cette terre, il y a des hommes, divers et innombrables, et qui vivent selon des systèmes sociaux extrêmement variés. C'est cela surtout qui a passionné Hérodote. Les fleuves, les montagnes, les côtes, les routes, oui, il les mentionne, parfois même il les décrit et s'y attarde mais cela ne l'enthousiasme pas. Par contre, que la moindre cité, que le moindre village, la moindre tente ou hutte se profile à l'horizon, le voici qui jubile, qui interroge, qui note et qui réfléchit. La géographie humaine, c'est le grand domaine d'Hérodote, celui où, le premier (car, sur ce plan-là, il est vraiment un novateur) il apporte des renseignements précieux — et aujourd'hui encore souvent uniques — sur les coutumes et toute la vie étrangère : religion, rites, fêtes, costumes, langues, systèmes de parenté, histoires, généalogies, urbanisme, médecine, tout est inventorié, en tout cas passé en revue, et il s'est trompé rarement, très rarement dans ses conclusions. Un seul problème, toujours le même : celui que je nommerai le problème de la « galette ». Car là encore, les hommes — disons les groupements humains — se répartissent de façon symétrique autour de l'axe miroitant de la Méditerranée. Au centre, les Grecs et leurs voisins immédiats, à l'est comme à l'ouest. Un peu plus loin au nord et au sud, les Barbares, peuples ne parlant pas grec mais doués d'une haute civilisation dont Hérodote fait très souvent l'éloge : Perses d'abord, Mèdes, Égyptiens, Babyloniens. Au-delà, les Barbares moins civilisés, sur lesquels Hérodote ne porte aucun jugement de valeur mais dont on devine qu'il les trouve étranges car ils sont l'image même du non Grec, une sorte d'anti-Grèce dispersée dans les déserts et dans les steppes: nomades de Libye, nomades de Scythie. Enfin, à la limite extrême des terres habitées, que ce soit au nord, au sud, à l'ouest ou à l'est, des peuples, des créatures à peine humaines, parfois même carrément monstrueuses: Éthiopiens Macrobes, Hyperboréens mais aussi Griffons, Arimaspes, Cynocéphales... Plus on s'éloigne du centre, de l'axe méditerranéen, plus on s'éloigne de l'humain. Aux limites, il n'y a plus d'hommes mais des humanoïdes.

Il faut pourtant noter — car nul ne l'a fait semble-t-il à ce jour — que cette conception ethnocentriste, hellénocentriste de l'humanité (malgré l'aspect désobligeant qu'elle a pour les habitants des confins) demeure finalement, pour juger du statut humain, un critère beaucoup plus large et tolérant — et qui plus est non répressif — que les schémas rigides imposés plus tard par la Bible et les théologiens chrétiens avec le modèle adamique. L'incertitude, le flou évidents de la pensée grecque quant à la structure anthropoïde de l'homme jouera toujours en faveur de ce dernier, en ce sens qu'un être humanoïde passera plutôt pour un homme — en tout cas un être pensant, une créature rationnelle — que pour un singe ou un animal. On est bien loin, avec Hérodote, de l'attitude des conquistadors espagnols se demandant si les Indiens étaient ou non «des créatures rationnelles». Voilà un problème qui ne l'effleure jamais. Face à un être indécis ou à des comportements aberrants à ses yeux, il eût proposé la devise — dont témoigne toute son œuvre: dans le doute choisis l'homme. *Il faut se rendre à l'évidence: Hérodote, dix siècles avant eux, était moins raciste qu'un conquistador espagnol et moins borné qu'un Jésuite de la Renaissance.*

QUELQUES PRÉCISIONS

Un dernier mot sur l'homme, son œuvre et la présente traduction. L'homme est né, selon la tradition, à Halicarnasse (à l'emplacement de l'actuelle ville de Bodrum, au sud de la Turquie) et il est mort à Thourioi, colonie grecque de l'Italie du Sud, s'il faut en croire la même tradition. On le voit, Hérodote fut un pur méditerranéen mais aussi un homme écartelé ou, si l'on veut, un homme double. Je veux dire qu'il est né en Asie Mineure, dans une province de l'empire perse, qu'il a grandi ainsi aux frontières de l'Asie et que, s'il a choisi le grec comme langue (le grec d'Ionie) et la Grèce comme patrie d'adoption, il demeura toute sa vie un homme attiré par l'Orient qu'il portait indubitablement en lui.

Je tiens d'ailleurs à préciser qu'il s'agit là d'un phénomène qui ne se limite ni au siècle ni à la personne d'Hérodote. C'est le cas de tous les philosophes, penseurs, physiciens du siècle précédent, de tous les créateurs marquants de la pensée grecque. Tous ont vécu aux franges orientales et occidentales de la Grèce : Thalès, Anaximandre, Héraclite, Pythagore, Démocrite, Ctésias en Asie Mineure, à Samos ou en Thrace ; Empédocle, Xénophane, Parménide en Sicile et en Italie du Sud. Cherchez bien et vous verrez que le phénomène s'est poursuivi aux siècles suivants avec Aristote et les physiciens de l'école de Rhodes et d'Alexandrie. Je dirais même que le phénomène se poursuit toujours. Tout ce que la Grèce compte de noms marquants depuis un siècle en poésie, par exemple, obéit au même phénomène. Calvos, Solomos et Valaoritis, trois poètes essentiels du siècle passé, sont tous trois originaires des îles ioniennes (Zante, Céphalonie, Corfou). Constantin Cavafy, dont l'œuvre est si novatrice, si présente dans la littérature grecque moderne, a passé toute sa vie à Alexandrie. Georges Séféris, le premier prix Nobel de la Grèce, est né et a grandi à Izmir. C'est ainsi. Le Grec n'est vraiment grec qu'hors de Grèce, c'est là qu'il vit sa grécité et cela dure depuis, précisément... Homère !

Cela explique, à mon sens, pourquoi Hérodote a choisi pour ses Enquêtes d'aller vers l'est et non vers l'ouest, pourquoi il écrit en grec ionien et pourquoi il se sent tellement à l'aise dès qu'il n'entend plus parler grec. Loin de tenir pour « barbares » des peuples qu'il estime — comme les Perses — ou qu'il vénère — comme les Égyptiens —, il se sent effectivement sujet grec mais aussi un homme de double culture et donc de double regard. En tout cas, c'est là le thème de son œuvre : enquêter — au sens propre du terme — aller sur le terrain, comme on dit en ethnographie, pour résoudre l'énigme qui le hante : savoir pourquoi les Perses ont envahi la Grèce, pourquoi ils sont venus incendier l'Acropole. Ce faisant, il est amené à parcourir non seulement l'empire perse — immense alors et quasi immesurable — mais tous les peuples limitrophes ou tous ceux qui, de près ou de loin, eurent affaire aux Perses. D'où, en introduction de sa recherche purement historique, ce vaste inventaire poético-géographico-ethnologique qui constitue les quatre premières Enquêtes et le présent ouvrage.

En ce qui concerne la traduction elle-même, je l'ai entreprise il y a fort longtemps — mais révisée depuis — à partir du texte grec de l'édi-

tion Guillaume Budé. J'ai cherché à préserver le caractère souvent personnel du texte, je veux dire le regard si présent d'Hérodote, le style de ses remarques, la nature de ses digressions. Autrement dit, je l'ai voulue lisible, aussi «coulante» que le texte lui-même, sans rechercher pour autant la modernité à tout prix. Et surtout j'ai tenu à préserver, dans la familiarité de certaines expressions ou le retour systématique de certaines articulations, le caractère indiscutablement oral *de maints passages. Une tradition veut qu'Hérodote ait lu d'importants fragments de son œuvre sous les portiques de l'agora d'Athènes. C'est fort possible car son texte semble plus souvent destiné à l'audition qu'à la lecture.*

Précisons enfin certains détails qui ont posé des problèmes de fond. Ils rejoignent en effet les remarques faites un peu plus haut sur le sens des concepts utilisés par Hérodote. Les termes de mesure, de poids, les estimations en général, les notions de distance, de parcours, de déplacement n'étaient pas les mêmes autrefois qu'aujourd'hui. Je ne sais si l'on a fait des études détaillées et comparatives sur les étalons de mesure chez les différents peuples antiques (ainsi que sur les critères de distance) mais je les crois très significatifs du champ même de la pensée. C'est pourquoi j'ai conservé la terminologie utilisée par Hérodote. Il n'était pas question de le faire compter en kilomètres ou en grammes. De même, j'ai conservé évidemment les mots géographiques dans leur terminologie originale. Au temps d'Hérodote, la mer Noire s'appelait le Pont-Euxin, le Danube l'Ister et le Pô l'Eridan. Néanmoins, pour que le lecteur puisse suivre l'auteur de plus près, repérer les fleuves, les montagnes, les pays dont il parle, j'ai groupé tous ces termes — ainsi que quelques autres plus généraux et récapitulatifs — dans un index final dont les entrées sont marquées par un astérisque.*

Enfin, un mot sur mes commentaires personnels. Le texte d'Hérodote est truffé d'obscurités, d'énigmes, d'approximations, d'incertitudes, d'erreurs ou parfois de malentendus, d'histoires plus ou moins vraies, d'histoires plus ou moins fausses et d'autres enfin dont on ne saura sans doute jamais si elles sont vraies ou fausses. Mais je dois avouer que personnellement, j'ai horreur d'interrompre un récit pour lire des notes en bas de page. Il faut lire Hérodote comme on écoute un conteur car il est un conteur de premier ordre. Un conteur, ça ne s'interrompt pas. Tout au plus peut-on, à l'occasion d'une pause, lui poser quelques ques-

* Il s'agit des termes: *calendrier — cartes du monde antique — distances — mesures — monde antique — périple — route des chars — route royale — voyages.*

tions, demander une précision. C'est exactement ce que j'ai fait ici, en supprimant les notes et en inserrant mes commentaires avant ou après chaque récit ou chaque ensemble. Ce faisant, j'ai cherché moi aussi à respecter le rythme du conteur, à attendre le moment propice pour chuchoter quelques observations destinées à éclairer ce qui pourrait paraître obscur ou ce qui, à mes yeux, entraîne, parfois exige, une réflexion moderne. Il va de soi que dans ce texte monumental — même réduit aux quatre premières de ses Enquêtes *— j'ai pratiqué ici et là des coupures. Elles concernent essentiellement les parties purement historiques, les digressions généalogiques ou les conflits entre cités, qui devaient peut-être passionner l'auditeur grec mais qui n'auraient, dans ce contexte, que le goût défraîchi d'une gazette nous donnant des nouvelles de Samos ou de Lemnos avec deux mille cinq cents ans de retard. C'est pourquoi je m'en suis tenu à ce fil ininterrompu des récits à caractère géographique, pour conserver à cet ouvrage l'aspect continu des* volumina, *ces volumes enroulés sur lesquels Hérodote écrivit sans doute ses* Enquêtes *et les lut au public d'Athènes, à l'ombre des portiques de l'agora, à l'abri de la poussière, du soleil et de la chaleur du ciel grec.*

Sacy. Hiver 1980.

Première Enquête

LYDIE, PERSE, BABYLONIE

**CARTE
DE L'ASIE MINEURE,
DE LA PERSE
ET DE LA MÉSOPOTAMIE**

Où commence vraiment l'Asie ? Pendant plusieurs années, j'ai habité en Grèce une maison dans l'île de Patmos et de ma terrasse, par temps clair, je pouvais voir distinctement les monts de la côte turque. Je n'y prêtais guère attention jusqu'au jour où un habitant me dit, en désignant cet horizon d'où venait toujours l'ennemi : « Tu vois, là-bas, c'est l'inconnu, c'est l'Asie. » J'avais oublié que depuis des années je vivais aux portes de l'Asie ! Bien entendu, lorsqu'on est sur les lieux, cette distinction entre Europe et Asie paraît très arbitraire. Car la mer, le sol, la géologie, les croûtes et plates-formes sous-marines appartiennent au même socle. La différence, la frontière, ne commencent qu'avec la surface, je dirais qu'avec l'histoire. Lorsqu'on va d'Izmir à Konya, en traversant l'ancienne Lydie et la Phrygie, on a bien l'impression qu'on se trouve toujours dans un paysage familier, dans une Europe seulement plus orientale et que l'Asie commence en fait avec les premiers plateaux intérieurs, avec le désert de pierres, la steppe ou la plaine sans fin, là où les tentes remplacent les cités et les oueds, les fleuves. Et pourtant, cette ligne si peu sensible entre deux mondes et deux espaces, les Grecs l'avaient déjà sentie. Pour Hérodote, l'Asie commence aux portes de la Grèce, là où s'achève la mer Égée.

C'est Hérodote qui m'a poussé vers cette Asie Mineure dont il était originaire. Ou plutôt par lui, la magie, alors, de certains noms comme Sardes, Gordion, Halicarnasse, Aphrodisias, Xanthos. Un monde qui était sis en Asie mais qui était aussi la Grèce, habité par des peuples sinon frères du moins cousins des Grecs. Et où s'étaient noués des intrigues incroyables, des drames quasi mythiques, où avaient régné des rois de légende — même si l'histoire confirmait et leur vie et leur règne — tels Crésus, Candaule, Midas... Enfin, un paysage tourmenté fait de gorges, de collines abruptes, de vallées noires avec, ici et là, des « cheminées de fée », frêles colonnes de calcaire friable protégées de l'érosion par un chapeau rocheux. On en voit beaucoup sur la route d'Izmir à Sardes et je me disais qu'après tout, cela n'avait rien d'étonnant au cœur de ces régions mythiques où l'or coulait à flots dans une rivière du nom de Pactole! Sur la route, on croise des femmes enveloppées de mille fichus multicolores tirant de l'eau aux fontaines avec des brocs de cuivre étincelants, on dépasse un paysan suivant son âne chargé de paniers, de couvertures et de tresses de tomates. Et si l'on fait halte dans un endroit désert, on voit immanquablement arriver en courant un berger, des enfants qui s'arrêtent devant vous et vous regardent sans rien dire. Telles sont les marches de Lydie, seuil du premier voyage, du premier récit d'Hérodote menant au pays de Crésus. Car c'est ici, en Lydie, que débute le récit d'Hérodote, c'est ici, aux terres du Méandre et du Pactole, qu'il entreprend le récit infini remontant le temps et déroulant l'espace jusqu'au début des guerres Médiques. C'est ici le pays de l'origine, celui où tout a commencé, la guerre entre les Grecs et l'Asie mais avant, celle entre Perses et Mèdes, Lydiens et Perses, Cariens et Lydiens... On n'en finirait plus d'énumérer les conflits, les réajustements de frontières et d'empires qui se succédèrent en ces terres. Hérodote va nous raconter les histoires à la fois merveilleuses et ensanglantées de ces rois aux noms légendaires: Crésus, Candaule, Gygès, Midas, l'irrésistible ascension de Cyrus, tous les écheveaux d'une époque qu'on ne connaît du reste que par lui. Ces histoires, j'ai tenu à les conserver car elles sont liées organiquement au fil de son récit. Elles sont inséparables des lieux où elles se déroulent, liées à eux comme nerfs et muscles. Je ne me sens pas l'âme d'un traducteur-légiste, opérant des autopsies brutales dans le texte quand le récit en est à vif. Aussi commencerons-nous ce voyage en Lydie par l'histoire même du pays et celle des guerres entre Grecs et Perses. Et comme il faut non seulement un début aux choses mais aussi un coupable et donc une victime, cette dernière, à l'origine de tout le drame, sera identifiée par Hérodote sous le nom... d'Io! A vrai dire, cette Io est plus connue de nos contemporains par l'usage des mots croisés que par la pratique d'Hérodote mais qu'importe! C'est elle que Zeus transforma en génisse pour lui permettre d'échapper à la jalousie d'Héra, son épouse. Elle devra fuir néanmoins sa surveillance et sa colère jusqu'en Asie et c'est alors qu'elle franchira le bras de mer séparant Asie et Europe, et lui donnera à jamais son nom: le Passage de la Vache, autrement dit... le Bosphore.

Prologue

Hérodote d'Halicarnasse présente ici ses *Enquêtes* pour que les œuvres des hommes et leurs faits les plus mémorables ne sombrent dans l'oubli, et dans le but de découvrir pour quelles raisons Grecs et Barbares se firent la guerre.

Cette guerre, disent les Perses*, eut lieu à cause des Phéniciens. A peine arrivés de la mer Érythrée* et installés sur leur actuel territoire, ils se lancèrent dans de vastes expéditions sur les mers et dans une foule de trafics entre l'Égypte, l'Assyrie et la plupart des autres pays, dont Argos, ville de Grèce fort importante à cette époque. Un beau jour, donc, ils débarquèrent à Argos et y exposèrent leurs marchandises. Cinq ou six jours plus tard, alors que tout — ou presque — était vendu, un groupe de femmes descendit au rivage. Io, fille du roi Inachos, était du nombre. Elles s'attroupèrent près de la poupe du vaisseau et faisaient leur choix parmi les marchandises quand, soudain, comme un seul homme, tous les Phéniciens se jetèrent sur elles. La plupart réussirent à s'enfuir, sauf Io qui fut prise avec quelques autres et emmenée séance tenante en Égypte... Cet enlèvement donna pour ainsi dire le signal des violences. Peu de temps après, des Grecs débarquèrent à Tyr, en Phénicie (les Perses n'ont pu me préciser d'où venaient ces Grecs, mais je pense qu'ils étaient Crétois) et enlevèrent Europe, la fille du roi. Ainsi, les deux peuples étaient quittes. Mais les Grecs ne s'en tinrent pas là et réitérèrent leurs violences au cours d'une expédition à Aia en Colchide*, en enlevant Médée, la fille du roi. Le père de Médée envoya un messager en Grèce pour réclamer sa fille et demander réparation. « Réparation ? répondirent les Grecs. En avons-nous obtenu, nous, pour l'enlèvement d'Io ? Inutile d'y compter ! »

A la génération suivante, Pâris, le fils de Priam, qui était au courant de toutes ces histoires, décida de se procurer une femme en Grèce par un rapt. « Pourquoi en serais-je puni, se disait-il, puisque les autres ne l'ont pas été ? » Ainsi enleva-t-il Hélène. Les Grecs envoyèrent aussitôt un messager la réclamer et demander réparation. « Réparation ?

répondirent à leur tour les Troyens. En avez-vous fourni, vous, pour l'enlèvement de Médée ? » Jusqu'ici, il n'y avait eu, en somme, que rapts contre rapts. Mais les Grecs aggravèrent les choses et prirent de lourdes responsabilités en portant, les premiers, la guerre en Asie. « Enlever les femmes, me dirent les Perses, c'est évidemment malhonnête, mais prendre ces choses à cœur au point de vouloir les venger, quelle folie ! Les gens sérieux n'agissent pas ainsi. Il est évident que si elles n'y tenaient pas les premières, on n'enlèverait jamais les femmes de force ! Nous autres Perses, avons-nous fait tant d'histoires pour les femmes qu'on nous a ravies ? Mais les Grecs, pour une femme de Lacédémone, ont équipé une flotte entière et détruit la puissance de Priam ! » Depuis ce temps, le Grec est pour eux l'ennemi. On sait que les Perses considèrent toute l'Asie et les peuples barbares comme leur domaine propre, et l'Europe — en particulier le monde grec — comme une terre étrangère.

Telle est la version perse : leur haine du Grec date donc de la guerre de Troie. En réalité, les versions perse et phénicienne ne s'accordent pas tout à fait au sujet d'Io. Les Phéniciens affirment qu'ils ne l'ont jamais enlevée de force, mais qu'elle eut des relations coupables avec le capitaine du bateau, devint enceinte et préféra s'enfuir avec son capitaine plutôt que de reparaître ainsi devant sa famille. Telle est la version phénicienne. Pour ma part, je me garderai bien d'affirmer que cette histoire s'est déroulée de telle ou telle façon.

Passons donc sans plus tarder à l'homme que je tiens pour le principal auteur des injustices commises à l'égard des Grecs. Je poursuivrai ces *Enquêtes* en mentionnant toutes les villes des hommes, petites ou grandes. Tant de villes autrefois puissantes sont aujourd'hui réduites à rien, et tant d'autres, autrefois simples hameaux, sont aujourd'hui des cités florissantes ! Ainsi, puisque la fortune des hommes est changeante, les citerai-je toutes, indistinctement.

LYDIE, PERSE, BABYLONIE

La Lydie*. Petite histoire du pays. Le Roi Candaule et ses amours. Comment Gygès devint roi malgré lui.

Le roi Crésus* était un lydien, fils d'Alyatte*, qui régnait sur tous les peuples à l'ouest de l'Halys*. Ce fleuve Halys sert de frontière entre les Syriens et les Paphlagoniens. Il coule du sud au nord et se jette dans la mer appelée Pont-Euxin*. Ce Crésus fut le premier barbare (autant que je sache) qui s'empara des colonies grecques d'Asie Mineure, Ioniens, Éoliens et Doriens, pour les obliger à lui payer un tribut. Mais il sut aussi se faire des amis en Grèce, entre autres les Lacédémoniens. Avant le règne de Crésus, tous les Grecs étaient libres, les Cimmériens*, qui envahirent l'Ionie bien avant Crésus, n'y ayant fait que de rapides incursions sans occuper véritablement le pays.

Le pouvoir, qui appartenait au début aux Héraclides, passa entre les mains de la famille des Mermnades à la suite de l'histoire suivante qui arriva sous le règne du roi Candaule* (plus connu en Grèce sous le nom de Myrsile). Ce Candaule descendait d'Hercule par un de ses ancêtres, Alcée (dont l'arrière-petit-fils, Agron, avait été le premier roi de Sardes*, vingt-deux générations plus tôt). Roi de Sardes à son tour, il avait une femme dont il était éperdument amoureux, si amoureux qu'il la trouvait plus belle que toutes les femmes de la terre. Aussi passait-il son temps à vanter à Gygès*, un de ses gardes qu'il avait en grande estime et qui lui servait à l'occasion de confident, les charmes incomparables de son épouse. Tant et si bien qu'il ne tarda guère (pressé, aurait-on dit, de provoquer la catastrophe) à dire un jour à son confident : « Gygès, quand je te parle de ma femme et de sa beauté, j'ai l'impression que tu ne me crois pas. Comme rien ne vaut, en pareille matière, les témoignages directs, arrange-toi donc pour la voir toute nue. » L'autre sursauta : « Comment peux-tu, maître, me proposer une chose pareille ? Voir toute nue ma souveraine ? Une femme qui perd sa robe perd aussi sa pudeur ! De tous les préceptes enseignés depuis si longtemps, il y en a un que j'ai toujours suivi : *Ne regarde que ce qui est à toi !* Je te crois sur parole et je suis sûr que ta femme est la plus belle du monde. Mais ne me demande pas de commettre une telle indélicatesse ! » Ainsi essayait-il d'éluder l'offre de Candaule, pour ne pas s'attirer les pires ennuis. Mais l'autre insista : « N'aie pas peur, Gygès. Je ne t'ai pas dit cela pour te mettre à l'épreuve et tu n'as rien à craindre de ma femme. Je m'y prendrai de telle sorte qu'elle ne saura jamais que tu l'as vue. Tu te cacheras derrière la porte, dont je laisserai ouvert un des battants, ma femme entrera pour se mettre au lit, se déshabillera en posant ses vêtements sur le siège, près de l'entrée, et tu auras ainsi tout le temps de la détailler. Et quand elle se dirigera vers le lit, profite de ce qu'elle aura le dos tourné pour t'en aller discrètement. » L'autre dut s'y résigner. A l'heure du coucher, Candaule l'introduisit dans sa chambre, et Gygès put, tout à son aise, voir la reine entrer et se déshabiller. Au moment où elle lui tourna le dos pour aller au lit, Gygès sortit de sa cachette et disparut. Pas assez vite, pourtant, car la femme l'aperçut au dernier moment. Elle comprit tout de suite ce qu'avait prémédité son mari, mais fit comme si de rien n'était et se coucha, bien décidée à se venger de Candaule. Etre vu tout nu (même pour un homme) est en Lydie, comme dans tous les pays barbares, la pire des humiliations. Donc, sur le moment, la femme ne dit rien ; mais le lendemain, dès l'aube, elle fit appeler Gygès. L'autre, certain qu'elle n'était au courant de rien, se rendit chez elle. Ce n'était pas la première fois que la reine l'appelait auprès d'elle. « Voilà ce que j'ai à te dire, fit-elle à Gygès. Je t'offre le choix entre deux choses : ou tu vas tuer Candaule et prendre possession du trône et de ma personne, ou tu seras exécuté sur-le-champ. Ainsi, tu n'iras plus obéir à tous les caprices de Candaule et porter les yeux là où il ne faut pas. As-tu bien compris ? L'un de vous deux doit mourir : Candaule (qui t'a poussé à commettre cette indélicatesse) ou toi qui m'as vue toute nue. Choisis. » Gygès en resta un bon moment abasourdi. Mais il eut beau supplier sur tous les tons, rien ne put fléchir la reine. Et il se vit obligé de choisir : tuer Candaule ou mourir lui-même. Il choisit de tuer Candaule. « Eh bien, reine, puisque tu m'obliges à tuer mon roi, dis-moi au moins comment y parvenir ! — La vengeance partira de l'endroit même où tu m'as vue toute nue. Tu attendras qu'il dorme, et tu l'assassineras à ce moment-là. »

Tous ces détails étant réglés, la reine enferma Gygès jusqu'au soir, et il n'y avait plus pour lui aucune issue : c'était ou lui ou Candaule ! La nuit venue, il dut suivre la reine dans sa chambre, se cacha derrière la porte, un poignard à la main, et, une fois Candaule endormi, sortit de sa cachette et tua le roi. Et le trône et la reine furent à Gygès (dont Archiloque de Paros, qui vécut à la même époque, a cité le nom dans un trimètre ïambique).

Il se vit confirmé dans sa royauté par l'oracle de Delphes. Quelques Lydiens*, scandalisés par ce meurtre, s'étaient rassemblés pour chasser Gygès, mais, finalement, ennemis et partisans du nouveau roi se mirent d'accord : si l'oracle de Delphes confirmait la royauté, il resterait, sinon il rendrait le pouvoir aux Héraclides. L'oracle confirma Gygès et il resta roi. A vrai dire, la Pythie avait répondu très exactement que les Héraclides seraient vengés au bout de quatre générations, prédiction dont personne ne se soucia jusqu'au jour où elle se réalisa. C'est ainsi que le pouvoir passa des Héraclides aux Mermnades, en Lydie.

Une fois bien installé au pouvoir, Gygès envoya quantité d'offrandes à Delphes, sans regarder à la dépense, pour remercier l'oracle. Il envoya aussi beaucoup d'objets en or, entre autres six cratères qui pèsent bien trente talents à eux tous et qui se trouvent dans le Trésor des Corinthiens. Gygès fut le premier roi barbare qui ait, à ma connaissance, envoyé des offrandes à Delphes, après Midas, roi de Phrygie. Midas, lui, avait envoyé le trône sur lequel il rendait la justice, trône vraiment remarquable. Il se trouve, du reste, avec les cadeaux de Gygès. Toutes ces offrandes en or et en argent sont appelées, là-bas, les « Gygéennes », du nom de leur donateur.

Ce Gygès, par la suite, attaqua Milet et Smyrne, et prit même la ville de Colophon, mais, comme il ne fit rien d'autre, je ne m'attarderai pas sur lui et je passerai à son fils, Ardys, qui prit le pouvoir après lui. Ardys s'empara de Priène et attaqua Milet. Pendant son règne, qui dura quarante-neuf ans, les Cimmériens, chassés de leurs territoires par les Scythes*, s'emparèrent de Sardes, la capitale de la Lydie, et occupèrent toute la ville à l'exception de l'acropole.

Sadyatte, le fils d'Ardys, lui succéda et régna douze ans. Puis ce fut le tour d'Alyatte. Ce dernier fit la guerre aux Mèdes, chassa les Cimmériens de toute l'Asie, s'empara de Smyrne (ville fondée par des colons originaires de Colophon) et s'attaqua à la ville de Clazomènes où il subit d'ailleurs un sérieux échec.

La Lydie et les autres pays d'Asie Mineure qu'Hérodote mentionnera par la suite — Phrygie, Mysie, Bithynie, Carie, Pamphylie — occupaient tout le littoral ouest et sud-ouest de l'actuelle Turquie. Des fouilles déjà anciennes ont révélé l'importance de Sardes, capitale de la Lydie, et d'autres plus récentes celle de Gordion, capitale de la Phrygie. Chaque fois que j'entends ces noms, un vers du poète grec Georges Séféris me revient en mémoire :* Le petit royaume de Commagène qui s'est éteint comme un fanal... *Ce royaume se trouvait bien plus loin,* *au nord de la Syrie, il eut surtout son heure de gloire à l'époque romaine, mais cette image s'applique à merveille à ces empires en miniature, gouvernés par des roitelets, qui n'ont laissé dans l'histoire que des traces infimes.*

Parmi tous ces roitelets Gygès mérite un commentaire particulier. Ce Gygès est surtout connu par son anneau, comme Cléopâtre le fut par son nez, et Midas par ses oreilles d'âne. Hérodote, pourtant, n'en souffle mot. C'est Platon qui relate l'histoire de cet anneau dans un passage de la République *dont voici un court extrait: « Gygès était un pâtre aux gages du prince régnant alors sur la Lydie. Or, à la suite d'une pluie abondante, suivie d'un tremblement de terre, le sol se crevassa et un gouffre apparut, là où Gygès menait paître ses bêtes. Tout surpris, il y descendit et, entre autres merveilles habituelles aux contes, il aperçut un cheval de bronze, tout creux, avec des ouvertures qui lui permirent, en se penchant à l'intérieur, d'y découvrir un cadavre d'une taille nettement surhumaine, sans rien sur lui qu'un anneau d'or. Gygès prit cet anneau et remonta à la surface... » Anneau merveilleux s'il en fut, puisqu'il suffisait d'en tourner le chaton au-dedans de la main pour devenir invisible! Gygès en profita aussitôt pour se glisser dans les appartements de la reine, la séduire et tuer Candaule. Il s'agit là probablement d'un ancien conte initiatique que Platon rapporte dans une forme plus authentique qu'Hérodote. Il semble, en tout cas, que ce personnage énigmatique ait eu une existence historique, puisqu'une mission archéologique américaine de l'Université de Harvard a découvert, en 1964, près de Sardes, un tombeau lydien qui serait celui de Gygès.*

Le rideau qui s'était fermé sur l'épisode shakespearien de Candaule assassiné dans son sommeil se rouvre sur une scène plus reposante: l'entretien de Crésus et de Solon sur le bonheur. Cette rencontre est purement fictive. Solon promulgua ses lois à Athènes vers 593, et Crésus ne monta sur le trône de Lydie que trente ans plus tard. Mais elle fait partie d'un genre littéraire fort prisé chez les Grecs, consistant à faire dialoguer des personnages célèbres ayant vécu à des époques différentes. On situait généralement ces conversations dans les Enfers — là où tout le monde a quelque chance de se rencontrer — et on leur donnait le titre de Dialogues des morts. *Nul doute qu'Hérodote ne se soit exercé à ce jeu. Crésus et Solon, l'homme riche et l'homme sage, s'opposent en un dialogue exactement semblable à ceux des tragédies. Et la morale de leur rencontre: prééminence du destin, précarité du bonheur, vanité des richesses, est celle même que les temps antiques plaçaient au fronton des temples et dans la bouche des philosophes : reflet d'une sagesse qui n'est plus celle de notre temps.*

Le roi Crésus. Ses richesses.
Son entretien avec Solon sur le bonheur.

A la mort d'Alyatte, son fils Crésus lui succéda. Il était âgé de trente-cinq ans. La première chose qu'il fit fut d'attaquer et d'assiéger Éphèse. Les habitants consacrèrent alors leur ville à Diane, en reliant par une corde leurs remparts à son temple. Et il y avait sept stades environ du vieil Éphèse jusqu'à ce temple. Après quoi, Crésus s'attaqua à tous les peuples d'Ionie et d'Éolie, l'un après l'autre, sous des prétextes divers qu'il n'hésitait pas à inventer au besoin.

Dès qu'il en eut fini avec tous les Grecs installés en Asie, il n'eut plus qu'une idée : construire une flotte pour s'attaquer aux Grecs des îles. Les préparatifs en étaient déjà très avancés quand un Grec, Bias de Priène disent les uns, Pittacos de Mytilène disent les autres, se trouva de passage à Sardes. « Eh bien, lui demanda Crésus, quoi de nouveau en Grèce ? — Roi, répondit l'autre, les gens des îles sont en train de rassembler une cavalerie gigantesque pour venir t'attaquer à Sardes ! — Ce serait trop beau ! s'écria Crésus. Puissent les dieux leur donner cette idée ! — En somme, fit l'autre, tu souhaites voir les insulaires se risquer à cheval sur la terre ferme ? Tu as raison. Mais sais-tu ce que souhaitent les gens des îles, eux ? Ils supplient les dieux que tu t'aventures sur les mers pour t'y affronter et venger les Grecs du continent que tu as asservis ! » Crésus apprécia l'humour de cette réponse, la trouva très pertinente, et fit arrêter aussitôt les préparatifs. Si bien qu'au lieu de les combattre, il signa avec les Grecs des îles un traité d'amitié.

Les mois passèrent, et peu à peu tous les peuples habitant à l'ouest de l'Halys, à l'exception des Ciliciens et des Lyciens*, durent s'incliner devant Crésus. Ces peuples étaient les Lydiens, les Phrygiens, les Mysiens, les Mayriandyniens, les Chalybes, les Paphlagoniens, les

Thraces* Thyniens, les Thraces Bithyniens, les Cariens*, les Ioniens, les Doriens, les Éoliens et les Pamphyliens.

L'empire de Crésus s'augmenta donc de tous ces peuples, et Sardes, sa capitale, devint une ville florissante et prospère. Tous les sages que possédait la Grèce à cette époque ne manquaient pas de venir la visiter à tour de rôle, en particulier l'Athénien Solon*. Il avait quitté Athènes pour dix ans, soi-disant pour voyager et voir un peu le monde, mais, en réalité, pour ne pas être obligé de supprimer les lois qu'il venait d'édicter à Athènes, à la demande des Athéniens eux-mêmes. Ces derniers s'étaient engagés par serment à ne pas modifier les lois de Solon pendant dix ans sans son consentement. Donc, pour cette raison, et aussi pour visiter un peu les pays étrangers, Solon quitta la Grèce : il alla en Égypte voir Amasis*, puis arriva à Sardes où Crésus le reçut dans son palais. Trois ou quatre jours après, des serviteurs, sur l'ordre du roi, promenèrent Solon de long en large à travers les richesses, immenses et fabuleuses, du palais. « Athénien, lui dit Crésus quand Solon eut tout regardé à loisir, j'ai appris que tu sais beaucoup de choses, et que tu as beaucoup voyagé. Aussi, je voudrais te poser une question : as-tu déjà, dans ta vie, rencontré un homme dont tu puisses dire : cet homme est le plus heureux de tous ? » Crésus ne posait cette question que parce qu'il était certain que Solon allait dire aussitôt : « Crésus ! » Mais l'autre, en toute sincérité, répondit : « Oui, roi, l'Athénien Tellos. — Tellos ? Tellos ? fit Crésus, déconcerté. Qu'a donc ce Tellos pour être si heureux ? — Tellos vit dans une ville prospère, répondit Solon, il a des enfants beaux et pleins de qualités, qui lui ont donné des petits-enfants, tous en vie. Lui-même, par rapport à la moyenne de chez nous, était un homme aisé qui termina brillamment sa vie. Il mourut au champ d'honneur, au cours d'une bataille, à Éleusis, en défendant victorieusement sa patrie, et tous les Athéniens lui élevèrent un monument, à l'endroit même où il mourut. — Bon, concéda Crésus, légèrement impressionné par ce Tellos, mais, après lui, quel est le deuxième ? (Cette fois, ce ne peut être que moi ! pensait-il.) — Cléobis et Biton* ! répondit Solon. Ils étaient de race argienne, riches et robustes. La preuve en est qu'ils remportèrent tous deux de nombreux prix aux concours gymniques. Mais ce n'est pas tout : le jour de la fête de Junon, à Argos, leur mère devait être conduite en char jusqu'au temple, et les bœufs n'arrivaient pas. Comme le temps pressait, les jeunes gens s'attelèrent eux-mêmes et tirèrent leur mère jusqu'au temple, pendant quarante-cinq stades ! Et sais-tu comment ils moururent ? La divinité, dans leur cas, a nettement montré aux hommes que la mort est parfois préférable à la vie. Après cet exploit, tous les Argiens les entourèrent et félicitèrent la mère d'avoir de tels fils. Elle, au comble de la joie, se tourna vers la statue de la déesse et lui demanda d'accorder à ses fils le plus grand bonheur que puisse obtenir un humain. Sais-tu ce qui arriva ? Les deux jeunes gens, après les sacrifices et le banquet, se rendirent dans le temple et s'y endormirent de leur dernier sommeil ! Et les Argiens, comme à de vrais héros, leur élevèrent deux statues qu'ils envoyèrent à Delphes. »

Du coup, Crésus se mit en colère : « Et mon bonheur, à moi, qu'en fais-tu ? Tu le mets donc plus bas que terre, puisqu'il n'égale même pas celui de vulgaires citoyens ? — Crésus, répliqua Solon, ne sais-tu pas que la divinité est souvent capricieuse et jalouse à l'égard des hommes ? Combien de fois, dans le cours d'une vie, ne se trouve-t-on pas en face de choses qu'on voudrait éviter ? Une vie humaine dure en moyenne soixante-dix ans. Soixante-dix ans représentent vingt-cinq mille deux cents jours, sans compter les mois intercalaires, car, si nous les comptons (c'est-à-dire si nous ajoutons un mois tous les deux ans, pour rester d'accord avec le cycle des saisons), cela fait trente-cinq mois de plus en soixante-dix ans. Et trente-cinq mois représentant mille cinquante jours. Soit, en tout, vingt-six mille deux cent cinquante jours ! Eh bien, de tous ces jours, pas un ne ressemble à l'autre. L'homme, Crésus, est le jouet de la Fortune. Tu as d'immenses richesses, tu règnes sur des milliers de sujets, mais te dire que tu es heureux, je ne pourrai le faire que le jour où toute ta vie sera terminée sans malheurs. L'homme riche qui n'a pas la chance avec lui pour lui permettre de finir tranquillement sa vie n'est pas plus heureux que celui qui vit au jour le jour. L'homme riche n'a que deux avantages : il peut satisfaire tous ses désirs et supporter les coups de l'adversité. Mais le pauvre qui a la chance avec lui a bien d'autres avantages : il n'a pas à supporter les coups de l'adversité, puisque sa chance l'en préserve. Il ignore la maladie, les chagrins, les infirmités. Ses enfants se portent bien, ils sont beaux, et pour peu que sa vie se termine sans histoires, le voilà, cet homme heureux que tu cherches ! Tant qu'il n'est pas mort, ne dis pas qu'un homme est heureux, dis, tout au plus, qu'il a de la chance. Tu ne peux appeler heureux que celui qui a connu tous les bonheurs possibles et les a conservés jusqu'à sa mort. En toute chose, Crésus, il faut considérer la fin. Combien de gens n'ont-ils pas vu le bonheur qu'ils tenaient dans leur main cruellement arraché un beau jour ? » Ces paroles, j'imagine, ne furent pas du goût de Crésus, et il quitta l'Athénien en haussant les épaules devant ce benêt qui dédaignait les biens présents sous prétexte qu'en toute chose il faut considérer la fin !

Le bonheur de Crésus sera de courte durée. Fidèle au schéma tragique, le balancier du destin va désormais pencher dans l'autre sens en frappant d'abord le fils préféré du roi. Il vaut la peine de mentionner cet épisode car on va voir ainsi comment fonctionnent la mémoire et la narration d'Hérodote, avec quels ingrédients véridiques il fabrique — consciemment ou non ? — un récit qui, lui, n'a guère de vraisemblance. Voici donc, à titre exemplaire, l'histoire des malheurs de Crésus.

Une chasse fatale au sanglier. Histoire d'un homme marqué par le destin.

Solon s'en alla, et Crésus, qui se croyait le plus heureux des hommes, fut cruellement frappé par la vengeance des dieux. Il fit un rêve qui lui révéla très clairement les malheurs qui devaient l'atteindre à travers son fils. Crésus avait deux fils : l'un qui était sourd-muet, l'autre, du nom d'Atys, très doué et qui promettait beaucoup. Crésus rêva donc qu'Atys mourrait d'une blessure faite par une pointe de fer. Très impressionné par ce rêve, il réfléchit et décida de marier son fils séance tenante, ce qui lui permit de le dispenser des campagnes militaires auxquelles il participait d'ordinaire, à la tête des armées lydiennes. Il fit même enlever et entasser dans un débarras toutes les armes de guerre, lances, javelots, qui décoraient les murs des appartements royaux, pour qu'aucune ne risque de tomber sur son fils et de le tuer.

Pendant que tout le monde s'affairait au mariage d'Atys, un étranger arriva à Sardes. Il appartenait à la famille royale de Phrygie. Cet homme, que semblait poursuivre un mauvais destin, se présenta au palais de Crésus et demanda à être purifié selon les rites du pays qui sont en Lydie à peu près les mêmes qu'en Grèce. Crésus accomplit d'abord tous les rites nécessaires, puis il le questionna : « Qui es-tu, étranger ? D'où viens-tu exactement ? De quel endroit de Phrygie ? Qui as-tu tué ? — Roi, répondit l'autre, je m'appelle Adraste et je suis le petit-fils du roi Midas. J'ai tué sans le faire exprès mon propre frère, et mon père m'a chassé de chez moi. Je n'ai absolument plus rien. Alors, je suis venu me réfugier ici ! — Tes ancêtres ont toujours été pour moi des amis, répondit Crésus, et ici tu seras traité comme tel. Considère-toi comme chez toi. Tu ne manqueras de rien, et peut-être, à la longue, ta douleur s'allégera-t-elle. C'est le mieux que tu aies à faire. » Et Adraste s'installa dans le palais de Crésus.

Peu de temps après, on signala un énorme sanglier dans les parages du mont Olympe*, en Mysie, qui venait chaque jour ravager les récoltes. En vain les paysans avaient organisé battue sur battue : l'animal leur échappait toujours, et c'étaient eux, chaque fois, qui revenaient avec un blessé. En fin de compte, ils envoyèrent à Crésus une délégation : « Roi, un sanglier énorme ravage sans arrêt nos cultures. Nous avons beau faire des battues, impossible de nous en débarrasser. Envoie-nous donc ton fils, avec de hardis compagnons et une meute, pour qu'ils nous délivrent de ce fléau. — Pour mon fils, inutile d'insister, je ne vous l'enverrai pas, répondit Crésus qui avait toujours son rêve présent à l'esprit. Il vient juste de se marier et il a d'autres soucis en tête. Mais je vais vous envoyer ma meute et les meilleurs de mes hommes avec ordre de vous délivrer à tout prix de ce fléau. »

Cette réponse satisfit les Mysiens. Mais le fils de Crésus, mis au courant, protesta auprès de son père : « Autrefois, père, je pouvais à loisir me livrer aux deux plus nobles exercices : la guerre et la chasse. Mais, depuis quelque temps, je me vois interdire l'une et l'autre. Pourquoi ? Me trouves-tu lâche ? Je n'ose même plus circuler en ville ou me montrer à l'agora ! Pour qui vais-je passer, aux yeux de tout le monde ? Et aux yeux de ma femme ? Quel mari ai-je là, va-t-elle dire ! Père, je t'en supplie, laisse-moi partir à cette chasse, sinon explique-moi clairement tes raisons. — Mon fils, répliqua Crésus, je ne t'ai jamais trouvé lâche, et je n'ai absolument rien à te reprocher. Si j'agis ainsi, c'est qu'un rêve m'a révélé que tu devais mourir bientôt, blessé par une pointe en fer. Voilà pourquoi j'ai hâté ton mariage et je ne t'envoie pas à cette chasse. Je fais tout ce que je peux pour t'éviter le sort qui t'attend. Du moins tant que je vis. Je n'ai que toi, tu le sais. Ton frère, l'infirme, autant dire qu'il n'existe pas ! — Je comprends, père, toutes ces précautions. Pourtant, il y a une chose qui t'échappe, dans ce rêve, et te trompe : c'est un fer de lance, dis-tu, qui doit me frapper ? Mais as-tu jamais vu un sanglier avoir des mains et tenir une lance ? Si ton rêve avait parlé d'une défense de sanglier ou de quelque chose de ce genre, d'accord ! Mais il s'agit d'une lance ! Laisse-moi prendre part à cette expédition puisque je n'aurai à combattre qu'un vulgaire sanglier ! — Tu as peut-être raison, dit Crésus. Soit. Pars donc à cette chasse. »

Crésus envoya chercher alors le Phrygien Adraste. « Adraste, lui dit-il, au temps où tu étais sous les coups du Destin (et je ne te le reproche pas) je t'ai reçu chez moi, je t'ai purifié, j'ai subvenu à tous tes besoins. Permets-moi donc, à mon tour, de te demander un service. Je veux que tu veilles sur mon fils qui part à la chasse. Veille sur lui, au cas où vous feriez en chemin de mauvaises rencontres. Tu auras ainsi un occasion de montrer ta bravoure ! Tu es de sang royal et tu n'es pas un gringalet ! — Roi, répondit Adraste, en d'autres circonstances, mon malheur m'aurait interdit de participer à ce genre de distraction. Je n'en ai vraiment aucune envie ! Mais je m'en voudrais, puisque tu me le demandes, de te refuser un service. J'ai envers toi de nombreuses dettes à acquitter. Donc, je suis à tes ordres. Compte sur moi pour veiller sur ton fils. Si la chose ne dépend que de moi, il te reviendra sain et sauf ! »

L'expédition partit en Mysie. Ils arrivèrent près de l'Olympe, organisèrent la battue, réussirent à repérer le sanglier, à l'encercler et à le cribler de javelots. C'est à ce moment précis que l'étranger, au nom prédestiné d'Adraste, visa la bête avec son javelot, la manqua et frappa le fils de Crésus. Atys, touché par la pointe de l'arme, mourut comme le rêve l'avait annoncé. Un messager courut à Sardes pour annoncer la nouvelle au roi.

L'annonce de cette mort bouleversa Crésus. Mais ce qui l'impressionna le plus, c'est que le meurtrier fût précisément celui qu'il avait purifié d'un premier meurtre. Dans sa douleur et sa fureur, il invoqua Jupiter Purificateur, le prit à témoin de ce que lui avait fait son hôte, invoqua le dieu Protecteur du Foyer, le dieu de l'Amitié (c'est-à-dire Jupiter, sous d'autres noms). « Tu vois, dit-il au dieu, j'accueille un étranger dans mon palais, je le nourris, et lui, voilà qu'il tue mon fils ! Je lui demande, comme à un ami, de veiller sur lui, et il se comporte comme son pire ennemi ! »

Sur ce, les Lydiens arrivèrent avec le cadavre, suivis du meurtrier. Debout devant le corps, l'homme tendit les mains vers Crésus : « Égorge-moi, roi, égorge-moi sur ce cadavre ! Non content de tuer mon frère, je tue aussi le fils de celui qui m'a purifié ! A quoi bon vivre après tout cela ? — Mon hôte, lui dit Crésus, pris de pitié pour cet homme malgré sa propre douleur, si tu réclames toi-même ta propre mort, cela suffit à ma vengeance. Ce n'est pas toi le fautif, c'est un dieu qui s'est servi de toi, celui-là même sans doute qui m'a prédit en rêve ce qui devait arriver ! » Et Crésus fit enterrer son fils selon le cérémonial habituel.

Quant à Adraste, arrière-petit-fils de Midas, meurtrier de son propre frère, et meurtrier, pourrait-on dire, de celui qui l'avait purifié, il attendit que tout le monde fût parti et, lorsque le silence régna seul autour du monument d'Atys, ne voyant aucun autre homme aussi lourdement marqué par le Destin, il se suicida sur la tombe.

Il est facile de voir que l'histoire d'Adraste — dont le nom signifie l'Inévitable — est construite à la façon d'une véritable tragédie. Rêve prémonitoire, mort d'Atys au cours d'une partie de chasse, intervention d'un messager annonçant le malheur, lamentations de Crésus, arrivée des chasseurs portant le corps, cortège funèbre du héros, on a là un véritable scénario dramatique et primitif. La raison en est simple. Hérodote présente comme une histoire et un fait véridiques ce qui n'était qu'une légende religieuse avec représentation dramatique, à savoir l'enterrement du dieu phrygien Atys, divinité de la végétation dont la mort annuelle donnait lieu à des lamentations rituelles. Hérodote n'a donc pas menti, comme on l'a sottement écrit, il a confondu deux informations de caractère différent et pris pour argent comptant, *pourrait on dire, le récit d'une cérémonie funéraire rituelle. S'il est bon de le signaler dès maintenant, c'est que cette confusion se reproduira fréquemment, notamment dans ses récits égyptiens.*

Par la suite, le roi Crésus, prostré dans sa douleur, fut rappelé à l'ordre par l'expansion constante de l'empire perse, dont les frontières jouxtaient celles de la Lydie. Cyrus, le nouveau roi perse, s'en donnait à cœur joie à travers l'Anatolie et menaçait déjà les Lydiens. Crésus envoya alors des oracles à Delphes pour savoir ce qu'il devait faire et, trompé par la réponse évidemment ambiguë de la Pythie, décida d'attaquer Cyrus dans la grande plaine sise devant Sardes. Mal lui en prit car il fut aussitôt battu et Cyrus n'eut plus qu'à mettre le siège devant la capitale.

Prise de Sardes. Comment Crésus, condamné à être brûlé vif, échappa miraculeusement aux flammes.

Pour en revenir à la prise de Sardes, voici comment elle eut lieu. Au bout de quatorze jours de siège, Cyrus envoya des cavaliers proclamer dans toute l'armée que le premier qui parviendrait à escalader les remparts aurait une récompense. Tout le monde se mit aussitôt à la tâche, mais en vain. Seul un Marde, du nom d'Yriade, réussit l'escalade par la face la plus abrupte et la plus inaccessible de l'acropole où, pour cette raison même, il n'y avait jamais de sentinelle. C'était du reste le seul endroit où Mélès, un antique roi de Sardes, avait négligé de faire passer le lion né de sa concubine : « Si tu promènes ce lion tout le long des remparts, lui avaient prédit les Telmessiens, la ville de Sardes sera absolument imprenable. » Mélès avait donc promené son lion le long des murailles, partout où elles offraient une prise, sauf à l'endroit indiqué, trop abrupt pour être escaladé, et qui donne juste sur le Tmolos. Le Marde en question avait remarqué la veille un soldat en train de descendre par cette face pour récupérer son casque qui avait roulé jusqu'en bas et remonter par le même chemin. Cela lui donna l'idée d'essayer ; quantité de Perses l'imitèrent et Sardes fut prise et livrée au pillage.

Quant à Crésus lui-même, voici quel fut son sort : il avait un fils — je l'ai déjà dit plus haut — doué de toutes les qualités, mais malheureusement sourd-muet de naissance. Au temps de sa splendeur, Crésus avait tout essayé pour le guérir. Il avait même consulté l'oracle de Delphes et la Pythie lui avait répondu :

Puissant roi des Lydiens, ne sois pas si puéril,
ne souhaite pas d'entendre en ton palais
la voix tant désirée de ton fils. Mieux vaut
qu'il reste silencieux, car le jour où tu l'entendras
sera celui de ton malheur.

Le jour de la prise de Sardes, un Perse, prenant Crésus pour un quelconque Lydien, s'avança vers lui pour le tuer. Crésus le vit, mais, dans l'excès de son malheur, ne daigna même pas se défendre et le laissa approcher. Alors son fils, à la vue du Perse, sous le coup de l'émotion et de la frayeur, retrouva la parole pour crier : « Homme, ne tue pas Crésus ! » Ce fut la première fois qu'il put parler et, par la suite, il conserva l'usage de la parole.

Les Perses s'emparèrent donc de Sardes, et Crésus, après un règne de quatorze ans et un siège de quatorze jours, fut pris vivant et fait prisonnier. Ainsi se réalisa la prophétie de l'oracle : Crésus avait renversé un grand empire : le sien ! Il fut conduit devant Cyrus qui fit dresser un grand bûcher. Crésus, chargé de chaînes, y monta avec quatorze jeunes Lydiens. Cyrus voulait-il les sacrifier à quelque dieu, comme prémices du butin ? Avait-il décidé de le faire depuis longtemps ? A moins que, sachant la piété de Crésus, il n'ait voulu voir si quelque dieu viendrait le délivrer des flammes ? Toujours est-il qu'il envoya Crésus au supplice. Et ce dernier, debout sur le bûcher, repensa brusquement à Solon et à la phrase si juste qu'il lui avait dite : « Nul mortel ne peut se dire heureux ! » Il poussa un profond soupir, garda un long moment le silence puis dit, trois fois : « Solon ! Solon ! Solon ! — Demandez-lui quel dieu il invoque ! » dit Cyrus à ses interprètes. Crésus resta un temps avant de répondre, puis finalement, il dit : « Ce n'est pas un dieu que j'invoque, c'est un homme ! Et j'aurais donné cher pour qu'il puisse rencontrer tous les autres rois de la terre ! » Personne, évidemment, n'y comprit rien. On lui ordonna de s'expliquer plus clairement. Crésus dut s'exécuter et raconta depuis le début la visite de Solon, les propos qu'il lui tint après avoir vu toutes ses richesses. « Et l'avenir lui a donné raison ! conclut Crésus. Ce n'était pas seulement pour moi qu'il parlait, mais pour tous les hommes, pour tous ceux qui se croient plus heureux que les autres ! » Pendant qu'il philosophait, le feu avait commencé à prendre au bûcher dont les extrémités brûlaient déjà. Quand on lui eut traduit les paroles de Crésus, Cyrus se prit à réfléchir : n'était-il pas un homme, lui aussi ? Et cet homme, qu'il livrait vivant aux flammes, n'avait-il pas autrefois connu richesse et puissance, comme lui-même aujourd'hui ? « Qui sait si je n'en serai pas réduit là, un jour ? se dit-il. La vie réserve tant de surprises ! » Et il ordonna aussitôt d'éteindre le feu et de délivrer Crésus et ses compagnons.

Mais il était trop tard. On eut beau faire, le feu ne voulait plus s'éteindre ! Alors, d'après les récits lydiens, Crésus, en voyant tout le monde s'affairer autour du bûcher, comprit que Cyrus avait changé d'avis, et il invoqua Apollon de toutes ses forces. Il lui rappela les splendides cadeaux qu'il lui avait faits, et le supplia de le tirer de cette mauvaise passe. Et au moment où, les yeux en larmes, il criait de toutes ses forces : « Apollon ! Apollon ! » des nuées s'amoncelèrent et crevèrent, dans le ciel jusqu'alors tranquille et sans nuages, et une pluie diluvienne éteignit les flammes ! Cyrus comprit que Crésus était un homme digne de ce nom et qu'il avait l'amitié des dieux. « Crésus, lui dit-il dès qu'il fut descendu du bûcher, qui t'a conseillé de marcher contre moi avec ton armée et d'agir en ennemi plutôt qu'en ami ? — Roi, c'est ma mauvaise étoile et c'est ta bonne étoile ! Le fautif, c'est ce dieu des Grecs qui m'a poussé à marcher contre toi. Quel homme, autrement, serait assez fou pour choisir de lui-même la guerre ? Dans la paix, les fils ensevelissent leurs pères, mais à la guerre, les pères ensevelissent leurs fils ! Si les choses ont tourné ainsi, c'est que sans doute les dieux l'ont bien voulu ! »

Cyrus fit délivrer Crésus de ses chaînes, lui dit de s'asseoir près de lui, et redoubla de gentillesse à son égard. Tout le monde, dans le camp perse, entourait Crésus et le regardait bouche bée. Lui, resta un moment sans rien dire, puis songea que les Perses étaient en train de piller Sardes, et dit à Cyrus : « Roi, puis-je te dire deux mots ou dois-je me taire ? — Parle, Crésus, ne crains rien. — Ces milliers de soldats, qui s'agitent là-bas avec tant d'ardeur, que font-ils ? — Ils pillent ta ville, Crésus, ils se partagent tes richesses. — Non, répondit Crésus, ce n'est plus ma ville, ce ne sont plus mes richesses qu'ils pillent. Ce sont les tiennes qu'ils emportent, c'est ta ville qu'ils détruisent ! »

Cette remarque rendit Cyrus soucieux. « Retirez-vous », dit-il à tous les assistants et, prenant Crésus à part : « Entre nous, as-tu quelque remarque particulière à me faire ? — Roi, fit Crésus, puisque les dieux m'ont remis entre tes mains comme esclave, n'est-il pas juste que je te signale des choses qui parfois peuvent t'échapper ? Les Perses sont d'une nature plutôt violente, et ce sont des gens pauvres. En ce moment ils se jettent sur d'immenses richesses. Dis-toi bien que celui qui en aura volé le plus se retournera tôt ou tard contre toi. Si tu veux un avis raisonnable, place des sentinelles à toutes les portes et ordonne-leur de prévenir les pillards que le dixième de ce butin doit être prélevé pour Jupiter. Ainsi, tu ne te rendras pas impopulaire en leur arrachant de force leur butin et eux l'accepteront plus volontiers puisque c'est pour Jupiter. »

Le site de Sardes est aujourd'hui encore un lieu peu visité. J'y arrivai en voiture un matin d'automne par un temps maussade, sur une route entièrement détrempée. Je ne sais pourquoi, un détail m'était toujours resté en mémoire du récit d'Hérodote sur la prise de Sardes : l'épi-

sode du casque qui roule des murailles et dévale la paroi presque à pic. Je voulais voir ce lieu. Je voulais mener l'enquête... avec quelque retard. Mais d'emblée, dès qu'on arrive à la grande vallée du site, le temple attire le regard: un temple géant, comme celui d'Aphrodisias en Carie ou celui de Baalbek au Liban, avec des colonnes debout et d'autres effondrées dans l'herbe ou sur l'esplanade. Tambours gigantesques comme les tronçons tranchés à vif du serpent Python aux origines du monde. Ils sont faits d'une pierre poreuse et grise où s'incrustent des coquillages. C'est un temple tardif, édifié par Alexandre le Grand à la déesse Artémis, à l'emplacement de l'ancien sanctuaire construit par Crésus. Je me promène le long de ces fûts wagnériens, touchant du doigt la pierre mouillée. Nuages bas sur la vallée et là-bas, sur la citadelle, au sommet d'une colline déchiquetée. Il ne reste rien de cette citadelle: des ombres de vestiges de ruines de murs, qui se confondent avec la pierre! Admettons que le casque a roulé là, entre ces deux pins agrippés à la paroi. Je reviens vers le temple. Il est véritablement attirant bien qu'on ne sache trop quel fantôme il convient de saluer ici: tant de rois s'y sont succédé... Je pense à un poème de Georges Séféris, lui aussi à la recherche de fantômes, écrit sur le site d'Asiné, en Grèce, près de Nauplie mais que maints détails rapprochent de ce lieu:

Le poète s'attarde à regarder les pierres et s'interroge:
Existe-t-il parmi ces lignes déchiquetées,
Ces crêtes, ces pics, ces courbes et ces creux,
Existe-t-il en ce lieu où se croisent
Les routes de la pluie, du vent et de l'usure,
Existe-t-il le mouvement du visage, la silhouette de la tendresse
De ceux qui ont diminué si étrangement dans notre vie...

Plus bas, un ruisseau aux eaux sales bruit entre les peupliers: le Pactole! Au lieu de paillettes d'or, il ne charrie plus que la boue jaune des pluies précoces. Mais on voit encore sur ses rives les vestiges des ateliers où Crésus faisait fondre en lingots les paillettes. Au fond, à part ce temple aux dimensions préhistoriques, il n'y a rien à voir à Sardes. Je veux dire, rien de tangible, rien qui étoffe les fantômes. Pourtant, je me sens bien ici en ce lieu où se mêlèrent deux continents, où s'unirent et se désunirent l'Orient et l'Occident. Zone de rencontre, de partage, de divorce aussi entre des éléments voisins et dissemblables lydiens, perses, grecs, romains, mais qui, comme ces rivages tièdes où apparut la vie, sont les plus chargés de sillages. L'Asie Mineure est bien ce rivage où ne cessent de s'affronter les ressacs culturels de l'Orient et de l'Occident. Et je me dis : qui étaient ces Lydiens qui aimaient les mêmes dieux que les Grecs puisqu'ils avaient ici un temple d'Artémis et qui, pourtant, parlaient une autre langue, une langue non identifiée qui n'était pas non plus le perse ? Car un détail de l'histoire de Crésus nous en informe précisément : quand il soupire sur son bûcher en songeant à son triste destin, Cyrus lui fait demander par ses interprètes quel dieu il invoque. Traduction laborieuse — et traduction laborieuse de la réponse — puisque le feu eut le temps de dévorer presque tout le bûcher ! Détail révélateur donc et qu'Hérodote nous transmet comme à son insu. Oui, qui étaient les Lydiens ? Des indo-européens, c'est certain. Marqués par la civilisation ionienne, c'est probable. Et qui avaient emprunté l'alphabet grec pour transcrire leur propre langue. C'est tout. Le reste, ces murailles, ces parois, ces nuages, cette pluie, ce paysage, l'ont absorbé. Ont-ils laissé des descendants ? Car enfin, ils n'ont pas disparu de la terre du jour au lendemain ! Ont-ils laissé des descendants ? Je bois un thé chaud, dans la maison du gardien du site. Nous sommes seuls autour d'un brasero. La pluie redouble. Il me regarde boire et moi, je regarde son visage jaune et ses yeux bleux. Les visages aussi sont des lieux de rencontre...

Conclusions sur la Lydie.
Ses merveilles et ses coutumes.
Le tombeau du roi Alyatte.
Comment les hommes ont inventé les jeux.

La Lydie ne contient guère de merveilles si l'on excepte les paillettes d'or qui proviennent du mont Tmolos et un monument qui surpasse absolument tous les autres, à part ceux d'Égypte et de Babylonie : il s'agit du tombeau d'Alyatte, le père de Crésus. Sa base est faite de pierres énormes, et tout le reste est en terre tassée. Ce monument fut élevé grâce à une souscription des petits commerçants, des artisans et des prostituées. A l'époque où j'y suis passé, on voyait encore les cinq bornes placées au sommet du tombeau ainsi que des inscriptions indiquant la contribution financière de chaque corporation. La plus importante fut celle des prostituées, car en Lydie toutes les filles se prostituent et réussissent à amasser une dot importante jusqu'au jour où elles se marient de leur plein gré. La circonférence du tombeau est de six stades et deux phlètres, sa largeur de treize phlètres. Il est situé près d'un grand lac qui, paraît-il, ne tarit jamais et qu'on appelle le lac de Gygès*.

Les Lydiens ont des coutumes presque semblables à celles des Grecs, si ce n'est qu'ils prostituent leurs filles. Ils furent également les premiers, autant que je sache, à frapper et à mettre en circulation de la monnaie d'or et d'argent, les premiers aussi qui eurent l'idée de faire du commerce de détail. Les jeux de société actuellement pratiqués en Grèce seraient, dit-on, de leur invention. L'origine des jeux remonterait à l'époque où les Lydiens colonisèrent la Tyrrhénie*. Voici à ce sujet la version lydienne : sous le règne d'Atys, une grande disette se déclara dans toute la Lydie. Au début, les Lydiens prirent leur mal en patience, mais, comme la situation s'éternisait, chacun rivalisa d'ingéniosité pour tromper sa faim. C'est à cette occasion qu'ils inventèrent les dés, les osselets, le ballon et quantité d'autres jeux, sauf celui des dames. « Celui-là, nous ne l'avons jamais inventé », disent-ils. Un jour sur deux, ils passaient leur temps à assurer leur subsistance, l'autre, ils jouaient toute la journée pour tromper leur faim. Ils vécurent ainsi pendant dix-huit ans. Mais la famine empirait, et le roi divisa tous les Lydiens en deux groupes et les tira au sort. L'un fut désigné pour rester en Lydie, l'autre pour s'expatrier, sous le commandement de Tyrrhénos, le fils du roi. Ce dernier groupe descendit à Smyrne, construisit une flotte ; ils y chargèrent tout ce qu'ils purent emporter et partirent sur les flots à la recherche d'une nouvelle patrie. Ils dépassèrent de nombreux pays, longèrent beaucoup de rivages, jusqu'au jour où ils arrivèrent en Ombrie où ils s'établirent. Ils en profitèrent aussi pour changer de nom et prendre celui de leur chef : Tyrrhénos. Telle est l'origine des actuels Tyrrhéniens.

Bref, pour conclure, la Lydie devint désormais une province perse.

Ces pages donnent l'impression de se dérouler à la façon d'un conte et pourtant la plupart des faits décrits sont exacts. Le tombeau d'Alyatte existe toujours à dix kilomètres de Sardes, dans la nécropole lydienne de Bin Tépé. Et cette monnaie, dont il attribue l'invention aux Lydiens, a commencé en effet à circuler en Lydie dès le VIIe *siècle. Les ressources aurifères du mont Tmolos et du fleuve Pactole* alimentaient suffisamment le Trésor lydien pour qu'il puisse battre monnaie. De là, celle-ci fut introduite en Perse où une tablette retrouvée à Persépolis* indique une date correspondant à 493 pour les premiers paiements effectués en numéraire par Darius. Les pièces plus anciennes — dont certaines ont été mises au jour dans les ruines du célèbre Artémision d'Ephèse — furent d'ailleurs frappées en Lydie avant le règne de Gygès. Les jeux, par contre, ne furent pas une invention des Lydiens. Les tombes égyptiennes de la XIIe dynastie (1800 av. J.-C.) contenaient déjà des jeux comme celui du* serpent mehen, *ancêtre de notre jeu de l'oie (les replis circulaires de ce jeu étant à l'origine ceux d'un serpent), et le* jeu de zenet, *ancêtre du tric-trac. Quant aux dames, ce jeu fut inventé par un Grec du nom de Palamède (tout au moins d'après la tradition grecque), au cours d'une disette survenue pendant le siège de Troie (les disettes furent décidément la source de bien des inventions !). Ce Palamède passait également pour avoir inventé la lettre upsilon (Y) en regardant un vol de grues, ce qui est un exemple admirable de la fonction symbolique chez l'homme ; mais ceci est une autre histoire...*

Ajoutons que les généalogies des rois lydiens données par Hérodote paraissent vraisemblables : vingt-deux rois Héraclides régnèrent à partir de 1192, et quatre rois Mermnades (Gygès, Ardys, Alyatte, Crésus) aux VIIe *et* VIe *siècles. Les premiers s'appelaient Héraclides parce qu'ils étaient censés descendre d'Héraclès. L'histoire légendaire de la Lydie débute en effet avec un certain Tmolos, personnage de nature agitée qui viola quelques nymphes et mourut en affrontant un taureau envoyé contre lui par la déesse Artémis. Son fils l'enterra sous la montagne à laquelle il donna son nom et qui était, au sens propre, une vraie mine d'or pour les Lydiens. Or, ce Tmolos avait une femme qui régna juste après sa mort et s'appelait Omphale. Et l'on sait qu'Héraclès passa trois ans de sa vie aux pieds d'Omphale. La suite de l'histoire se comprend aisément...*

« Il reste à voir, dit Hérodote, qui était au juste ce Cyrus qui réussit à détruire l'empire de Crésus et à étendre sa domination sur toute l'Asie. »

A l'époque où débute le récit d'Hérodote, les Mèdes, premiers habitants du pays (leur histoire plus détaillée figure dans l'index final) étaient devenus un peuple libre et puissant, grâce à un certain Dioque ou Deiocès (sans doute le roi mannéen Daiaukku mentionné par les* *textes cunéiformes). Ce Deiocès eut pour fils un roi du nom de Phraorte*, qu'on identifie avec le Khshatrita des chroniques assyriennes, et qui s'attaqua en effet à l'empire assyrien. Son fils Kyaxare lui succéda en 563, mais, l'année même où il monta sur le trône, des hordes scythes envahirent la Médie où elles s'établirent pendant vingt-huit ans. Ces faits sont confirmés par les chroniques assyriennes et par les fouilles effectuées sur place. L'invasion scythe eut lieu vers le* VIIe *siècle et s'étendit à toute la région du lac Urmiya. Par la suite, ces envahisseurs furent chassés vers 625 par le roi Kyaxare (d'une façon certainement différente de celle rapportée par Hérodote), mais certains durent demeurer dans le pays, comme vassaux ou alliés des Mèdes, car on a retrouvé en 1947 à Ziwiyé, en territoire mède, une tombe scythe royale qui livra de nombreux objets de factures scythe et mède. Mais revenons à Hérodote.*

La naissance et l'enfance merveilleuses de Cyrus. Un sinistre dîner offert par le roi Astyage. Comment est née la légende de Cyrus.

Les Scythes régnèrent vingt-huit ans sur l'Asie et leurs exactions ruinèrent le pays. Non contents d'extirper à chaque peuple des impôts exorbitants, ils se livraient à des razzias sur les biens qui restaient. Mais, un beau jour, Kyaxare* et ses Mèdes* en invitèrent chez eux un très grand nombre, les enivrèrent et les massacrèrent. Ainsi les Mèdes purent reprendre le pouvoir et régner sur leurs anciens sujets. Ils s'emparèrent de Ninive* (je raconterai comment dans un autre récit) et soumirent toute l'Assyrie à l'exception de Babylone*. Puis Kyaxare mourut, après un règne de quarante ans, y compris les vingt-huit années de l'occupation scythe.

Astyage, le fils de Kyaxare, succéda à son père. Une nuit, il fit un rêve : il vit sa fille, Mandane, uriner si abondamment que toute la ville, et même toute l'Asie, disparaissaient sous ce vrai déluge ! Il alla aussitôt trouver les Mages* qui sont spécialisés dans l'interprétation des rêves, et leurs explications le remplirent d'effroi. Si bien que, lorsque sa fille fut nubile, il ne la maria pas à un Mède. Il lui trouva un mari perse, du nom de Cambyse, homme d'une certaine naissance et d'une nature plutôt paisible, mais qui était loin d'égaler le premier Mède venu.

Mandane partit donc habiter en Perse, chez Cambyse. Mais Astyage, dans l'année, fit un deuxième rêve : il vit une vigne sortir du sexe de sa fille et s'étendre sur toute l'Asie. Il se fit expliquer ce rêve par les Mages, convoqua sa fille dans son palais, dès qu'elle fut sur le point d'accoucher, et la tint aussitôt sous bonne garde, bien décidé à se débarrasser de celui qu'elle allait mettre au monde. Les Mages ne lui avaient-ils pas prédit que l'enfant en question le chasserait du trône pour régner à sa place ? Il fallait parer au danger. Aussi, dès que Cyrus naquit, Astyage appela-t-il Harpage, son homme de confiance : « Harpage, lui dit-il, je vais te confier une mission délicate. Exécute-la soigneusement et ne t'avise pas d'écouter d'autres conseils. Ce serait signer ton arrêt de mort. Prends le nourrisson de Mandane, emporte-le chez toi, tue-le et débarrasse-toi du corps comme tu voudras ! — Roi, répondit Harpage, as-tu jamais eu, jusqu'à présent, à te plaindre de moi ? Pourquoi n'en serait-il pas de même dans l'avenir ? Puisque tu veux te débarrasser de cet enfant, compte sur moi, je t'obéirai à la lettre. »

Harpage prit donc le bébé, déjà paré pour la mort, rentra chez lui, tout en larmes, et raconta l'affaire à sa femme. « Que comptes-tu faire à présent ? demanda la femme — Tout, sauf obéir à Astyage ! Serait-il dix fois plus fou qu'il ne l'est déjà, jamais je ne me ferai le complice d'un tel crime ! J'ai du reste mille raisons pour cela. Ce garçon, au fond, n'est-il pas de ma famille ? Et puis Astyage est vieux, s'il vient à mourir et que sa fille monte sur le trône, que va-t-il arriver ? Elle n'ira sûrement pas me récompenser d'avoir tué son fils ! Non. Il faut évidemment que cet enfant disparaisse, mais je ferai exécuter la chose par d'autres ! »

Cela dit, il fit parvenir un message à un bouvier d'Astyage qui faisait paître ses troupeaux dans une région déserte, infestée de bêtes sauvages, un endroit rêvé pour les desseins d'Harpage ! Ce bouvier s'appelait Mithridate. Il vivait avec sa compagne, une femme du nom de Sphaco, ce qui, en mède, signifie : la chienne. Les pâturages en question se trouvaient sur les montagnes situées au nord d'Ecbatane, en direction du Pont-Euxin*. Toute cette région, proche du pays des Saspires, est montagneuse et très boisée. Le bouvier se présenta devant Harpage. « Le roi Astyage, dit Harpage au bouvier, te fait dire de prendre cet enfant et de l'abandonner dans un endroit désert pour qu'il y meure au plus vite. Sache par ailleurs que si tu t'avisais de lui désobéir et de soustraire ce nourrisson à la mort, tu périrais au milieu des pires tortures ! Je m'assurerai par moi-même que tu as bien exécuté mes ordres ! »

Le bouvier prit donc l'enfant et regagna ses enclos. Sa femme, qui devait accoucher d'un moment à l'autre, venait, par une coïncidence vraiment divine, de mettre au monde un fils en son absence. Et chacun, pendant cette séparation, de s'inquiéter pour l'autre : lui, pour sa femme qui devait accoucher, elle, pour son mari qu'Harpage avait convoqué d'urgence et qu'elle n'osait trop espérer revoir vivant ! Aussi, dès qu'il apparut, le pressa-t-elle de questions : « Alors, que te voulait Harpage ! — Femme, fit le bouvier, nos maîtres ont l'air d'avoir bien des ennuis ! J'en ai sûrement vu et entendu plus que je n'aurais dû ! Quand je suis arrivé chez Harpage, je n'en crus pas mes yeux : toute la maison était en larmes ! Et, à peine entré, qu'est-ce que je vois ? Un bébé, par terre, avec des bijoux en or et des langes — il fallait voir ça ! — et qui gigotait tant et plus ! Harpage, dès qu'il m'aperçoit, m'ordonne de prendre ce bébé séance tenante et d'aller l'exposer dans la montagne, dans un endroit bien rempli de bêtes sauvages ! « C'est, me dit-il, un ordre d'Astyage, et gare à toi si tu lui désobéis ! » Alors, j'ai pris l'enfant et je l'ai emporté. Sûrement, me suis-je dit, c'est un enfant de la maison ! Évidemment, à voir tous ces bijoux et ces langes qu'il avait sur lui, j'étais un peu étonné, mais c'est en route, seulement, que j'ai appris la vérité, par un domestique qui m'a accompagné un bout de chemin hors de la ville et m'a remis le bébé : sais-tu qui c'est ? C'est le fils de Cambyse et de Mandane, la fille d'Astyage ! Et c'est Astyage lui-même qui a donné d'ordre de le tuer ! Tiens, regarde-le ! » Et, en disant ces mots, le bouvier découvrit l'enfant et le montra à sa femme. A sa vue, la femme éclata en sanglots. Elle se jeta aux pieds de l'homme et le supplia de ne pas l'ex poser. « Impossible, fit le bouvier. Harpage va envoyer des gens à lui pour voir si l'enfant est bien mort, et gare à moi si je lui ai désobéi ! — Écoute, reprit la femme, en voyant qu'elle ne persuaderait jamais son mari, il y a un autre moyen : j'ai accouché, moi aussi, en ton absence, mais d'un enfant mort. Prends-le et expose-le. Et l'autre, le petit fils d'Astyage, sous l'élèverons comme s'il était à nous. Ainsi on ne pourra rien te reprocher, et nous-mêmes n'aurons pas de crime sur la conscience. Le mort aura une sépulture royale et l'autre conservera la vie. »

« Ce n'est pas bête du tout, ce qu'elle dit là », pensa le bouvier, et il suivit les conseils de sa femme : il prit le cadavre de son propre fils, auquel il passa les langes du premier, le plaça dans une corbeille et partit le déposer au fin fond des montagnes. Trois jours après, le bouvier laissa près du cadavre un de ses hommes et partit pour la ville trouver Harpage : « Tu peux venir vérifier toi-même que tes ordres sont exécutés, lui dit-il. Le bébé est mort. » Harpage envoya dans la montagne les plus sûrs de ses gardes qui s'en assurèrent par eux-mêmes et enterrèrent royalement le fils du bouvier. Et Cyrus fut élevé par Sphaco. Je dis Cyrus, mais, évidemment, il ne devait prendre ce nom que beaucoup plus tard. La femme, elle, le baptisa d'un nom quelconque.

Quand Cyrus eut dix ans, un incident fit découvrir sa véritable identité. Il jouait, sur la route, du côté des étables, avec des gamins de son âge. Et justement, ces gamins, pour leur jeu, avaient choisi comme roi celui que tout le monde, dans le village, appelait : le fils du bouvier. Il prit son rôle au sérieux, et distribua des tâches à tous ses « sujets » : les uns devaient lui bâtir un palais, d'autres être ses gardes, tel autre serait « l'œil du roi », son homme de confiance en quelque sorte, tel autre chef des messagers, etc. Mais l'un d'eux, le fils d'Artembarès, un Mède de la haute société, refusa d'obéir à Cyrus. Le « roi » le fit saisir, pour désobéissance, et fouetter sans ménagement. L'autre, furieux d'être ainsi traité, surtout par un fils de bouvier, courut trouver son père : « Regarde, lui dit-il, comment m'a traité le fils d'un bouvier ! » Artembarès, fou de rage, prit son fils avec lui et courut chez Astyage : « Regarde, roi, ce qu'un de tes esclaves, un vulgaire fils de bouvier, a osé faire à mon fils » lui dit-il en découvrant les épaules du garçon.

Astyage écouta, regarda et, pour faire plaisir à Artembarès, décida de venger son fils. Il fit appeler le bouvier et le coupable. « Comment oses-tu, dit-il à Cyrus, dès que l'autre comparut devant lui, comment oses-tu espèce de vaurien, frapper le fils d'un homme comme Artembarès ? — Maître, répondit Cyrus, je n'ai agi ainsi que par respect de la justice. Les enfants du village, dont il était lui aussi, ont inventé un jeu et m'ont nommé roi. Toute le monde m'a obéi, sauf lui... Alors, je l'ai puni. Si j'ai mal fait, punis-moi, je suis à tes ordres. »

Cette réponse fit une profonde impression sur Astyage qui commença à se douter de quelque chose : cet enfant avait un air de famille, sa façon de s'exprimer n'était pas celle d'un fils de bouvier, et son âge correspondait à celui qu'aurait eu Cyrus. Il en resta un bon moment le souffle coupé. Il fit un effort pour se ressaisir et dit à Artembarès : « Ne crains rien, Artembarès, toi et ton fils vous aurez tous deux satisfaction. » Artembarès s'en alla. Cyrus fut conduit dans une pièce du palais et Astyage resta seul avec le bouvier : « Où as-tu pris cet enfant et qui te l'a confié ? — C'est mon fils, répondit l'autre. Du reste, sa mère vit toujours. Elle est à la maison en ce moment. — Je vois qu'il va falloir employer les grands moyens », fit Astyage en faisant signe à ses gardes. Quand le bouvier vit qu'on allait le torturer, il avoua la vérité. Il raconta toute l'histoire depuis le début et supplia le roi de lui pardonner.

Dès qu'il sut la vérité, Astyage entra dans une telle colère contre Harpage qu'il en oublia complètement le bouvier. Il fit appeler Harpage. « Eh bien, lui dit-il dès que l'autre fut en sa présence, rappelle-moi, veux-tu, comment tu as tué l'enfant que je t'avais confié autrefois ? » L'autre, voyant le bouvier dans la pièce, comprit qu'il ne servirait à rien de ruser et avoua tout de suite. « Roi, quand tu m'as amené le bébé, je n'ai eu qu'une seule pensée en tête : comment obéir à tes ordres pour ne pas trahir ta confiance sans devenir pour cela un assassin ? Alors, j'ai eu une idée : j'ai fait venir ce bouvier, je lui ai remis l'enfant, et je lui ai dit : « Tue cet enfant, c'est un ordre du roi ! » C'est bien cela que tu m'avais dit, n'est-ce pas ? Donc, je lui remis le bébé en lui disant : « Tu vas aller l'exposer dans la montagne et tu ne le quitteras pas une seconde tant qu'il ne sera pas mort. Si jamais tu désobéis, gare à toi ! » Quand il vint me dire que l'affaire était réglée et que l'enfant était mort, j'envoyai aussitôt mes plus fidèles eunuques qui le vérifièrent par eux-mêmes et ensevelirent le cadavre. Voilà. »

Harpage avait dit tout ce qu'il savait. Astyage lui en voulut terriblement pour sa conduite, mais n'en laissa rien paraître et lui raconta simplement ce qu'il avait appris du bouvier. « Bah ! conclut-il. Finalement, tout est pour le mieux ! Cyrus n'est pas mort, et, dans le fond, je m'en suis toujours voulu de l'avoir fait mourir ! Ma fille ne voulait plus me voir ! Puisque tout finit bien, envoie ton fils faire connaissance avec notre jeune revenant, et viens dîner ici : j'offrirai, ce soir, un grand sacrifice aux dieux qui ont permis un tel dénouement ! » Harpage se prosterna, tout heureux que cette pénible histoire finît aussi bien ! Et, comble de chance, on l'invitait à dîner par-dessus le marché ! Il vola littéralement jusque chez lui, envoya au palais son fils unique, âgé de treize ans, en lui recommandant bien de faire tout ce qu'Astyage lui dirait, et il raconta l'histoire à sa femme.

Astyage, dès que le fils d'Harpage arriva, le fit saisir, égorger, couper en menus morceaux, passa les uns au four, mit les autres au court-bouillon, assaisonna le tout et le tint prêt pour le dîner. Quand tout le monde fut là, on présenta à chacun, y compris à Astyage, des plats de mouton, mais à Harpage on présenta les morceaux de son fils (sauf la tête, les pieds et les mains qui avaient été mis à part, dans une corbeille recouverte d'un linge). « Eh bien, Harpage, fit Astyage quand il vit que l'autre avait l'air rassasié, la chère était-elle bonne ? — Un vrai régal ! » répondit Harpage. Sur quoi, des serviteurs, désignés pour cette tâche, lui présentèrent la corbeille couverte. « Découvre-la, lui dirent-ils, et choisis ce que tu veux. » Harpage obéit, enlève le linge, voit les restes de son fils. Mais, dans un suprême effort, il parvient à se dominer et reste imperturbable. « Eh bien, Harpage, as-tu compris de quelle viande tu t'es régalé ? — Certes, mon roi. Mais rien de ce qui vient de toi, tu le sais, ne saurait m'être désagréable. » Et, ce disant, il prit les restes de son fils et rentra chez lui pour, j'imagine, leur donner une sépulture décente. Tel fut le châtiment d'Harpage.

Restait à résoudre la question de Cyrus. Astyage convoqua les Mages (ceux-là mêmes qui, autrefois, avaient interprété son rêve) et les interrogea de nouveau. Les Mages lui redonnèrent la même explication : « Ce rêve signifie que l'enfant est destiné à régner s'il ne meurt pas entre-temps. — Eh bien, leur révéla le roi, cet enfant existe, il vit toujours. Il a été élevé à la campagne, et les gamins de son village l'ont élu roi. Et lui, il s'est comporté exactement comme un roi : il s'est choisi des gardes, il a désigné des messagers, bref, il a régné. Que pensez-vous de tout cela ? — Puisque l'enfant vit, répondirent les Mages, et qu'il a régné sans l'avoir spécialement cherché, tu n'as plus rien à craindre. Tu peux dormir tranquille. Il ne régnera pas une seconde fois. Les oracles — et à plus forte raison les rêves — ne concernent parfois que des vétilles ! — Je suis le premier à le croire, Mages. Puisque cet enfant a été élu roi, je pense que le rêve s'est accompli et que je n'ai plus rien à craindre. Dites-moi simplement ce que je dois faire à présent. Réfléchissez-bien, car il y va de mon intérêt... et du vôtre ! — Nous sommes les premiers, nous autres Mèdes, à avoir tout à gagner à ce que tu restes roi ! Si le pouvoir revenait à cet enfant, qui est perse, ce pays cesserait de nous appartenir, et nous deviendrions de simples étrangers. Avec toi, au contraire, nous nous sentons chez nous et jouissons des plus grands honneurs. C'est donc notre intérêt de veiller sur toi et sur ton empire. Si le moindre danger te menaçait réellement, nous serions les premiers à t'en avertir. Mais tu vois bien que ce rêve ne concernait qu'une peccadille ! Tu n'as plus rien à craindre de Cyrus. Expédie-le donc en Perse, chez ses vrais parents ! »

C'est tout ce que désirait Astyage. Ravi, il appela Cyrus et lui dit : « Mon enfant, je me suis très mal comporté avec toi, mais c'était à cause d'un cauchemar ! Tout ceci est passé à présent ! Tu as été protégé par le sort. Rentre donc chez toi, en Perse. Une escorte t'y conduira. Tu y trouveras un père et une mère qui te changeront un peu du bouvier et de sa femme. » Et il congédia Cyrus.

Quand Cyrus arriva chez Cambyse, il fut accueilli comme un véritable revenant et choyé tant et plus ! On lui fit raconter son histoire, et Cyrus expliqua tout : il avait toujours cru être le fils du bouvier, et ce n'est qu'en cours de route, une fois parti d'Ecbatane, que les gens de son escorte lui avaient tout expliqué. Il raconta comment il avait été élevé par la femme du bouvier, et il n'arrêtait pas de faire son éloge. Cette Sphaco, il n'avait que son nom sur les lèvres ! Ses parents en furent frappés et, pour que l'exceptionnel destin de leur fils parût davantage encore l'œuvre des dieux, ils répandirent le bruit que Cyrus avait été nourri et sauvé de la mort par une chienne. C'est ainsi que naquit sa légende.

Comment Cyrus se révolta et devint roi de Persc. La vengeance d'Harpage. Comment les Perses régnèrent définitivement sur toute l'Asie.

Cyrus grandit et devint un homme, le plus brave et le plus séduisant des jeunes gens de son âge. Harpage le comblait de cadeaux pour s'en faire un allié, car il avait à cœur de se venger d'Astyage. A lui tout seul, il ne pouvait rien, mais Cyrus, qui avait autant de raisons que lui d'en vouloir à Astyage, était un allié tout trouvé. Depuis longtemps, d'ailleurs, Harpage s'était attelé à la même tâche : il avait « travaillé » séparément chaque notable mède qui avait telle ou telle raison personnelle d'en vouloir au roi, pour le persuader de renverser Astyage et de passer dans le camp de Cyrus. Quand tout fut bien au point, Harpage prévint Cyrus, en Perse. Mais toutes les routes étant surveillées, il dut recourir au stratagème suivant : il prit un lièvre, le vida en prenant bien soin de ne pas toucher à sa fourrure; il plaça dans le ventre une lettre où il expliquait tout à Cyrus, recousit le ventre de l'animal, le mit dans un filet de chasseur et confia le tout à un de ses hommes qu'il envoya en Perse. « Dis bien à Cyrus, lui recommanda-t-il, d'ouvrir l'animal lui-même, sans aucun témoin. » Ce qui fut fait. Cyrus prit le lièvre, l'ouvrit, trouva la lettre et la lut: « Les dieux, fils de Cambyse, ont toujours l'œil sur toi. Tu es vraiment sous leur protection. N'hésite donc pas à te venger d'Astyage, ton meurtrier. Si la chose n'avait dépendu que de lui, il y a longtemps que tu serais mort! Mais grâce aux dieux (et un peu aussi grâce à moi) tu as survécu. Tu dois savoir tout cela depuis longtemps, j'imagine. Tu dois savoir aussi ce que j'ai enduré pour t'avoir remis au bouvier au lieu de te tuer. Si tu veux régner bientôt sur l'empire d'Astyage, soulève les Perses et marche avec eux contre les Mèdes. Que ce soit moi ou un autre général qui soit à la tête de l'armée mède, peu importe; de toute façon, c'est toi qui auras la victoire. Les Mèdes n'attendent que cette occasion pour renverser Astyage et passer dans ton camp. Ici, tout est en place. On n'attend plus que toi. Agis sans tarder. »

Quand il eut fini sa lecture, Cyrus réfléchit aux meilleurs moyens de soulever les Perses. Il en trouva un qu'il mit aussitôt à exécution. Il rédigea une lettre, soi-disant écrite par Astyage, convoqua tous les Perses et ouvrit devant eux la lettre en question: « Perses, déclara-t-il, Astyage, dans cette lettre, me nomme général de Perse! Dans ces conditions, présentez-vous ici, demain, chacun avec une faux. » De toutes les innombrables tribus qui composent la Perse, Cyrus convoqua surtout les plus importantes, c'est-à-dire les Pasargades, les Marsaphiens, les Maspiens (la plus célèbre est celle des Pasargades d'où est issue la grande famille des Achéménides). Les autres tribus comprenaient les Panthialiens, les Dérousiens, les Germaniens, tous sédentaires, et les tribus nomades des Daens, des Mardes, des Dropiques et des Sagartiens.

Tous ces Perses se présentèrent donc à l'endroit indiqué, chacun avec une faux. Le lieu du rendez-vous était une sorte d'immense terrain plat de dix-huit à vingt stades carrés, entièrement couvert de ronces. « Vous allez, leur dit Cyrus, défricher tout cet endroit aujourd'hui même, et vous reviendrez demain à la même place, pour festoyer tous ensemble! » Entre-temps, il égorgea une énorme quantité de chèvres, de moutons et de bœufs, les fit préparer pour le dîner, sans oublier les vins et beaucoup d'autres plats succulents. Le lendemain, les Perses revinrent, s'installèrent dans la prairie et s'en donnèrent à cœur joie. « Soldats perses, leur dit Cyrus à la fin du banquet, que préférez-vous ? Les travaux d'hier ou ceux d'aujourd'hui ? — Ça ne se compare pas ! répondirent en chœur tous les hommes. Autant la tâche était dure hier, autant elle est douce aujourd'hui ! — Eh bien, Perses, enchaîna Cyrus, je vous propose un choix : si vous m'écoutez, cette vie de banquets continuera toujours ! Sinon, la vie d'hier recommencera, pire qu'avant ! Si vous voulez devenir des hommes libres, écoutez-moi donc ! Je sens que les dieux m'ont désigné pour remplir cette mission. Vous valez largement les Mèdes, dans tous les domaines et surtout à la guerre. Ne perdons pas une minute, soulevons-nous contre Astyage ! »

Les Perses ne se le firent pas dire deux fois. Puisqu'ils avaient enfin un vrai chef, il était grand temps de se débarrasser des Mèdes. Astyage, dès qu'il apprit les intentions de Cyrus, lui envoya un messager pour le convoquer. Le messager revint avec cette réponse : « Oui, Astyage, je serai bientôt dans ton palais, et même plus vite que tu ne le désires. » Sans perdre une minute, Astyage arma les Mèdes et, au mépris de tout bon sens, plaça à leur tête Harpage en personne ! Les armées se rencontrèrent. Le combat s'engagea. Quelques Mèdes se battirent (ceux qui n'étaient pas au courant du complot), mais presque tous passèrent chez les Perses ou préférèrent purement et simplement s'enfuir ! L'armée mède ne fit vraiment pas long feu !

Astyage entra dans une rage folle contre Cyrus. « Ne te réjouis pas trop vite, Cyrus ! » criait-il tout en faisant empaler les Mages qui lui avaient conseillé de renvoyer Cyrus en Perse. Il arma précipitamment tous les Mèdes valides qui restaient dans la ville, marcha contre l'ennemi, se fit battre, fut fait prisonnier et perdit tous les Mèdes qu'il avait menés au combat.

Dès qu'Astyage fut capturé, Harpage bondit vers lui et donna libre cours à sa joie et à ses sarcasmes : « Eh bien, Astyage, lui cria-t-il, entre autres paroles amicales, que penses-tu de la captivité ? Cela te change un peu de la royauté ? Je vais pouvoir enfin te remercier de l'excellent dîner que tu m'as servi un jour avec les chairs de mon fils ! » Astyage leva les yeux vers Harpage : « Dois-je comprendre que tu approuves l'entreprise de Cyrus ? — Non seulement je l'approuve, mais c'est même moi qui ai tout organisé ! — Alors tu es encore plus sot et malfaisant que je ne le croyais ! Faut-il que tu sois sot pour avoir préparé le chemin du trône à un autre quand tu pouvais le faire pour toi-même ! Et faut-il que tu sois malfaisant pour avoir réduit toute la Médie en esclavage à cause d'un malheureux dîner ! Si tu voulais absolument changer de roi, pourquoi n'as-tu pas choisi un Mède pour me remplacer ? A présent, voilà les Perses à la tête de la Médie, et les Mèdes à tout jamais leurs esclaves ! »

C'est ainsi qu'Astyage fut chassé du trône, après un règne de trente-cinq ans, et que les Mèdes perdirent la domination de l'Asie, sur laquelle ils avaient régné pendant cent vingt-huit ans, y compris les vingt-huit ans de l'occupation scythe. Évidemment, ils regrettèrent ce qu'ils avaient fait et se révoltèrent par la suite contre Darius. Mais la révolte échoua, et ils devinrent à jamais les sujets des Perses. Et l'Asie, définitivement, passa aux mains de ces derniers. Quant à Astyage, Cyrus le garda auprès de lui, sans le maltraiter, jusqu'à sa mort. Telle fut l'histoire de Cyrus, l'histoire de sa naissance, de son éducation, de la façon dont il prit le pouvoir. Par la suite, comme nous l'avons vu au début, il soumit le roi Crésus et régna dès lors sur l'Asie entière.

La vie de Cyrus, telle que la rapporte Hérodote, contient nombre d'éléments vraisemblables et d'autres qui le sont moins. Son enfance notamment appartient tout entière au domaine du merveilleux : songe prémonitoire, exposition dans la forêt, naissance providentielle d'un enfant du même âge, tout concourt à en faire un conte, voire un mythe. L'enfance de Cyrus reproduit en effet celle des héros mythiques les plus célèbres : Persée, Œdipe, Énée, Romulus et Rémus, tous sauvés de la terre ou des flots par une intervention miraculeuse de la divinité. L'apparition de tels héros inaugure en général sur la terre la venue d'un nouveau cycle cosmique ou historique, en l'occurence, ici, l'avènement des Perses.

Par la suite, Xénophon accentuera, dans sa Cyropédie *ou* Éducation de Cyrus, *l'aspect moral de la légende. Il fera de Cyrus le modèle du prince juste et généreux. Platon lui-même, en puisant à des sources manifestement différentes de celles d'Hérodote, tiendra lui aussi le roi perse pour un souverain éclairé, dont il vantera dans* les Lois *la clémence et la modération. On voit combien les écrivains et philosophes grecs avaient des Perses une vue toute différente de celle de l'homme de la rue — disons plutôt de l'homme de l'agora. « C'est un fait que les Perses, écrit Platon, tinrent sous le règne de Cyrus le juste milieu entre la servitude et la liberté... Et si quelque Perse s'avérait intelligent et capable de fournir de bons avis, le roi, exempt de toute jalousie, donnait une entière liberté de parole et de grandes distinctions honorifiques à quiconque lui fournissait d'utiles avis, et lui offrait le moyen de mettre en lumière ses capacités intellectuelles pour le plus grand bien de tous. De sorte qu'en ce temps-là tout était en progrès chez eux, grâce à cette liberté, à cette amitié et à cette collaboration.»*

La seconde partie du récit d'Hérodote, consacrée à la victoire de Cyrus sur Astyage et à la fin de la domination mède sur la Perse, est historiquement la plus sûre. La défaite et la fin d'Astyage sont confirmées par une chronique babylonienne du temps qui indique «qu'Astyage rassembla son armée et marcha contre Cyrus qui se rendit immédiatement à Ecbatane (capitale du royaume mède) et s'empara des trésors de la ville». Cyrus s'attaqua ensuite à la Lydie et prit la ville de Sardes avec le roi Crésus. Après quoi, il se tourna vers Babylone. Mais Hérodote s'arrête un instant sur ces Perses, nouveaux venus sur la scène de l'histoire, avant de suivre Cyrus dans les déserts de Mésopotamie. Et il découvrira, chez ce peuple tenu encore, quand il le visita, pour l'ennemi héréditaire de la Grèce, d'étranges qualités morales et religieuses, un amour profond pour les fleuves, une haine tout aussi profonde des mensonges... et des dettes, puisque «celui qui est couvert de dettes finit fatalement par mentir».

Coutumes des Perses.
Comment les Perses traitent leurs affaires.
Comment ils éduquent leurs enfants.
Pourquoi un Perse ne ment jamais.

Venons-en à présent aux coutumes des Perses, à celles du moins que j'ai pu observer. En Perse, les dieux n'ont droit à aucune statue, à aucun temple, à aucun autel. Mieux: les Perses traitent de fous tous ceux qui en construisent. Sans doute les dieux sont-ils, à leurs yeux, d'une autre essence que les hommes. Les Perses offrent des sacrifices à Jupiter au sommet des montagnes (Jupiter, pour eux, c'est l'ensemble de la voûte céleste), ainsi qu'au Soleil, à la Lune, à la Terre, à l'Eau, au Feu et aux Vents. Ces dieux-là, leur culte remonte à la nuit des temps. Mais ils sacrifient aussi à Vénus Céleste, depuis qu'ils l'ont vu faire aux

Assyriens et aux Arabes. Vénus se dit Mylitta en assyrien, Alilat en arabe, et Mitra en perse.

Le rituel de ces sacrifices est des plus simples : autel, feu, libations, flûtes, bandelettes, orge sacrée, tout cela est inconnu en Perse ; celui qui veut sacrifier une victime à un dieu conduit l'animal dans un lieu non souillé, place une couronne (de myrte, la plupart du temps) sur sa tiare et invoque le dieu. Il ne viendrait à l'idée de personne, en Perse, d'invoquer un dieu pour son compte personnel. Chaque sacrificateur le fait toujours au nom de toute la communauté et au nom du roi. Après quoi, il découpe la victime, la fait cuire, prépare un lit de verdure (du trèfle, en général) sur lequel il dépose les morceaux. Il y a toujours un Mage qui assiste à ce genre de cérémonie. Ce Mage chante ce que l'on appelle, en Perse, une « théogonie », et le sacrificateur, au bout d'un petit moment, rentre chez lui avec les viandes.

L'anniversaire d'une naissance est toujours, en Perse, considéré comme un grand jour. On sert, ce jour-là, un repas plus copieux que d'habitude, comprenant, du moins chez les riches, un bœuf, un chameau, un cheval ou un âne, rôtis tout entiers au four. Les pauvres, eux, font rôtir un agneau ou un chevreau. Les repas perses comportent en général très peu de plats de résistance, mais, en revanche, une véritable avalanche de desserts. Ce qui leur fait dire qu'en Grèce, quand on se lève de table, ce n'est nullement parce qu'on n'a plus faim, mais simplement parce qu'il n'y a plus rien à manger. « Apportez-leur un dessert, disent-ils en parlant des Grecs, et vous verrez s'ils ne le mangeront pas ! » Les Perses sont assez portés sur le vin. Il est interdit en Perse de vomir et d'uriner en présence de quelqu'un. Telles sont, en gros, leurs coutumes. Ajoutons qu'il est de tradition, chez eux, de traiter en buvant les affaires les plus sérieuses. Quand ils ont pris ainsi une décision, l'hôte chez qui la réunion a eu lieu remet la décision aux voix, le lendemain, quand ils sont dégrisés. S'ils l'approuvent toujours, on s'en tient là, sinon on y renonce. Inversement, les affaires qu'ils traitent à jeun, ils les remettent en question au milieu des beuveries.

Quand deux Perses se rencontrent sur une route, leur comportement varie selon leur rang : s'ils sont de même rang, ils s'embrassent sur la bouche ; si l'un d'eux est d'un rang légèrement inférieur, ils s'embrassent sur les joues ; si l'un, enfin, est nettement inférieur à l'autre, il met un genou à terre et s'incline. Les peuples qu'ils estiment le plus sont ceux qui vivent le plus près d'eux (après eux-mêmes, cela va sans dire), puis les plus proches voisins des premiers, et ainsi de suite. Leur estime décroît à mesure qu'augmentent les distances. Inutile de dire que les peuples qui habitent aux extrémités de la terre ont droit à tout leur mépris ! Comme ils se croient eux-mêmes bien au-dessus de tous les autres peuples, ils n'estiment ces derniers que dans la mesure où ils ont quelque point commun avec eux et, donc, les plus éloignés leur semblent les moins recommandables. Du temps de la domination mède, il existait même une véritable hiérarchie des distances : les Mèdes commandaient à tout le monde et, entre autres, à leurs plus proches voisins qui commandaient eux-mêmes aux peuples limitrophes, et ainsi de suite. Telles sont les lois de l'estime et de l'autorité en Perse. Plus on s'éloigne du centre, plus estime et autorité diminuent.

Les Perses acceptent pourtant très volontiers les coutumes étrangères. Ainsi, ils ont adopté le vêtement mède qu'ils trouvaient plus beau que le leur, et, pour le combat, les cuirasses égyptiennes. Toutes les formes de plaisir dont ils ont pu entendre parler un peu partout sont chez eux les bienvenues. Ainsi, ils ont pris aux Grecs l'habitude de coucher avec de jeunes garçons. Les Perses ont des femmes légitimes et des concubines.

Ce qui fait, pour un Perse, tout le mérite d'un homme, après la bravoure, c'est le nombre de ses enfants. Chaque année, le roi offre des récompenses à ceux qui en ont le plus, car, pour les Perses, le nombre fait la force. De cinq à vingt ans, on n'apprend aux enfants que trois choses : monter à cheval, tirer à l'arc et dire la vérité. Le père ne voit jamais son fils jusqu'à l'âge de cinq ans. L'enfant reste avec les femmes, afin que, s'il meurt entre-temps, son père n'en éprouve aucun chagrin. Ce que je trouve très juste.

Je trouve également très bien, en Perse, que personne n'ait le droit de faire exécuter quelqu'un qui a commis une faute. Au lieu de céder sans réfléchir à sa colère ou à ses impulsions, on pèse d'abord les méfaits et les bienfaits du coupable, et on ne le condamne que si les premiers l'emportent. « Personne, en Perse, m'a-t-on dit, n'a encore tué son père ni sa mère. Si on étudiait à fond les prétendus crimes de ce genre, on s'apercevrait qu'il s'agit d'enfants supposés ou adultérins, car il est contraire aux lois de la nature qu'un enfant tue ses parents. »

Du reste, non seulement il est interdit de tuer, mais il est même interdit d'en parler. Pour les Perses, le pire des défauts, c'est de mentir. Ensuite, vient le fait d'avoir des dettes, pour cette simple raison, m'ont-ils dit, que celui qui est couvert de dettes finit fatalement par mentir.

Si quelqu'un attrape la lèpre ou la maladie blanche, il est relégué hors des villes, loin de tout contact avec autrui. « S'il a attrapé la lèpre, disent-ils, c'est qu'il a dû commettre une faute envers le Soleil. » Tout étranger atteint par la lèpre est de même refoulé dans sa patrie. Même les pigeons blancs sont chassés du pays.

Les Perses n'urinent jamais dans les fleuves, ils n'y crachent jamais, ne s'y lavent jamais et ne supportent pas de le voir faire à d'autres, car ils ont pour les fleuves une extrême vénération.

Il y a une chose que j'ai remarquée en Perse et à laquelle personne, ici, n'a fait attention : les noms des gens qui appartiennent à la haute société ou qui possèdent telle ou telle qualité physique se terminent toujours par la même lettre : le *san* des Doriens, le *sigma* des Ioniens. Vous aurez beau chercher, vous ne trouverez pas une seule exception à cette règle.

Tout ce que je viens de dire sur les coutumes perses est absolument authentique. J'ai eu, là-dessus, des témoignages précis. Mais, sur les enterrements, je ne peux rien affirmer de certain, car ils sont secrets. Il paraît qu'en Perse on n'enterre jamais un cadavre avant qu'un oiseau ou un chien ait commencé à le lacérer. Effectivement, les Mages (chez qui tout se passe au grand jour) enterrent ainsi leurs morts. La seule chose certaine, c'est que les Perses n'enterrent jamais un mort sans l'avoir d'abord enduit de cire.

Les Mages sont vraiment des gens à part. Ils sont très différents, notamment, des prêtres égyptiens qui ne tuent jamais d'êtres vivants, si ce n'est dans leurs sacrifices. Les Mages, au contraire, ne se gênent guère pour tuer tout ce qui vit, exception faite pour les chiens et les hommes. On dirait même qu'ils y prennent plaisir et tuent indistinctement fourmis, serpents, tous les animaux de la terre et de l'air. Mais laissons là toutes ces pratiques, quelle qu'en soit l'origine, et reprenons le fil de notre récit.

Ces pages d'Hérodote sur la Perse sont fort courtes, mais d'un grand intérêt. Bien qu'il contienne nombre d'erreurs et de lacunes (notamment sur les pratiques religieuses), ce récit s'avère bien documenté et surtout remarquablement impartial. Est-il besoin de préciser qu'au lendemain des guerres Médiques les Perses étaient peu appréciés des Grecs, et que les fables les plus extravagantes continuèrent de courir en Grèce sur leurs mœurs et sur leur barbarie ? Hérodote fait justice de toutes ces légendes et présente les Perses comme un peuple éminemment civilisé, doté de coutumes et nanti de principes souvent meilleurs que ceux des Grecs (en matière d'éducation notamment), au point que des écrivains et philosophes comme Xénophon et Platon ne cesseront de les citer en exemple.

Il est hors de question de reprendre en détail le texte d'Hérodote. Certains aspects de la vie perse — mal compris ou mal décrits — méritent cependant d'être précisés. Il est faux de dire, par exemple, que les dieux perses n'avaient pas de statues ou d'images. Le dieu suprême du panthéon iranien, Ahuramazda ou Ormazd — celui qu'Hérodote appelle Jupiter —, figurait sur nombre de bas-reliefs, planant dans le ciel en déployant ses ailes. On peut le voir à Persépolis, dans les ruines de la salle aux Cent Colonnes, au-dessus du roi Artaxerxès 1er ; on peut le voir aussi sur le bas-relief rupestre de Bisûtûn, au-dessus de Darius. Cette représentation d'Ahuramazda, empruntée d'ailleurs aux Assyriens, était fréquente en Perse, et il est étonnant qu'Hérodote ne l'ait jamais rencontrée. Il commet également une erreur en mentionnant Mitra comme déesse, alors qu'il s'agit d'un dieu mâle, de nature solaire. La Vénus perse ne s'appelait pas Mitra mais Anahita. Il n'empêche que la confusion d'Hérodote n'est pas aussi grave qu'on le pense. Dans un livre intitulé La Grande Déesse*, Jean Przyluski a montré que les Perses durent, aux temps archaïques et jusqu'à l'époque d'Hérodote, associer la déesse ouranienne Anahita et le dieu solaire Mitra (ou Mithra) sous forme de divinité androgyne. Il ne s'agit donc pas d'une erreur à proprement parler, de la part d'Hérodote, mais d'une indication intéressante sur un aspect de la religion perse disparu à l'époque classique. « Nous critiquons toujours Hérodote à partir du peu que nous savons, écrit Przyluski, et nous oublions que, sans lui, nous ne saurions presque rien. »

Fort intéressantes sont également ses remarques sur les rites funéraires des Perses et les coutumes des Mages. « On ne voit rien qui empêche d'admettre, écrit E. Benvéniste dans son essai Les Mages dans l'ancien Iran*, que les Mages étaient, comme l'affirme Hérodote, une tribu mède, un groupement de familles auxquelles étaient dévolus certains privilèges héréditaires, d'ordre politique et religieux ». De nombreuses religions coexistaient en Perse, le pouvoir royal s'étant toujours montré très tolérant dans ce domaine. La religion traditionnelle — basée sur l'Avesta, livre sacré des anciens Iraniens — était propre aux Perses : elle se traduisait, entre autres, par ces rites d'inhumation avec ébauche d'embaumement (on enduisait le cadavre de cire). L'usage d'exposer les morts aux rapaces dans ces dakhmas ou « tours *du silence», qui intriguèrent si longtemps les voyageurs, était propre, lui, aux peuples septentrionaux, particulièrement aux Mèdes. C'est pourquoi les Mages le pratiquaient et continuèrent de le faire jusqu'à l'époque sassanide. Cet étrange rite funéraire se poursuivit d'ailleurs hors d'Iran, après l'invasion arabe, chez les Parsis des Indes, secte zoroastrienne réfugiée à Bombay.*

Malgré ces témoignages et renseignements de première main, l'intérêt du récit d'Hérodote, à mon sens, réside surtout dans l'impartialité dont il fait preuve à l'égard des Perses. On ne les a guère connus pendant longtemps qu'à travers des auteurs grecs qui n'eurent pas tous la largeur de vues d'un Platon ou d'un Xénophon. Leurs récits — influencés par le tragique souvenir des guerres Médiques — les dépeignaient comme un peuple barbare, avide de conquête. Aujourd'hui encore l'enseignement officiel de l'Université présente trop souvent ces guerres comme la victoire de la civilisation sur la barbarie. Il semble que la vérité soit plus nuancée. Les découvertes archéologiques des cinquante dernières années et le déchiffrement des textes et inscriptions achéménides ont révélé l'existence d'une civilisation raffinée, empreinte de libéralisme, ouverte sans aucune restriction aux influences étrangères jugées bénéfiques. On voit d'ailleurs, par les réflexions d'Hérodote, si empreintes de curiosité et d'intérêt, combien les rapports avaient évolué depuis les guerres Médiques. A partir du temps d'Hérodote, et grâce à lui j'en suis persuadé, les Grecs se mettent à découvrir les Perses, voire à les imiter, à constituer même à Athènes un parti politique properse. On est bien loin — on est même exactement aux antipodes — d'un quelconque impérialisme grec en Perse! Si l'on a généralement peu mentionné cette orientation nouvelle, cette véritable ouverture des Grecs à l'égard de la Perse, c'est que l'Université continue de juger cette époque et ces relations à partir de témoignages et d'archives purement grecques. Mais il existe un ouvrage, pratiquement inconnu, d'un historien iranien sur les relations entre les deux peuples, ouvrage intitulé Les Grecs et les Barbares* *d'Amir Mehdi Badi qui donne un point de vue très intéressant sur ce problème et fait justice de tous les clichés et les lieux communs qui encombrent encore la cervelle des universitaires. L'auteur y mentionne entre autres la liste des Grecs illustres qui cherchèrent refuge en Perse, à la cour du Grand Roi, à différentes époques. On y découvre avec étonnement Miltiade, le vainqueur de Marathon; Thémistocle, le vainqueur de Salamine; Pausanias, le vainqueur de Platées; Ctésias de Cnide, logographe et «rival» d'Hérodote bien qu'il* *soit un peu plus tardif que lui et qui passa une grande partie de sa vie à la cour du roi Artaxerxès; Alcibiade en personne, l'enfant terrible de la démocratie athénienne; Xénophon, l'auteur de l'*Anabase, *qui servit d'ailleurs dans l'armée de Cyrus le jeune. Tous ces faits font évidemment réfléchir. Il semble bien qu'en réalité, l'empire perse n'ait cessé d'exercer une sorte de fascination sur l'intelligentsia grecque. Et cette attirance indiscutable éprouvée à l'égard de la civilisation achéménide par des hommes aussi différents que Thémistocle, Alcibiade, Platon et Pausanias ne peut s'expliquer, dit Amir Mehdi Badi, que «par la vitalité extraordinaire et le rayonnement continu d'une civilisation qui, depuis vingt-cinq siècles, a su subjuguer par ses vertus, par sa manière de vivre et par ses mœurs tous ceux, amis ou ennemis, qui ont appris à la connaître».*

Si donc les témoignages des historiens grecs sur les Perses sont si contradictoires, je crois que la raison de leur méprise est simple: chaque fois qu'ils eurent affaire aux Perses, ce fut sur un champ de bataille. L'on devine aisément que ce n'est pas là le meilleur terrain d'entente pour deux peuples. L'on devine tout aussi aisément qu'Hérodote, en visitant la Perse, en côtoyant son peuple, en participant à son existence quotidienne et pacifique, ne pouvait qu'en donner une image différente et plus juste. C'est évidemment la seule façon de juger un peuple et son niveau culturel. La ligne de partage entre la barbarie et la civilisation n'est jamais une frontière géographique passant entre deux peuples, mais une frontière morale à l'intérieur de chaque peuple, voire de chaque homme. Ni les Athéniens ni les Spartiates n'eurent rien à envier aux Perses en matière d'atrocités, de massacres et de déportations, dès qu'ils se furent trouvés sur un champ de bataille. Mais ces vérités élémentaires ne semblent guère admises par certains historiens puisque beaucoup d'entre eux continuent, aujourd'hui encore, de décrire la Perse antique à travers les inexactitudes et les partialités de témoignages portés il y a plus de deux mille ans, et jamais révisés depuis. Hérodote fut, là encore, le premier à lever le voile du mystère et à faire justice de bien des préjugés. Mais je voudrais signaler aussi deux remarques qui ont à mon avis leur importance bien qu'elles soient généralement passées inaperçues. La première, c'est cet «iranocentrisme» qu'Hérodote attribue aux Perses sans réaliser qu'il est lui-même atteint d'hellénocentrisme. Mais je crois qu'en cette époque, tous les peuples et toutes les ethnies avaient exactement cette conception. Chacune se tenait pour le centre du monde et de la civilisation, comme on le verra avec les Babyloniens, les Égyptiens, les Scythes... Dans cette perspective l'attitude grecque n'a donc rien de bien original, si ce n'est que les Grecs furent malgré tout les premiers à mettre parfois en question cette hiérarchie culturelle des distances.

La seconde remarque est la phrase d'Hérodote citant lui-même une réflexion perse : personne, en Perse, n'a encore tué son père ! Même si cette phrase n'est qu'une pure vantardise, le mode d'éducation perse (qui a tant frappé Hérodote) est peut-être pour quelque chose dans le fait qu'il y avait moins de parricide en Perse qu'en Grèce. L'habitude pour l'enfant de ne voir son père qu'à l'âge de cinq ans et donc de l'ignorer pendant la toute première enfance a-t-elle joué un rôle dans cette absence proclamée du complexe d'Œdipe ? Il est vrai qu'il eût fallu, ici, lui trouver une autre appellation mais qu'importe ! Je laisse cette réflexion à l'appréciation des pédagogues. Et j'en reviens à Hérodote.

Harpage conquiert l'Asie Mineure. Les errances des Phocéens. Les Cauniens. Comment ils expulsent les dieux étrangers. Les Pédasiens et leur statue prophétique.

Harpage, ce Mède auquel Astyage avait offert un si horrible repas, et qui s'en était vengé en faisant accéder Cyrus à la royauté, fut nommé général par ce dernier et chargé de s'emparer des villes d'Ionie. Sa technique de siège consistait à dresser d'énormes levées de terre jusqu'à hauteur des remparts, d'où il était facile d'attaquer les assiégés.

La première ville qu'il attaqua fut Phocée*. Les Phocéens comptent parmi les plus anciens navigateurs grecs. Ils entreprirent autrefois, sur des vaisseaux à cinquante rames (et non des vaisseaux ronds), des navigations lointaines et découvrirent notamment le golfe Adriatique, la Tyrrhénie, l'Ibérie*, Tartessos*. A Tartessos, ils devinrent très amis du roi Arganthone* qui régna quatre-vingts ans sur les Tartessiens et mourut à cent vingt ans. Ce dernier les adjura même de quitter l'Ionie et de venir s'établir définitivement dans son pays. Quand il vit que les

Phocéens ne se décidaient pas, et que les Mèdes approchaient de leur ville, il leur envoya de l'argent pour construire des remparts. Il dut en envoyer beaucoup, car ces remparts sont immenses et faits d'un bout à l'autre de pierres énormes et bien ajustées. Donc, Harpage fit approcher son armée, mit le siège devant Phocée et cria aux assiégés : « Abattez un seul de vos remparts, consacrez au Grand Roi une seule de vos maisons, et cela nous suffira ! — Laissez-nous un jour de réflexion, répondirent les Phocéens, qui n'avaient nulle envie de finir esclaves, et nous vous donnerons notre réponse. En attendant, éloignez vos troupes ! — Soit ! répondit Harpage. Mais dites-vous que je sais très bien où vous voulez en venir ! » Pendant qu'Harpage éloignait ses armées, les Phocéens mirent à l'eau tous leurs navires, y embarquèrent leurs femmes, leurs enfants, leur mobilier, les statues des dieux et les offrandes qu'ils enlevèrent des temples (à l'exception des inscriptions, tableaux et objets en bronze et en marbre), et firent voile vers l'île de Chio, abandonnant aux Perses une ville complètement déserte.

Les Phocéens négocièrent avec les gens de Chio l'achat des îles Oinousses, mais finalement les autres refusèrent, craignant que ces îles ne deviennent un centre commercial important qui éclipserait leur propre commerce. Ils firent voile alors vers Cyrnos*, où, vingt ans plus tôt, sur les conseils d'un oracle, ils avaient fondé la ville d'Alabia (le roi Arganthone était déjà mort, à cette époque). Mais, avant de mettre le cap sur Cyrnos, ils redébarquèrent à Phocée, juste le temps d'y massacrer la garnison perse laissée par Harpage. Après quoi, ils prêtèrent serment, en menaçant des pires malédictions quiconque déserterait leur expédition. Pour donner plus de poids à leur serment, ils jetèrent dans la mer un bloc de fer chauffé au rouge : « Tant que ce bloc restera au fond de l'eau, nous ne remettrons jamais les pieds à Phocée ! » Sur ce, ils s'apprêtèrent pour le départ, mais, au moment de lever l'ancre, une bonne moitié des Phocéens, à l'idée de quitter pour toujours cette ville et ce pays où ils avaient passé tant d'années heureuses, préférèrent se parjurer et décidèrent de rester. Les autres partirent donc sans eux et mirent le cap vers le large.

A Cyrnos, ils trouverent leurs compatriotes arrivés vingt ans plus tôt, restèrent avec eux pendant cinq ans et fondèrent des sanctuaires. Mais, devant les razzias et les pirateries qu'ils commettaient un peu partout, Tyrrhéniens et Carthaginois tombèrent d'accord pour armer soixante vaisseaux et donner une bonne leçon à ces Phocéens. Ces derniers, qui disposaient, eux aussi, de soixante vaisseaux, rencontrèrent la flotte ennemie dans la mer appelée Sardonienne. Le combat s'engagea, et les Phocéens en sortirent victorieux, mais à quel prix! Sur leurs soixante vaisseaux, quarante avaient été coulés, les vingt autres, avec leurs éperons tordus, étaient presque hors d'usage! Ils regagnèrent Alabia à toutes rames, embarquèrent leurs femmes, leurs enfants et tout ce qu'ils purent emporter, et partirent s'établir à Rhegium.

Les équipages phocéens des bateaux coulés furent recueillis et faits prisonniers par les Carthaginois et les Tyrrhéniens qui se les partagèrent. Les habitants de la ville tyrrhénienne d'Agylla en reçurent la majeure partie. Ils les emmenèrent chez eux et les lapidèrent, aussitôt arrivés. Il paraît que, depuis, toute créature vivante — homme ou bête — qui passe, dans la région d'Agylla, près du lieu où furent lapidés et enterrés ces Phocéens devient bossue, estropiée ou infirme. « Que faire pour expier ce crime ? » demandèrent les Agylléens à la Pythie de Delphes. « Offrez de grands sacrifices à ces Phocéens, répondit-elle, et instituez en leur honneur des jeux gymniques. » Telle serait l'origine des jeux qui, effectivement, se célèbrent encore de nos jours à Agylla. Les Phocéens qui avaient émigré à Rhegium en repartirent plus tard pour fonder, en Oenotrie, la ville qu'on appelle aujourd'hui Hyélé.

Les gens de la ville de Téos* firent à peu de chose près comme les Phocéens. Quand Harpage s'empara de leurs remparts (grâce à ses fameux terrassements), ils s'embarquèrent sur leurs navires et voguèrent vers la Thrace* où ils fondèrent la ville d'Abdère.

Les Phocéens et ces Téens furent les seuls Ioniens à préférer l'exil à la servitude. Tous les autres (exception faite pour les Milésiens qui préférèrent s'entendre directement avec Cyrus pour conserver leur tranquillité) choisirent de combattre Harpage. Ils le firent du mieux qu'ils purent, mais, malheureusement, tous furent vaincus et durent subir la domination des vainqueurs. Ainsi toute l'Ionie tomba aux mains des Perses. Quand Harpage eut conquis tout le littoral, les Ioniens des îles n'en menèrent pas large et se rendirent d'eux-mêmes à Cyrus. Et toute l'Ionie ne fut qu'une province perse.

Harpage alors enrôla sur-le-champ des Éoliens et des Ioniens, et s'attaqua aux Cariens, aux Cauniens* et aux Lyciens.

Les premiers de ces trois peuples, les Cariens, étaient autrefois des insulaires, sujets du roi Minos. Ils ne lui payaient jamais d'impôts et se contentaient de lui fournir des vaisseaux et des équipages chaque fois qu'il en avait besoin : aussi participèrent-ils à ses succès et conquêtes et devinrent-ils un peuple important et respecté. Les Cariens inventèrent trois choses (que les Grecs, du reste, leur empruntèrent) : les crinières qu'on met au sommet des casques, les emblèmes qu'on grave sur les boucliers, et ces poignées intérieures qui permettent de les tenir. Auparavant, le soldat portait son bouclier suspendu à un baudrier de cuir qu'il se passait autour du cou et de l'épaule gauche. Par la suite, les Cariens furent chassés de leurs îles par les Ioniens et les Doriens, et partirent s'installer sur le continent. Du moins selon la version crétoise. Car les Cariens, eux, affirment qu'ils ont toujours habité le continent et porté leur nom actuel. « La preuve, disent-ils, c'est qu'il existe à Mylasa un très vieux temple de Jupiter Carien où les Mysiens et les Lydiens sont admis en qualité de peuples frères (Lydus et Mysus étant les frères de Car). Ces deux peuples sont les seuls admis. Tous les autres, même s'ils parlent le carien, s'en voient refuser l'accès. »

Les Cauniens, en revanche, semblent indiscutablement autochtones, bien qu'ils se disent justement originaires de Crète. Ils parlent le carien (à moins que ce ne soient les Cariens qui parlent le caunien, question qui est au-dessus de mes compétences). En tout cas, pour les coutumes, c'est vraiment un peuple à part. Il est très bien vu, chez eux, de se réunir pour boire, tous ensemble, hommes, femmes, enfants, entre amis ou gens du même âge. Au début, ils construisirent des temples pour les dieux étrangers, puis ils changèrent complètement d'avis et décidèrent de n'adorer que les dieux ancestraux. Alors tous les Cauniens prirent les armes et frappèrent l'air à grands coups de lance pour « reconduire » les dieux en question jusqu'aux frontières de Calynda. C'est ainsi qu'en Caunie on expulse les dieux étrangers.

Quant aux Lyciens, ils sont originaires de Crète. Jadis, les deux fils d'Europe, Minos et Sarpédon, se disputèrent le pouvoir. Minos finit par l'emporter, et Sarpédon, chassé de Crète, dut s'exiler en Asie, dans la région de Mylie, sur le territoire qu'occupent actuellement les Lyciens. La Lycie* s'appelait autrefois la Mylie, et les Myliens les Solymnes. C'est à partir du règne de Sarpédon qu'on les appela les Termiles. Mais du jour où, chassé d'Athènes par son frère, le nommé Lycos arriva chez les Termiles, on finit par les appeler Lyciens. Leurs coutumes, du reste, sont mi-crétoises, mi-cariennes. Sauf une, très particulière, qui consiste à toujours s'appeler par le nom de leur mère et non par celui du père. Si vous demandez à un Lycien quels sont ses ancêtres, il vous fera sa généalogie du côté maternel. Si une citoyenne vit avec un esclave, ses fils seront des citoyens. Mais si un Lycien (même de la plus haute société) épouse une étrangère, ses fils sont déchus de tous leurs droits civiques.

Les Cariens furent vaincus par Harpage sans s'être spécialement distingués au combat, et les Grecs de cette région ne se montrèrent pas plus brillants sur le champ de bataille. Parmi ces Grecs, il faut citer des colons de Lacédémone, les Cnidiens*, qui s'établirent sur les bords de la presqu'île de Triopion, qui fait suite à la Chersonèse de Bybasse. Ce territoire des Cnidiens est un petit pays, entouré d'eau de tous côtés (il a le golfe Céramique au nord et la mer de Rhodes au sud), et que, seule, une mince langue de terre rattache au continent. Les Cnidiens en avaient précisément commencé le percement quand Harpage envahit l'Ionie. Tous les Cnidiens redoublèrent d'ardeur, mais il y eut tellement de blessés au cours des travaux (surtout aux yeux) qu'on y pressentit quelque intervention de la divinité. Des envoyés allèrent interroger l'oracle de Delphes, et la Pythie leur répondit ceci (en trimètres):

Cessez de creuser,
de fortifier cet isthme!
S'il devait être une île,
Zeus l'aurait fait ainsi!

Les Cnidiens cessèrent donc leurs travaux et, quand Harpage arriva, il se rendirent à lui sans combat.

A l'intérieur des terres, au-dessus d'Halicarnasse, habitent les Pédasiens*. Chaque fois qu'un malheur les menace ou menace leurs voisins, une grande barbe se met à pousser à la déesse Minerve. La chose s'est déjà produite trois fois. Les Pédasiens furent le seul peuple qui tenta de résister à Harpage et que ce dernier finit par vaincre, non sans mal.

Les Lyciens, eux, se jetèrent à un contre dix contre les troupes d'Harpage dès qu'elles pénétrèrent dans la plaine de Xanthe et se battirent admirablement. Mais, refoulés et vaincus, ils allèrent s'enfermer dans la ville de Xanthe*, avec leurs femmes, leurs enfants, leurs esclaves et leurs biens, et l'incendièrent entièrement.

Après quoi, ils se lièrent à mort par des serments terribles et tentèrent une sortie au cours de laquelle ils se firent tous massacrer. C'est pourquoi, aujourd'hui, tous les habitants de Xanthe qui se disent lyciens ne sont que des imposteurs, exception faite pour quatre-vingts familles qui se trouvaient absentes au moment du massacre et qui survécurent pour cette raison même. Ceci pour la ville de Xanthe. Harpage prit la ville de Caunos dans les mêmes conditions, les Cauniens ayant imité jusqu'au bout l'exemple glorieux des Lyciens.

Tous les peuples d'Asie Mineure mentionnés dans ce passage font partie de ces petits royaumes oubliés (ou presque) par l'histoire, et dont nous saurions bien peu de chose si Hérodote n'avait eu la curiosité de les visiter et de les décrire. Certains d'entre eux eurent pourtant leur heure de richesse et de gloire, telle cette ville de Xanthe dont les fouilles récentes menées par les archéologues français ont révélé l'importance, ou comme ces Phocéens qui partirent s'installer à Cyrnos (la Corse), à Rhegium (Reggio de Calabre) et plus tard à Phocée, la future Marseille. Une remarque d'Hérodote nous arrête d'emblée: les Phocéens comptaient parmi les plus anciens navigateurs grecs. Ils parcoururent (après les Phéniciens, précisons-le) toute la Méditerranée occidentale, et s'aventurèrent même au-delà des Colonnes d'Hercule (le détroit de Gibraltar) puisqu'ils fondèrent Tartessos (près de l'actuelle Cadix, sur la côte atlantique de l'Espagne). Les vaisseaux à cinquante rames dont parle Hérodote s'appelaient en terme plus technique des pentécontères. *C'étaient des vaisseaux à un pont, long et étroit, mais très rapides. On les utilisait comme vaisseaux de guerre et pour les voyages d'exploration (qui étaient d'ailleurs presque toujours des voyages de conquête). Ils comprenaient cinquante rameurs (vingt-cinq de chaque bord) et possédaient une vergue avec une voile carrée très peu maniable qui ne permettait guère de naviguer que par vent arrière ou grand largue. Dans les autres cas, par vent debout, au plus près ou bon plein, on carguait la voile et on naviguait à la rame. Par bon vent arrière et en s'aidant des rames, ces bateaux parvenaient à des moyennes journalières de 90 à 110 kilomètres. Hérodote, lui, voyagea sur des navires de commerce, ceux qu'il appelle les vaisseaux ronds: c'étaient des bateaux lourds et ventrus dont la navigation était fort lente.*

Précieuses aussi sont les remarques sur le matriarcat des Lyciens, seul peuple à pratiquer ce régime à une telle époque. Tous les autres peuples grecs avaient adopté, depuis des temps très reculés, le régime du patriarcat. Un seul fait conserve à nos yeux son mystère: cette barbe qui, par trois fois, poussa, chez les Pédasiens, au menton d'Athéna...

Cyrus conquiert l'Assyrie. Description de Babylone et de ses remparts. La tour de Babel. Comment la reine Nitocris détourna le cours de l'Euphrate.

Pendant qu'Harpage s'occupait de l'Asie Mineure, Cyrus, lui, décida de s'occuper de la haute Asie dont il soumit tous les peuples les uns après les autres. La plupart ne valent guère la peine qu'on les décrive. Aussi ne parlerai-je que des plus intéressants, ceux qui opposèrent à Cyrus la plus farouche résistance.

Quand il en eut fini avec l'ensemble du continent, Cyrus s'attaqua aux Assyriens. De toutes les grandes villes d'Asie, la plus importante et la plus célèbre est Babylone, où les rois s'établirent après la destruction de Ninive.

La ville de Babylone, bâtie dans une immense plaine, forme un quadrilatère de cent vingt stades de côté, et donc de quatre cent quatre-vingts stades de tour. Ceci pour ses dimensions. Pour le reste (disposition et conception) elle est unique au monde. Tout d'abord, elle est entièrement entourée d'un immense fossé très profond, rempli d'eau, puis d'un mur de cinquante coudées royales de large et de deux cents de haut (la coudée royale fait trois doigts de plus que la coudée ordinaire).

Je crois qu'il vaut vraiment la peine d'expliquer comment fut bâti ce mur et comment on récupéra la terre des déblais. Avec la terre retirée au fur et à mesure des excavations, les Babyloniens façonnèrent des briques qu'ils firent cuire au four. Ces briques, cimentées à l'aide d'asphalte chaud, servirent à construire les parois du fossé, puis le mur lui-même, en y incorporant, toutes les trente couches, une épaisseur de roseaux entrelacés. Au sommet des remparts, sur les rebords extérieurs, on édifia des tours à un seul étage, en vis-à-vis, séparées entre elles par un espace assez large pour laisser passer un char à quatre chevaux. Cette enceinte possède cent portes, toutes en airain, y compris leurs linteaux et leur huis. L'asphalte fut extrait d'une rivière, l'Is, qui se jette dans l'Euphrate et coule près de la ville d'Is, à huit jours de marche de Babylone.

Babylone est divisée en deux villes par l'Euphrate. C'est un grand fleuve, profond et rapide, qui prend naissance en Arménie et se jette dans la mer Érythrée. L'enceinte se prolonge jusqu'aux bords du fleuve, et fait un coude pour en suivre les rives. L'Euphrate coule ainsi entre deux murailles de briques. La ville même est faite de maisons à trois et quatre étages, avec des rues droites, surtout celles qui mènent au fleuve, et y aboutissent par une poterne pratiquée dans la muraille.

Cette enceinte entoure la ville comme une véritable cuirasse. Il en existe une autre à l'intérieur, aussi solide, mais moins large que la première. Chaque moitié de la ville, de part et d'autre du fleuve, possede une sorte de place centrale fortifiée. Dans l'une, cette place est occupée par le palais royal, dans l'autre par le temple de Jupiter Baal, grand quadrilatère de deux stades de côté, qui existe encore actuellement. Au milieu du temple est bâtie une tour massive, d'un stade de long et de large, surmontée d'une autre tour, puis d'une autre, et ainsi de suite jusqu'à huit tours. Une rampe extérieure, en spirale, permet d'accéder au sommet. A mi-chemin de la montée, il y a une sorte de halte, avec des sièges où l'on peut se reposer. Au sommet de la dernière tour, se dresse un grand temple, à l'intérieur duquel on peut voir un lit garni de couvertures magnifiques et une table en or. Il n'y aucune statue. Per sonne n'a le droit de passer la nuit dans ce lieu, sauf la femme du pays désignée chaque fois par le dieu, aux dires des prêtres chaldéens qui sont les prêtres du dieu. Ces mêmes Chaldéens affirment (ce que j'ai quelque peine à croire) que le dieu en personne descend dans ce temple et vient s'étendre sur ce lit. La même chose se produirait à Thèbes, en Égypte, aux dires des prêtres égyptiens. Dans les deux cas, ces femmes, épouses du dieu, ne peuvent avoir aucun rapport sexuel avec les hommes. Pratique qu'on retrouve à Patare, en Lycie, où Apollon se rend à certaines époques à l'intérieur de son temple, et passe ses nuits avec la grande prêtresse.

Au pied de cette tour, se trouve un autre temple avec une immense statue de Jupiter en or. Le dieu est représenté assis, avec, près de lui, une table, un trône, et un piédestal en or (le tout pèserait huit cents talents, aux dires des Chaldéens). Dehors se trouve aussi un autel en or. Un peu plus loin, un autre autel, très grand, sert pour les sacrifices d'animaux adultes, les bêtes non adultes étant réservées pour le petit autel en or. Chaque année, sur cet autel, les Chaldéens font brûler mille talents d'encens pour la fête du dieu. Au temps de Cyrus, il y avait encore, dans le temple en question, une statue en or massif, de douze coudées de haut (du moins d'après les Chaldéens car, personnellement, je ne l'ai pas vue). Darius aurait bien voulu l'avoir, cette statue, mais il n'osa jamais y toucher. Xerxès, son fils, eut moins de scrupules : il tua purement et simplement le prêtre qui la gardait et emporta la statue. Telles sont les merveilles de ce temple, sans compter les milliers d'offrandes déposées par les particuliers.

Babylone a eu de nombreux rois dont je parlerai plus longuement dans mes «Récits assyriens», et qui ont embelli ses murailles et ses temples. Parmi eux, on compta deux femmes. La première, Sémiramis*, régna cinq générations avant la deuxième. C'est elle qui supprima les crues du fleuve en faisant construire, dans la plaine de Babylone, des digues remarquables.

La deuxième s'appelait Nitocris*. Elle se montra plus avisée que Sémiramis et laissa en souvenir les monuments que je vais décrire. Quand elle vit les Mèdes prendre tant d'importance et devenir un peu trop gênants (surtout après la prise de Ninive), elle prit contre eux toutes les précautions possibles. Elle commença par modifier le cours de l'Euphrate qui, jusqu'alors, coulait bien droit entre les deux villes. Elle le détourna en creusant des canaux en amont de la ville et le fit passer trois fois, par trois immenses méandres, par une bourgade d'Assyrie, du nom d'Ardericca*. Si bien qu'aujourd'hui, quand on veut se rendre à Babylone en descendant l'Euphrate, on doit repasser trois fois par Ardericca, trois jours de suite ! Ce travail terminé, elle fit construire, sur chaque rive, une digue vraiment étonnante par sa hauteur et son épaisseur. Puis, bien au-delà de Babylone, elle fit creuser une sorte de lac artificiel où se déversait le trop-plein du fleuve. La profondeur de ce lac va jusqu'au niveau de la nappe d'eau naturelle. Sa superficie est de quatre cent vingt stades. Les déblais furent réutilisés pour faire une chaussée le long du fleuve, et les pierres servirent à édifier un quai tout autour du lac. Ces deux travaux (rendre sinueux le cours du fleuve et créer un lac artificiel) avaient un double but : briser le courant trop rapide de l'Euphrate pour rendre le fleuve plus navigable et obliger tous ceux qui se rendaient à Babylone par cette voie à suivre tous les méandres du fleuve pour aboutir au lac artificiel. Ils furent exécutés dans la région qui est la seule voie d'accès naturelle quand on vient de Médie, ce qui empêcha les Mèdes de venir se mêler à tout propos des affaires de Nitocris !

En plus de leur intérêt défensif, ces travaux eurent un autre avantage : la ville, comme je l'ai dit plus haut, étant coupée en deux par le fleuve, il fallait à chaque instant prendre un bateau pour aller d'une rive à l'autre, ce qui était fastidieux. Grâce à ce lac artificiel, Nitocris fit d'une pierre deux coups. Quand le bassin fut terminé, elle y détourna le fleuve dont le lit fut mis à sec assez longtemps pour consolider ses berges avec des briques sur son parcours urbain et les voies d'accès des poternes, et pour construire un pont de grosses pierres maintenues par une armature métallique en fer et en plomb. On y posait dans la journée des planches sur lesquelles les gens pouvaient traverser, planches qu'on retirait dès la tombée de la nuit pour empêcher les filous d'aller voler d'une rive à l'autre. Quand le lac artificiel fut entièrement rempli et le pont terminé, l'Euphrate reflua dans son ancien lit.

Nitocris imagina aussi la ruse suivante : elle fit édifier, sur le sommet de la porte la plus fréquentée de la ville, un tombeau avec l'inscription suivante : « Si un des rois qui me succéderont sur le trône de Babylone vient à manquer d'argent, qu'il ouvre ce tombeau et prenne ce qu'il voudra. Mais qu'il ne s'amuse pas à l'ouvrir sans raison, car il s'en repentira ! » Personne n'osa toucher à ce tombeau jusqu'au jour où Darius prit le pouvoir. Il trouvait regrettable que cette porte restât à jamais inutilisable (car il aurait fallu passer sous le cadavre de Nitocris) et tout à fait ridicule de laisser des richesses se perdre dans ce tombeau, surtout quand une inscription vous invitait à les prendre ! Il fit donc ouvrir le sépulcre, mais, en fait de trésors, il tomba sur l'inscription suivante : « Si tu n'étais pas si cupide et si tu ne pensais pas sans cesse à l'argent, tu n'en serais pas réduit à ouvrir les tombeaux des morts ! » Voilà quel genre de femme fut cette Nitocris.

Cyrus punit le fleuve Gynde et s'empare de Babylone. Les richesses de l'Assyrie. Des céréales monstrueuses. D'étranges bateaux sur l'Euphrate.

C'est précisément contre le fils de cette Nitocris, le roi Labynète*, que Cyrus partit en guerre. Partir en guerre, quand on est perse et qu'on s'appelle Cyrus, cela signifie transporter littéralement tout son pays avec soi : ses vivres, ses troupeaux, et même son fleuve. Le Grand Roi, en effet, ne boit que l'eau du fleuve Choaspe, qui coule près de Suse*. On transporte donc dans des vases d'argent, sur d'innombrables chariots attelés de mulets, l'eau bouillie du Choaspe. Cette eau accompagne partout le roi, où qu'il aille.

Cyrus marcha donc sur Babylone et atteignit le fleuve Gynde*, qui prend sa source près des montagnes des Matiènes, coule en pays Dardane et va se jeter dans le Tigre (qui se jette lui-même dans la mer Érythrée). Au moment où Cyrus s'apprêtait à traverser le fleuve en barque (on ne peut le franchir autrement), un des chevaux blancs de l'attelage sacré s'emballa, se jeta dans le fleuve et disparut, emporté par le courant. Cyrus entra dans une rage terrible contre le fleuve : « Fleuve insolent, lui cria-t-il, je vais te réduire à rien, en minuscules ruisselets que même des femmes pourront passer à gué ! » Il renonça sur-le-champ à sa marche sur Babylone et disposa son armée en deux moitiés, une sur chaque rive, fit tracer, de chaque côté, cent quatre-vingts canaux orientés en tous sens, et les fit creuser. L'armée entière eut beau s'atteler à la tâche, il fallut attendre l'été avant qu'elle fût finie !

Les trois cent soixante canaux furent creusés, le Gynde fut puni. Mais, déjà, le printemps suivant approchait, et Cyrus reprit sa marche contre Babylone. Les Babyloniens sortirent de leur ville et marchèrent contre lui dès qu'ils l'aperçurent, mais ils furent battus et refoulés à l'intérieur. Par chance, ils connaissaient Cyrus depuis longtemps : ils le savaient insatiable et s'attaquant sans distinction à tous les peuples. Aussi, par mesure de prudence, avaient-ils fait des provisions de vivres pour tenir des années et des années. Être assiégés ne les préoccupait donc pas outre mesure. Mais Cyrus, en raison de ce blocus qui s'éternisait, finit par se trouver en face des pires difficultés. Il décida donc (est-ce lui qui en eut l'idée ou est-ce quelqu'un qui la lui suggéra, je n'en sais rien) de disposer une partie de son armée en amont de la ville (près de l'endroit où le fleuve y pénétrait), l'autre partie en aval (à l'endroit où il en sortait) avec l'ordre de pénétrer dans Babylone aussitôt que le fleuve deviendrait guéable. Après quoi, avec tous les soldats encore disponibles, il alla vers le lac creusé par Nitocris et refit exactement ce qu'avait fait la reine : il détourna le fleuve dans le lac (qui, à cette époque, n'était plus qu'un marécage) pour faire baisser son niveau et le rendre guéable. Les Perses, postés aux portes de la ville, purent entrer alors dans l'Euphrate (dont l'eau leur arrivait seulement jusqu'à mi-jambes) et se glisser dans la ville. Si les Babyloniens s'étaient doutés une seule seconde des projets des Perses, ils n'auraient eu qu'à les laisser tran quillement pénétrer jusqu'au milieu de la ville, fermer toutes les poternes donnant sur l'Euphrate, se poster eux-mêmes sur les murailles bordant le fleuve, et les massacrer jusqu'au dernier, comme dans une véritable souricière. Mais les Perses arrivèrent sans crier gare ; mieux : ils s'emparèrent des quartiers périphériques sans que les habitants du centre s'en rendissent compte, tant cette ville est immense ! Qui plus est, il y avait une fête, ce jour-là, et tout le monde était en train de chanter et de danser quand la nouvelle se répandit. C'est ainsi que, pour la première fois de son histoire, la ville de Babylone fut prise.

Toute l'Assyrie est d'une richesse considérable. En voici un exemple entre mille : le Grand Roi a divisé tout son empire en différentes provinces (des satrapies, comme on les appelle) chargées de lui fournir ses impôts, ses approvisionnements personnels et ceux de son armée. Or, sur les douze mois de l'année, l'Assyrie, à elle seule, l'entretient quatre mois durant, et les huit autres mois, tout le reste de l'Asie ! En somme, l'Assyrie détient à elle seule le tiers des richesses de l'Asie. Aussi cette région — ou plutôt cette satrapie — est-elle de loin la plus intéressante. Elle rapportait à Tritanchaime (le fils d'Artabaze), qui gouvernait cette province, une artabe d'argent par jour (l'artabe est une mesure perse un peu plus grande que la médimne attique). L'écurie de Tritanchaime comprenait (sans compter les chevaux de combat) huit cents étalons et seize mille pouliches (chaque étalon pouvant saillir vingt pouliches). Il possédait aussi une meute de chiens des Indes, si considérable que quatre grands villages de la plaine étaient spécialement chargés de pourvoir à leur nourriture.

Il pleut très peu en Assyrie, juste assez pour permettre au blé de pousser. Mais, grâce à l'eau du fleuve, il peut croître et donner des moissons. Les choses, ici, ne se passent pas comme en Égypte où le fleuve vient de lui-même abreuver les champs. En Assyrie, tout se fait de main d'homme ou avec des pompes, et toute la Babylonie est sillonnée de canaux, comme l'Égypte ; le plus important de ces canaux est navigable, même aux plus grands bateaux ; il relie, en direction du lever du soleil d'hiver, l'Euphrate au Tigre, sur les bords duquel était bâtie Ninive. Ce pays est un des plus fertiles que je connaisse pour les céréales, mais il est totalement rebelle aux arbres fruitiers, à la vigne, aux oliviers... Les cultures ici ont couramment un rapport de deux cents pour cent et parfois trois cents. Les feuilles d'orge et de froment y ont facilement quatre doigts de large. Le millet et le sésame y atteignent la hauteur de véritables arbres, mais, comme on a déjà souvent mis en doute tout ce que j'ai dit des céréales d'Assyrie, je ne vous en dirai pas la hauteur exacte, car je passerais encore pour un menteur ! Les Babyloniens ne connaissent pas l'huile d'olive, mais utilisent l'huile de sésame. Toute la plaine est plantée de palmiers dont la plupart portent des fruits. Ils en tirent l'essentiel de leur nourriture, du vin et du miel. Ces arbres sont traités et soignés comme les figuiers chez nous : on met en contact le fruit des palmiers mâles avec celui des palmiers femelles (ceux qui portent les dattes) pour que l'insecte qui vit dans le fruit mâle pénètre dans la datte et la fasse mûrir.

L'une des choses les plus étonnantes de ce pays (après la ville elle-même) sont les bateaux. Ces bateaux, qui descendent le fleuve jusqu'à Babylone, sont de forme circulaire et faits en peau. On les fabrique en Arménie, au nord de l'Assyrie, en prenant les branches de saule comme varangues, sur lesquelles on étend, à l'extérieur, des peaux qui constituent en somme la coque du bateau. Il est entièrement circulaire, sans poupe ni proue, aussi rond qu'un bouclier. On n'a plus qu'à le garnir de paille et à l'expédier au fil de l'eau. Ces bateaux servent surtout au transport des marchandises, en général des amphores de vin de Phénicie. Deux hommes debout, équipés de pagaies, suffisent à le diriger, l'un à l'avant, en « appel », l'autre à l'arrière, en « recul ». Les plus grands de ces bateaux peuvent charger jusqu'à cinq mille talents de marchandise. Sur chaque bateau, il y a un âne vivant, sur les plus grands, plusieurs. Une fois arrivés à Babylone, les bateliers liquident leurs marchandises et vendent leur bateau à la criée (ou plutôt sa coque en saule et la paille). Après quoi, ils chargent les peaux sur l'âne (ou les ânes) qui les accompagne et retournent par voie de terre en Arménie. Il n'est pas question de remonter le fleuve, en raison du courant. C'est même à cause de ce courant qu'ils construisent leurs bateaux en peau et non en bois. Une fois en Arménie, ils en reconstruisent d'autres et redescendent.

Comme vêtements, les Babyloniens portent une tunique en lin qui leur tombe jusqu'aux pieds, sur laquelle ils passent une autre tunique en laine. Ils portent aussi un manteau blanc et court. Leurs chaussures ressemblent aux chaussures béotiennes. Ils portent les cheveux longs et les ceignent d'une tiare. Ils se parfument tout le corps. Chaque Babylonien a toujours un sceau personnel et un bâton travaillé à la main, sur lequel est gravé un insigne (rose, lis, pomme, etc.), car tout le monde, à Babylone, se doit d'avoir sur soi un signe distinctif.

Bien que sa description laisse transparaître l'émerveillement éprouvé à la vue de Babylone, Hérodote visita la ville en un temps où elle avait beaucoup perdu de sa splendeur. Il y vint dans les années 460, alors que, dix-huit ans plus tôt, Xerxès avait procédé à certaines déprédations sur la ziggurat, ou tour de Babel. Pourtant, malgré les dévastations occasionnées par l'occupation perse (la ville était tombée aux mains de Cyrus en 539), Babylone continuait d'éblouir quiconque la visitait pour la première fois. Tout y était colossal, et rien n'y rappelait la mesure grecque : ni les grands palais des rois néo-babyloniens, ni cette tour ziggurat dominant la ville de ses sept étages, ni les incroyables splendeurs du temple de Bel-Mardouk, ni ces jardins suspendus dont les couleurs et les ombrages rappelaient à la reine Amytis, femme du roi Nabuchodonosor, les forêts et la verdure de sa Médie natale. Quand Hérodote visita Babylone, la ville avait déjà plus de vingt siècles d'existence, au cours desquels ses souverains avaient dû, à plusieurs reprises, subir l'assaut des cités voisines, Assur et Ninive entre autres. Elle avait connu une période de splendeur au temps du roi Hammourabi (au XVIIIe *siècle av. J.-C.), qu'elle retrouva des siècles plus tard, avec la dynastie des rois néo-babyloniens, aux* VIIe *et* VIe *siècles : Nabopolassar, Nabuchodonosor, le vainqueur de Jérusalem, et enfin Nabonide, le dernier roi de Babylone, qui fut vaincu par Cyrus, et qu'Hérodote appelle Labynète. Ils édifièrent d'immenses monuments, restaurèrent ceux qui tombaient en ruine, et firent de leur ville la cité la plus somptueuse d'Orient.*

Le monument le plus spectaculaire était évidemment cette ziggurat qui se dressait dans la cour du temple de Bel-Mardouk, dieu patron de Babylone. Il s'agit bien de la tour de Babel décrite dans la Genèse. Son nom accadien était Étéménanki, *c'est-à-dire « Maison du fondement de la terre et du ciel », car elle était censée unir le monde souterrain et le monde céleste. C'était un édifice à destination religieuse comprenant sept étages superposés avec, au sommet, un temple du dieu Bel-Mardouk, ce qui explique qu'Hérodote lui attribue huit étages au lieu de sept. Une fois par an, le dieu était censé « atterrir » sur la plate-forme supérieure et descendre jusqu'à son sanctuaire par les escaliers ou les rampes qui l'entouraient. « La divinité, écrit l'archéologue André Parrot dans son ouvrage* Ziggurats et Tour de Babel*, *est sollicitée de descendre du ciel vers les hommes. Elle navigue sur la mer céleste et aborde au sommet de la tour. C'est le débarcadère géant où la barque accoste. Le dieu descend alors les rampes de la ziggurat jusqu'au sanc-*

tuaire inférieur. C'est là qu'il se manifeste et prodigue la fertilité.» Hérodote a raison de dire qu'il y avait une statue dans ce sanctuaire. Mais, en revanche, l'étymologie biblique de Babel (synonyme de confusion) est fausse. Babel vient de bab-ilu, «la Porte du Dieu». Quant à l'union sacrée entre le dieu et une femme désignée chaque année — ce qu'en terme pédant on appelle une hiérogamie *— elle est conforme (malgré les doutes émis par Hérodote) à tout ce que l'on sait des religions anciennes. Mardouk était censé s'unir à sa femme, la déesse Sarpanitou, sous les traits du grand prêtre et de la grande prêtresse. L'étonnement d'Hérodote est d'autant moins compréhensible que les Grecs eux aussi connaissaient de telles hiérogamies, aux Anthestéries, par exemple, cérémonies religieuses pratiquées à Athènes en l'honneur du dieu Dionysos, au cours desquelles l'archonte-roi s'unissait rituellement à sa femme.*

Une tablette cunéiforme, dite «tablette de l'Ésagil», retrouvée au cours des fouilles, décrit avec précision la ziggurat de Babylone et ses dimensions. Ses chiffres, confirmés par les sondages effectués sur place, sont assez différents de ceux fournis par Hérodote. La «tour de Babel» avait pour base un carré de 90 mètres de côté, et une hauteur totale de 90 mètres (et non d'un stade, soit 177 mètres, comme le dit Hérodote). On pouvait y accéder par un escalier central et deux escaliers latéraux. A son pied, se trouvait le temple de Mardouk qu'on appelait Ésagil, *et dont on possède également une description par des textes cunéiformes. Les murs de la cella contenant la statue du dieu étaient recouverts de plaques d'or, les plafonds étaient en cèdre, les plinthes, garnies de lapis-lazuli. Cette statue d'or massif aurait pesé, aux dires d'Hérodote, plus de 21 tonnes, avec le trône et le piédestal! Il semble plutôt qu'elle ait été, comme les murs, recouverte de plaques ou de feuilles d'or.*

La prise de Babylone par Cyrus s'effectua sans incidents notables (on a retrouvé une inscription achéménide où le roi se vante d'avoir conquis la ville «sans combat ni bataille») à l'exception du châtiment du fleuve Gynde, l'actuel Diyala, affluent du Tigre, coupable d'avoir entraîné les chevaux de l'attelage sacré. Cet attelage suivait tous les rois achéménides dans leurs campagnes militaires. C'était un char vide traîné par huit chevaux blancs, qu'on appelait le char du Soleil: le dieu assistait lui-même au combat. On retrouve ce char dans la VIIe Enquête *d'Hérodote, lorsque Xerxès envahit la Grèce et que l'armée défile devant lui: «... puis vint le char sacré du Soleil, tiré par huit chevaux blancs, derrière lequel, à pied, un conducteur tenait les rênes, car aucun homme n'a le droit de monter sur ce char.»*

La vengeance de Cyrus contre le fleuve peut faire sourire, mais ne saurait surprendre chez un peuple qui voyait justement dans les fleuves des êtres vivants et divins. On saisit là un aspect déconcertant pour nous, mais fondamental, de la sensibilité antique: les montagnes, les fleuves, les océans, les sources, sont considérés comme des êtres vivants et personnalisés, susceptibles d'aider ou de contrarier les volontés humaines. Bien des aspects des guerres et de la stratégie anciennes seraient incompréhensibles si l'on ignorait ce fait. Il semble d'ailleurs que les Perses aient eu les pires démêlés avec les fleuves. Quand Xerxès, par la suite, apprendra que l'Hellespont a détruit le pont de bateaux permettant de passer en Grèce, il entrera dans une telle fureur qu'il se mettra à crier: «Donnez trois cents coups de fouet à l'Hellespont, et jetez dans la mer une paire d'entraves!» Il paraît même, dit Hérodote, «qu'il envoya des bourreaux marquer le flot au fer rouge». Ses hommes fouettèrent donc la mer en l'insultant: «Eau de malheur, lui criaient-ils, voilà pour ta punition, voilà pour avoir offensé notre maître sans raison! Le Grand Roi te franchira, que cela te convienne ou non! On a bien raison de ne jamais t'offrir de sacrifices, car tu n'es qu'un fleuve aux eaux sinistres et noires!» Tels étaient les rapports passionnels que les Perses entretenaient avec les fleuves, et on ne peut s'empêcher d'éprouver une certaine nostalgie en pensant à ces temps anciens où nul ne jetait jamais sur les fleuves ce regard vide, ce regard absent qu'on leur jette aujourd'hui...

Mœurs des Babyloniens.
Comment ils marient leurs filles
et guérissent leurs malades.
Ce qui se passe dans le temple de Vénus.

De toutes les lois babyloniennes, la plus sensée, à mon avis, est la suivante (qui est aussi en vigueur, m'a-t-on dit, chez les Vénètes d'Illyrie): dans chaque village, une fois par an, on réunit toutes les jeunes filles en âge d'être mariées, et on les conduit sur une place où tous les hommes se rassemblent de leur côté. On procède alors à une véritable vente aux enchères : on commence par la plus belle (qui se lève pour être bien vue de tous) qu'un crieur met en vente. Une fois vendue (très cher), on passe à la suivante, et ainsi de suite, par ordre de séduction. Ces filles ne sont vendues que comme épouses. Les Babyloniens aisés surenchérissent entre eux pour avoir les plus jolies, tandis que les pauvres qui, en général, n'ont guère le loisir de se soucier d'esthétique, reçoivent au besoin de l'argent pour emmener les plus laides. Car le crieur les met toutes en vente, même les plus disgraciées, même les infirmes et les estropiées, qu'il laisse en général aux moins exigeants. L'argent qu'on donne aux pauvres provient de la vente des plus belles, et ce sont elles, en somme, qui aident à «placer» et à marier les plus laides. Marier sa fille à qui l'on veut est absolument interdit en Babylonie, pas plus qu'un acheteur n'a le droit d'emmener chez lui une fille sans garantir qu'il en fera sa femme. Si, en fin de compte, elle ne fait pas l'affaire, l'argent doit être rendu. Tout le monde peut participer à ces enchères, même les gens des villages environnants. Malheureusement, depuis que Babylone a été conquise et que toutes ses familles se sont trouvées ruinées, cette excellente coutume a pratiquement disparu. Et les pères de famille, pour éviter que leurs filles ne soient maltraitées ou achetées par des étrangers, ont dû se résoudre à les prostituer.

Une autre coutume babylonienne très intelligente est la façon dont ils traitent les malades. Comme il n'y a pas de médecins à Babylone, on porte tous les malades sur la place publique. Les passants s'approchent, parlent avec les malades, leur donnent des conseils s'ils ont déjà eu la même maladie ou si un de leurs amis l'a eue. Et ils lui indiquent les remèdes ou les moyens grâce auxquels ils en ont guéri. Passer près d'un malade sans l'interroger ni lui demander ce qu'il a est absolument interdit.

Leurs rites funéraires sont à peu près les mêmes que ceux des Égyptiens, sauf qu'ils ensevelissent leurs morts dans de la cire d'abeille.

Chaque fois qu'un Babylonien a couché avec une femme, tous deux se purifient en faisant brûler des parfums tout près d'eux. Ils se lavent dès que paraît l'aube, autrement ils ne pourraient toucher à aucun récipient. Cette coutume existe aussi chez les Arabes*.

Voici, en revanche, une coutume invraisemblable et inadmissible : toute femme du pays, une fois dans sa vie, doit aller s'asseoir dans le temple de Vénus et s'offrir à un étranger. Beaucoup, trouvant indigne de leur condition ou de leur fortune d'aller se mêler à toutes les femmes du peuple, se font conduire au temple en char couvert et attendent, suivies d'une foule de domestiques. Mais la majorité des femmes vont s'asseoir dans l'enceinte du temple, une couronne en corde sur la tête. Des passages, délimités par des cordons, sont ménagés entre ces femmes. Les étrangers y circulent du matin au soir et c'est, dans toute cette enceinte, un perpétuel va-et-vient. Une fois assise dans cet endroit, la femme ne peut plus retourner chez elle tant qu'un étranger ne lui a pas jeté de l'argent sur les genoux en lui disant : « Suis-moi, au nom de la déesse Mylitta » (Mylitta est le nom assyrien de Vénus). Peu importe la somme, la femme n'a pas le droit de la refuser, car cet argent est sacré. Le premier venu lui jette donc de l'argent, et la femme doit le suivre sans se faire prier. Une fois qu'ils ont fait l'amour et qu'elle est quitte envers la déesse, elle retourne chez elle et, désormais, vous pouvez lui offrir des trésors, vous n'en obtiendrez plus rien. Celles qui sont belles ou bien faites ne tardent guère à rentrer chez elles, mais les plus laides ont souvent bien du mal avant d'être quittes. On en voit fréquemment qui attendent pendant trois ou quatre ans !

Telles sont les principales coutumes des Babyloniens. Il existe, en Assyrie, trois peuplades qui se nourrissent exclusivement dc poisson. Ils le pêchent, le mettent à sécher au soleil, puis le broient avec un pilon ou le passent à travers un linge pour le manger tel quel, sous forme de bouillie, ou le cuire au four, comme du pain.

Cyrus s'attaque aux Massagètes. Description de la mer Caspienne. Un dur combat. Mort de Cyrus et vengeance de la reine Tomyris. Coutumes et amours des Massagètes.

Quand l'affaire des Babyloniens fut réglée, Cyrus décida de passer aux Massagètes*.

Les Massagètes sont un peuple très important et très valeureux qui habite vers le Levant, au-delà de l'Araxe*, vis-a-vis des Issédones*. Il serait, dit-on, de race scythe.

L'Araxe serait, selon certains, plus grand encore que l'Ister*. Son cours comprend quantité d'îles (dont certaines aussi grandes que Lesbos) habitées par des gens qui se nourrissent, l'été, de racines et, l'hiver, de fruits secs. Ils ont aussi découvert d'autres fruits, aux propriétés très particulières, qui répandent un parfum enivrant quand on les jette dans le feu. Ils se rassemblent autour de grands feux dans lesquels ils jettent ces fruits, et s'enivrent en les respirant, jusqu'à se mettre en transe et à chanter et à danser frénétiquement. L'Araxe vient du pays des Matiènes, comme le Gynde (ce fleuve que Cyrus divisa en trois cent soixante canaux). L'estuaire de l'Araxe comprend quarante bras qui finissent tous dans des lagunes et des marécages où vivent des gens qui se nourrissent de poissons crus et s'habillent de peaux de phoques. Un seul de ces bras coule librement vers la mer Caspienne.

Cette mer Caspienne est une mer à part, sans aucune communication avec l'autre. Par « autre mer », je veux dire à la fois la nôtre, celle qui est au-delà des Colonnes d'Hercule (et qu'on appelle la mer d'Atlas) et la mer Érythrée. Ces trois mers, en réalité, n'en font qu'une. Mais la Caspienne n'a rien à voir avec cette mer-là. Sa longueur est de quinze jours de navigation à la rame, sa largeur de huit jours. Elle est limitée vers le couchant par le Caucase* (la plus grande et la plus haute chaîne de montagnes connue). Le Caucase est peuplé de races diverses qui se nourrissent de fruits sauvages. Il existe, dit-on, dans le Caucase, un arbre assez curieux dont les feuilles fournissent une encre indélébile dont les gens se servent pour décorer leurs vêtements. Ces motifs décoratifs adhèrent si bien au tissu qu'ils ne disparaissent qu'avec lui, et avec l'usure. Ces peuples font l'amour devant tout le monde, comme des animaux. La Caspienne, donc, est limitée vers le couchant par le Caucase. Vers le Levant, elle donne sur une plaine sans limites où vivent précisément ces Massagètes auxquels Cyrus avait décidé de s'attaquer.

Quant aux raisons de leur faire la guerre, il n'en manquait pas : n'était-il pas, par sa naissance, un être exceptionnel ? N'avait-il pas réussi toutes ses entreprises ? Il lui suffisait de vouloir combattre un peuple pour que celui-ci soit aussitôt vaincu !

A cette époque, c'était une femme qui régnait sur les Massagètes. Elle s'appelait Tomyris, et Cyrus lui fit dire qu'il tenait absolument à l'épouser. Mais Tomyris ne fut pas dupe du subterfuge et comprit que les appâts de la royauté l'attiraient beaucoup plus que les siens propres. Et elle refusa net. Sa ruse ayant échoué, Cyrus marcha aussitôt vers l'Araxe, et déclara ouvertement la guerre aux Massagètes. Il jeta des ponts de bateaux sur le fleuve, et, sur les bateaux en question, commença à construire des tours.

Pendant qu'il s'occupait de la construction de ces ponts, il reçut un message de Tomyris : « Roi des Mèdes, lui disait-elle, cesse tes préparatifs. Es-tu si sûr qu'ils te serviront à quelque chose ? Arrête tous ces travaux, occupe-toi plutôt de ton peuple et laisse le mien en paix. Mais, comme j'imagine que je te dis tout cela en pure perte, et qu'il t'est impossible de rester tranquille, je te propose une chose : si tu tiens tellement à te battre contre les Massagètes, inutile de te fatiguer à construire ces ponts. Franchis le fleuve et viens chez nous. Nous nous retirerons à trois jours de marche. A moins que tu ne préfères nous recevoir sur tes terres ? Dans ce cas, fais la même chose, retire-toi à trois jours du fleuve ! »

Cyrus convoqua aussitôt les Perses de son entourage et leur expliqua la situation. Tous tombèrent d'accord qu'il valait mieux combattre Tomyris en territoire perse et se retirer à trois jours de l'Araxe. Seul Crésus le Lydien (qui avait accompagné Cyrus) fut d'un avis tout à fait contraire : « Roi, lui dit-il, tu sais très bien, puisque Jupiter m'a remis entre tes mains, qu'à chaque danger qui te guette, je fais l'impossible pour te l'éviter ! Mes malheurs m'ont servi de leçon. Si tu te crois immortel et si tu crois commander à des troupes immortelles, dans ce cas, je n'ai plus rien à dire ! Mais si tu admets que tu es un homme et que tu commandes à des hommes, dis-toi bien que le destin de l'homme est comme une roue qui tourne, et que la chance tourne avec elle ! Cela dit, et pour la question qui nous concerne, je ne suis pas du tout de votre avis. Réfléchis une minute : si tu combats l'ennemi sur ton propre sol, te rends-tu compte de ce que tu risques en cas de défaite ? Non seulement tu perdras la guerre, mais tout ton empire par la même occasion, car les Massagètes ne s'arrêteront pas en si bon chemin, et ils marcheront vers tes provinces. Si tu es vainqueur, ce ne sera qu'une demi-victoire, tu auras l'air de t'être défendu victorieusement, rien de plus ! Au contraire, si tu les attaques chez eux et que tu sois vainqueur, tu pourras poursuivre ta marche au cœur de l'empire de Tomyris. Sans compter qu'il serait inadmissible et déshonorant pour toi d'avoir l'air de reculer devant une femme et de lui céder une partie de ton territoire ! Bref, si tu veux mon avis, passons l'Araxe et avançons le plus possible en pays massagète. Et pour les battre, voici mon plan : les Massagètes, m'a-t-on dit, sont des gens très pauvres, démunis de tout, qui n'ont pas la moindre idée du luxe et des facilités que nous avons. Tuons des bêtes de nos troupeaux, sans regarder à la dépense, préparons-les et servons-les dans un grand festin qui aura lieu dans notre camp. Ajoutons du vin à profusion, et tout ce que vous voudrez. Laissons sur place tous les soldats sans intérêt et retournons près du fleuve avec le reste de l'armée. Je parie qu'en voyant ces victuailles, les Massagètes vont se jeter dessus. Ce sera alors l'occasion ou jamais de montrer ce que nous savons faire ! »

Cyrus se rangea aussitôt à l'avis de Crésus et fit dire à Tomyris qu'il allait franchir le fleuve et marcher contre elle. Cyrus désigna Cambyse* pour lui succéder sur le trône si l'expédition tournait mal ; il lui confia Crésus en lui recommandant de l'entourer de tous les égards, et les renvoya tous deux en Perse. Puis il traversa l'Araxe avec son armée.

La nuit venue, Cyrus s'endormit, en terre massagète, et fit un rêve : il crut voir l'aîné des fils d'Hystaspe (un nommé Darius*, un garçon de vingt ans qu'on avait laissé en Perse parce qu'il n'était pas d'âge à combattre) avec deux ailes aux épaules. L'une recouvrait l'Asie, l'autre l'Europe. A son réveil, impressionné par ce rêve, il fit appeler Hystaspe : « Hystaspe, ton fils est en train de comploter contre moi et contre mon trône. Comment je le sais ? Je vais te le dire. Les dieux prennent soin de moi et me préviennent toujours des dangers qui m'attendent. J'ai vu, cette nuit, ton fils aîné avec deux ailes aux épaules, dont l'une recouvrait l'Asie et l'autre l'Europe. Douteras-tu du complot après cela ? Tu vas retourner en Perse au plus vite. A mon retour, je veux voir ton fils et m'expliquer avec lui ! » Cyrus était persuadé que Darius complotait contre lui, mais, en réalité, le sens du rêve était tout autre ; il signifiait que Cyrus allait mourir dans ce pays et que Darius lui succéderait. « Roi, répondit Hystaspe, fasse le Ciel que jamais un Perse ne complote contre toi ! S'il en existe un, qu'il meure sur-le-champ ! Avant toi, les Perses étaient des esclaves, à la merci de n'importe qui. Aujourd'hui, grâce à toi, ils sont devenus des hommes libres et les maîtres du monde ! S'il est exact que mon fils te prépare ce genre de surprise, je serai le premier à le remettre entre tes mains ! » Hystaspe repassa donc l'Araxe et regagna la Perse pour surveiller Darius.

Cyrus avança à une journée de marche de l'Araxe, disposa tout comme le lui avait conseillé Crésus, laissa sur place les soldats sans intérêt, et se replia avec le reste de l'armée. Sur quoi, le tiers des troupes massagètes arriva, massacra les malheureux soldats laissés par Cyrus, puis, voyant que « le couvert était mis », s'attablèrent sans plus de façon pour fêter leur victoire. Ils mangèrent et burent tout leur saoul et s'endormirent comme des masses. Les Perses n'eurent plus qu'à venir, à en massacrer le plus grand nombre et à faire prisonniers tous les autres, y compris le fils de Tomyris, Spargapise, qui commandait les troupes massagètes.

Dès qu'elle fut au courant, la reine Tomyris envoya un message à Cyrus : « Roi sanguinaire, monstre avide de sang, ne crie pas trop tôt victoire ! Tu n'as pas vaincu mon fils dans un combat loyal, mais par ruse, grâce à ce poison, à ce vin de la vigne qui vous monte à la tête à mesure qu'il vous descend dans les veines et vous fait venir aux lèvres les pires sottises ! Cela dit, un bon conseil : rends-moi mon fils et disparais d'ici. Bien que tu aies massacré le tiers de mon armée, je te fais grâce si tu t'en vas. Sinon, je te le jure par le Soleil (qui est le roi des Massagètes), si c'est du sang que tu veux boire, je t'en ferai boire tout ton saoul ! » Cyrus ne tint aucun compte de ce message.

Quand Spargapise, le fils de Tomyris, revint de son ivresse et comprit dans quelle situation il s'était mis, il supplia Cyrus de lui ôter ses chaînes et, aussitôt libre, se suicida.

Cyrus refusant de s'en aller, la reine Tomyris rassembla toutes ses troupes et se jeta contre lui. Le combat fut terrible. D'après tous les récits qu'on m'en a fait, les adversaires commencèrent par se décocher des flèches, à une assez grande distance, puis, quand elles furent épuisées, le combat dégénéra en un corps à corps effrayant. On se battit à coups de poignard, à coups d'épée, très longtemps, avant qu'aucun adversaire s'avouât vaincu. Mais, en fin de compte, les Massagètes eurent le dessus. Presque toute l'armée perse y resta, y compris Cyrus qui termina ainsi sa carrière de roi, après vingt-neuf ans de règne. Tomyris remplit une outre de sang humain, se mit à la recherche du cadavre de Cyrus et, quand elle le trouva, lui plongea la tête dans cette outre, en criant au mort dégoulinant de sang : « Je suis vivante et victorieuse, mais tu m'as tuée quand même en me prenant mon fils, lâchement. Et toi, bien que tu ne sois plus qu'un cadavre, je te rassasierai de sang, comme je te l'ai promis ! »

Ainsi mourut Cyrus. Il existe d'autres versions de sa mort, mais je crois que celle-ci est la plus vraisemblable.

Les Massagètes ont les mêmes vêtements et le même genre de vie que les Scythes. Ils combattent à cheval ou à pied, avec des arcs, des lances, et des haches qu'on appelle ici des *sagares*. Les pointes (de lances, de flèches ou de sagares) sont toujours en airain. Leurs bandeaux, leurs ceintures et leurs ceinturons sont souvent ornés d'or. De même, pour les chevaux, leurs rênes, leurs mors et leurs têtières. Le fer et l'argent, d'ailleurs pratiquement inconnus dans ce pays, ne sont jamais utilisés.

Le mariage existe chez les Massagètes, mais, pratiquement, les femmes sont communes à tous (cette habitude, que les Grecs attribuent toujours aux Scythes, est, en réalité, d'origine massagète). Quand un Massagète désire une femme, il suspend son carquois devant le chariot de cette femme et couche avec elle, sans autre préambule.

Pour un Massagète, la meilleure façon de finir sa vie est d'arriver à l'extrême vieillesse pour être sacrifié par ses proches parents avec les bêtes de son troupeau. On égorge le veillard, on le fait cuire, et toute la famille s'en régale. Mourir ainsi est, pour un Massagète, la plus belle des morts. Celui qui meurt de maladie n'est jamais mangé. On l'enterre en le plaignant sincèrement de ne pas avoir atteint l'âge des sacrifices.

Les Massagètes ne sèment absolument rien. Ils vivent uniquement de bétail, de poissons qu'on trouve à profusion dans l'Araxe, et ne boivent que du lait. Quant aux dieux, ils n'en reconnaissent qu'un seul, le Soleil, à qui ils sacrifient les chevaux. « N'est-ce pas naturel, disent-ils, de sacrifier au plus rapide des dieux le plus rapide des êtres mortels ? »

Dans « l'affaire » des prostituées de Babylone, il semble qu'Hérodote ait commis une légère méprise. Cette Mylitta, qu'il assimile à l'Aphrodite grecque, n'est autre qu'Ishtar-Astarté, la grande déesse accadienne de l'amour, de la fertilité et de la guerre. Elle possédait à Babylone un sanctuaire important où vivaient des prêtresses ou hiérodules, cloîtrées à vie à la façon des carmélites. La comparaison s'arrête là, toutefois, car ces prêtresses faisaient fonction de courtisanes sacrées et devaient, une fois l'an, s'offrir à un étranger. Il est possible que certaines courtisanes aient exercé leur métier (mais ne faudrait-il pas dire leur vocation ?) dans les jardins entourant le sanctuaire. Heureux pays où les devoirs de l'amour et de la religion se confondaient !

Une dernière remarque : la version que donne Hérodote de la mort de Cyrus est contredite par Xénophon et par Ctésias de Cnide. Mais aucun document ne permet de savoir où et quand Cyrus mourut exactement. Il existe à Pasargade, ville située près de Persépolis, et dont Cyrus fit la capitale de son empire, un important monument funéraire connu traditionnellement sous le nom de tombeau de Cyrus. Mais on* *n'a jamais retrouvé en Perse — comme cela se produisit en Grèce avec les rois mycéniens — les corps des rois achéménides ensevelis à Pasargade ou dans les tombes rupestres de Naksh-é Rustam. Le mystère demeure donc entier sur la mort de Cyrus. Sa fin dramatique, telle que la rapporte Hérodote, illustre en tout cas de la façon la plus spectaculaire ce brutal revirement du sort frappant quiconque veut s'élever trop haut. Ouverte par la vision du roi Candaule assassiné dans son sommeil, la première* Enquête *d'Hérodote s'achève sur celle du roi Cyrus baignant dans son sang : ainsi se clôt le premier acte de la grande tragédie des rois et des empires.*

Deuxième Enquête

L'ÉGYPTE

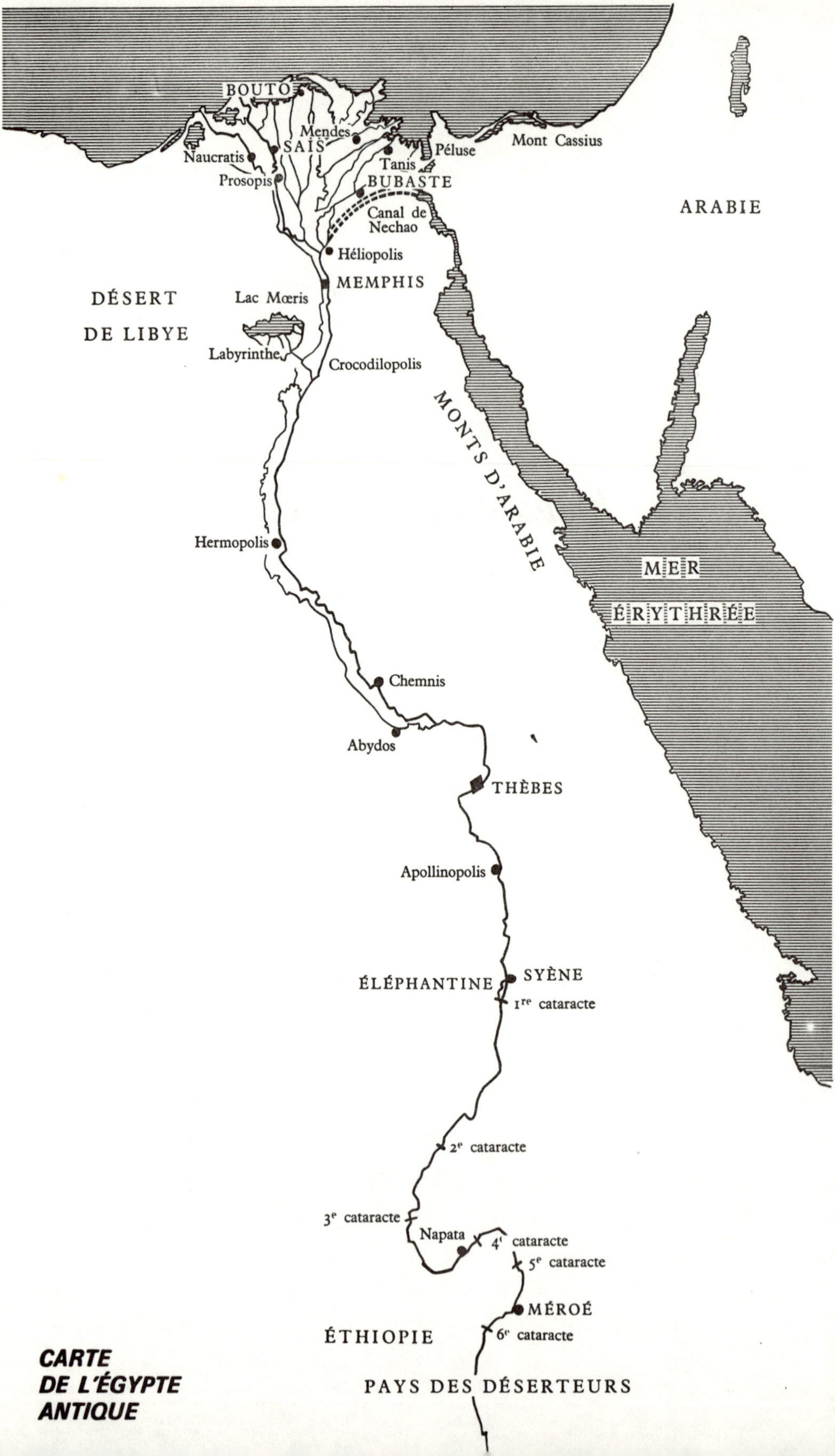

CARTE DE L'ÉGYPTE ANTIQUE

Le frémissement de l'eau près des rides du sable, les grandes falaises blanches le long du fleuve bleu, ce fleuve apparemment sans fin, toujours frangé de vie, bordé de canaux, de marécages, de palmiers, d'oiseaux blancs, de champs de trèfle et de lentilles, de troupeaux de buffles et de gamousses, et surtout d'une foule d'hommes et de femmes, marchant depuis les plus anciennes dynasties, une cruche sur la tête ou une nasse à la main, le long des rives et des canaux et, parfois, dans le sable ou la paroi d'une falaise, la bouche d'une tombe, l'entrebâillement du pays souterrain qui dort, telle est l'Égypte rurale qu'on rencontre aujourd'hui, telle est celle aussi que dut voir déjà Hérodote. Cette Égypte-là, celle du Nil et des canaux, celle qui va de Memphis à Assouan et à Éléphantine, propose encore des paysages qui n'ont pas dû fondamentalement changer depuis le voyage d'Hérodote. Et c'est pourquoi lui-même (comme nous-mêmes aujourd'hui) fut d'abord frappé par le Nil, par cette eau miraculeuse, inexplicable coulant entre deux déserts et cette frange fragile de vie qui serpente entre les sables. C'est cela d'abord que voit, que décrit Hérodote : la beauté, le mystère, la permanence de ce fleuve unique en son histoire et en ses sources, au point qu'il lui inspirera une phrase elle-même unique, la première et la plus célèbre définition de ce pays : l'Égypte est un don du Nil. *Et cette phrase reste vraie de nos jours, même si, depuis la construction du barrage d'Assouan, le limon millénaire ne se dépose plus sur les rives. L'Égypte demeure encore un don du Nil, une terre édifiée, vivifiée par le fleuve. Et puis, avec le fleuve, il y a le pays lui-même, surprenant, monumental, énigmatique, ce pays qui, en un temps où les visiteurs étaient rares et le tourisme inexistant, symbolisait déjà il y a vingt-cinq siècles une civilisation hors du temps et même de l'espace. Car, ne touchait-il pas par ses frontières sud aux confins alors connus du monde ? Et par son histoire millénaire, dont l'étranger pouvait suivre la continuité sur les listes royales des sanctuaires et les innombrables statues de pharaon, ne touchait-il pas aux origines de la terre ? N'était-ce pas la terre de la durée, et de l'éternité ? Depuis trois mille ans, dit Hérodote, l'Égypte n'a pas cessé d'être l'Égypte. Une telle pérennité avait de quoi donner le vertige, et il semble qu'Hérodote ait effectivement éprouvé ce vertige quand les prêtres du sanctuaire d'Amon le conduisirent à l'intérieur du temple de Karnak et lui montrèrent les trois cent quarante-et-une statues de rois qui s'étaient succédé depuis les origines du monde. Le temps dut alors devenir comme palpable, dans la pénombre tiède du naos, incarné par ces visages royaux qui, aux yeux d'un étranger profane, devaient tous se ressembler comme si, pendant des siècles, l'Égypte n'avait connu qu'un souverain unique et immortel...*

Hérodote éprouve donc un choc au contact de ce pays, et la relation qu'il en a donnée dans sa deuxième Enquête *en porte indiscutablement la trace. Tout ici lui est sujet d'étonnement, d'admiration, de réflexion. Jamais sa curiosité naturelle ne fut mise à plus merveilleuse épreuve. Il ne se contente pas de regarder, de se promener, de noter les détails de la vie quotidienne : il questionne, il enquête, il moissonne sur tous les sujets et principalement sur ce qui devait tant marquer les visiteurs : les rites, les temples, les prêtres, bref la vie religieuse. Mais comment mena-t-il cette enquête ? Qui furent ses informateurs ? Et quelle langue parlait-il avec eux ? Nul, jusqu'à ce jour, ne semble guère s'être soucié de ces détails pourtant fondamentaux. Hérodote lui-même n'y fait guère allusion, pas plus d'ailleurs qu'aucun voyageur antique : ces questions devaient leur paraître accessoires. Nous verrons par la suite, dans la succession des chapitres, ce qu'il faut penser des affirmations d'Hérodote. Pour l'instant — et avant d'entreprendre avec lui la découverte de l'Égypte — je veux brièvement aborder ce problème : comment, avec qui, en quelle langue a-t-il moissonné cet incroyable lot d'histoires, d'anecdotes, de chroniques et de narrations ? Car la vraisemblance — sinon la véracité — de son texte en dépendent. J'ai donc posé de prime abord cette question à l'égyptologue Jean Yoyotte et voici ce qu'il m'a répondu : de toute évidence, les informateurs d'Hérodote furent de deux sortes, il y eut des Grecs et il y eut des Égyptiens. Les Grecs étaient des commerçants et des artisans, installés dans le pays depuis quelques générations, en général dans les villes et bourgs du Delta et qui devaient très certainement connaître assez d'égyptien pour servir d'interprètes à l'auteur. Il n'est pas impensable non plus qu'à leur contact certains Égyptiens aient appris plus ou moins le grec. Mais ceux qu'Hérodote dut fréquenter surtout, ce furent les Égyptiens « préposés », en général, à l'accueil et à l'accompagnement des étrangers : guides, scribes, prêtres et âniers ; de toute évidence, à en juger par le caractère populaire de nombreux récits, Hérodote dut puiser auprès des âniers pas mal de « racontars » sur la vie privée des pharaons et les prétendues énigmes des temples. Beaucoup d'histoires érotiques et burlesques émaillant ses récits portent indiscutablement la marque d'une origine populaire, pour ne pas dire contestataire avant la lettre à l'égard du pouvoir officiel. Prêtres et scribes égyptiens furent des informateurs plus sérieux mais qui évidemment ne lui livrèrent que des « secrets » superficiels. Hérodote put visiter les parties extérieures des temples, accessibles au profane, telles que les cours, portiques, allées ou antichambres mais il ne pénétra jamais dans les lieux réservés aux prêtres, où les Égyptiens eux-mêmes n'avaient pas accès. Néanmoins, il lui est arrivé de s'informer quelquefois à des sources très sûres, comme à Saïs, par exemple, où il dit avoir longuement questionné le trésorier du temple de la déesse Neith.*

La diversité de ces sources et de ces informateurs, le fait aussi qu'il dut éprouver, même s'il n'en parle pas, d'évidents problèmes de traduction et d'interprètes, explique qu'Hérodote mêle si souvent en cette enquête les faits les plus indiscutables ou les plus vraisemblables avec des récits de pure fiction. Dans son texte, réel et imaginaire se retrouvent sans cesse imbriqués au point qu'il est très difficile de faire la part de l'un et de l'autre. Un exemple montrera clairement comment fonctionnent son information et la narration qu'il en donne : à propos de la grande pyramide de Chéops, il écrit que le pharaon fit creuser sa chambre funéraire au cœur de la pyramide — ce qui est exact — et qu'il l'entoura d'eau à la façon d'une île — ce qui est faux. D'où vient l'erreur ? Très certainement, me dit Jean Yoyotte, de ce qu'Hérodote a confondu la description de la vie posthume du pharaon, naviguant et pêchant dans les marais célestes, avec la réalité. On lui décrivit le monde des morts et il prit ce récit pour argent comptant, imaginant une île et des canaux à l'intérieur de la pyramide. Autrement dit, il a pris un récit mythique pour un récit réel. Cette confusion se reproduira très fréquemment dans son œuvre (on l'a vu notamment à propos de l'histoire d'Atys dans la première Enquête*) et elle définit bien les limites de la crédulité d'Hérodote : il ne ment pas, il confond des plans différents.*

Telle fut l'Égypte qu'il visita, entre les années 455 à 450 semble-

t-il, au moment où elle était déjà sous la domination des Perses. Car entre-temps, Cyrus était mort dans les plaines massagètes, son fils Cambyse lui avait succédé, avait rassemblé son armée pour envahir l'Égypte et occupé tout le pays. C'est à cette date qu'Hérodote — venant sans doute de Perse — aborde aux rivages de ce qui sera, trois siècles plus tard, la ville d'Alexandrie...

Les premiers hommes.

Cambyse succéda à Cyrus sur le trône de Perse. Ce Cambyse était fils de Cyrus et de Cassandane. Cette dernière était morte bien avant son mari, qui en avait éprouvé un chagrin terrible et avait ordonné le deuil dans tout son empire. Quant à Cambyse, il décida de lancer une grande expédition contre l'Égypte, en emmenant avec lui les Ioniens et les Éoliens, qu'il considérait comme de simples esclaves de son père.

Avant le règne de Psammétique*, les Égyptiens se croyaient le plus ancien peuple de la terre. Quand Psammétique devint roi, il voulut en avoir le cœur net, mais il eut beau entreprendre enquête sur enquête, il n'arriva à aucun résultat. Il imagina alors de prendre deux nouveau-nés et de les remettre à un berger avec ordre de ne prononcer aucun mot en leur présence : le berger les mettrait dans une cabane abandonnée, leur amènerait chaque jour une chèvre pour qu'ils se gavent de lait, et repartirait sans s'occuper d'eux davantage. « Je finirai bien par savoir, pensa Psammétique, le premier mot que prononceront ces enfants, une fois passé l'âge des vagissements. » De fait, deux ans plus tard, au moment où il entrait dans la cabane, le berger vit les enfants se traîner à ses pieds, les mains tendues, en criant : « Bécos ! » Au début, il n'y fit pas attention, mais la chose se reproduisit, et il les amena à Psammétique. Le roi entendit les enfants de ses propres oreilles et fit rechercher partout quel peuple emploie le mot *bécos*. On finit par découvrir que les Phrygiens le donnent au pain. Depuis ce jour, les Égyptiens admettent que les Phrygiens sont plus anciens qu'eux. J'ai entendu raconter l'histoire sous cette forme par les prêtres de Vulcain à Memphis*.

Mais les Grecs disent à ce sujet beaucoup de stupidités, entre autres que Psammétique aurait fait couper la langue à quelques femmes et leur aurait donné ces enfants à élever!

Les prêtres de Vulcain me racontèrent donc l'histoire de ces enfants, et beaucoup d'autres choses. J'ai même été jusqu'à Thèbes et Héliopolis pour voir si les différentes versions s'accorderaient avec ce qu'on me dit à Memphis (où les prêtres sont à peu près au courant de tout). Ils m'ont beaucoup parlé de leurs dieux, mais il n'est pas dans mes intentions de m'étendre sur ce sujet. Les hommes en savent tous autant sur les dieux, et je n'en parlerai que si mon récit m'y oblige.

Revenons donc aux hommes. Tout le monde a été d'accord, en Égypte, pour me dire que les Égyptiens furent les premiers à inventer l'année et à la diviser en douze parties, selon le cycle des saisons, en se réglant sur les astres. Leur calendrier est, à mon avis, beaucoup plus ingénieux que celui des Grecs. Ces derniers sont obligés d'introduire, tous les deux ans, un mois intercalaire, alors que les Égyptiens — qui ont des mois de trente jours — se contentent d'ajouter chaque année cinq jours supplémentaires pour être en accord avec le cycle des saisons. Les Égyptiens sont aussi les premiers à avoir utilisé des noms particuliers pour désigner les douze dieux (usage que les Grecs leur ont emprunté), les premiers à leur avoir consacré des autels, des statues et des temples, et à sculpter des animaux dans la pierre. Presque toujours, on m'a fourni des preuves à l'appui de ces dires.

Description de l'Égypte.
Étendue du pays.

Le premier roi d'Égypte fut un homme du nom de Min. En ce temps-là, me dirent les prêtres, toute l'Égypte, à l'exception de la province de Thèbes, n'était qu'un marécage. Toutes les régions situées au nord du lac Mœris* — qu'on atteint aujourd'hui par la mer après avoir remonté le Nil* pendant sept jours — étaient alors entièrement submergées. Cette description du pays me parut exacte. Il n'est pas besoin d'être très intelligent pour comprendre, au premier coup d'œil, que tout ce pays est une terre qui fut conquise sur l'eau, un don du Nil, ainsi, d'ailleurs, que toutes les régions situées à trois jours de bateau au nord du lac Mœris, et dont les prêtres ne m'ont pas parlé. Quand vous saurez qu'il suffit de jeter une sonde, à un jour de navigation de la côte, pour trouver de la boue à onze brasses de fond, vous aurez la preuve que le fleuve charrie ses alluvions jusqu'à cette distance, et une idée de la nature du sol.

L'Égypte proprement dite étend ses côtes sur soixante skènes, si on la limite du golfe de Plinthiné au lac Serbonis*, près du mont Cassios. Les mesures égyptiennes utilisées pour les distances sont, de la plus petite à la plus grande : la toise, le stade, le parasange et le skène. Le parasange vaut trente stades, le skène soixante stades. Les côtes d'Égypte mesurent donc trois mille six cents stades. A l'intérieur des terres, jusqu'à Héliopolis, l'Égypte n'est qu'une immense étendue plane, saturée d'eau et de limon. De la côte jusqu'à Héliopolis, il y a à peu près la même distance que de l'autel des Douze Dieux à Athènes jusqu'au temple de Jupiter Olympien à Pise — à quinze stades près. D'Athènes à Pise, il y a mille cinq cents stades environ et, de la côte égyptienne à Héliopolis, mille cinq cents tout juste. Par contre, en amont d'Héliopolis, l'Égypte se rétrécit. Elle est limitée d'un côté par les monts d'Arabie*, qui s'étendent du nord au sud et se prolongent sans interruption jusqu'à la mer dite « Érythrée », d'où l'on extrait la pierre qui servit aux Pyramides de Memphis. A partir de cet endroit, la chaine s'infléchit pour descendre vers la mer. Dans sa plus grande longueur, il faut deux mois de marche pour la parcourir, du levant au couchant, jusqu'aux confins où l'on récolte l'encens. Ceci pour les monts d'Arabie. Du côté libyen, l'Égypte est également bordée par des montagnes rocailleuses, recouvertes de sable, qui s'étendent vers le sud et font pendant aux monts d'Arabie. En somme, à partir d'Héliopolis, le pays est de faible étendue, comparé au reste de l'Égypte. Ce n'est plus qu'une plaine d'une longueur de quatorze jours de navigation, resserrée entre les monts d'Arabie et de Libye. Dans sa partie la plus étroite, elle fait au maximum deux cents stades, après quoi elle s'élargit de nouveau. Voilà à peu près la configuration du pays. D'Héliopolis à Thèbes, il y a quatre mille huit cents stades, soit neuf jours de navigation sur le Nil.

Résumons donc l'étendue de l'Égypte : trois mille six cents stades de côtes, six mille cent vingt stades de la mer jusqu'à Thèbes (à l'intérieur des terres) et mille huit cents de Thèbes jusqu'à la ville d'Éléphantine*.

La plus grande partie de ce pays paraît effectivement avoir été conquise sur la mer. L'étroite plaine resserrée entre les montagnes dont j'ai parlé tout à l'heure semble bien être un ancien golfe marin, comme les environs de Troie, de Teuthrane, d'Éphèse et la plaine du Méandre, mais de tout autres dimensions. Les fleuves dont les alluvions ont édifié peu à peu ces dernières régions sont loin, en effet, d'être comparables à un seul des bras du Nil qui en a cinq. D'autres fleuves, du reste, bien moins importants que le Nil, ont modifié eux aussi certaines régions : l'Achéloos, par exemple, qui traverse l'Acarnanie avant de se jeter dans la mer, et qui a déjà relié au continent la moitié des îles Échinades. De même, en Arabie, il existe un golfe marin, sorte de prolongement de la mer Érythrée vers l'intérieur des terres. Du fond de ce golfe à la mer, il y a quarante jours de navigation à la rame et une demi-journée d'une rive à l'autre dans sa partie la plus large. Le sac et le ressac s'y font sentir tous les jours. Au fond, c'est ainsi que devait être l'Égypte autrefois : la mer pénétrait vers l'intérieur en direction de l'Éthiopie* et formait le premier golfe, tandis que le deuxième, plus au sud, s'étendait de la mer d'Arabie vers la Syrie. Ces deux golfes devaient presque se rejoindre à l'intérieur, séparés seulement par une étroite bande de terre. S'il plaît un de ces jours au Nil de détourner son cours et de se jeter dans le golfe d'Arabie, qu'est-ce qui l'empêcherait de le combler au bout de vingt mille ans ? Je suis même certain, personnellement, qu'il le ferait en dix mille ans ! Pourquoi, dès lors, il y a très longtemps, un fleuve aussi actif que le Nil n'aurait-il pas comblé l'ancien golfe qu'était l'Égypte ?

Je crois donc très volontiers tout ce qu'on m'a dit sur l'Égypte, et je suis certain que tous ces faits sont exacts. J'ai pu constater par moi-même que l'Égypte gagne sur la mer beaucoup plus que les pays avoisinants, qu'on trouve dans ses montagnes des coquillages et des dépôts de sel (le sel attaque même les Pyramides), que le seul endroit où l'on trouve du sable est cette montagne proche de Memphis dont j'ai déjà parlé. Du reste, le sol d'Égypte ne ressemble pas du tout à celui d'Arabie, qui est pourtant limitrophe, ni à celui de Libye*, ni même à celui de Syrie* ou, plus exactement, celui de la bordure côtière d'Arabie qu'habitent les Syriens. La terre d'Égypte est noire et friable (étant faite des alluvions apportées d'Éthiopie par le Nil), alors qu'en Libye le sol est plutôt rougeâtre et sablonneux, en Arabie et en Syrie, argileux en surface et rocailleux en profondeur.

Voici du reste une preuve supplémentaire fournie par les prêtres :

sous le roi Mœris*, quand la crue du fleuve atteignait huit coudées, il inondait tout le pays au-dessous de Memphis, et il y a tout juste neuf cents ans que le roi Mœris est mort. Actuellement, il faut que la crue atteigne au moins quinze à seize coudées pour inonder le pays. Si la terre continue à gagner ainsi sur la mer et le sol à s'élever régulièrement, le Nil cessera tout à fait d'inonder la région au nord du lac Mœris (région qu'on appelle le Delta), et les Égyptiens qui l'habitent auront à subir les mêmes désastres que les Grecs. La Grèce est arrosée uniquement par les pluies, à l'inverse de l'Égypte qui l'est par un fleuve et, pour peu qu'il ne pleuve pas et que la divinité maintienne la sécheresse, les Grecs risquent fort de connaître la famine. Si donc la région située au nord de Memphis continue à se surélever comme par le passé, les Égyptiens qui l'habitent sont voués tôt ou tard à mourir de faim puisqu'il n'y pleut jamais et que le fleuve n'arrosera plus leurs champs. Actuellement — ce qui n'est pas le cas du reste de l'humanité — ils n'ont aucun labeur à fournir pour cultiver la terre, aucun sillon à creuser, aucune bêche à manier, aucun de ces travaux exténuants qu'exécutent les hommes pour gagner leur pain : le fleuve vient, de lui-même, arroser leurs champs, se retire de même, et chacun n'a plus qu'à ensemencer sa terre et à y lâcher ses porcs. Ces derniers, à force de piétiner le sol, finissent par y enfouir la graine, et il ne reste plus qu'à attendre la récolte. On la fait fouler par les porcs, on rentre le grain, et le tour est joué !

S'il fallait limiter l'Égypte au seul Delta, comme le font les Ioniens, c'est-à-dire à la côte qui s'étend du « Guet de Persée » aux Salins de Péluse* (soit quarante skènes) et, vers le sud, à la région qui va jusqu'à la ville de Kercasore (où le Nil se divise en deux, vers Péluse et vers Canope), on pourrait prétendre qu'autrefois les Égyptiens n'avaient pas de pays puisque ce Delta — comme ils le disent et comme je le crois moi-même — est une terre d'alluvions, un pays pour ainsi dire nouveau-né. Si donc, autrefois, il n'y avait pas d'Égypte, et partant pas d'Égyptiens, je vois mal pour quelle raison ils s'affirmeraient les premiers-nés des hommes et iraient faire des expériences avec des enfants pour connaître le premier parler humain. Non, l'Égypte n'est pas née avec le Delta (comme le voudraient les Ioniens) et je suis bien certain que les Égyptiens sont sur terre depuis qu'il y a des hommes. Mais comme leur pays s'est formé peu à peu, certains ont dû gagner avec lui sur la mer, d'autres rester à l'intérieur. Autrefois on appelait Égypte la Thébaïde, dont le pourtour fait six mille cent vingt stades. Si mon opinion est la bonne, les Ioniens sont dans l'erreur. Et si même ils avaient raison, il est facile de prouver qu'ils ne savent pas compter (comme tous les Grecs en général) en divisant la terre en trois parties : l'Europe, l'Asie et la Libye. Ils devraient en ajouter une quatrième : le Delta, puisqu'il n'est ni en Asie ni en Libye.

Négligeons donc l'avis des Ioniens et répétons-le : l'Égypte, c'est tout le pays qu'habitent les Égyptiens, comme la Cilicie est celui des Ciliciens et l'Assyrie celui des Assyriens. Entre l'Asie et la Libye, il n'existe, que je sache, aucun autre pays que l'Égypte. Si l'on adopte le point de vue des Ioniens, on réduit l'Égypte (depuis les cataractes et la ville d'Éléphantine) à une simple bande de terre divisée en deux, mi-libyenne, mi-asiatique. Le Nil, en effet, coule vers la mer, à partir des cataractes, en coupant l'Égypte en deux. Il n'a qu'un seul lit jusqu'à Kercasore mais, à partir de là, il se divise en trois bras : le bras Pélusien (qui coule vers le Levant), le bras Canopique (qui coule vers le Couchant), le troisième étant le prolongement même du Nil qui, parvenu à la pointe du Delta, le divise en deux jusqu'à la mer. C'est un des plus importants par son débit et un des plus célèbres : il s'appelle bras Sébennythique. Deux autres bras se détachent de ce dernier pour se jeter dans la mer : le bras Saïtique et le bras Mendésien. Quant aux bras Bolbitin et Bucolique, ils sont artificiels et ont été creusés par les Égyptiens.

A l'appui de mon opinion sur l'étendue réelle de l'Égypte, je citerai l'oracle d'Amon dont j'ai eu connaissance bien après m'être formé un avis. Les habitants de Maréa et d'Apis (villes frontières de l'Éthiopie et de la Libye) se considéraient comme libyens et allèrent consulter l'oracle d'Amon pour ne plus être brimés par les réglementations religieuses égyptiennes et manger à loisir de la viande de vache. « Nous n'avons rien de commun avec les Égyptiens, expliquèrent-ils. Nous habitons loin du Delta, nous ne parlons pas la même langue, et nous voulons pouvoir manger de tout. — Impossible, répondit l'oracle. L'Égypte est tout le pays qu'arrose le Nil lorsqu'il déborde, et son Égyptiens tous ceux qui boivent de son eau, même s'ils habitent au-delà d'Éléphantine. » Or le Nil, en période de crue, inonde le Delta et une grande partie des territoires appelés libyens et arabes, jusqu'à deux journées de marche de part et d'autre de ses rives.

Le Nil. Ses sources et ses crues. Exploration de l'Afrique par les Nasamons.

Aucun prêtre ni aucun Égyptien n'a pu me fournir de renseignements sur la cause exacte du régime de ce fleuve. J'aurais beaucoup aimé savoir pourquoi, à partir du solstice d'été, le Nil monte et déborde pendant cent jours pour baisser ensuite et conserver un faible débit pendant tout l'hiver. Mais personne n'a pu me dire ici pourquoi ce fleuve se comporte à l'inverse des autres, ni pourquoi il ne souffle aucun vent quand il coule à son plus fort débit.

Quelques Grecs, pressés sans doute d'étaler leur science, ont proposé trois explications aux crues du Nil. Deux d'entre elles ne valent guère la peine qu'on s'y arrête, et je ne les mentionnerai que pour mémoire : pour la première, les crues sont dues aux vents étésiens qui soufflent de la mer et empêchent les eaux du Nil de s'y déverser tout entières. Mais pourquoi, dans ce cas, le Nil monte-t-il même quand ces vents ne soufflent pas ? Si cette hypothèse était exacte, tous les autres fleuves orientés de la même façon ne devraient-ils pas subir le même phénomène, d'autant plus marqué qu'ils ont un courant plus faible ? Or, il n'en est rien ! De tels fleuves existent en Syrie et en Libye, et ils ne montent ni ne débordent. La deuxième explication fait plus appel au merveilleux qu'à la raison : si le Nil déborde, c'est qu'il sort de l'Océan, qui entoure toute la terre ! La troisième, quoique plus judicieuse, est tout aussi fausse. A quoi rime de dire que les crues du Nil proviennent de la fonte des neiges ? Il arrive de Libye, traverse l'Éthiopie et déborde en Égypte : comment ses crues proviendraient-elles de la neige puisqu'il coule des régions les plus chaudes vers les plus froides ? Pour tout homme sensé, mille raisons contredisent cette explication. La première, et non la moindre, est fournie par les vents : ceux qui soufflent de ces régions sont des vents chauds. Deuxième raison : ces pays ne connaissent jamais ni pluies ni gelées. Or, quand il neige, il pleut immanquablement dans les cinq jours qui suivent. Donc, s'il neigeait dans ces régions, il y pleuvrait aussi. Troisièmement : les hommes y ont la peau noire, comme sous tous les climats chauds ; les milans et les hirondelles y séjournent toute l'année, et les grues, fuyant les froids de Scythie, viennent précisément hiverner dans ces contrées. S'il neigeait tant soit peu dans les régions que traverse le Nil, aucun de ces phénomènes ne se produirait, c'est bien évident. Quant à celui qui fait appel au merveilleux et invoque l'Océan pour expliquer les crues, il nous dispense de le réfuter ! Je n'ai jamais entendu parler d'un fleuve Océan. Ce doit être, à coup sûr, une invention d'Homère ou de quelque poète antérieur.

Mais je me dois, après avoir réfuté ces explications, d'indiquer ma position personnelle sur ce problème ardu. Voici donc la raison pour laquelle, à mon sens, le Nil grossit en été : pendant la saison d'hiver, le soleil est écarté par le froid de son orbite première et surplombe le centre de la Libye. Quiconque se satisfait d'une explication générale n'a pas besoin d'en savoir davantage ; plus ce dieu approche d'un pays, plus la sécheresse y augmente, et plus les fleuves y tarissent. Mais, pour ceux qui le désirent, voici quelques détails supplémentaires : comme le temps est toujours au beau dans la Libye centrale, et que ces régions n'ont aucun vent froid, le soleil agit comme il fait toujours en été, au zénith : il aspire l'eau, la chasse vers la haute Libye où les vents la reçoivent, la vaporisent et la dispersent, ce qui explique que les vents venant de cette région soient les plus chargés en pluies. Je ne crois pas d'ailleurs que le soleil renvoie à chaque fois la totalité de l'eau qu'il prend au Nil. Il doit en retenir une partie pour son propre compte. Dès que l'hiver touche à sa fin, le soleil reprend sa place au milieu du ciel et aspire l'eau de tous les fleuves, en quantités égales. Ceux qui ont reçu beaucoup de pluies et sont grossis par les nombreux torrents des pays qu'ils traversent coulent abondamment pendant tout l'hiver, mais tarissent en été, dès que cessent les pluies et que commence l'évaporation. Le Nil, au contraire, qui ne reçoit jamais de pluie, et dont les eaux sont constamment aspirées par le soleil, est le seul fleuve à avoir, en hiver, un débit plus faible qu'en été. Ainsi, la cause de tout ceci se trouve-t-elle dans le soleil.

C'est également le soleil qui assèche l'air et le rend si brûlant dans tout le pays. En haute Libye, la grande chaleur persiste d'un bout à l'autre de l'année. Si la répartition des climats était inversée, si le vent du sud soufflait où souffle actuellement le vent du nord, et *vice versa*, le soleil surplomberait le nord de l'Europe comme il le fait actuellement de la haute Libye, et agirait sur l'Ister comme il le fait sur le Nil.

Quant à l'absence de vents, je trouve tout à fait naturel qu'aucune brise ne souffle des régions tropicales. Le vent souffle toujours des régions froides vers les chaudes. Que cette affaire soit donc réglée, et finissons-en une fois pour toutes avec ces crues.

Quant aux sources du Nil, aucun Égyptien, aucun Libyen ni aucun Grec n'a pu me fournir le moindre renseignement, sauf l'intendant du Trésor de Minerve à Saïs, et sans doute s'est-il moqué de moi en se prétendant au courant de la question. D'après lui, il y aurait entre Syène, en Thébaïde, et Éléphantine deux montagnes, ou plutôt deux pics, les monts Crophi et Mophi, entre lesquels jailliraient les sources du Nil, d'un abîme sans fond. Une moitié du fleuve coulerait vers l'Égypte en direction du nord, une autre moitié vers l'Éthiopie. Ces sources seraient en réalité des abîmes : il en veut pour preuve la tentative de Psammétique qui aurait fait tresser un câble de plusieurs milliers de toises de long et l'aurait jeté dans le gouffre sans pouvoir en toucher le fond. Si ces faits sont exacts, et si j'ai bien compris, il semble donc qu'à cet endroit les eaux se brisent avec violence contre les rochers, en provoquant des tourbillons et des remous qui dévient la sonde et l'empêchent d'atteindre le fond. Je n'ai rien pu savoir de plus. Mais je suis allé moi-même jusqu'à Éléphantine, et voici les informations que j'ai pu recueillir, par ouï-dire, sur les régions qui s'étendent vers le sud, au-delà de cette ville.

A partir d'Éléphantine, le pays est escarpé. Pour remonter le fleuve, il faut haler le bateau des deux rives, et si la corde casse, mieux vaut lui dire adieu ! Il faut quatre jours de navigation pour traverser cette région où le Nil est aussi sinueux que le Méandre. Au bout de douze skènes, on arrive à une grande plaine où le fleuve enserre une île, Tachompso. A partir d'Éléphantine, le pays est déjà habité par des Éthiopiens*. Ils occupent la moitié de cette île, et les Égyptiens l'autre moitié. Après quoi, on arrive à un lac immense sur les bords duquel vivent des Éthiopiens nomades. On le traverse et on retrouve le Nil. A partir de là, les rochers et les écueils rendant toute navigation impossible, il faut débarquer et continuer à pied, le long du fleuve, pendant quarante jours, avant de pouvoir reprendre un bateau. Après douze jours de navigation, on parvient à une grande ville, Méroé*, capitale du reste des Éthiopiens. Il y a dans cette ville des temples de Jupiter et de Bacchus, et un oracle de Jupiter, qui ordonne spécialement aux habitants quand ils doivent partir en guerre et contre qui.

Si l'on continue au-delà de cette ville, on atteint par eau le pays des « Déserteurs » en autant de jours qu'il en a fallu pour aller d'Éléphantine à Méroé. Ces « Déserteurs » s'appellent les *Asmach*, mot égyptien qui signifie « Ceux qui sont à main gauche du roi ». Il s'agit de deux cent quarante mille soldats égyptiens qui désertèrent et partirent chez les Éthiopiens pour la raison suivante : le roi Psammétique avait installé des garnisons à Éléphantine, face aux Éthiopiens, à Daphni, près de Péluse, face aux Arabes et aux Assyriens, et à Maréa, face à la Libye. Du reste, les Perses maintiennent leurs garnisons, de nos jours, aux mêmes emplacements, en particulier à Éléphantine et à Daphni. Donc, les soldats en question étaient en garnison à Éléphantine depuis trois ans, et personne ne venait les relever. Ils se concertèrent et, à l'unanimité, décidèrent d'abandonner Psammétique et de passer en Éthiopie. Psammétique l'apprit et se mit à leur poursuite. Il les rattrapa, les harangua, leur demanda de ne pas abandonner les dieux et leur patrie, leurs femmes et leurs enfants. Alors, un des soldats, exhibant ses attributs virils, lui répondit que, tant qu'ils seraient munis de la sorte, ils ne manqueraient ni de femmes ni d'enfants ! Ils arrivèrent donc en Éthiopie et se remirent entre les mains du roi. Ce dernier les récompensa en les invitant à occuper et habiter les terres de quelques tribus rebelles. Les « Déserteurs » s'établirent ainsi dans le pays et y répandirent les coutumes égyptiennes, ce qui civilisa quelque peu les Éthiopiens.

On connaît ainsi le cours du Nil jusqu'à une distance de quatre mois de navigation et de marche, sans compter son parcours égyptien. On sait aussi que le Nil vient du Couchant et des contrées occidentales, mais, au-delà, nul ne possède de renseignements certains, car le pays, en raison de son climat brûlant, est un véritable désert.

Voici toutefois ce que m'ont dit des gens de Cyrène qui étaient allés consulter l'oracle d'Amon et rencontrèrent Étéarque, le roi des Amoniens*. Ils discutèrent avec lui de choses et d'autres, et la conversation tomba sur le Nil. L'un deux affirma que personne n'en connaissait les sources. Alors Étéarque leur raconta ceci : un jour, des Nasamons* vinrent le voir (les Nasamons sont des Libyens qui habitent la Grande Syrte et les terres qui la bordent à l'est). Le roi leur demanda s'ils savaient quelque chose sur les déserts de Libye. « Figure-toi qu'un jour, lui répondirent-ils, de jeunes téméraires — fils de personnages importants de chez nous — imaginèrent, pour défier sans doute la divinité, de tirer au sort cinq d'entre eux et d'explorer les déserts de Libye, plus loin qu'on ne l'avait jamais fait avant eux. La côte septentrionale de la Libye (de l'Égypte jusqu'au cap de Solonte qui en marque la frontière) est habitée de bout en bout par des Libyens, répartis en peuplades, sauf dans les régions occupées par les Grecs et les Phéniciens. Au-delà de cette bande côtière, la Libye est peuplée de bêtes sauvages et, si l'on poursuit plus loin encore, ce n'est plus qu'un désert de sable. Nos jeunes gens, bien pourvus d'eau et de vivres, traversèrent d'abord cette bande côtière, arrivèrent dans la zone des bêtes sauvages et, de là, s'enfoncèrent dans le désert, en direction du zéphyr. Pendant plusieurs jours, ils cheminèrent sur d'immenses étendues de sable, puis, un beau jour, aperçurent des arbres dans une plaine. Ils s'approchèrent et en cueillaient les fruits quand surgit une troupe de petits hommes, d'une taille nettement inférieure à la moyenne, qui s'emparèrent d'eux et les emmenèrent. Ni eux ni leurs ravisseurs n'arrivaient à se faire comprendre. Ils traversèrent d'immenses marécages et parvinrent dans une ville où tous les hommes avaient la peau noire et la même taille que les ravisseurs. Un grand fleuve coulait le long de cette ville, du Couchant vers le Levant, où l'on apercevait des crocodiles. » Arrêtons là le récit du roi Étéarque. Ajoutons seulement que les Nasamons finirent par rentrer chez eux et que les gens qui les avaient capturés étaient tous des sorciers.

Ce grand fleuve qui coulait près de la ville, Étéarque pense que c'était le Nil. Et je crois qu'il avait raison. Le Nil vient de Libye et la coupe par le milieu. Dans la mesure où l'on peut déduire l'inconnu du connu, je pense qu'il prend sa source à la même distance que l'Ister. Ce dernier vient de la ville Pyréné, chez les Celtes (qui habitent au-delà des Colonnes d'Hercule, près des Cynésiens, les derniers habitants de l'Europe vers le Couchant) ; il se jette dans le Pont-Euxin, près de la ville d'Istria, après avoir traversé toute l'Europe. Mais, comme l'Ister coule à travers des pays habités, il est bien connu, tandis qu'on ignore tout des sources du Nil qui traverse les espaces désertiques et inhabités de Libye. J'ai dit sur son cours tout ce que je savais, autant du moins que mes enquêtes m'en ont appris. Il se termine en Égypte, face aux montagnes de Cilicie. De ces montagnes à Sinope, sur le Pont-Euxin, il y a cinq jours de route, en marchant bien, et Sinope est juste en face de l'embouchure de l'Ister.

Ainsi le Nil, qui traverse toute la Libye, doit avoir la même longueur que l'Ister. Mais en voilà assez sur le Nil.

Jusqu'à l'édification récente du barrage d'Assouan, rien pratiquement n'avait changé quant à la vie du Nil par rapport à la description d'Hérodote. Ces terres tour à tour découvertes et recouvertes par l'eau, ces îles émergeant çà et là sur l'immense étendue limoneuse et, de chaque côté du fleuve, cette présence parfois oppressante des falaises et du désert, tout cela constituait depuis des siècles ces paysages nilotiques qui faisaient déjà fureur dans la Rome impériale et qu'on retrouve, minutieusement représentés, sur les fresques de Pompéi. Par contre, Hérodote parle peu de ceux qui vivaient sur les rives du Nil. Pourtant, le fleuve n'était pas une eau morte mais une multitude de canaux scintillant au milieu des palmiers, des grenadiers et, aujourd'hui, des eucalyptus, toute une vie aquatique où se mêlaient, comme de nos jours, les êtres humains et les animaux. Cette Égypte-là, l'Égypte du fleuve, des canaux, des marais, l'Égypte des buffles et des abouherden (ces hérons gardes-bœufs que l'on voit, immobiles et immaculés, par centaines aux côtés des fellahs), l'Égypte des lentilles et du trèfle, celle aussi des milliers de masures de boue séchée et de pisé sur les terrasses desquelles sèchent les bouses au milieu d'essaims de mouches et de taons, l'Égypte du limon et des odeurs primordiales, des petites filles aux yeux noirs qui vous dévisagent sans honte, des gosses pendus à vos pieds et qui vous suivent partout comme une grappe bruissante de rires et d'appels, cette Égypte humaine, grouillante, accueillante, oppressante parfois, Hérodote lui aussi l'a certainement rencontrée. Mais avant tout, du moins au premier contact, il a vu le Fleuve et il en a saisi d'emblée l'histoire et le trajet mythique. Presque saisi, si l'on tient à être précis car, en ce qui concerne l'origine des crues, la bonne réponse était... la troisième explication ! Les crues du Nil provenaient bien de la fonte des neiges dans les montagnes de l'Ouganda où le Nil blanc prend naissance, et des pluies torrentielles grossissant le Nil bleu qui vient d'Abyssinie. On avait donc, de très bonne heure, établi une corrélation entre les montagnes du Sud et la crue du fleuve mais comme on connaissait mal les régions au-delà de la troisième cataracte, cette corrélation parut longtemps fortuite. Pour les Égyptiens, le Nil était avant tout une résurgence du Noun, *l'Océan primordial qui recouvrait la terre, résurgence qu'on pouvait voir en deux endroits : en Haute-Égypte dans une caverne proche d'Assouan appelée caverne d'Hapy (nom du dieu mystérieux censé présider aux crues) et en Basse-Égypte, un peu en amont du Caire, où le dieu avait une autre caverne. Il dut sembler inutile de rechercher plus en amont, au-delà de l'Éthiopie, les causes d'un phénomène dépendant du seul dieu Hapy. Si j'ai employé l'imparfait à propos des crues, c'est que, comme chacun sait, elles ont cessé depuis la mise en service du barrage d'Assouan. Le débit du fleuve est désormais entièrement contrôlé par le barrage. Mais comme ce dernier retient au fond du lac Nasser les limons fertilisateurs, il a fallu apprendre aux fellahs l'usage des engrais...*

Quant aux réflexions d'Hérodote sur les apports égyptiens à la civilisation, elles nous autorisent deux remarques. La première, c'est qu'il ne tient nullement les Égyptiens pour des barbares au sens courant du terme, bien au contraire puisqu'il en fait les inventeurs des progrès essentiels de la civilisation. La seconde, c'est que, parmi ces progrès, le plus marquant me semble l'invention du calendrier. De l'avis des connaisseurs, le calendrier égyptien est l'un des plus intelligents et des plus parfaits de l'histoire humaine. Les Égyptiens « inventèrent » en effet l'année, en prenant pour point de départ le lever héliaque de Sirius — qu'ils appelaient Sothis — autrement dit le jour de l'année où Sirius se levait en même temps que le soleil. Ce jour tombait le 15 juin. L'année commençait donc à cette date et comportait 365 jours. Seule manquait l'année bissextile. Quant aux dieux égyptiens, ne nous étonnons pas de les rencontrer sous des noms grecs. C'était une habitude constante chez les Anciens et, déjà avant Hérodote, prêtres grecs et prêtres égyptiens avaient établi un syncrétisme entre leurs divinités respectives. J'en donne ici la liste, une fois pour toutes, pour aider à la compréhension du texte : Héphaïstos/Vulcain correspondait à Ptah ; Zeus/Jupiter à Amon ; Athéna/Minerve à Neith ; Dionysos/Bacchus à Osiris ; Aphrodite/Vénus à Hathor ; Artémis/Diane à Bastet ; Déméter/Cérès à Isis ; Apollon/Phébus à Horus ; Héraclès/Hercule à Khonsou ; Hermès/Mercure à Thot.

Enfin, dernière remarque : l'expédition menée à travers le Tassili par les jeunes Nasamons, peuplade du littoral libyen que nous retrouverons dans la quatrième Enquête, *est d'autant plus intéressante qu'elle est pratiquement le seul exemple cité par Hérodote d'une aventure entreprise avec un souci avoué... d'aventure et d'exploration. Elle n'aboutit d'ailleurs pas à la découverte du Nil mais, très certainement, du Niger. Ces arbres de savane apparaissant après le grand désert, ces petits hommes (Pygmées dont l'habitat eût été plus septentrional qu'aujourd'hui ?), ce grand fleuve où nagent des crocodiles, tout concourt à penser qu'il s'agit du Niger. Les explorateurs d'aujourd'hui devraient élever un monument à la mémoire de ces Nasamons et de leur audacieuse traversée du Tassili : car ils furent, sans aucun doute, les premiers aventuriers terrestres de l'histoire.*

Mœurs des Égyptiens.
Les dieux et les sacrifices.
Les oracles et les fêtes.

J'en arrive maintenant à l'Égypte dont je parlerai plus longuement : elle contient tant de merveilles, tant d'ouvrages défiant la parole et l'imagination que je n'hésiterai pas à lui consacrer une place importante.

Les Égyptiens, qui vivent sous un climat singulier, qui possèdent un fleuve au caractère profondément différent de celui des autres, ont adopté, en toute chose ou presque, des coutumes et des principes inverses de ceux des autres hommes. Chez eux, ce sont les femmes qui font le marché et tiennent les boutiques, et les hommes qui restent à tisser à la maison. Dans les autres pays, on tisse en poussant la trame vers le haut, en Égypte vers le bas. Les hommes portent les fardeaux sur leur tête, les femmes sur leurs épaules. Les femmes urinent debout, les hommes accroupis. Ils font leurs besoins chez eux, et mangent dans les rues, en vous expliquant qu'il faut satisfaire en secret les besoins honteux et publiquement ceux qui ne le sont pas. Aucune femme ne peut être prêtresse. L'exercice du culte est réservé aux hommes. Rien n'oblige le fils à nourrir ses parents s'il n'en a pas envie, mais la fille y est absolument tenue, que cela lui plaise ou non. Dans tous les pays, les prêtres portent les cheveux longs, en Égypte ils se les rasent. Chez les autres peuples, les proches parents d'un mort se rasent la tête en cas de deuil, en Égypte ils se laissent pousser la barbe et les cheveux qui, jusqu'alors, étaient rasés. Les autres peuples vivent à l'écart de leurs bêtes, les Égyptiens vivent avec elles. Les autres se nourrissent de blé et d'orge, ce qui en Égypte est très mal vu. Leur pain, ils le font avec une variété d'épeautre qu'on appelle *zeïa*. Ils pétrissent la pâte avec les pieds, réservant leurs mains pour la glaise et le fumier. Partout ailleurs, on laisse les parties sexuelles comme les a faites la nature. En Égypte, et là où se sont introduits ses usages, on les circoncit. Chaque homme a deux vêtements, les femmes un seul. Les anneaux et les cordages des voiles sont fixés partout à l'extérieur du bordage, en Égypte, à l'intérieur. Pour écrire et compter, les Grecs déplacent la main de gauche à droite, les Égyptiens de droite à gauche, tout en prétendant qu'ils écrivent à l'endroit et les Grecs à l'envers. Ils utilisent, de plus, deux écritures : les hiéroglyphes et l'écriture populaire.

Comparés aux autres peuples, les Égyptiens sont religieux à l'excès. Voici quelques-unes de leurs coutumes : ils boivent tous dans des gobelets de bronze qu'ils nettoient soigneusement chaque jour. Ils portent des habits de lin, toujours très propres, car ils sont très pointilleux sur cette question. Ils se font circoncire par mesure de propreté (la propreté étant plus essentielle à leurs yeux que l'esthétique). Les prêtres se rasent le corps entier tous les deux jours pour qu'aucune vermine ne les souille dans l'exercice de leurs fonctions. Ils ne portent qu'un seul vêtement de lin et sandales de papyrus. Tout autre vêtement, tout autres sandales sont strictement interdits. Ils se lavent deux fois par jour à l'eau froide, et deux fois chaque nuit, et s'astreignent à mille autres rites trop longs à rapporter ici. Mais cette existence a aussi ses bons côtés : ils n'ont jamais à dépenser, pour vivre, le moindre argent personnel ; chaque jour, on leur apporte du pain cuit à leur intention, et quantité de viandes ; des bœufs, des oies, du vin, bref, de tout sauf du poisson, qui est un plat interdit. Les Égyptiens ne sèment jamais de fèves et, quand elles poussent toutes seules, ils se gardent bien d'y toucher. Les prêtres ne peuvent même pas en supporter la vue. C'est, paraît-il, un légume impur. Chaque dieu a une multitude de prêtres à son service, qui obéissent eux-mêmes à un grand prêtre. Cette dernière fonction se transmet de père en fils.

Les bœufs sont considérés comme la propriété d'Épaphos. Aussi les soumet-on à l'examen suivant : si l'on découvre sur eux ne fût-ce qu'un seul poil noir, l'animal est considéré comme impur. L'examen est fait par un prêtre spécialement commis à ce soin : il examine l'animal debout et couché, lui fait tirer la langue pour voir si elle recèle une impureté rituelle, regarde si les poils de la queue sont normalement plantés. Si donc la bête est pure, il la marque en lui enroulant du papyrus autour des cornes et en lui apposant son sceau personnel. Après quoi, on emmène l'animal, et malheur à qui toucherait à un animal impur, car il risquerait la mort. Ainsi examine-t-on les animaux en Égypte.

Quand on veut faire un sacrifice, on prend l'animal marqué, on le conduit près de l'autel, on allume le feu, on verse du vin sur la victime en invoquant le dieu, et on lui coupe la tête. Le corps de la bête est dépouillé, la tête chargée de malédictions et emportée. S'il y a quelque part un marché avec des Grecs, on l'y porte pour la vendre. S'il n'y a pas de Grecs, on la jettera dans le fleuve. Les malédictions en question consistent à dire : « Si quelque malheur menace les sacrificateurs ou l'Égypte, qu'il soit détourné sur cette tête. » Tous les Égyptiens observent exactement ces rites pour les malédictions et les libations. C'est une des raisons pour lesquelles aucun Égyptien ne mangera jamais la tête d'un animal quel qu'il soit.

Mais il y a beaucoup de variantes dans la façon d'extraire les entrailles et de les brûler. Dans le culte de la plus grande des déesses, celle en l'honneur de qui on célèbre les fêtes les plus importantes, les choses se passent ainsi : on dépouille le bœuf, on récite des prières, puis on retire les intestins en laissant dans le corps les autres viscères et la graisse, on coupe les pattes, le bas de l'échine, le gîte et le cou. Puis on remplit le tronc de pains de froment, de miel, de raisins secs, de figues, d'encens, de myrrhe et autres aromates, et on cuit le tout en l'arrosant d'huile copieusement. On jeûne avant de faire le sacrifice. Pendant que l'animal rôtit, tous les assistants se frappent la poitrine, après quoi ils se régalent. Les Égyptiens sacrifient ainsi les veaux et les bœufs reconnus purs, mais jamais les vaches qui sont des animaux sacrés d'Isis. Les statues d'Isis la représentent comme une femme avec des cornes de vache (exactement comme Io chez nous) et tous les Égyptiens, sans exception, ont pour les vaches une vénération particulière. C'est pourquoi aucun d'eux n'embrassera jamais un Grec sur la bouche, ni ne se servira d'un couteau grec, de broches grecques ou de marmites grecques, ni ne mangera d'un bœuf découpé par un couteau grec.

Les bœufs et les vaches qui meurent de mort naturelle sont traités comme suit : les vaches sont jetées dans le fleuve, les bœufs enfouis dans le sol, en laissant dépasser une ou deux cornes pour les signaler. Quand l'animal est décomposé, dans les délais prescrits, une barque arrive d'une île appelée Prosopitis et située dans le Delta. Cette île possède plusieurs villes et l'une d'elles, Hathorbéchis, possède un célèbre sanctuaire de Vénus. Une foule de gens partent de cette ville pour aller déterrer les ossements des bœufs, les emporter et les enterrer tous au même endroit. Les autres bestiaux sont ensevelis dans les mêmes conditions. C'est là un rite imprescriptible.

Tous ceux qui habitent la région de Thèbes ou qui ont bâti un temple en l'honneur de Jupiter le Thébain ne touchent jamais aux moutons mais sacrifient les chèvres. Les Égyptiens ne vénèrent pas tous les mêmes dieux (à part Isis et Osiris, notre Bacchus). Ceux qui habitent la province de Mendès, par exemple, ou qui possèdent un temple du dieu Mendès sacrifient au contraire les moutons et se gardent de toucher aux chèvres. Ceux qui ne touchent jamais aux moutons ni aux béliers (les Thébains, par exemple) s'en expliquent par le récit suivant : Hercule, un jour, voulut à tout prix voir Jupiter, qui n'y tenait pas du tout. Comme l'autre insistait, Jupiter imagina de dépouiller un bélier, de s'affubler de sa toison, de couper la tête de l'animal, de se la mettre comme un masque, et de se montrer ainsi à Hercule. C'est pourquoi les Égyptiens représentent Jupiter avec une tête de bélier. Les Amoniens, qui sont un mélange de colons égyptiens et d'Éthiopiens, les ont imités. A mon avis, ce nom même d'Amoniens leur vient de cette particularité, puisque Amon est le nom égyptien de Jupiter. Ainsi, à cause de cette légende, les Thébains ne sacrifient jamais les béliers et les tiennent pour sacrés. Cependant, une fois par an, à la fête de Jupiter, ils tuent un bélier, le dépouillent, revêtent de sa toison une statue du dieu, et l'approchent de celle d'Hercule. Tous les assistants, pendant ce temps, se frappent la poitrine, après quoi on enterre l'animal dans un cerceuil sacré.

Cet Hercule, m'a-t-on dit, est l'un des douze dieux. Sur l'autre Hercule, celui des Grecs, je n'ai rien pu savoir. Les Égyptiens, en tout cas, n'ont sûrement pas emprunté ce nom aux Grecs. Ce serait plutôt l'inverse. Bien des indices me le prouvent. Les deux parents de l'Hercule grec - Amphitryon et Alcmène— sont d'ascendance égyptienne, et les Égyptiens n'ont jamais entendu parler de Neptune et des Gémeaux. S'ils avaient emprunté des dieux aux Grecs, ce sont ces deux-là qu'ils auraient pris les premiers, car les Égyptiens étaient déjà de grands navigateurs, et les Grecs aussi, j'en suis certain. Ils auraient donc emprunté plus vraisemblablement les noms de Neptune et des Gémeaux plutôt que celui d'Hercule. En fait, les Égyptiens doivent avoir quelque ancien dieu du nom d'Hercule. D'après eux, du reste, les douze dieux actuels — dont Hercule — sont nés des huit dieux primitifs, dix-sept mille ans avant le règne d'Amasis.

J'ai cependant voulu en savoir un peu plus long sur cette question auprès de gens compétents, et je suis allé à Tyr, en Phénicie, où se trouvait, me dit-on, un sanctuaire célèbre d'Hercule. Je l'ai vu ; il est réellement magnifique : il est rempli d'offrandes et j'y ai remarqué deux stèles, l'une en or, l'autre en émeraudes brillant la nuit d'un vif éclat. Je me suis mis en rapport avec les prêtres du dieu et leur ai demandé depuis combien de temps ce temple existait. « Depuis la fondation de Tyr », me répondirent-ils, donc depuis deux mille trois cents, ce qui n'est pas conforme à l'avis des Grecs. J'ai vu, toujours à Tyr, un autre sanctuaire d'Hercule, celui d'Hercule de Thasos. Je suis donc allé à Thasos, et j'y ai trouvé effectivement un temple d'Hercule bâti par les Phéniciens quand ils partirent à la recherche d'Europe, ce qui place la fondation du temple cinq générations avant la naissance de l'Hercule grec. Cette enquête m'a clairement démontré qu'Hercule est un dieu très ancien, et je trouve extrêmement sensé d'avoir bâti en Grèce deux temples à deux Hercules différents : l'un qui est dieu, immortel, et qu'on appelle Hercule l'Olympien, l'autre qui reçoit seulement les honneurs qu'on rend aux héros.

Les Grecs disent parfois des sottises invraisemblables. En voici une, entre mille : Hercule, d'après eux, serait allé un jour en Égypte. Les Égyptiens le couronnèrent comme pour un sacrifice, l'emmenèrent en procession vers l'autel de Jupiter. Lui, au début, ne broncha pas, mais quand il vit qu'on allait l'immoler pour de bon, il se décida à employer la force et massacra tout le monde. Un tel récit dénote chez les Grecs une méconnaissance complète de la psychologie et des mœurs des Égyptiens : comment des gens à qui leur religion interdit de tuer les oies, les bœufs, les veaux, iraient-ils sacrifier des hommes ? Et aussi comment Hercule, qui n'était jamais qu'un homme, aurait-il pu, à lui seul, massacrer des milliers de gens ? Que les dieux, au moins, ne m'en veuillent pas de rappeler ces énormités !

D'autres Égyptiens, par contre, ne touchent jamais aux chèvres ni aux boucs. Les habitants de la ville de Mendès comptent Pan parmi les huit dieux primitifs. Peintres et sculpteurs représentent Pan comme font les Grecs, avec une tête de chèvre et des pattes de bouc. Ils savent parfaitement qu'il est en réalité comme les autres dieux, mais ils le représent ainsi pour des raisons spéciales qu'on me permettra de taire. Les gens de Mendès vénèrent donc tout ce qui est chèvre ou bouc, avec une préférence marquée pour les boucs. Il y a toujours un bouc qu'on vénère plus que les autres et qu'on enterre en grand deuil dans toute la région, quand il meurt. Mendès, en égyptien, désigne à la fois le bouc et le dieu Pan. Ces temps derniers, chose extraordinaire, un bouc s'est uni publiquement à une femme en pleine ville !

Le porc, en Égypte, est considéré comme un animal impur. La preuve ? Si un Égyptien frôle un porc dans la rue, il se plonge aussitôt tout habillé dans le fleuve ! Autre preuve : les porchers, bien qu'Égyptiens de naissance, sont les seuls à ne jamais pouvoir entrer dans un temple. Personne n'ira leur donner sa fille ou épouser la leur. Ils se marient toujours entre eux. Ils ne sacrifient jamais de porcs, sauf à Bacchus et à la Lune, le jour de la pleine lune. Pourquoi ont-ils une telle horreur de sacrifier un porc, si ce n'est pour la Lune ? On m'en a expliqué la raison, mais il ne serait guère décent de la répéter. Pour sacrifier un porc à la Lune, on l'égorge, on met de côté l'extrémité de la queue et la rate. On les enduit de toute la graisse du ventre de l'animal et on les brûle. Le reste est consommé seulement le jour de la pleine lune où a lieu le sacrifice. Tout le reste de l'année, le porc est absolument proscrit. Les pauvres, faute de ressources, façonnent des porcs avec de la pâte, les font cuire et les offrent en sacrifice.

Pour Bacchus, chacun tue un porc devant sa porte, la veille de sa fête, et le donne au porcher qui le lui a vendu. A part l'absence de chœur, le reste de la cérémonie se déroule à peu près comme chez les Grecs, mais au lieu de promener un phallus, ils ont fabriqué des statuettes d'une coudée, avec une verge de la même taille, actionnée par des fils ; les femmes les promènent de village en village, en chantant des hymnes à Bacchus.

Il existe une légende sacrée qui explique pourquoi cette verge est tellement disproportionnée et pourquoi elle est seule à remuer. Quant à l'introduction en Grèce d'un dieu du nom de Bacchus, des sacrifices à ce dieu et de la procession du phallus, c'est à Mélampson, fils d'Amalthée, que nous la devons. A vrai dire, Mélampson n'a sûrement pas tout introduit à la fois. D'autres sages, par la suite, durent s'inspirer de ses enseignements et les propager. Car la ressemblance entre les deux cultes, en Égypte et en Grèce, ne saurait être fortuite. Mélampson s'était initié à l'art divinatoire, devint un maître du genre, et introduisit en Grèce de nombreuses coutumes apprises en Égypte, entre autres cette procession en l'honneur de Bacchus.

Presque tous les noms des dieux nous sont venus des Barbares, et surtout d'Égypte, toutes mes enquêtes me l'ont prouvé. Les dieux, à l'exception de Neptune, des Gémeaux, de Junon, de Vesta, de la Justice, des Grâces et des Néréides, ont existé en Égypte de tout temps, et je ne fais que répéter ici ce que disent les Égyptiens. Quant aux dieux qui ne proviennent pas d'Égypte, ils doivent nous venir des Pélasges, sauf Neptune, qui est originaire de Libye. Ajoutons que les héros ne sont en Égypte l'objet d'aucun culte.

Tels sont les emprunts, avec beaucoup d'autres dont nous parlerons, que les Grecs ont faits aux Égyptiens. Par contre, les statues de

Mercure à la verge dressée que nous avons en Grèce ne nous viennent pas d'Égypte mais des Pélasges. Les Athéniens furent les premiers à adopter ces statues et transmirent cette coutume aux autres Grecs. Ces Athéniens étaient déjà de race hellénique quand les Pélasges vinrent s'installer près d'eux. A partir de cette époque, on peut considérer ces derniers comme tout à fait grecs. (Quiconque a été initié aux mystères des Cabires, à Samothrace, voit ce que je veux dire.) Les Pélasges s'établirent d'abord à Samothrace avant de s'installer en Attique, et transmirent leurs mystères aux gens de l'île. Les Athéniens sont donc les premiers à avoir utilisé ces statues d'Hermès à la verge dressée. Les Pélasges ont là-dessus une légende sacrée qui est représentée aux mystères de Samothrace. Autrefois, quand les Pélasges offraient des sacrifices, ils invoquaient « les dieux » en général, sans donner à chacun ni nom personnel ni qualificatif particulier. Pour eux, les dieux n'avaient pas de noms. Ils les appelaient dieux, c'est-à-dire « ordonnateurs », parce qu'ils avaient ordonné l'univers et présidé à la répartition de toute chose. Par la suite, leurs dieux prirent des noms venus d'Égypte. Des siècles plus tard, ils allèrent à Dodone consulter l'oracle qui passe pour le plus vieux de Grèce et qui était le seul à cette époque : « Fallait-il conserver, pour les dieux, ces noms barbares ? — Oui », répondit l'oracle. Et depuis, ils désignent chaque dieu par un nom particulier et ont transmis aux Grecs cette habitude.

Mais chacun de ces dieux, d'où vient-il ? Existaient-ils tous à l'origine ? Et quelle apparence avaient-ils ? Autant de questions restées sans réponse jusqu'à ces derniers temps, tout au moins jusqu'à Homère et Hésiode, qui furent les premiers à composer une théogonie, à fixer les noms des dieux, à déterminer leurs attributs et leurs fonctions, à décrire leur apparence, et qui ne m'ont précédé sur terre que de quatre siècles. Tous les renseignements sur les Pélasges me viennent des prêtres de Dodone. Tout ce qui concerne Hésiode et Homère est de moi.

Les Égyptiens m'ont raconté, sur l'origine des oracles en Grèce et en Libye, l'histoire suivante : deux femmes, deux prêtresses du temple de Jupiter à Thèbes, furent enlevées un jour par des Phéniciens et emmenées l'une en Grèce et l'autre en Libye. Ces deux femmes seraient précisément à l'origine des oracles chez ces deux peuples. « D'où tenez vous des détails si précis ? » ai-je demandé aux prêtres qui me racontaient l'histoire. « Malgré toutes nos recherches, nous n'avons pas pu retrouver ces femmes, répondirent ils, mais nous avons pu avoir de source sûre les renseignements en question. »

Les prophétesses du sanctuaire de Dodone ont une autre version. Deux colombes noires, me dirent elles, s'envolèrent un jour d'Égypte, l'une vers la Libye, l'autre vers Dodone. Cette dernière se posa sur un chêne et se mit à parler avec une voix de femme pour dire qu'il fallait établir ici même un oracle de Jupiter. Les gens de Dodone pensèrent que c'était un ordre des dieux et lui obéirent. La colombe partie en Libye en fit autant là bas et y fonda un oracle d'Amon (c'est-à dire de Jupiter). Voici textuellement ce que m'ont dit les prophétesses de Dodone. La plus âgée s'appelait Proménie, la suivante Timarétie et la plus jeune Nicandre. Tout le monde, dans le pays, me confirma ce récit. Voici mon avis sur cette histoire : les Phéniciens ont dû enlever ces deux prêtresses et aller les vendre en Libye et en Grèce (ou plus exactement en Pélasgie, comme on appelait la Grèce en ce temps-là) à des gens de Dodone. L'une y resta comme esclave et, chose très naturelle pour une ancienne prêtresse de Jupiter, voulut perpétuer sur place le souvenir de son ancien temple. Elle fonda en conséquence un temple de Jupiter, près d'un chêne, et, dès qu'elle put comprendre et parler le grec, elle prophétisa. Quant à ce terme de « colombe », il doit venir de ce que la femme était barbare et sa langue aussi incompréhensible et chantante, pour les gens de Dodone, que le chant des oiseaux. Par la suite, quand elle cessa de baragouiner, ou plutôt de « gazouiller », c'est-à-dire quand elle commença à parler une langue intelligible, ils traduisirent la chose à leur façon, en disant « et la colombe prit une voix humaine ». Car, enfin, je ne crois pas qu'une colombe ait jamais pu parler ! Et quand la légende dit que cette colombe était noire, cela signifie simplement que la femme était égyptienne, et qu'elle avait le teint foncé. La divination par les arbres, telle qu'elle est pratiquée à Dodone et à Thèbes, est à peu près identique. La divination par les entrailles nous est, elle aussi, venue d'Égypte.

Les Égyptiens furent également les premiers à célébrer de grandes fêtes religieuses avec quantité de rites et de processions. La preuve en est que toutes les fêtes en Égypte portent des signes indiscutables d'ancienneté, alors qu'en Grèce elles semblent plus récentes. Ces fêtes, les Égyptiens en célèbrent plusieurs par an. La plus importante et la plus populaire est celle de Diane, dans la ville de Bubaste. Puis vient la fête d'Isis à Busiris, ville située au milieu du Delta, où se trouve un très important sanctuaire de la déesse, la Déméter-Cérès des Égyptiens. La troisième a lieu à Saïs*, en l'honneur de Minerve. La quatrième à Héliopolis, en l'honneur du Soleil. La cinquième à Bouto*, en l'honneur de Latone. La sixième, enfin, à Paprémis, en l'honneur de Mars.

Pour la fête de Diane, hommes et femmes se rendent à Bubaste par le fleuve, entassés sur des barques. Pendant le trajet, quelques femmes jouent des crotales et quelques hommes de la flûte, tandis que le reste des occupants chante en battant des mains. Chaque fois qu'ils arrivent à hauteur d'une ville, tout le monde descend à terre, et les femmes commencent à railler les habitantes de la ville, à danser, à retrousser leurs jupes, etc. Le même rituel recommence à chaque arrêt. A Bubaste, la fête de la déesse comporte de grands sacrifices, et l'on consomme plus de vin en ce seul jour que pendant tout le reste de l'année. D'après les gens du pays, cette fête attire chaque année plus de sept cent mille pèlerins des deux sexes, sans compter les enfants.

J'ai raconté plus haut, à propos des sacrifices de bœufs, comment on célèbre la fête d'Isis à Busiris. Après le sacrifice, tous les assistants, qui sont des centaines de mille, se frappent la poitrine. En l'honneur de qui ? Il m'est interdit de le dire. Les Cariens établis en Égypte vont plus loin : ils se tailladent le front à coups de couteau. C'est même à cela qu'on reconnaît qu'ils ne sont pas d'Égypte.

A Saïs, la nuit de la fête, tout le monde allume des lampes dehors, autour des maisons. Ces lampes sont des sortes de vases emplis d'huile et de sel, où la mèche trempe à même l'huile et brûle toute la nuit. On appelle cette fête, la fête des Illuminations. Ceux qui n'assistent pas à la cérémonie proprement dite veillent quand même chez eux toute la nuit et allument leurs lampes, si bien que, cette nuit-là, toute l'Égypte est illuminée. En quel honneur illumine-t-on ainsi les maisons ? Une légende sacrée l'explique.

Aux fêtes d'Héliopolis et de Bouto, on se contente d'offrir des sacrifices. A Paprémis, la cérémonie débute comme partout par des sacrifices et autres rites, puis, dès le coucher du soleil, des prêtres commencent à s'affairer autour de la statue de Mars, tandis que d'autres vont se poster, avec des gourdins, devant l'entrée du temple. Des fidèles, au nombre d'un millier, armés de gourdins eux aussi, viennent se grouper face aux prêtres. La statue, à l'intérieur d'un temple miniature en bois doré, a été transportée la veille dans un autre édifice. Les quelques prêtres laissés de garde autour d'elle s'attellent à un char à quatre roues, portant le temple et sa statue. Les prêtres postés à l'entrée du sanctuaire leur en interdisent l'accès ; mais alors tous les fidèles se précipitent au secours de leur dieu et commencent à frapper les prêtres. Ceux-ci ripostent, et une violente bataille s'engage à coups de gourdins.

On n'hésite pas, si besoin est, à fracasser quelques crânes, et plus d'un combattant, j'en suis certain, ne s'en relève pas; on m'a pourtant affirmé qu'il n'y avait jamais de mort. D'après les gens du pays, l'origine de cette bataille rituelle serait la suivante: la mère de Mars habitait autrefois dans ce temple. Quand son fils, élevé loin d'elle, devint adulte et vint à Paprémis pour la voir, les gardiens de la déesse interdirent l'accès du temple à cet inconnu. Le dieu fut obligé d'aller quérir des renforts et de molester sérieusement les gardiens pour arriver jusqu'à sa mère. D'où cette bataille rituelle le jour de la fête de Mars.

L'interdiction de s'unir à des femmes dans les lieux sacrés ou de s'y rendre au sortir de leurs bras, sans s'être lavé, nous vient aussi d'Égypte. A part les Égyptiens et les Grecs, je crois qu'aucun homme ne se gêne pour faire l'amour dans les lieux sacrés ou y pénétrer au sortir des bras d'une femme, sans s'être lavé. Pour eux, hommes et bêtes sont soumis à la même loi: puisque les animaux et les oiseaux s'accouplent dans les temples, pourquoi l'homme ne le ferait-il pas? Si la chose déplaisait aux dieux, ils ne laisseraient pas faire les bêtes! Telles sont les excuses qu'ils se donnent, excuses qui, pour moi, sont dénuées de valeur.

Rien n'est jamais venu démentir pour l'essentiel les faits relatés par Hérodote à propos de la vie religieuse égyptienne. Certains passages présentent des inexactitudes, mais aucun ne s'est révélé faux ou entièrement erroné. Il faut d'ailleurs se dire qu'Hérodote parcourut l'Égypte de façon plutôt buissonnière, glanant çà et là des renseignements de tous ordres et rencontrant, chemin faisant, des cultes, fêtes et rites locaux dont on n'a pas toujours retrouvé trace. Bien des cérémonies décrites par lui sont des fêtes de village dont les détails variaient fatalement d'un nome à l'autre, voire d'un village à l'autre, ce qui explique qu'on ne puisse toujours faire le point des descriptions d'Hérodote. Ainsi, cette coutume consistant à jeter dans les fleuves (là où il n'y a pas de Grecs) la tête des bœufs sacrifiés n'est connue nulle part ailleurs. Il doit s'agir d'une pratique locale dont Hérodote a généralisé abusivement l'usage.

Ce qu'il dit du culte de Jupiter à Thèbes, c'est-à-dire du dieu Amon à Karnak, n'a pas été non plus entièrement confirmé. Mais il est exact qu'Amon était un dieu représenté souvent avec une tête de bélier. C'est même la raison pour laquelle on a appelé ammonites *certains coquillages du Secondaire, l'enroulement de leurs spires rappelant celui des cornes du dieu Amon. Mais il n'a pas existé pour autant à Karnak de culte du bélier sacré, ni d'ailleurs de béliers momifiés. Comme on le voit, les témoignages d'Hérodote posent en général plus de questions qu'ils n'en résolvent, mais chacun possède un intérêt essentiel, car rien ne permet de mettre en doute la réalité des faits observés. Même l'histoire — pourtant fort étrange — de ce bouc qui s'unit publiquement à une femme dans la ville de Mendès, n'est pas pure invention de la part d'Hérodote, mais simple exagération. Ce Mendès — qu'Hérodote assimile au dieu Pan — s'appelait Min en égyptien. C'était un dieu ityphallique (façon savante de dire qu'on le figurait toujours la verge érigée) et qui présidait, comme on peut s'en douter, à la fertilité des champs et à la fécondité des femmes. On le surnommait d'ailleurs « le Taureau qui couvre les femelles ». Il patronnait tout particulièrement la fécondité des dynasties royales et avait le bouc pour animal sacré. Les femmes qui voulaient des enfants devaient sans doute aller dans le sanctuaire de Min se frotter contre sa statue, ce qui explique la remarque d'Hérodote. Il est possible aussi que ce bouc ait joué un rôle au cours de hiérogamies, c'est-à-dire de mariages sacrés (symboliques, on s'en doute) destinées à promouvoir la fécondité du pharaon ou de sa femme. Une inscription du temple d'Abou-Simbel en Haute-Égypte ne dit-elle pas, à propos du dieu Ptah : « Je me suis changé en bouc de Mendès et j'ai couché avec ta splendide mère pour qu'elle donne le jour à ton être. » On notera aussi, avec un peu d'inquiétude, qu'au témoignage de Diodore de Sicile, qui visita l'Égypte à l'époque romaine, la grande prêtresse du dieu Min à Mendès était appelée « l'Aimée du bouc ».*

Enfin, si le porc, dans l'Égypte ancienne, était traité avec un tel mépris, c'est qu'il joua un rôle fort antipathique dans la légende d'Osiris. Osiris, dieu de la végétation, devenu ensuite un dieu des morts, fut tué par son frère Seth. Mais la déesse Isis, épouse d'Osiris, réussit à subtiliser le cadavre et à le cacher. Seth partit alors à sa recherche, dans l'intention de le mutiler et de le couper en morceaux. Et c'est un porc (un porc noir, très exactement) qui éventa l'emplacement du cadavre et le signala à Seth. Depuis ce jour, les Égyptiens l'eurent en exécration. Très proches sont les raisons qui expliquent l'interdit frappant la consommation du poisson par les prêtres. Il peut s'agir d'un poisson particulier, le lépidote, qui joue un rôle lui aussi dans la légende d'Osiris. Lorsque Seth, grâce au flair du porc noir, retrouva le cadavre d'Osiris, il s'empressa de le dépecer en quatorze morceaux qu'il sema à travers l'Égypte. Isis partit à la recherche de ces morceaux et les retrouva tous, à l'exception d'un seul: le phallus. Seth l'avait jeté dans le Nil, et les lépidotes l'avaient avalé! On comprend que les Égyptiens en aient toujours voulu à ce poisson... Il me reste enfin à signaler deux détails révélateurs. Au début de cet extrait, Hérodote dit que les Égyptiens ne sèment jamais de fèves et que les prêtres ne peuvent en supporter la vue, car c'est un légume impur. C'est là un interdit qui s'est transmis en Grèce chez les Pythagoriciens qui, eux aussi, tenaient la fève pour un légume impur. La raison exacte en est d'ailleurs étrange: ils voyaient dans la fève une reproduction avortée de la forme humaine, une sorte de fœtus végétal. En laissant une fève fermenter quelques jours au soleil sous une marmite, elle gonflait et germait, et prenait l'apparence, du moins pour les sectateurs de Pythagore, d'un bébé humain en réduction. Or — et c'est là l'aspect insolite de cet interdit et de cette association — nous partageons sans le savoir la même croyance ou plutôt la même image. Car que met-on le jour des Rois dans la galette traditionnelle: un baigneur — un minuscule bébé en porcelaine — ou une fève!

En tout cas, si Hérodote avait visité l'Égypte de nos jours, il y aurait trouvé — quant aux fèves — une situation exactement inverse. Car aujourd'hui la fève est l'aliment national de l'Égypte, sous forme de purée appelée foul *qu'on mange avec de l'huile d'olive, des oignons et parfois avec des œufs durs de pigeon. Il n'est pas de voyage en Égypte, j'entends de voyage dans la campagne et les villages et non dans les hôtels climatisés, qui ne comporte chaque jour son repas de foul.*

Deuxième remarque: l'histoire des «colombes» du sanctuaire de Dodone. On voit clairement dans ce passage l'emploi du mot barbare *chez Hérodote. Il assimile ici la langue* barbare *à un... gazouillis. Une langue barbare n'est pas seulement une langue non grecque, c'est surtout une langue incompréhensible en général mais chantante au besoin. Il y a bien une connotation négative dans cette comparaison qui laisserait entendre que les Barbares en général s'exprimaient dans un langage d'oiseaux mais au moins est-elle poétique. Et puisque nous sommes avec les oiseaux, restons dans le monde animal et visitons avec Hérodote l'étrange et passionnant bestiaire de l'Égypte.*

Les animaux sacrés.
Comment les chats se suicident en Égypte.
Comment on y attrape les crocodiles.

Les Égyptiens, qui respectent scrupuleusement tout ce qui est sacré, sont particulièrement pointilleux sur le chapitre des animaux. Bien que limitrophe de la Libye, l'Égypte a une faune assez pauvre. Mais tous les animaux qui y vivent, sauvages ou domestiques, sont considérés comme sacrés. Expliquer pourquoi reviendrait à parler des dieux, ce que je tiens à éviter par-dessus tout. Cela dit, voici les règles en usage concernant les animaux : chaque espèce a ses serviteurs, hommes ou femmes, peu importe, qui veillent spécialement à sa nourriture, et dont la charge, considérée en Égypte comme honorifique, se transmet de père en fils. Dans les villes, quand on veut faire un vœu au dieu auquel est consacré l'animal, les parents rasent la tête de leurs enfants, mettent les cheveux sur une balance, les pèsent avec de l'argent, et remettent la somme au gardien de l'animal. Il s'en sert pour acheter des poissons et nourrir sa ou ses bêtes. Si quelqu'un tue volontairement un animal sacré, il est puni de mort. S'il le tue involontairement, il paie une amende fixée par les prêtres ; mais s'il s'agit d'un ibis ou d'un faucon, il meurt irrémédiablement, qu'il l'ait fait volontairement ou non.

Il y a beaucoup d'animaux domestiques en Égypte. Il y en aurait plus encore si les chats n'étaient fréquemment victimes de l'accident suivant : quand les chattes ont mis bas, elles ne peuvent plus supporter les mâles. Ces derniers tentent bien leur chance, mais en vain. En désespoir de cause, ils prennent aux mères leurs petits et les tuent, mais ne les mangent pas. Les chattes, privées de leur progéniture, retournent alors aux mâles pour en avoir d'autres, car elles ont un instinct maternel très fort.

Quand un incendie éclate, un phénomène incroyable se produit chez les chats : pendant que les Égyptiens, autour du brasier, se préoccupent de leurs bêtes jusqu'à en oublier d'éteindre le feu, les chats leur filent entre les jambes ou leur sautent par-dessus la tête et courent se jeter dans les flammes, ce qui plonge les Égyptiens dans un grand deuil. Quand un chat meurt de mort naturelle, tous les gens de la maison se rasent les sourcils. Quand il s'agit d'un chien, tout le corps et toute la tête.

A leur mort, les chats sont emportés à Bubaste, dans les locaux sacrés où on les embaume et où on les enterre. Les chiens sont enterrés chacun dans leur ville, dans des cercueils sacrés. Les musaraignes et les faucons sont transportés à Bouto, les ibis à Hermopolis, les ours, très rares en Égypte, et les loups, qui ne dépassent guère la taille des renards, sont enterrés à l'endroit où on a trouvé leur cadavre.

Venons-en maintenant au crocodile. Pendant les mois d'hiver, il ne mange absolument rien. C'est un quadrupède qui vit dans les eaux calmes et sur la terre ferme. Il pond et laisse éclore ses œufs à terre. Il reste au sec presque tout le jour, mais passe toutes ses nuits dans les fleuves dont l'eau est plus chaude que l'air et la rosée. De tous les animaux connus, c'est un de ceux qui présentent la plus grande disproportion entre le nouveau-né et l'adulte. Un bébé crocodile, à sa naissance, n'est guère plus gros qu'un œuf d'oie, mais, adulte, il peut atteindre jusqu'à dix-sept coudées et plus. Il a des yeux comme ceux des porcs, des dents longues et saillantes, en rapport avec sa taille. Il est le seul animal à ne pas avoir de langue, à ne pouvoir remuer la mâchoire inférieure, mais à pouvoir rabattre la mâchoire supérieure sur l'autre. Il a des griffes puissantes, une peau couverte d'écailles, véritable carapace. Il ne voit pas dans l'eau, il a l'intérieur de la gueule rempli de sangsues. Tous les animaux et tous les oiseaux le fuient à l'exception de l'oiseau trochile avec qui il vit en très bons termes. Quand le crocodile sort de l'eau et ouvre la gueule (presque toujours en direction du zéphyr), le trochile pénètre dedans et dévore les sangsues. Ravi d'être soulagé, le crocodile ne fait aucun mal à l'oiseau.

Dans certaines régions, les crocodiles sont sacrés. Dans d'autres, ils ne le sont pas et sont même chassés. Les gens de Thèbes et du lac Mœris les tiennent pour particulièrement sacrés. Ces deux provinces nourrissent chacune un crocodile dressé et apprivoisé. On lui met des boucles d'oreilles, des bracelets aux pattes de devant, on lui donne des aliments sacrés, bref il mène une vie de prince ! A sa mort, on l'embaume et on l'ensevelit dans un cercueil sacré. A Éléphantine, par contre, loin de le tenir pour tel, on n'hésite pas à le manger. Le nom égyptien du crocodile est : *champsès*. Le terme de « crocodile » nous vient des Ioniens qui appellent ainsi les petits lézards qui gîtent dans les fentes des murs.

On les capture de plusieurs façons. Voici la plus curieuse : on accroche un morceau de porc à un hameçon qu'on jette dans le fleuve et qu'on laisse dériver. Pendant ce temps, sur la berge, le chasseur, armé d'un bâton, s'en donne à cœur joie sur un porcelet vivant. Les cris de l'animal attirent le crocodile, il nage dans leur direction, flaire la viande et l'avale. On tire sur la corde et, une fois le crocodile hissé sur la berge, le premier soin du chasseur est de lui obstruer les yeux avec de la boue. Après quoi sa capture n'est plus qu'un jeu d'enfant.

L'hippopotame n'est sacré que dans la province de Paprémis. C'est un quadrupède aux pieds fourchus comme ceux du bœuf, au mufle camus; il a une crinière de cheval, des défenses saillantes, une queue et un hennissement de cheval, et la taille d'un grand bœuf. Son cuir est si épais qu'après l'avoir fait sécher on en fait des hampes de javelots.

On trouve aussi dans le Nil des loutres qui sont considérées comme sacrées et, parmi les poissons, le lépidote et l'anguille. On y rencontre aussi l'oiseau appelé tadorne.

Il existe un autre oiseau sacré, appelé phénix. Pour ma part, je n'en ai jamais vu, sinon en peinture. Il est vrai qu'il vient très rarement en Égypte, seulement tous les cinq cents ans, quand son père meurt, d'après les gens d'Héliopolis. S'il ressemble à ses peintures, il a un plumage partie rouge vif partie or, la taille et l'apparence d'un aigle. On prétend, mais cela me paraît vraiment peu croyable, que, lorsque son père meurt, il transporte son corps, enroulé dans de la myrrhe, depuis l'Arabie jusqu'au temple du Soleil, à Héliopolis, pour l'y ensevelir. Il façonnerait d'abord un œuf de myrrhe, aussi gros que possible, ferait un vol d'essai avec sa charge pour voir s'il peut la porter, puis creuserait l'œuf, y introduirait son père, comblerait le vide avec de la myrrhe (le poids du cadavre équilibrant celui de la myrrhe enlevée) et l'emporterait jusqu'en Égypte, au temple du Soleil. Voilà le prodige dont serait capable cet oiseau!

Il y a près de Thèbes des serpents sacrés, inoffensifs pour les hommes, plutôt petits, avec deux cornes au sommet de la tête. On dit qu'ils sont consacrés à Jupiter, et on les enterre dans son temple lors qu'ils meurent.

Je suis allé aussi dans une région d'Arabie, aux environs de la ville de Bouto, pour y avoir des précisions sur les serpents volants. J'y vis effectivement des ossements et des vertèbres de serpents, en telle quantité qu'il était impossible de les dénombrer. Ils étaient amoncelés en tas de toutes les dimensions, des plus petits aux plus gigantesques, en nombre incroyable. Cet endroit est une gorge encaissée entre deux montagnes, et qui mène à une vaste plaine, confinant à la plaine d'Égy pte. Il paraît qu'au printemps ces serpents ailés s'envolent d'Arabie, et que les ibis vont les attendre dans cette gorge pour les empêcher d'entrer en Égypte et les exterminer. C'est pour cela, m'ont expliqué les Arabes, que les Égyptiens honorent tellement les ibis (et cela m'a été confirmé par les Égyptiens eux-mêmes).

L'ibis est un oiseau au plumage très foncé, avec des pattes de grue, un bec fortement recourbé, de la taille du râle d'eau, du moins l'ibis noir, ennemi héréditaire des serpents volants. Mais il existe une deuxième variété d'ibis blanc, qu'on rencontre à chaque tournant de rue ; ils ont la tête et le cou dégarnis, le corps entièrement blanc, sauf la tête, le cou et les extrémités des ailes et de la queue qui sont noirs, les pattes et le bec comme ceux des ibis noirs. Les serpents volants, dont j'ai parlé plus haut, ressemblent assez aux serpents d'eau ; leurs ailes sont comme celles des chauves-souris. Mais restons-en là pour les animaux sacrés.

Les rites funéraires.

Les Égyptiens qui habitent les régions les plus fertiles entretiennent en eux le culte du passé. C'est dans ces régions qu'on rencontre les gens les plus instruits. Ils ont d'assez curieuses habitudes : chaque mois, par exemple, ils se purgent entièrement, trois jours de suite, à l'aide de vomitifs et de lavements, persuadés que notre mode d'alimentation est à l'origine de tous nos malaises. Après les Libyens, les Égyptiens sont du reste les gens les plus sains du monde, sans doute en raison de l'uniformité du climat. Tous les changements, en général, et ceux des saisons en particulier, sont plutôt néfastes aux hommes. Ils font leurs pains avec de la farine d'épeautre et les appellent *cylestes*. Ils fabriquent du vin avec de l'orge, car tout le pays est dépourvu de vignes. Les poissons sont mangés crus, ou séchés au soleil, ou macérés dans la saumure. Les oiseaux, tels les cailles, canards ou petits oiseaux, sont simplement salés et mangés tels quels. Tous les autres, à l'exception évidemment des oiseaux sacrés, sont consommés rôtis ou bouillis.

Chez les gens riches, à la fin des banquets, un homme porte à la ronde une figurine en bois représentant un cadavre dans son cercueil, d'un style très réaliste. Il montre le cadavre à tous les convives et leur dit : « Regardez-le bien, vous qui avez bu et mangé tout votre saoul, car un jour vous serez tous pareils ! » Tel est l'usage, en Égypte, à l'issue des banquets.

Les Égyptiens ont des coutumes ancestrales et n'aiment pas en changer. Entre autres curiosités, notons qu'ils semblent ne connaître qu'un seul chant funèbre, le chant de Linos, qu'on trouve également en Phénicie, à Chypre et ailleurs. Ce ne fut pas un de mes moindres étonnements, dans ce pays où j'en ai éprouvé tant d'autres, que de retrouver ce chant en Égypte. D'où lui vient ce nom de Linos ? Il doit exister depuis toujours. Linos, en égyptien, se dit : Manéros. Manéros était, m'a-t-on expliqué, le fils du premier roi d'Égypte. Il mourut prématurément et, en son honneur, on créa ce chant funèbre qui fut le premier et le seul qu'ait connu l'Égypte.

Autre point commun entre les Égyptiens et les Grecs, ou plutôt les Lacédémoniens : quand un jeune homme ici rencontre un homme âgé, il s'efface pour lui laisser le passage. Quand un vieillard entre dans une pièce, tous les jeunes se lèvent. Mais au lieu de se saluer dans les rues, en se disant simplement bonjour, ils s'inclinent en portant la main jusqu'aux genoux. Cet usage est particulier à l'Égypte.

Ils portent des tuniques de lin garnies de franges dans le bas. On appelle ici ces tuniques des *calasires*. Par-dessus, ils ont un manteau en laine blanche, mais ils n'entrent jamais dans un temple et ne se font pas enterrer avec ce manteau : leur religion le leur interdit ; en cela, ils sont d'accord avec les cultes dits « orphiques » et « bacchiques » qui nous viennent d'Égypte, et ceux de Pythagore : aucun membre de ces sectes ne peut se faire enterrer avec des vêtements de laine. Il circule du reste à ce sujet une légende sacrée.

Les Égyptiens ont encore découvert, parmi mille autres choses, quel dieu particulier gouverne chaque mois et chaque jour, comment prévoir la destinée d'un homme, sa mort, son caractère, à partir de sa date de naissance : cette dernière trouvaille a été mise à profit par les Grecs qui se mêlent de poésie. Ils ont été témoins de plus de prodiges, à eux seuls, que tout le reste de l'humanité. Quand un prodige survient, ils en observent et en notent par écrit les conséquences et, si le même phénomène se reproduit, ils sont ainsi en mesure d'en prévoir l'évolution. L'art divinatoire, en Égypte, est le privilège des dieux. On y voit des oracles d'Hercule, du Soleil, de Minerve, de Diane, de Mars, de Jupiter et, à Bouto, un oracle de Latone qui est le plus recherché. Les modes de divination varient avec les dieux.

En Égypte, chaque médecin ne soigne qu'une seule maladie. Aussi sont-ils légion : il y en a pour les yeux, d'autres pour la tête, les dents, le ventre, et même les maladies non localisées.

Venons-en aux deuils et aux rites funéraires. Lorqu'un homme d'une certaine condition vient à mourir, les femmes de la maison s'enduisent de boue la tête et le visage et partent à travers la ville, en se frappant la poitrine, les vêtements relevés, les seins découverts. Les hommes parcourent eux aussi la ville en gémissant. Après quoi, on remet le corps à l'embaumeur.

L'embaumement est pratiqué en Égypte par des professionnels. Quand on leur apporte un cadavre, ils proposent aux « clients » différents modèles de momies en bois, de style en général très réaliste. L'embaumement le plus soigné et le plus cher reproduit exactement celui du dieu dont je ne peux prononcer le nom. Le second type d'embaumement est un peu moins soigné, et donc meilleur marché, et le troisième type le moins cher de tous. Le client choisit le mode qu'il désire, se met d'accord sur le prix et s'en va.

L'embaumement le plus soigné se pratique de la façon suivante : on commence par retirer le cerveau par les narines à l'aide d'un crochet en fer et en y injectant des drogues dissolvantes. Puis on incise les flancs avec une pierre d'Éthiopie tranchante, et on retire les intestins qui sont nettoyés au vin de palme et purifiés avec des aromates broyés. On remplit le ventre de myrrhe, de fausse cannelle et autres aromates (sauf l'encens), et on le recoud. On plonge ensuite le cadavre dans le natron où on le laisse soixante-dix jours. Au bout des soixante-dix jours, on lave le mort, on l'enveloppe dans de fines bandelettes de lin enduites d'une sorte de gomme que les Égyptiens utilisent en place de colle, et on le livre à la famille. Celle-ci fait faire une momie en bois, de forme humaine, dans laquelle on enferme le mort qu'on garde désormais précieusement chez soi dans une chambre funéraire, debout contre le mur.

Ceux qui reculent devant la dépense commandent l'embaumement de deuxième classe : on emplit le ventre du mort d'huile de cèdre sans l'inciser ni le vider, en lui injectant l'huile par l'anus et en l'empêchant de ressortir ; après quoi on laisse le corps dans le natron le temps nécessaire. Le dernier jour, on retire du ventre l'huile de cèdre dont le pouvoir dissolvant est tel que les intestins et les viscères sont liquéfiés et s'évacuent avec elle. Les chairs, de leur côté, sont dissoutes par le natron, et le cadavre n'a plus, pour ainsi dire, que la peau sur les os. Les embaumeurs livrent le corps dans cet état, sans plus s'en occuper. Le troisième mode d'embaumement est celui des pauvres : on purifie les intestins à l'aide d'un sel purgatif, on laisse le corps dans le natron pendant soixante-dix jours et on le livre tel quel.

Les femmes des gens haut placés, et les femmes très belles ou très célèbres, ne sont pas remises aux embaumeurs immédiatement après leur décès. On attend en général deux ou trois jours avant de les leur livrer. Ceci pour éviter que les embaumeurs ne se livrent sur elles à certains « abus ». L'un deux, en effet, fut surpris une fois par son compagnon en train de violer une femme morte.

Si un homme, Égyptien ou étranger, peu importe, meurt emporté par un fleuve ou enlevé par un crocodile, la ville sur le territoire de laquelle son cadavre est rejeté est absolument tenue de l'embaumer et de l'enterrer le plus magnifiquement possible. Personne, pas même les amis ou les parents, ne peut approcher ni toucher ce mort. Seuls les prêtres en ont le droit, car ce corps est devenu pour eux, par cette mort exceptionnelle, quelque chose de plus qu'un simple cadavre d'homme.

Les Égyptiens sont réfractaires aux coutumes des Grecs et, d'une façon plus générale, à celles de tous les peuples ; on dirait même qu'ils s'en font un devoir, sauf à Chemnis*, près de Néapolis dans la province de Thèbes, où se trouve un temple de Persée, fils de Danaé. Ce temple est carré, entouré de palmiers ; le vestibule en pierres et très vaste abrite deux immenses statues. Le sanctuaire proprement dit, qui contient la statue de Persée, se trouve à l'intérieur de cette enceinte. Les gens de Chemnis disent que Persée apparaît souvent dans la région, et surtout à l'intérieur de son temple, qu'on y trouve alors immanquablement une de ses sandales, usagée, longue de deux coudées, et qu'à chaque fois toute l'Égypte connaît brusquement une période de prospérité. Du moins, aux dires des gens de Chemnis. Ils ont institué, à l'imitation des Grecs, des jeux gymniques en l'honneur de Persée, avec des épreuves et des récompenses : ces récompenses sont des troupeaux, des manteaux et des peaux. « Pourquoi Persée ne se montre-t-il qu'à vous, et pourquoi êtes vous les seuls, en Égypte, à avoir institué des jeux ? leur ai-je demandé. — Parce que Persée est originaire de Chemnis », m'ont ils répondu. Danaos et Lynké étaient, d'après eux, des Chemnites qui, un beau jour, seraient partis en Grèce. En continuant leur généalogie, ils remontaient jusqu'à Persée. Ce dernier vint un jour en Égypte pour rapporter de Libye la tête de la Méduse (les Grecs sont d'accord là-dessus); mais, en passant par Chemnis, il y reconnut tous ses parents. Sa mère, du reste, lui avait parlé de Chemnis avant qu'il parte en Égypte, et c'est le héros en personne qui les invita à célébrer des jeux en son honneur.

La vie dans les marais.
Les poissons et les bateaux.

Toutes les coutumes que j'ai indiquées plus haut sont celles des Égyptiens qui vivent au sud des marais. Ceux qui vivent dans le Delta ont à peu près les mêmes coutumes, notamment la monogamie; mais, pour pouvoir se procurer des vivres à bon marché, ils ont imaginé ceci: quand le fleuve est en crue et transforme tous les champs en océan, on voit pousser partout quantité de lis, appelés ici lotus. Ils les cueillent, les mettent à sécher au soleil, retirent le cœur de la fleur — qui ressemble un peu au pavot — le pilent et en font de la farine. On mange aussi la racine qui est ronde, de la grosseur d'une pomme, et a un goût plutôt sucré. D'autres lis, de couleur rose, poussent dans le fleuve. Leur fruit naît sur une tige secondaire qui sort de la racine à côté de la tige principale et ressemble à s'y méprendre à ces gâteaux de cire que façonnent les guêpes. On trouve à l'intérieur des graines comestibles, grosses comme un noyau d'olive, qu'on mange fraîches ou séchées. Quant au papyrus, qui est une plante annuelle, on l'arrache, on coupe la partie supérieure de la tige (qu'on vend ou qu'on emploie à divers usages) et on mange le bas, sur une longueur d'une coudée environ. Pour tirer du papyrus le meilleur parti, on le fait cuire à l'étouffée dans un four très chaud, et on le mange tel quel. Certains de ces Égyptiens vivent uniquement de poissons qu'ils vident et mettent à sécher au soleil.

Les poissons qui vivent en bancs ne se rencontrent guère dans le fleuve. Ils préfèrent en général les marais. A la saison du frai, ils partent en bancs vers la mer, les mâles nagent en tête en répandant leur semence: les femelles qui les suivent l'avalent et sont fécondées. Une fois pleines, elles quittent la mer et retournent à leur marais, mais cette fois ce sont elles qui prennent la tête. Tout en nageant, elles font comme les mâles à l'aller : elles répandent leurs œufs qui sont agglomérés en paquets et gros comme des grains de mil, et les mâles, derrière, les avalent. Chacun de ces grains minuscules est un poisson : ceux qui ne sont pas avalés et qui survivent donnent plus tard naissance à un poisson. Si on attrape ces poissons quand ils nagent vers la mer, on remarque qu'ils ont tous le côté gauche de la tête aplati, si on les prend au retour, le côté droit. En voici la raison probable : quand ils descendent vers la mer, ils longent la rive du côté gauche, et quand ils en reviennent, longent cette même rive du côté droit, et sans doute doivent-ils la serrer le plus possible pour ne pas être déportés par le courant. Quand le Nil commence à monter, les terres basses et marécageuses qui bordent le fleuve sont inondées les premières, par infiltration, et au moment même où elles s'emplissent d'eau, on les voit pleines de minuscules poissons. D'où peuvent-ils venir ? Je crois le comprendre : quand le Nil s'est retiré, l'année précédente, les poissons sont partis avec les dernières eaux après avoir pondu leurs œufs dans la vase. Et quand l'eau revient, l'année suivante, les œufs sont à maturité et peuvent éclore. Je n'ai rien d'autre à dire sur les poissons.

Les Égyptiens qui habitent la région des marais utilisent une huile tirée des ricins, qu'on appelle en égyptien des *kiki,* et qu'on sème ici sur le bord des rivières et des marais. Le ricin, en Grèce, pousse à l'état sauvage ; mais en Égypte il est cultivé et produit des fruits abondants et qui sentent mauvais. On les cueille, on les broie et on les presse, à moins qu'on ne les fasse bouillir après les avoir grillés et qu'on ne recueille le jus qui en sort. C'est une huile très grasse qui convient très bien à l'éclairage, comme l'huile d'olive chez nous, mais qui dégage une odeur tenace.

Pour se protéger des moustiques qui sont légion dans ce pays, voici ce qu'ils ont trouvé : ceux qui habitent au sud des marais utilisent des sortes de claies où ils montent pour dormir, car le vent empêche les moustiques de voler à cette hauteur. Ceux qui habitent à même le Delta prennent leurs filets de pêche et s'en servent comme moustiquaires. Ici aucun manteau, aucun drap, ne vous protège des moustiques ; mais, si vous avez un filet autour de vous, ils n'essaient même pas de vous piquer !

Les bateaux qui servent au transport des marchandises sont construits en acacia, arbre qui ressemble beaucoup au lotus de Cyrène, et dont on tire de la gomme. Ils débitent l'arbre en planches de deux coudées qu'ils assemblent, comme on fait pour les briques, et construisent le bateau comme suit : on assujettit d'abord ces planches au moyen de chevilles longues et rapprochées, et quand la coque est assemblée, on met les baux en place à la partie supérieure. On n'emploie aucune varangue pour ce travail, et on se contente de calfater soigneusement les joints, à l'intérieur, avec des papyrus. Il n'y a qu'un seul gouvernail qui passe à travers la quille, le mât est en acacia, les voiles en papyrus. Ces bateaux ne pouvant jamais remonter le Nil à la voile, sauf par vent exceptionnel, on les hale de la rive. Pour descendre le fleuve, les marins utilisent une claie faite d'un entrelacs de tamarins et de roseaux, et une pierre percée d'environ deux talents. Cette pierre est reliée à l'arrière du bateau par une corde, la claie à l'avant par une autre corde, et on les jette toutes les deux dans le courant. La claie qui est très légère est emportée rapidement et aide à tirer le *baris* (c'est le nom de ces bateaux en égyptien), tandis que la pierre qui est très lourde traîne sur le fond et maintient l'embarcation à peu près en ligne droite. Ces *baris* sont très nombreux en Égypte, et ils peuvent transporter des charges de plusieurs milliers de talents.

Lorsque le Nil inonde le pays, seules les villes émergent au-dessus des eaux comme les îles dans notre mer Égée. Inutile dès lors, quand on circule en bateau, de suivre les différents bras du fleuve : on coupe directement à travers champs. Ainsi le bateau qui fait le service de Naucratis* à Memphis passe tout à côté des Pyramides, alors que la route habituelle passe par la pointe du Delta et Kercasore. En cette saison, l'Égypte n'est plus qu'un immense océan d'où les villes seules émergent.

Le bestiaire égyptien d'Hérodote est sans doute l'un des passages les plus pittoresques des Enquêtes. *L'importance des animaux dans l'Égypte ancienne, la ferveur dont on les entourait, les impressions mitigées éprouvées par les visiteurs étrangers à la vue de ces dieux à tête de faucon, de bélier ou d'ibis, tout cela contribua à créer maintes légendes ou maintes opinions erronées sur les rapports passionnels et complexes que les Égyptiens entretenaient avec leurs animaux. Pour les autres peuples du monde antique, l'Égypte, plus encore que le pays des Pyramides ou des colosses de Memnon, était celui des animaux sacrés. Un fait est certain : les bêtes étaient, en Égypte, l'objet d'une vénération particulière. Les Égyptiens n'ont jamais adoré les animaux au sens reli-*

gieux du terme, comme on l'a cru à tort, mais ils voyaient en eux, au même titre qu'en l'homme, le réceptacle possible de certains aspects de la puissance divine. On les soignait, on les nourrissait, et à leur mort on les embaumait et on les enterrait dans des nécropoles particulières. « On rencontre partout, en Égypte, écrit A. Erman dans son livre La Religion des Égyptiens*, *de ces fosses communes d'animaux sacrés où les chats étaient enterrés par centaines de mille, où les crocodiles sont ensevelis avec leurs œufs et leurs petits nouvellement éclos ; des tombes d'ibis, de faucons, de serpents, de poissons... Ces cadavres d'animaux sacrés gisent en masses si prodigieuses que l'industrie moderne en fait parfois un usage profane : n'exploite-t-on pas les cimetières de chats de Béni-Hassan pour en tirer de l'engrais ! » On a même retrouvé, il y a quelques années, près du temple d'Héliopolis, dans une sépulture de la* XXe *dynastie, deux autruches momifiées et entourées de bandelettes !*

Bien entendu, chaque dieu avait son animal sacré qu'on nourrissait sa vie durant, ce qui faisait de chaque sanctuaire une sorte de zoo. Le plus célèbre de ces animaux sacrés était le taureau Apis qu'Hérodote décrit sous le nom d'Épaphos dans l'extrait précédent et qu'on enterrait dans le Sérapéum de Memphis. Les fouilles menées en 1850 par l'archéologue français Mariette ont permis de retrouver dans un des souterrains de cette nécropole vingt-huit sarcophages de taureau Apis. Ces sarcophages, vides aujourd'hui, n'en sont pas moins impressionnants. Imaginez, dans des galeries souterraines si monumentales et si hautes que les catacombes de Paris ont l'air de galeries pour taupes, des blocs monolithes taillés dans le granit et le basalte et qui contenaient chacun un taureau momifié. C'est dans ces lieux et dans quelques autres nécropoles comme celle de Tournah-el-Gebel, en plein désert près d'Hermopolis où l'on a dégagé il n'y a pas très longtemps une nécropole d'ibis momifiés, que l'on a le sentiment d'être au cœur de la sensibilité égyptienne. Jamais une culture et une religion n'ont porté plus loin la certitude que tous les êtres vivants de ce monde appartiennent à une même famille et une même aventure qui lient, dans la vie comme dans la mort, au soleil du désert comme dans la fraîche obscurité des tombes, les différents parents de la grande famille animale, homme compris. C'est à la fois une provocation envers nos convictions monothéistes ou même athées et un hymne à une unité perdue et à un sentiment de fraternité cosmique. Je ne crois pas qu'on puisse jamais retrouver le sentiment si particulier qui lia les Égyptiens aux animaux. Et cela demeure, de nos jours encore, un des mystères les plus agaçants mais aussi les plus fascinants de l'ancienne Égypte. De ce bestiaire qui joua donc dans ce pays un rôle si essentiel, énumérons rapidement les principaux acteurs.

Les chats étaient consacrés à la déesse Bastet qui était elle-même représentée en chatte. A leur mort ils étaient momifiés et enterrés dans des nécropoles dont la plus réputée était celle de Bubaste où l'on a retrouvé leurs momies par milliers. La vénération inspirée par les chats et mentionnée par Hérodote a été confirmée par un récit de Diodore de Sicile, historien grec postérieur à Hérodote de cinq siècles et qui raconte qu'un Romain fut lynché par la foule dans un village d'Égypte pour avoir tué involontairement un chat. Il faut signaler d'ailleurs à quiconque circule aujourd'hui en Égypte en voiture que la même aventure peut se produire si l'on écrase une chèvre, mais sans doute pour des raisons plus économiques que religieuses...

L'ibis, oiseau sacré de Thot, dieu de l'écriture et de la sience, est ici, dans le récit d'Hérodote, celui qu'on nomme l'ibis sacré et qui a aujourd'hui totalement disparu d'Égypte. On le trouve encore par contre au Soudan et en Éthiopie. Quiconque voyage en Égypte de nos jours remarquera partout dans les champs et le long des canaux d'irrigation des milliers d'oiseaux blancs, au plumage immaculé, immobiles près des paysans au travail. Ce ne sont pas des ibis mais des hérons gardes-bœufs dont le nom arabe est abou-herden. Ils sont aussi indissociables du paysage champêtre égyptien que devaient l'être il y a trente siècles ces ibis dont Hérodote dit qu'on les heurtait à chaque coin de rue.

Le crocodile, lui, était l'animal sacré du dieu Sobek. On le vénérait particulièrement à Arsinoé dans le Fayoum (ville que les Grecs appelèrent d'ailleurs Crocodilipolis). Visiter et nourrir les crocodiles sacrés était une des attractions favorites des riches touristes romains de passage en Égypte, et le géographe grec Strabon (qui visita le pays trois cents ans après Hérodote) raconte ainsi le repas du crocodile Soukhos (nom grec du dieu-crocodile Sobek) : « On lui donne à manger du pain, de la viande et du vin que les étrangers ne manquent jamais d'apporter quand ils viennent lui rendre visite. L'hôte égyptien qui m'accompagnait apporta à Soukhos une petite galette, du rôti et une cruche d'hydromel. Nous trouvâmes Soukhos étendu sur la rive. Les prêtres s'approchèrent et, tandis que les uns lui tenaient la gueule ouverte, les autres y versèrent pêle-mêle tout ce qu'on avait apporté. Sur quoi l'animal sauta dans le lac et nagea jusqu'à l'autre rive. Après nous, un autre étranger arriva avec d'autres cadeaux, et les prêtres firent le tour du lac* *en courant pour les apporter à Soukhos.» Ajoutons que le mot grec* crocodilos *signifie en effet «petit lézard». C'était de la part des Grecs un diminutif humoristique, appliqué à des bêtes qui mesuraient souvent plusieurs mètres! Mais cela indique bien la nature des rapports qui existaient entre Grecs et Égyptiens. Disons, pour résumer, que les deux peuples ne se comprirent guère, les Grecs (la plupart du temps commerçants et artisans) tenant les Égyptiens pour des gens bizarres dont il serait vain de vouloir approfondir la psychologie, et les Égyptiens considérant les Grecs comme des gens superficiels et futiles, incapables d'aborder avec sérieux et compétence la profondeur et les mystères de la religion égyptienne. Deux exemples suffiront d'ailleurs à le montrer. Le terme de* pyramide *n'est pas un mot égyptien, c'est un mot grec qui signifiait en Grèce* petit pain. *Et le terme* obélisque *est lui aussi un mot grec — obéliskos — signifiant tout simplement une brochette à rôtir les viandes, autrement dit ce qu'on appelle en grec moderne un* souvlakis*! Voilà tout ce que les Grecs virent finalement de l'Égypte. Devant l'aspect colossal des monuments, ils réagirent par la dérision, c'est-à-dire par l'incompréhension, en baptisant* petits pains *et* brochettes *l'architecture sacrée du pays! On comprend mieux, dans ce contexte, tout le mérite d'Hérodote et l'intérêt de ses remarques qui, elles, ne portent aucune trace de dérision, bien loin de là!*

La description de l'hippopotame surprendra par contre quelque peu. Où a-t-on jamais vu des hippopotames avec des crinières de cheval? Depuis toujours, cette assertion d'Hérodote était citée comme un exemple de ses erreurs ou de ses fantaisies mais Jean Yoyotte m'en donna la raison. Selon toute vraisemblance, Hérodote ne décrit pas l'animal de visu mais d'après les statues de la déesse-hippopotame Touéris qui était toujours représentée debout dressée sur des pattes arrière et avec, dans certaines localités, une crinière de cheval. Voilà donc l'explication d'une invraisemblance qui finalement n'en était pas une.

*Quant au phénix, il mérite une mention particulière. Si l'on s'en tient à la stricte ornithologie, l'oiseau figurant sous ce nom sur les bas-reliefs égyptiens était le héron cendré (*ardea cinerea*) particulièrement vénéré dans la ville d'Héliopolis. Il fut de très bonne heure associé au soleil, à la suite de quoi il donna naissance à la belle légende de l'immortel oiseau qui renaît de ses cendres. Ce mythe se développa surtout à l'époque romaine où le poète Lactance lui consacra un texte intitulé* Carmen de ave Phoenice *(Chant de l'oiseau Phénix).*

Quant aux rites d'embaumement décrits par Hérodote, ils sont d'une précision et d'un intérêt indiscutables. Ces rites avaient pour but de préserver l'intégrité corporelle du défunt, le support physique sans lequel son double spirituel ne pourrait survivre ni conserver sa personnalité dans le monde des morts. Ces techniques de l'embaumement avaient été pratiquées pour la première fois par le dieu Anubis sur le corps d'Osiris, lorsque Isis eut rassemblé tous ses morceaux épars. C'est pourquoi ce dieu à tête de chien sauvage figure auprès des morts sur les papyrus funéraires et les fresques des tombes. C'est lui qu'on voit penché sur la balance fatale où le cœur du mort sera pesé, dans l'au-delà, pour décider de sa survie ou de sa mort définitive.

Mais venons-en maintenant à l'histoire de l'Égypte, de ses pharaons, de ses Pyramides et de toutes ses merveilles, telle du moins qu'Hérodote l'entendit raconter par les prêtres, les scribes... et sans doute les âniers qui lui servirent de guides.

Les récits égyptiens.
Les conquêtes de Sésostris.
Les Colchidiens.
Le roi Phéron et la femme fidèle.

Tout ce que j'ai dit jusqu'à présent provient de mes enquêtes et de mes témoignages personnels, de ce que j'ai pu voir et juger par moi-même. A partir de maintenant, je me contenterai de transcrire ce que m'ont dit les Égyptiens, et de rapporter le plus fidèlement possible leurs récits.

D'après les prêtres égyptiens, Min fut le premier roi d'Égypte, et c'est lui qui fit construire une digue pour protéger Memphis. Auparavant, le fleuve coulait tout entier le long de la chaîne montagneuse, côté Libye. Min fit édifier une digue à cent stades environ en amont de la ville pour mettre à sec l'ancien lit et dériver le fleuve qui depuis coule entre les deux montagnes. De nos jours encore, les Perses surveillent attentivement cette digue de dérivation et la consolident fréquemment car, si elle venait à se rompre, tout Memphis risquerait d'être submergé ! Sur les terres ainsi récupérées, Min fonda la ville de Memphis (qui se trouve dans la partie la plus étroite de l'Égypte) et fit creuser, en dehors de la ville, un lac alimenté par le fleuve. Il fit aussi construire, dans la ville même, le temple grandiose de Vulcain.

Les prêtres m'énumérèrent, à la suite de Min, une liste de trois cent trente autres rois. Dans cette suite immense de générations, tous les rois régnants furent des hommes et des égyptiens, sauf dix-huit qui furent éthiopiens, et une reine qui fut égyptienne.

Cette unique reine s'appelait Nitocris*, comme celle de Babylone. Les Égyptiens avaient assassiné son frère, le roi d'Égypte, pour lui offrir, précisément à elle, la royauté. Pour le venger, voici comment, par ruse, elle provoqua la mort d'une quantité d'Égyptiens. Elle fit construire une immense salle souterraine et, sous prétexte de l'inaugurer, invita à un grand banquet tous les Égyptiens qu'elle savait avoir trempé dans le meurtre. Et soudain, au beau milieu du festin, elle laissa déferler sur eux les eaux du Nil par un immense conduit secret. On se refusa à m'en dire plus sur elle, sinon qu'elle se suicida, peu de temps après son forfait, en se jetant dans une chambre pleine de cendres, pour échapper aux représailles.

Les rois qui lui succédèrent ne laissèrent après eux aucun monument remarquable, aussi sont-ils peu considérés, et même plutôt négligés, à l'exception du dernier : le roi Mœris. Il fit construire le vestibule nord du temple de Vulcain, creuser un lac (dont je parlerai plus loin) et, dans ce lac, édifier des pyramides (dont j'indiquerai un peu plus loin les dimensions). Ce furent là ses seuls travaux. Quant aux autres rois, ils n'ont absolument rien laissé. Aussi, sans m'attarder sur eux, passerai-je directement à Sésostris*.

Parti du golfe d'Arabie avec une flotte de guerre, il soumit tous les peuples habitant les bords de la mer Érythrée et continua son expédition jusqu'à une mer dont les hauts-fonds ne permettaient pas la navigation. Il revint ensuite en Égypte et — toujours aux dires des prêtres — leva une immense armée pour marcher vers l'intérieur des terres et soumettre tous les peuples qu'il rencontrerait. Chez ceux qui faisaient preuve de courage et défendaient chèrement leur vie, il érigea des stèles avec son nom, sa patrie, et des inscriptions exaltant sa bravoure et sa puissance. Chez ceux qui se rendaient sans combat, il érige des stèles analogues, et y fit graver, en plus, un sexe de femme, pour railler la « virilité » des peuples en question ! Il parcourut ainsi tout le continent, de l'Asie à l'Europe, poussa jusque chez les Scythes et les Thraces, qu'il soumit. Ce fut là, je crois, le point le plus extrême de l'avance égyptienne. On y trouve en effet les stèles dont j'ai parlé, mais plus au-delà. Il revint ensuite sur ses pas et parvint sur les rives du Phase* où une partie de son armée établit ses campements. Est-ce Sésostris lui-même qui l'y a laissée pour coloniser le pays, ou les soldats qui décidèrent d'eux-mêmes de s'établir, fatigués de tant de marches et d'aventures ? Je ne peux le préciser.

Les Colchidiens des bords du Phase sont, en effet, manifestement de race égyptienne. C'est une chose que je pensais depuis longtemps, et que d'autres témoignages sont venus confirmer. Très intéressé par cette question, j'ai interrogé les gens des deux races : chose étrange, les Colchidiens se souvenaient mieux des Égyptiens que l'inverse. Pourtant, les Colchidiens actuels sont bien, de l'avis même des gens d'Égypte, les descendants des soldats de Sésostris. Je l'avais supposé moi-même, en voyant leur teint foncé et leurs cheveux crépus (ce qui, à vrai dire, n'est pas une preuve absolue, car bien d'autres peuples sont dans le même cas) et surtout parce qu'ils sont le seul peuple, avec les Égyptiens et les Éthiopiens, à pratiquer la circoncision. Les Phéniciens et les Syriens de la Palestine reconnaissent eux-mêmes qu'ils ont pris cette coutume aux Égyptiens. Les Syriens établis près des fleuves Parthénios et Thermodion (et les Macrons, leurs voisins) disent l'avoir empruntée récemment aux Colchidiens. Ils sont les seuls peuples à se faire circoncire et ce, exactement à la manière égyptienne. Lequel de ces deux peuples — égyptien ou éthiopien — a-t-il enseigné cet usage à l'autre ? Je ne saurais le préciser. Tout ce que je peux en dire, c'est que cet usage, chez ces deux peuples, est très ancien. En tout cas, les Phéniciens ont dû l'apprendre en fréquentant les Égyptiens. Ceux qui ne fréquentent que les Grecs n'ont jamais imité les coutumes égyptiennes et ne circoncisent pas leurs nouveau-nés. Ce qui rapproche encore les Colchidiens des Égyptiens est leur manière spéciale de travailler le lin, leur genre de vie et leur langue. Le lin de Colchide est appelé lin de Sardaigne par les Grecs, celui qui vient d'Égypte, lin égyptien.

Les stèles que ce roi Sésostris fit ériger en différents pays ont pour la plupart disparu. J'en ai vu deux, cependant, en Syrie et en Palestine, de mes propres yeux, avec les inscriptions que j'ai déjà mentionnées et... le sexe de femme. Il existe aussi en Ionie deux bas-reliefs qui représentent Sésostris, taillés dans le roc, sur la route qui va de Sardes à Smyrne, et sur celle qui va d'Éphèse à Phocée. Chacun d'eux figure un homme de deux coudées et demie, avec une lance dans la main droite, un arc dans la gauche, et le reste de l'équipement à l'avenant, mi-égyptien, mi-éthiopien. Une inscription hiéroglyphique court d'une épaule à l'autre de la statue : « Cette terre, je l'ai conquise moi-même, à la force des épaules. » Qui est-il ? D'où vient-il ? Ce n'est pas indiqué. Certains prétendent que ces bas-reliefs représentent Memnon, mais ils sont dans l'erreur complète.

Ce roi Sésostris rentra donc un beau jour en Égypte, ramenant avec lui une foule de prisonniers. Il arriva à Daphni, près de Péluse, où son propre frère qui régnait en son absence l'invita chez lui avec ses enfants. Le frère n'eut alors rien de plus pressé que d'entasser du bois autour de la maison et d'y mettre le feu. Dès que Sésostris s'en aperçut, il demanda conseil à sa femme qui le suivait dans toutes ses campagnes. Elle lui suggéra de jeter deux de leurs enfants dans le brasier pour que leurs corps fassent un pont qui leur permettrait de traverser le feu. Ce qui fut fait. Deux des fils du roi finirent ainsi dans les flammes tandis que les autres s'échappaient avec leur père.

De retour, sain et sauf, en Égypte, Sésostris châtia son frère et employa à divers travaux les prisonniers ramenés avec lui. Il leur fit traîner d'énormes pierres jusqu'au temple de Vulcain, les obligea à creuser tous ces canaux qui sillonnent aujourd'hui l'Égypte. Ils coupèrent les routes en maints endroits, si bien qu'aujourd'hui, sur cette terre aussi plate que possible, on ne voit plus un seul cheval ni un seul char, alors qu'ils abondaient autrefois. Le roi multiplia ainsi les canaux à cause des Égyptiens habitant loin du fleuve, à l'intérieur des terres, et qui manquaient d'eau chaque fois que le Nil se retirait, n'ayant pour toute boisson qu'une eau saumâtre, tirée des puits. C'est pour que ces Égyptiens puissent être ravitaillés en eau potable que les canaux foisonnent aujourd'hui en Égypte.

Ce roi (ce sont toujours les prêtres qui parlent) partagea toute l'Égypte en lotissements égaux qu'il attribua — très équitablement — à chaque Égyptien, et sur lesquels il perçut une redevance annuelle pour s'assurer des revenus. Quand le fleuve détériorait ou emportait le lot de quelqu'un, celui-ci allait trouver le roi et lui expliquait l'affaire. Sésostris envoyait des gens examiner et mesurer l'importance du préjudice et diminuer d'autant le montant de la redevance. Cette pratique me semble avoir été à l'origine de la géométrie, qui se transmit ensuite en Grèce. Les autres mesures — polos, gnomon — et la division du jour en douze parties nous viennent des Babyloniens.

Ce roi Sésostris est le seul Égyptien à avoir régné sur l'Éthiopie. Il a laissé comme souvenir, devant le temple de Vulcain, deux statues de lui et de sa femme (de trente coudées environ) et celles de ses quatre enfants (de vingt coudées). Quand le Perse Darius, des années après, voulut mettre sa propre statue devant celle de Sésostris, le prêtre de Vulcain s'y opposa : ses exploits, lui dit-il, étaient loin d'égaler ceux de Sésostris. Ce dernier n'avait-il pas soumis les Scythes, contre lesquels Darius avait échoué ? Il était donc injuste de placer devant la statue de Sésostris celle d'un homme qui n'avait pu le surpasser. Arguments devant lesquels, dit-on, Darius s'inclina.

A la mort de Sésostris, la royauté revint à son fils Phéron. Il ne se distingua par aucun exploit militaire particulier. Par contre, il devint aveugle à la suite de l'aventure suivante : la crue du Nil, cette année-là, avait atteint dix-huit coudées, et toutes les terres étaient submergées. Le vent se leva et souleva une forte houle. Alors le roi, pris d'une folie inexplicable, saisit une lance et la jeta contre les remous du fleuve : quelques instants après, le mal le frappait et il perdait la vue ! Dix ans, il fut aveugle. La onzième année, un oracle de Bouto lui annonça que ses épreuves touchaient à leur fin : qu'il se lave seulement les yeux avec l'urine d'une femme n'ayant jamais fréquenté d'autre homme que son mari, et il retrouverait la vue. Phéron essaya tout de suite avec sa propre femme. En vain. Alors, il tenta sa chance avec beaucoup d'autres. Quand, enfin, il retrouva la vue, il rassembla dans une ville (qu'on appelle depuis la Motte sanglante) toutes les femmes mises à l'épreuve (sauf celle qui l'avait guéri) et fit tout brûler, les femmes et la ville. Quant à celle dont l'urine lui avait rendue la vue, il la prit pour sa propre femme. Après quoi, il déposa des offrandes dans les temples les plus réputés, dont l'une, au moins, mérite qu'on la mentionne : deux obélisque en pierre, de cent coudées de haut et huit de large, taillés dans une seule pierre, et offerts au temple du Soleil.

Les pharaons égyptiens semblent avoir donné bien du mal à Hérodote. Les traditions et les époques les plus diverses se chevauchent et s'emmêlent, mais on devine à quel point il était difficile, sinon impossible, en s'informant oralement, *de connaître dans ses détails et sa chronologie l'histoire d'un pays existant depuis plus de trois mille ans. Même de nos jours, malgré toutes les connaissances acquises en égyptologie, il n'est pas toujours possible de dater de façon rigoureuse telle ou telle dynastie pharaonique. Les dates n'ont d'ailleurs guère d'importance en la matière, au moins dans la perspective de ce livre qui se veut* *(comme le voulut lui-même Hérodote) une promenade buissonnière au cœur du monde antique. Il semble en tout cas que les Égyptiens aient eu, les tout premiers, le souci de connaître leur propre passé. Mais leur façon de l'inventorier s'avéra très particulière. Je reproduis ici quelques lignes fort précises consacrées à ce problème par Georges Posener dans le* Dictionnaire d'archéologie égyptienne* *à l'article « Chronologie »: « Pour nous, que l'ère chrétienne a pourvus d'une chronologie universelle qui permet de dater tous les événements de l'histoire depuis un point de départ unique, le système adopté dans l'Égypte ancienne pour numéroter les années apparaît fort peu pratique. En effet, les Égyptiens comptaient les années pour chaque roi séparément, et recommençaient le compte à chaque changement de souverain. Ils disaient "An 5 de Ramsès", "An 20 d'Aménophis", sans se préoccuper de l'ordre de succession des pharaons. Ils ne donnaient même pas de numéros aux rois porteurs du même nom, comme nous avons l'habitude de le faire, mais distinguaient les onze Ramsès et les quatre Aménophis par différents éléments de leur protocole. Ainsi l'Égypte a eu autant de petites ères indépendantes et sans corrélation entre elles qu'elle a eu de pharaons. »*

Les documents égyptiens constituent donc autant de rébus qu'il faut déchiffrer un à un et concilier avec les autres données fournies par l'épigraphie, l'archéologie et la littérature: Annales royales de l'Ancien Empire gravées sur pierre (comme celles de la pierre dite « de Palerme »), Papyrus royal de Turin rédigé au Nouvel Empire et contenant des listes de pharaons fort mutilées, Chronique de Manéthon, ce prêtre égyptien qui écrivit en grec, au* IIIe *siècle avant J.-C. des* Récits égyptiens *malheureusement perdus, dont il ne reste que des citations éparses chez différents auteurs. Tous ces renseignements ont fini par permettre, à force de recoupements, d'établir pour l'Égypte une chronologie satisfaisante, mais le problème, quant à Hérodote, est finalement d'un autre ordre. Comme il transcrivit en grec tous les noms égyptiens, il est évident qu'il a commis maintes confusions entre des noms aux consonances voisines, appartenant à des rois ayant régné à plusieurs siècles d'intervalle. L'identification rigoureuse de noms comme Asychis ou Anysis est pratiquement impossible, et plus encore celle de noms comme Sethos ou Protée, qui sont vraisemblablement des titres conférés à de hauts personnages (*setem *et* pa-routi*) qu'Hérodote prit pour des noms propres. Nous en resterons là avec ce problème difficile, sans considérer pour autant que les renseignements fournis par Hérodote sont dénués d'intérêt. Ce Min, premier roi de l'Égypte, auquel il* *attribue la construction de digues sur le Nil et la fondation de la ville de Memphis, correspond bien au pharaon Ménès, de la première dynastie, dite « dynastie thinite ». Le pharaon Sésostris, par contre, auquel il attribue maintes conquêtes au nord et au sud de l'Égypte, correspond à plusieurs pharaons : par le nom, il peut s'identifier à Sansworet, de la* XIIe *dynastie, alors que ses conquêtes seraient plutôt celles des divers Ramsès des* XIXe *et* XXe *dynasties. La présence d'Égyptiens en Colchide, pays situé au bord de la mer Noire, au pied des monts du Caucase, n'a été confirmée par aucune découverte. Aucun pharaon égyptien ne s'est aventuré au-delà du nord de l'actuelle Syrie. Mais pourquoi, dans ce domaine, ne pas faire une fois de plus confiance à Hérodote ? Nous nous trouvons là devant un cas exemplaire : gageons qu'un jour on découvrira des traces de la présence égyptienne en Colchide et qu'on s'apercevra une fois de plus qu'Hérodote avait fourni des renseignements exacts. En tout cas, les rapprochements qu'il opère entre Colchidiens et Égyptiens (aspect physique, circoncision, artisanat et langage) sont le premier exemple connu d'emploi de la méthode comparative. A ce seul titre, ces remarques d'Hérodote sont d'une grande importance et en font véritablement, plus encore que le père de l'histoire, le père de l'ethnologie.*

Ses récits se poursuivent avec l'histoire du pharaon Rhampsinite (probablement Ramsès III) et la merveilleuse légende des deux frères et du trésor royal. Nous avons supprimé une digression relative à l'histoire d'Hélène de Troie : d'après la version des Grecs installés en Égypte, Hélène ne serait jamais allée à Troie mais... en Égypte. C'est là que Ménélas finit par la retrouver, après dix ans d'inutiles massacres sous les murs de la ville de Troie. Il s'agit d'une version très connue dans l'Antiquité, dont Euripide s'inspira dans sa tragédie Hélène, *et dont il sut tirer une morale sans ambiguïté, bien en accord avec ses propres convictions, à savoir que, pendant dix ans, des milliers de Grecs s'étaient battus et sacrifiés pour rien...*

Le roi Rhampsinite et le voleur rusé. Construction de la Grande Pyramide. Un curieux sarcophage.

Le roi Rhampsinite* succéda à Protée. Il laissa comme souvenirs de son règne les propylées ouest du temple de Vulcain et deux statues de vingt-cinq coudées, situées en face de ces propylées : celle qui regarde vers le nord symbolise l'Été, l'autre, qui regarde vers le sud, l'Hiver. La statue de l'Été est l'objet de grandes marques de vénération ; celle de l'Hiver, de mépris.

Ce roi possédait de telles réserves d'argent qu'aucun successeur ne surpassa ni même n'égala jamais ses richesses. Pour mettre ces trésors en lieu sûr, il fit construire un caveau en pierre, dont une des parois, rejoignant le mur du palais, donnait sur l'extérieur. L'architecte chargé de ce travail, ayant sans doute quelque arrière-pensée, s'arrangea pour qu'on puisse facilement, à deux et même seul, retirer à la main une des pierres de ce mur. Le caveau s'acheva, le roi y entassa ses trésors, les années passèrent. Lorsque l'architecte sentit sa mort prochaine, il appela ses deux fils et leur expliqua l'affaire : jadis, pour pouvoir leur assurer une vie aisée et sans soucis jusqu'à leur mort, il avait truqué la paroi de la chambre aux trésors et, à tel endroit précis, se trouvait une pierre de telle dimension, qu'on pouvait déplacer. En observant scrupuleusement ses consignes, ils deviendraient les vrais « trésoriers » du roi.

A sa mort, ses fils ne tardèrent pas à se mettre au travail. Une nuit, ils se rendirent près du palais, repérèrent la pierre en question, la déplacèrent sans difficulté et emportèrent beaucoup d'argent.

Quand le roi vint, par la suite, dans son caveau, il s'étonna de voir son argent diminué. Mais il ne savait trop qui soupçonner : les scellés étaient intacts, la pièce close de tous côtés. Deux fois, trois fois, il revint au caveau : à chaque fois l'argent diminuait, les autres ne cessant de se servir. Finalement, il fit fabriquer des filets qu'il disposa autour des jarres où se trouvait l'argent. Les voleurs revinrent comme les autres fois, l'un d'eux pénétra dans le caveau, s'approcha d'une des jarres et... tomba dans le piège. Se voyant ainsi empêtré dans ce filet, il appela son frère, lui expliqua ce qui venait d'arriver, le supplia d'entrer lui aussi et de lui couper la tête pour qu'au moins on ne puisse pas l'identifier et arrêter son complice. L'autre trouva qu'il avait raison et fit docilement ce qu'on lui disait. Après quoi, il remit la pierre en place et rentra chez lui avec la tête de son frère. Le lendemain, quand le roi entra dans le caveau, il faillit tomber à la renverse en voyant le voleur pris au filet, sans tête, et la pièce intacte, sans aucune issue. Complètement dérouté, il décida de pendre le cadavre du voleur à un mur et de poster des gardes tout autour avec l'ordre d'arrêter tout individu qui pleurerait ou donnerait des signes d'affliction devant le corps. Mais la mère du voleur prit fort mal la chose : elle ne pouvait supporter l'idée de savoir son fils pendu à ce mur, et ordonna au rescapé de tenter l'impossible pour détacher le corps de son frère et le ramener à la maison : sinon, elle irait elle-même tout révéler au roi.

Comme elle ne voulait pas en démordre, et qu'en dépit de tous ses efforts il ne parvenait pas à la faire changer d'avis, le voleur imagina ce subterfuge : il prend des ânes, les charge avec des outres de vin, et les pousse devant lui. Arrivé à proximité des gardes, il enlève exprès les bouchons à deux ou trois outres. Le vin commence à couler, il se met à crier, à s'affoler, à courir d'une outre à l'autre. Les gardes, ravis de l'aubaine, se précipitent avec des récipients vers le vin qui coule à flots. Notre homme se met en colère, les houspille. Les gardes essaient de le calmer, il finit par se laisser faire. Puis il remet de l'ordre dans ses outres et pousse ses ânes en avant. On commence à bavarder de part et d'autre, un des gardes le plaisante et finit par le faire rire, si bien qu'il leur fait cadeau d'une outre. Les soldats s'installent par terre, séance tenante, se mettent à boire, invitent l'ânier à trinquer avec eux. Il se fait d'abord prier, puis accepte et s'assied ; les autres redoublent d'amabilité, on entame une deuxième outre, on boit à gosier fendu, tant et si bien que les gardes, ivres morts, roulent à terre et sombrent dans le sommeil. La nuit vient à tomber. Alors le voleur détache le corps de son frère, et, suprême audace, se paie le luxe de raser la joue droite de tous les gardes. Après quoi, il charge le cadavre sur un âne et rentre chez lui.

Quand le roi apprit la nouvelle, il entra dans une violente colère et voulut découvrir à tout prix l'auteur de ces tours pendables. Il se résolut à placer sa fille dans une maison close — ce que je trouve vraiment peu croyable — avec ordre d'accepter sans distinction tous les clients, à la seule condition de leur faire raconter, avant de se donner à eux, l'entreprise la plus sacrilège de leur vie. Si l'un des récits correspondait à l'histoire du voleur, elle devait aussitôt l'arrêter et l'empêcher de fuir.

La fille exécuta les ordres de son père, mais le voleur eut vent de l'histoire, devina les intentions du roi, et décida de rivaliser de malice avec lui. Il coupa donc — au ras de l'épaule — le bras d'un homme qui venait juste de mourir, et se mit en route, avec le bras sous son manteau. Il pénétra près de la fille, qui lui posa la question prévue. L'autre répondit que son acte le plus sacrilège était d'avoir, un jour, coupé la tête de son frère, tombé dans un piège dans le caveau du roi, et son acte le plus astucieux d'avoir, une autre fois, enivré toute une garde et dépendu son frère. La fille, à ce récit, voulut s'emparer de l'homme, attrapa le bras que l'autre lui tendait, dans le noir, en croyant tenir celui du voleur, mais le bras lui resta entre les mains pendant que l'autre s'enfuyait à toutes jambes.

Le roi n'en revint pas de l'astuce et de l'audace de cet homme. Il fit alors proclamer par toute l'Égypte qu'il lui accordait l'impunité et de grandes récompenses s'il consentait à se présenter. Le voleur fit confiance au roi, vint le voir, et Rhampsinite, plein d'admiration, lui donna sa fille en mariage comme au plus malin de tous les Égyptiens, qui passent déjà pour les plus malins de tous les hommes.

Ce même roi serait, paraît-il, descendu vivant aux Enfers où il aurait joué aux dés avec Cérès. Il perdit à certains coups, gagna à d'autres, puis reparut sur la terre avec un cadeau de Cérès : une serviette tissée de fils d'or. Cette descente aux Enfers est à l'origine d'une fête égyptienne. Je sais de source sûre qu'on la célèbre encore aujourd'hui, mais je ne suis pas certain que ce soit pour cette raison. Le jour de la fête, les prêtres tissent un manteau, nouent un bandeau sur les yeux de l'un d'eux et le conduisent ainsi vêtu au sanctuaire de Cérès. Après quoi ils s'en retournent. Ce prêtre aux yeux bandés est guidé parfois, toujours d'après les Égyptiens, par deux loups qui le conduisent au temple de Cérès — à vingt stades de la ville — et le ramènent de même. Libre à qui trouve la chose croyable d'accepter ce récit : moi, je ne fais que transcrire fidèlement, comme je l'ai déjà expliqué, ce que j'entends dire de tous côtés.

Aux Enfers, selon les Égyptiens, règnent Cérès et Bacchus. Les Égyptiens sont aussi les premiers à avoir affirmé que l'âme humaine est immortelle, qu'elle quitte le corps au moment de la mort pour s'insinuer dans quelque autre corps d'animal naissant au même moment, et qu'après avoir ainsi habité toutes les créatures de la terre, de la mer et des airs, elle s'insinue à nouveau dans un corps humain, cycle qui s'accomplit pour elle en trois mille ans. Cette doctrine, des Grecs l'ont enseignée à différentes époques comme si elle venait d'eux-mêmes. Je sais très bien leurs noms, mais je ne les dirai pas.

Jusqu'au règne de Rhampsinite, tout alla très bien en Égypte, le pays était prospère. Malheureusement, Chéops* lui succéda et se livra sur son peuple aux pires sévices. Il fit fermer tous les temples et interdit tous les sacrifices. Puis il obligea tout le peuple à travailler pour lui. Les uns se virent contraints de traîner d'énormes pierres depuis les carrières des monts d'Arabie jusqu'aux bords du Nil, d'autres de prendre ces mêmes pierres et de les traîner jusqu'aux monts de Libye. Une équipe de cent mille ouvriers, qu'on renouvelait tous les trois mois, fut enployée à ce travail. Le peuple s'exténua ainsi pendant dix ans rien que pour construire la chaussée où l'on traînait les pierres, travail presque aussi considérable que la construction des Pyramides (cette chaussée a en effet cinq stades de long, dix toises de large, huit de haut en sa plus grande hauteur, et elle est en pierre polie et décorée d'animaux). Il fallut donc dix ans pour construire cette chaussée et les chambres souterraines dans la colline des Pyramides, chambres que Chéops se fit creuser comme sépultures, le tout dans une île qui fut créée artificiellement en dérivant le cours du Nil. Pour la pyramide elle-même, la construction dura vingt ans. Sa base est un carré de huit phlètres de côté. Elle en a autant en hauteur. Elle est faite de pierres polies et assemblées avec le plus grand soin. Chacune de ces pierres fait bien trente pieds de long.

Pour la construire, on établit d'abord une succession d'assises, appelées ici « corbeaux » ou « soclets ». Cette première forme établie, on hissa le reste des pierres à l'aide d'engins en bois. On les montait du sol jusqu'à la première assise puis, de là, le bloc passait à une autre machine qui le hissait jusqu'à la seconde assise, et ainsi de suite (il devait donc y avoir autant d'engins de levage que d'assises). Il se peut aussi qu'on ait utilisé un seul engin, facile à transporter, qu'on installait successivement sur chaque assise, une fois la pierre retirée. J'indique ces deux méthodes, puisque j'ai entendu les deux versions. On acheva d'abord le sommet, puis les assises immédiatement inférieures, et on redescendit jusqu'au niveau du sol. Des inscriptions indiquent combien de raifort, d'oignons et d'ail furent consommés par les ouvriers pendant la construction. Si je me rappelle bien le chiffre traduit par l'interprète qui m'accompagnait, il y en eut pour mille six cents talents d'argent. Si c'est vrai, combien n'a-t-il pas fallu dépenser pour tout le reste, les outils, les autres aliments, les vêtements, pendant les vingt ans que durèrent les travaux ? Sans compter qu'il a fallu tailler les pierres, les amener, creuser le canal, ce qui n'est pas rien !

Chéops en arriva à un tel degré de perversion qu'ayant besoin d'argent, il plaça sa propre fille dans une maison close avec ordre de se faire verser à chaque fois une somme importante (on ne m'a pas dit son montant exact). La fille, non contente d'obéir à son père, imagina elle aussi de laisser après sa mort un monument : elle exigeait donc de chaque client une pierre qui servirait à sa construction. C'est grâce à ces pierres que fut construite, m'a-t-on dit, la pyramide qui se trouve au milieu des trois autres, devant la grande, et dont chaque face fait bien un phlètre et demi de long !

Ce Chéops régna cinquante ans. A sa mort, son frère Chéphren* lui succéda. Ce dernier imita son frère en toute chose et s'en serait voulu de ne pas avoir lui aussi sa pyramide. Elle n'atteint pas, à vrai dire, les dimensions de l'autre (je l'ai mesurée moi-même), car elle ne possède pas de chambres souterraines ni de canal pour l'eau du Nil. La base est faite de pierres d'Éthiopie de diverses teintes. Elle a quarante pieds de moins que la grande, en hauteur. Toutes deux sont sur une même colline, d'environ cent pieds de haut. Chéphren régna cinquante-six ans.

Pendant cent six ans, l'Égypte vécut ainsi dans la pire misère, avec tous ses temples fermés au culte. Ces rois sont aujourd'hui encore si détestés que les Égyptiens ne veulent pas entendre prononcer leurs noms. Les pyramides elles-mêmes sont simplement appelées « Les Pyramides de Philitis », du nom d'un berger qui, à l'époque de mon passage, faisait paître ses bêtes dans leurs parages.

A ce Chéphren succéda Mycérinos*, le fils de Chéops. Il désapprouva les actes de son père, rouvrit les temples, autorisa les sacrifices, rendit à ses travaux un peuple exténué et parvenu au dernier stade de la misère. Ce roi eut aussi un très grand sens de la justice. Tout ceci lui valut d'être un des plus populaires parmi tous les rois d'Égypte. Non content de juger avec équité, il dédommageait sur ses propres biens quiconque lui présentait une réclamation, afin de lui ôter tout sujet de révolte !

C'est pourtant sur ce Mycérinos, si probe et si bienveillant pour son peuple, que le Destin s'acharna en frappant prématurément sa fille unique. Terriblement affligé par cette mort, il voulut donner à sa fille une sépulture digne d'elle, et fit sculpter une vache en bois, la recouvrit d'or et y ensevelit la morte.

Cette vache ne fut pas enterrée. Tout le monde peut encore la voir à Saïs, dans une pièce du palais, somptueusement décorée. Des parfums y brûlent tout le jour, et une lampe s'y consume, chaque nuit, jusqu'à l'aube. Dans une pièce voisine se trouvent des statues qui seraient, d'après les prêtres, celles des concubines de Mycérinos. On peut y voir en effet de colossales statues en bois, au nombre d'une vingtaine, représentant des femmes nues. De quelles femmes s'agit-il ? Je ne sais rien de plus sur elles que ce qu'on m'en a dit. On raconte en tout cas à leur sujet — et sur cette vache — l'histoire suivante : Mycérinos, amoureux de sa fille, la posséda malgré elle. La malheureuse se pendit de désespoir, et le roi la fit ensevelir dans ce cercueil. La mère fit couper les mains de toutes les servantes qui avaient livré la fille à son père, et les statues subirent le même châtiment que leurs modèles. A mon sens, cette histoire ne tient pas debout, surtout en ce qui concerne les mains des statues. Il est exact qu'elles n'ont plus de mains, mais c'est seulement parce qu'elles sont très vieilles. Lors de ma visite, j'ai pu voir ces mains, par terre, à leur pied. La vache disparaît presque entièrement sous une housse pourpre, à l'exception du col et de la tête qui sont recouverts d'or. Entre ses cornes figure le disque du soleil. L'animal est agenouillé, et un peu plus grand que nature. Chaque année, à l'époque où les Égyptiens se lamentent en l'honneur du dieu dont je ne peux prononcer le nom, on sort cette vache au grand jour, car la jeune fille, en mourant, aurait demandé à son père de voir le soleil une fois par an.

Après la mort de sa fille, un second malheur frappa le roi. Un oracle parvint de Bouto, lui annonçant qu'il n'avait plus que six ans à vivre. Il prit fort mal la chose, et adressa à l'oracle d'amers reproches : « Comment se fait-il, demanda-t-il au dieu, que mon père et mon oncle, qui ont fermé tous les temples, négligé les dieux et opprimé leurs sujets, soient morts de vieillesse, alors que moi, qui n'ai rien sur la conscience, suis condamné à mourir prématurément ? » La réponse ne se fit pas attendre. C'était précisément pour cette raison, dit le dieu, qu'il abrégeait sa vie, car il n'avait pas fait ce qu'il aurait dû. Il avait interrompu le châtiment que l'Égypte devait subir pendant cent cinquante ans, ce qu'avaient très bien admis ses deux prédécesseurs.

Quand le roi comprit qu'il était irrémédiablement condamné, il fit faire quantité de lampes, qu'il allumait toutes les nuits, et passa le reste de ses jours à boire, à festoyer, à se promener dans les bois ou en bateau, à fréquenter les lieux dits « de plaisir ». Sa pensée secrète était de faire ainsi mentir l'oracle, en vivant douze ans au lieu de six, puisqu'il vivait pour ainsi dire jour et nuit !

Il laissa une pyramide plus petite que celle de son père, dont chaque face a trois phlètres (à vingt pieds près). Elle est carrée, en pierres d'Éthiopie jusqu'à mi-hauteur. Certains Grecs l'attribuent à Rhodopis, une courtisane, mais ils sont dans l'erreur complète. Ils ne semblent même pas avoir la moindre idée du genre de femme qu'était Rhodopis, car ils ne lui auraient pas attribué une pyramide dont la construction a dû coûter des milliers de talents. Cette courtisane, qui plus est, a vécu sous Amasis, et non sous Mycérinos. Elle était originaire de Thrace, et fut l'esclave d'Iadmon, un citoyen de Samos, et la compagne d'esclavage d'Ésope, l'auteur des fables...

Rhodopis fut amenée en Égypte par Xanthe, un citoyen de Samos, pour y exercer son métier, c'est-à-dire vivre de ses charmes. Un habitant de Mytilène, Charaxe (le frère de la poétesse Sappho), l'affranchit pour une somme considérable. Rhodopis devint donc une femme libre et décida de rester en Égypte. Comme elle était très attirante, elle s'y fit beaucoup d'argent, beaucoup du moins pour une femme comme Rhodopis, mais pas assez tout de même pour financer la construction d'une telle pyramide ! Quiconque le désire peut voir encore aujourd'hui la dixième partie de ses richesses. Il ne faut donc pas surestimer l'importance de sa fortune. Elle voulut laisser en Grèce quelque souvenir de sa mémoire, et fit à un sanctuaire de Delphes une offrande originale : elle commanda, avec la dîme de ses richesses, quantité de brochettes de fer, de quoi soutenir un bœuf entier, et les expédia à Delphes. Elles y sont toujours, derrière l'autel des gens de Chio, face au temple lui-même.

Les courtisanes de Naucratis ont la réputation d'être les plus attirantes de toutes. Celle dont il est question ici devint en tout cas si célèbre que le nom de Rhodopis fut connu de toute la Grèce. Une autre courtisane, Archidiki, devint elle aussi très célèbre, quelques années plus tard, sans atteindre pourtant à la réputation de la première.

Quant au malheureux Charaxe qui l'avait affranchie, il se fit accabler d'injures par Sappho quand il remit les pieds à Mytilène. Mais assez sur Rhodopis.

Anysis, le roi aveugle.
Le roi Séthos et les rats.
Quand les dieux régnaient sur la terre.

Asychis succéda à Mycérinos. Il construisit les propylées du temple de Vulcain, tournés vers le Levant, et qui sont de loin les plus grands et les plus beaux de tous. La plupart des propylées portent en général des figures gravées ou sculptées et d'innombrables et riches décorations, mais, à côté de ceux d'Asychis, ils sont inexistants. Comme l'argent vint à manquer sous son règne, il édicta une loi autorisant les citoyens à emprunter en fournissant comme gage la momie de leur père. Une deuxième loi précisa que le prêteur devenait alors maître absolu du caveau familial de l'emprunteur. Si ce dernier ne pouvait rembourser sa dette, il n'avait plus le droit de se faire ensevelir dans le sépulcre familial, ni dans aucun autre, ni même d'y faire ensevelir un des siens. Ce roi, désireux de surpasser tous ses devanciers, fit construire une pyramide en briques avec l'inscription suivante: «Ne me rabaisse pas en me comparant aux autres pyramides, car je les surpasse, comme Jupiter les autres dieux. Pour obtenir les briques dont je suis faite, il a fallu plonger une perche au fond d'un lac et recueillir à chaque fois la boue qui y adhérait.»

Un roi aveugle, du nom d'Anysis, lui succéda. Les Éthiopiens se ruèrent en masse sur l'Égypte pendant son règne, et il dut se réfugier dans les marais du Delta. Le roi éthiopien Sabakos régna alors cinquante ans sur le pays. Lorsque des Égyptiens se rendaient coupables de quelque crime, Sabakos ne les mettait pas à mort mais les condamnait à faire des travaux de terrassement près des villes où ils habitaient. Ainsi se surélevèrent les villes d'Égypte. Les premiers travaux avaient commencé au temps des canaux de Sésostris, les suivants se poursuivirent sous la domination de Sabakos. Le niveau des villes se mit à monter, et beaucoup, depuis Sabakos, ont en quelque sorte «grandi». Celle qui grandit le plus fut Bubaste, la ville de la déesse Bubaste, qui y possède un temple admirable: il en existe de plus grands et de plus riches, mais aucun n'est plus agréable à regarder. Bubaste est le nom égyptien de Diane.

Ce temple se trouve dans une île. On y accède par un passage. Deux canaux alimentés par le Nil — de cent pieds de large — aux rives ombragées, l'entourent de tous côtés. Les propylées ont dix toises de haut et sont ornés de remarquables figures de six coudées. L'île et son temple sont en plein centre de la ville. On l'aperçoit de tous les côtés, quand on en fait le tour, car la ville a été très surélevée par des terrassements, tandis que le sanctuaire a conservé son niveau primitif. Il est entouré d'une enceinte avec des sculptures, ainsi que d'un bosquet de très grands arbres. La statue de la déesse se trouve à l'intérieur du sanctuaire proprement dit, qui fait un stade de long et un de large. On y accède par une allée pavée de trois stades de long qui traverse le marché et continue vers l'est. De chaque côté poussent des arbres immenses dont le faîte semble toucher le ciel. Cette allée aboutit, par son autre extrémité, à un temple de Mercure.

Un beau jour, l'Éthiopien quitta l'Égypte précipitamment. Pourquoi ? A la suite d'un rêve, me dit-on. Il rêva qu'un homme se dressait près de lui et lui ordonnait de rassembler tous les prêtres d'Égypte et de les couper tous en deux, par le milieu ! A son réveil, il se dit qu'il devait s'agir de quelque tentation des dieux pour lui faire commettre une impiété et s'attirer ainsi les pires malheurs, des dieux et des hommes. Il se garda donc de lui obéir. D'après les oracles, le temps de sa domination sur l'Égypte touchait à sa fin, et il devait quitter le pays. Les oracles lui avaient en effet annoncé, autrefois, qu'il régnerait cinquante ans sur l'Égypte. Cette période étant révolue, Sabakos, très impressionné par son rêve, quitta volontairement l'Égypte.

Le roi aveugle sortit aussitôt de ses marécages et reprit le pouvoir : il était resté pendant cinquante ans dans ces marais, sur une île qu'il avait fait émerger à force de jeter dans l'eau de la terre et de la cendre. Chaque fois qu'un de ses sujets venait le ravitailler (selon les consignes distribuées à chacun à l'insu des Éthiopiens), il lui demandait d'apporter un peu de cendre. Avec le temps, il finit par pousser une île qui échappa à toutes les recherches, jusqu'au règne d'Amyrtaios. Aucun des rois qui le précédèrent ne put la découvrir. Elle s'appelle Elbo, et elle mesure un stade environ.

Après lui régna un prêtre de Vulcain, du nom de Séthos. Il traita sans ménagements les Égyptiens de la classe des guerriers, pensant n'avoir jamais besoin d'eux. Il n'hésita même pas à leur enlever leurs terres, octroyées par les rois précédents à titre extraordinaire. Sur ces entrefaites, Sennachérib, roi des Arabes et des Assyriens, se jeta sur les Égyptiens avec une immense armée, et les guerriers d'Égypte refusèrent de venir au secours de Séthos. Le prêtre, en désespoir de cause, entra dans le temple de Vulcain et commença à gémir sur le sort qui l'attendait. Il gémit tant qu'il finit par s'endormir et il crut voir, en rêve, le dieu se dresser près de lui et l'encourager. « Il ne t'arrivera aucun mal si tu marches contre les Arabes, lui dit-il. Je viendrai moi-même à ton secours. » Séthos reprit courage et emmena en guerre ceux qui voulurent bien le suivre, c'est-à-dire une poignée de commerçants, quelques artisans, mais, bien entendu, aucun soldat de métier. Il marcha vers Péluse, qui est la voie d'accès orientale en Égypte, et voici que, dans la nuit, des rats envahirent littéralement le camp ennemi, rongèrent les carquois, les arcs, les courroies des boucliers, si bien qu'au réveil, l'ennemi, faute d'armes, dut prendre la fuite en laissant quantité de morts sur le terrain. Une statue en pierre du roi Séthos se dresse aujourd'hui dans le temple de Vulcain. Il tient un rat dans sa main, avec cette inscription : « Toi qui me regardes, apprends à faire confiance aux dieux. »

Jusqu'à présent, toutes ces informations m'ont été fournies par des prêtres et des Égyptiens. Depuis le premier roi jusqu'à ce Séthos, trois cent quarante et une générations de rois se succédèrent, parmi lesquels, en nombre égal, des grands prêtres et des rois. Or, trois cents générations représentent dix mille ans (puisque trois générations font cent ans). Avec les quarante et une dernières, cela fait en tout onze mille trois cent quarante ans. Onze mille trois cent quarante ans pendant lesquels aucun dieu n'apparut en Égypte sous une forme humaine. Pendant toute cette immense période, le soleil quitta quatre fois son orbite, se levant deux fois à l'ouest et se couchant deux fois à l'est. L'Égypte n'en ressentit aucun bouleversement, ni dans son fleuve ni dans ses cultures, aucune maladie anormale, aucune mort n'en découlèrent.

Quand Hécatée passa par Thèbes, avant moi, il y exposa sa généalogie et prétendit descendre d'un dieu par son seizième ancêtre. Les prêtres de Jupiter firent avec lui comme ils firent avec moi, qui pourtant ne les ennuyais pas avec ma généalogie, ils me conduisirent à l'intérieur de leur temple — qui est immense — et me dénombrèrent, en les dénommant une à une, de colossales statues en bois, qui atteignent le chiffre fixé plus haut pour les générations de rois. Car chaque grand prêtre, de son vivant, y fait dresser sa propre statue et, par ce dénombrement méthodique, les prêtres me montrèrent qu'ils se succédaient, comme les rois, de père en fils, depuis les origines. Quand Hécatée, donc, leur exposa sa généalogie et se rattacha à un dieu par son seizième ancêtre, les prêtres lui opposèrent leur propre généalogie, le nombre imposant de ces statues, et se refusèrent à admettre qu'un

1. Mède et Perse. *(Ph.: Roger-Viollet.)*

Pour les commentaires des illustrations, se reporter en fin de volume.

2. Palais de Darius à Persépolis. *(Ph. : Cl. Michaélidès.)*

3. Palais de Xerxès à Persépolis : salle hypostyle.
(Ph. : Cl. Michaélidès.)

4. Palais de Xerxès à Persépolis : les Propylées.
(Ph. : Cl. Michaélidès.)

5. Tributaire bactrien.
(Ph.: Rostany, Archives A. Godard.)

6. Tributaire arménien.
(Ph.: Roger-Viollet.)

7. Tributaire indien.
(Ph.: Roger-Viollet.)

8. Tributaire phénicien.
(Ph.: Roger-Viollet.)

9. Vue générale de Babylone. *(Ph.: Cl. Michaélidès.)*

10. Assyriens. *(Ph.: Cl. Michaélidès.)*

11. Babylone: la porte d'Ishtar. *(Ph.: Cl. Michaélidès.)*

12. Assyriens. *(Ph.: Cl. Michaélidès.)*

13. Cour intérieure
d'un temple égyptien.
(Ph.: Cl. Michaélidès.)

14. Scène de sacrifice
à l'entrée d'un temple égyptien.
(Ph.: Cl. Michaélidès.)

15. Intérieur d'un temple égyptien.
(Ph.: Cl. Michaélidès.)

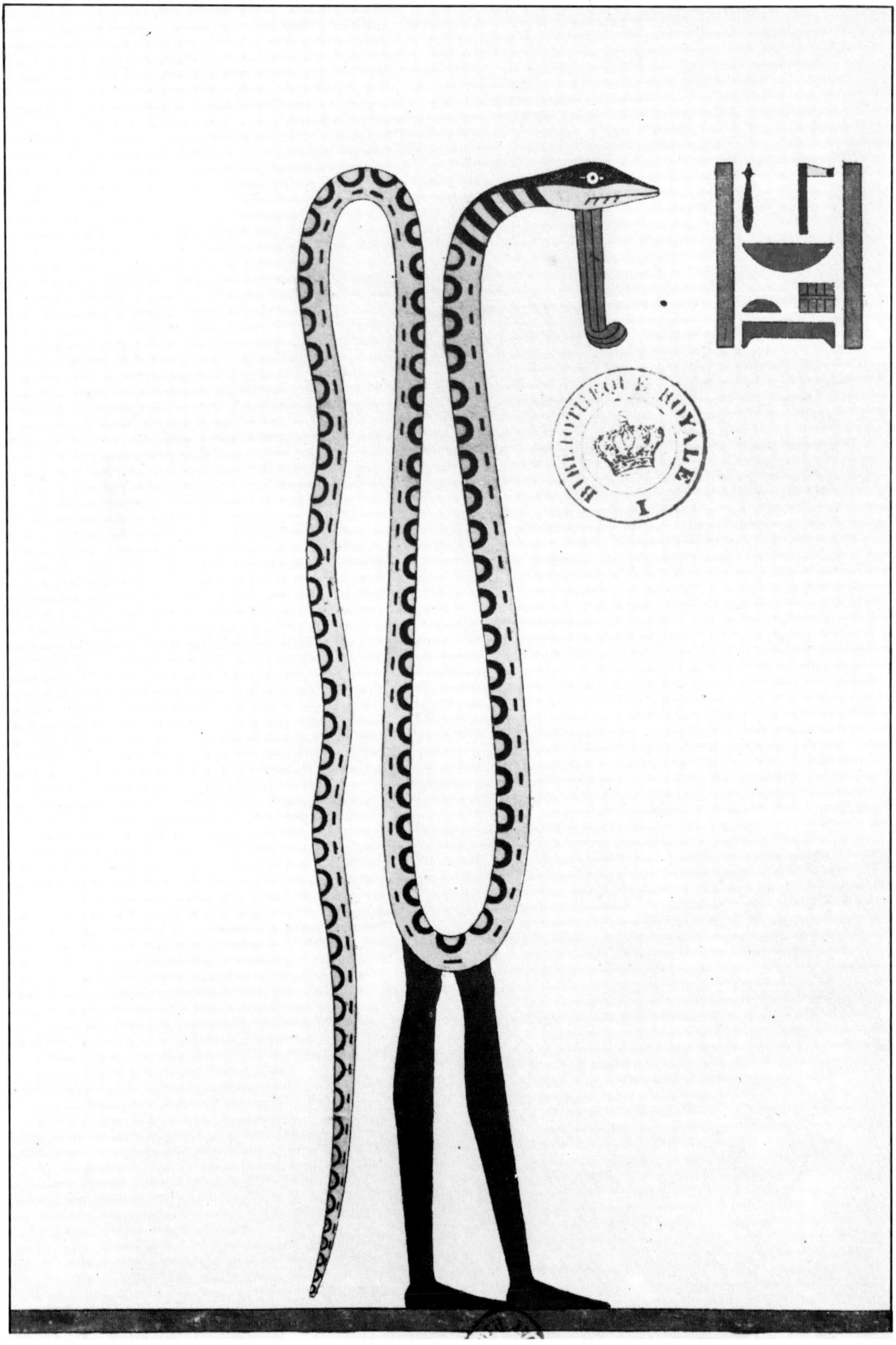

16. Dieu-serpent. *(Ph.: Cl. Michaélidès.)*

17. Cavalier scythe. *(Ph.: E. Lessing-Magnum.)*

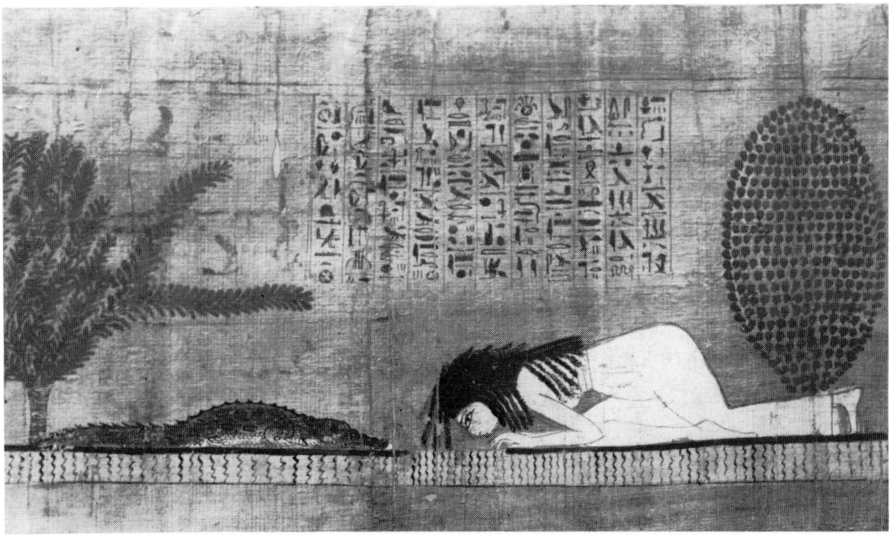

18. Dans le pays des morts.
(Ph.: A. Martin, Musée du Caire, excl. Editions Arthaud, Paris.)

19 et 20. Libyens. *(Ph.: Cl. Michaélidès.)*

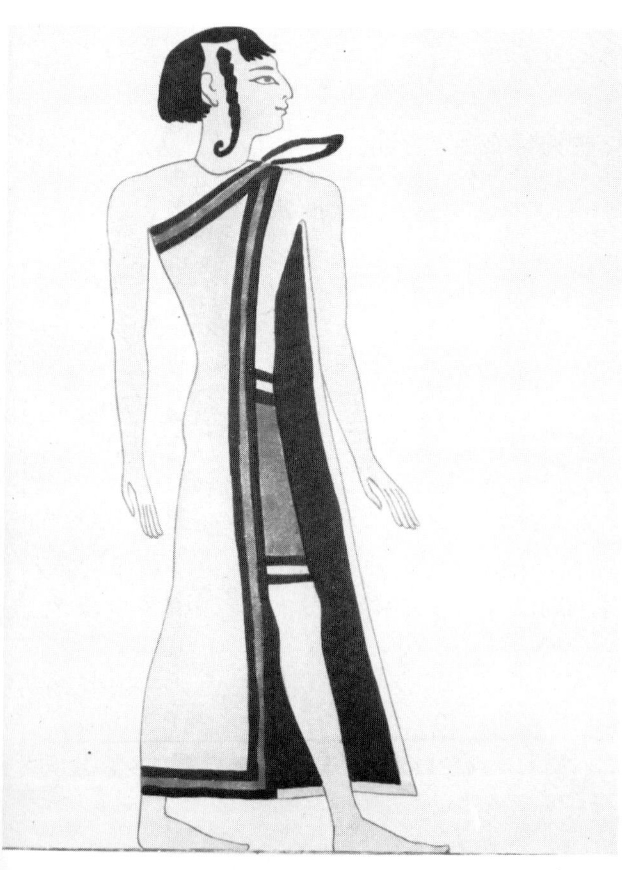

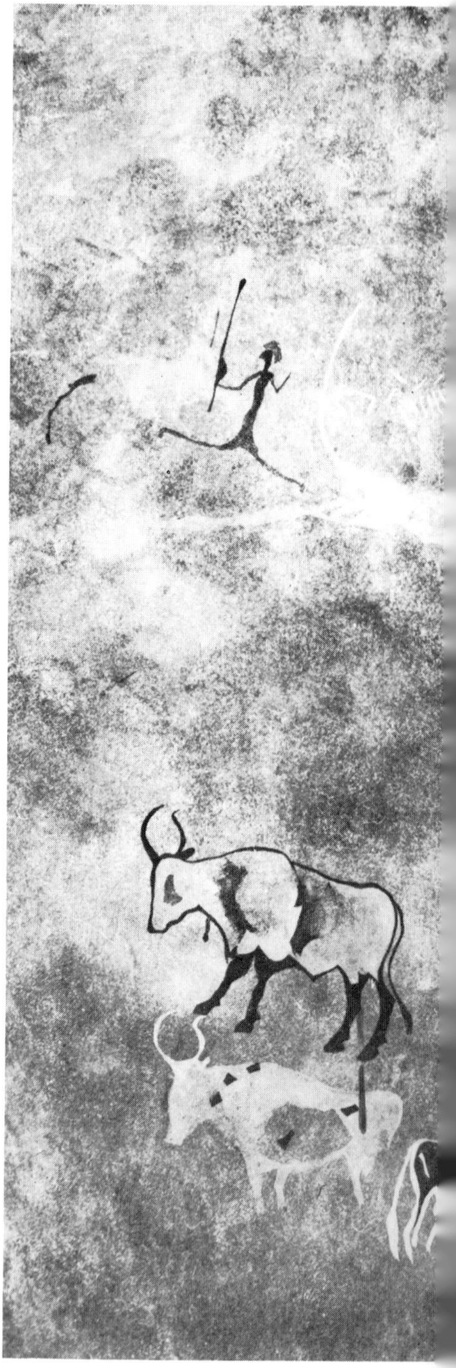

21. Les chars des Garamantes.
(Ph.: G. Franceschi, Mission H. Lhote, Tassili, Editions Arthaud, Paris.)

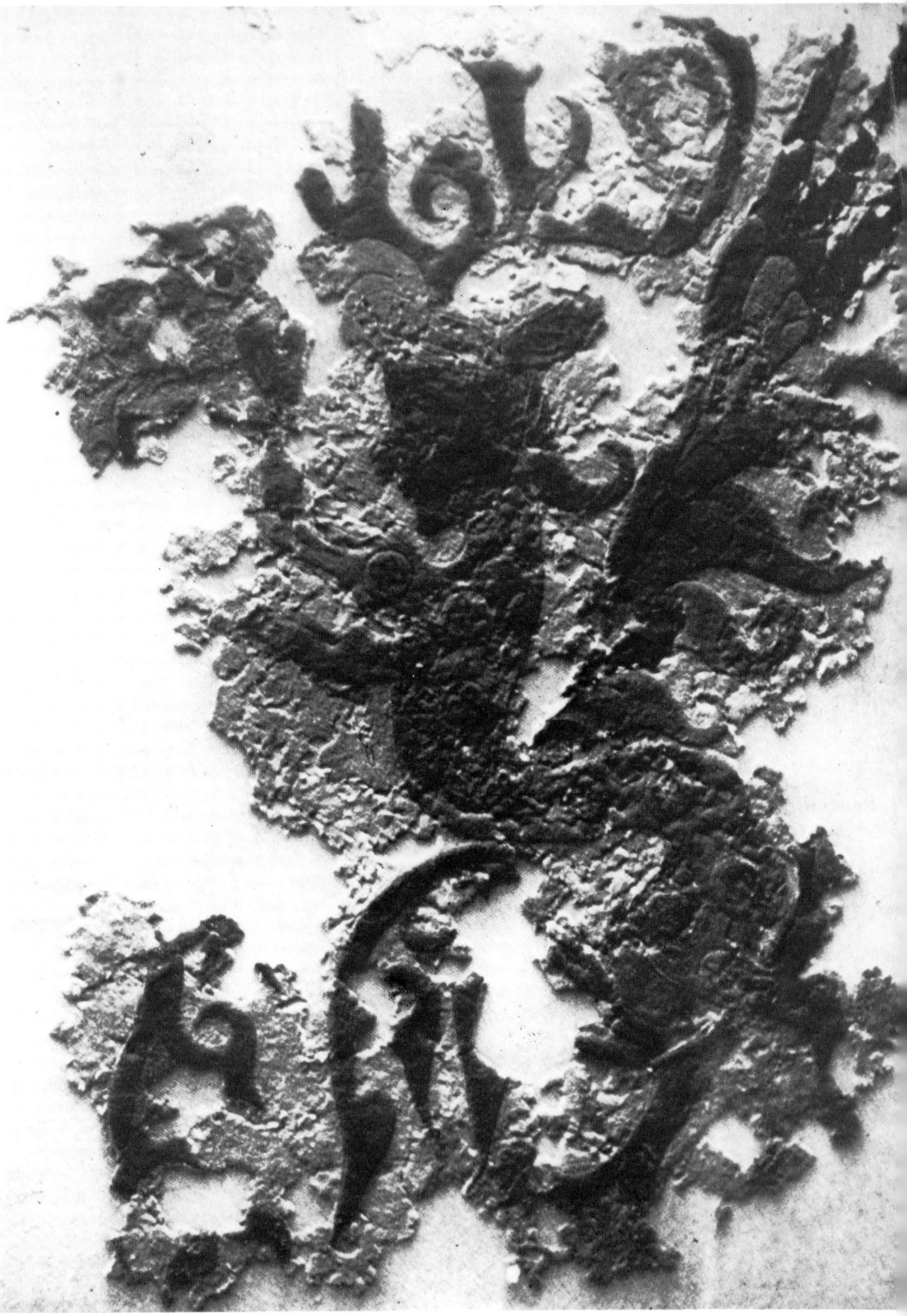

22. Griffon scythe. *(Ph. : Pierre Rondière.)*

homme pût descendre d'un dieu. « Chacun de ces colosses, lui dirent-ils, est un *piromis*, lui-même fils de *piromis.* » Et ainsi, de *piromis* en *piromis*, ils remontèrent les trois cent quarante-cinq statues sans faire appel à aucun dieu ni à aucun héros. *Piromis*, en grec, signifie : « homme de condition ».

Ainsi me présentèrent-ils ces statues, bel et bien comme des *piromis* et non des dieux. C'est bien avant tous ces rois que les dieux régnèrent sur l'Égypte. Ils vécurent alors au milieu même des humains, et le pouvoir appartenait toujours à un dieu. Le dernier de ces dieux régnants fut Horus, le fils d'Osiris (Horus s'appelle, en grec, Apollon, et Osiris est le nom égyptien de Bacchus), qui régna sur l'Égypte après sa victoire sur le serpent Typhon.

La merveilleuse histoire des deux frères et du trésor royal n'a évidemment aucun rapport avec le pharaon Ramsès III. Il s'agit d'un conte populaire égyptien qu'on retrouve à toutes les époques, sous des formes légèrement différentes, et qu'Hérodote prit pour « argent comptant ». On a là un exemple assez typique des confusions qu'il a pu commettre.

Le curieux épisode du prêtre aux yeux bandés conduit par deux loups au sanctuaire de Cérès (c'est-à-dire d'Isis) provient plutôt d'une négligence que d'une erreur d'Hérodote. Ces deux loups étaient en réalité deux prêtres masqués en dieux-chacals Oup-ouaout *qui, dans la mythologie funéraire égyptienne, guidaient traditionnellement les morts sur les chemins de l'au-delà.*

La version que donne Hérodote de l'histoire de Chéops et de la haine qu'il suscita chez ses sujets est évidemment surprenante : on imagine mal une haine se perpétuant pendant plus de vingt siècles ! Si l'on prononçait aujourd'hui le nom de quelque roi détesté de l'Ancien Régime — disons Louis XV, mais on n'aurait que l'embarras du choix — je doute qu'on obtienne des réactions passionnées de la part de quiconque. Hérodote, au cours de son voyage en Égypte, prit ses informations dans les milieux les plus divers, et les traditions qu'il rapporte sur les dieux, les légendes, les faits historiques et la vie des pharaons portent la marque de leurs différentes origines. Ce qu'il dit de Chéops est en tout cas intéressant car, même en supposant que lui ou son informateur ait quelque peu exagéré les faits, cela montre qu'il circulait encore en Égypte, à cette époque, des points de vue « non officiels » sur la question. On aurait tort, dans ce domaine, de s'en tenir aux seules inscriptions des sanctuaires ou aux formules rituelles des papyrus. L'on a affaire ici à ce qu'on pourrait appeler « l'envers du décor », et à un aspect de la vie sociale qu'aucun voyageur — ni avant ni après Hérodote — n'a même pris soin de relever. C'est un des grands apports d'Hérodote que de nous transmettre ainsi — même s'ils sont sujets à caution — les « on dit » et « il paraît » de l'Égypte antique. Un détail intéressant : Hérodote signale un berger faisant paître ses bêtes près de la Grande Pyramide, un certain Philitis. Aujourd'hui, Philitis aurait du mal à trouver de l'herbe ! Car les maisons et les hôtels ont envahi les lieux, et les antiques pâturages sont occupés par des rest-houses. D'ailleurs, j'y pense en écrivant ces lignes, le Caire n'existait pas encore, quand Hérodote vint en Égypte.

Quant à la petite pyramide édifiée à force de labeur par la fille de Chéops, et située au pied des pyramides de Philitis (nous les nommerons ainsi par goût du mauvais esprit), elle fut effectivement retrouvée avec une stèle de basse époque relatant les événements du règne de Chéops. Mais le mystère demeure entier de savoir sur quelle base (financière, s'entend) elle parvint à la faire édifier !

Ces textes sur les Pyramides nous donnent à nouveau deux indications très précieuses sur les points de vue d'Hérodote et sa façon de procéder. La première (déjà mentionnée dans la présentation) indique que la pyramide de Chéops aurait été entourée d'eau et construite sur une île. Il y a là une confusion certaine avec un mythe eschatologique, décrivant le séjour du pharaon après sa mort dans l'île des Bienheureux. La deuxième indication est celle qui mentionne les rations consommées par les ouvriers pendant la construction de ladite pyramide. Car là — fait assez rare — Hérodote précise la source de son information : un interprète (grec ou égyptien ?) qui lui traduit l'inscription en question. Ce détail est intéressant car il montre qu'Hérodote a rencontré, en chaque endroit, des gens susceptibles de lui traduire les inscriptions qui l'intéressaient. Il se trouve d'ailleurs qu'une de ses traductions (relative à la généalogie royale de Xerxès) s'est révélée si précise et exacte qu'elle est en grande partie à l'origine du déchiffrement des cunéiformes en vieux perse !

Précisons enfin — en ce qui concerne les procédés de construction des grandes Pyramides — que la relation d'Hérodote est assez précise et convaincante pour qu'il n'y ait nul besoin de faire appel à des Géants ou des extraterrestres pour expliquer l'origine de ces Pyramides comme cela fut le cas, autrefois, dans la revue Planète *! Une telle* *assertion non seulement n'a aucun sens mais relève de l'escroquerie intellectuelle pure et simple car elle se garde bien de mentionner ce texte d'Hérodote. J'irai plus loin et au risque de décevoir maints lecteurs, je dirai que les Pyramides ne recèlent strictement aucun mystère — du moins aucun mystère non résoluble rationnellement — que ce soit pour leur construction, leur fonction, leur signification religieuse, astronomique et historique.*

Disons un mot également de cette étrange histoire de princesse « enterrée » dans une vache en bois. Il s'agit très probablement d'un rite religieux en rapport avec les mystères d'Osiris (ce dieu dont Hérodote ne prononce jamais le nom), au cours desquels on procédait à la sortie solennelle de la déesse-vache Methyer, dans le temple de Saïs. Quant à l'infortuné Mycérinos, victime de ses bontés et de sa bienveillance, et contraint de festoyer jour et nuit au milieu des lampions pour faire mentir les dieux, on peut penser qu'il s'agit là aussi d'une cérémonie religieuse mal comprise d'Hérodote, de cette fête des Illuminations qu'il décrit justement dans un chapitre précédent et qu'il semble avoir oubliée. Mais les remarques d'Hérodote ne sont pas dépourvues d'intérêt. Ses versions sur la construction des « pyramides de Philitis » portent la marque des milieux populaires. Celle des distractions du roi Mycérinos trahit au contraire une source aristocratique. Passer son temps dans les marais en promenade ou à la chasse était, pour les riches Égyptiens, synonyme de « prendre du bon temps ». C'était d'ailleurs le sort réservé dans l'au-delà aux bienheureux, et cette « dolce vita » du roi Mycérinos anticipait simplement sur les plaisirs futurs du paradis.

Une dernière remarque concernant Anysis, ce roi aveugle contraint de se réfugier dans les marais (comme la déesse Isis après la naissance d'Horus): cette île qu'il fait « pousser » jour après jour à toute chance d'être une île mythique. On dut raconter à Hérodote quelque mythe d'émergence — entendons par là un mythe de création expliquant comment le premier tertre avait surgi des eaux primordiales sous l'instigation de la divinité — mythes qu'il prit pour un fait réel et historique.

Les merveilles de Mœris.
Comment le roi Psammétique fut exilé
à cause d'un casque en bronze.
Construction d'un canal vers la mer Rouge.
Comment Amasis devint roi malgré lui.

Tous ces récits sont de source égyptienne. Mais j'ai appris pas mal d'autres choses par d'autres habitants de l'Égypte. Ce sont ces derniers renseignements que je vais relater à présent, en y ajoutant quelques témoignages personnels.

Devenus libres après la mort de ce Séthos, les Égyptiens se choisirent douze rois (on dirait vraiment qu'ils ne peuvent vivre sans rois) et partagèrent toute l'Égypte en douze lots. Ces rois s'allièrent par des mariages et s'engagèrent à régner sans se faire la guerre ni se déposséder mutuellement, et à rester toujours très bons amis. Ils s'imposèrent cette loi et l'observèrent strictement. Un oracle, au début de leur règne, n'avait-il pas prédit que celui des douze qui ferait un jour une libation avec un récipient en bronze dans le temple de Vulcain régnerait seul sur l'Égypte ?

Ils décidèrent de laisser un monument commun en souvenir de leur règne, et construisirent un labyrinthe*, un peu au-delà du lac Mœris, près de la ville des Crocodiles. J'ai vu ce labyrinthe : il défie vraiment toute description. Même en additionnant toutes les murailles et tous les ouvrages que les Grecs ont pu construire, on n'arriverait pas au quart des dépenses et des travaux qu'a nécessités ce labyrinthe. Le temple d'Éphèse, le temple de Samos, méritent déjà des éloges. Les Pyramides soutiennent la comparaison avec les plus beaux monuments grecs. Mais le labyrinthe surpasse tout cela. Il comprend douze cours couvertes et contiguës, dont les portes se font vis-à-vis, six par six, le tout entouré d'un mur unique. L'intérieur contient trois mille chambres, la moitié au premier étage. J'en parle du reste en connaissance de cause. Je n'ai pu voir les chambres souterraines, dont la visite est interdite à cause des sépultures des rois et de celles des crocodiles sacrés qui s'y trouvent, aussi n'en parlé-je que par ouï-dire. Mais les pièces supérieures, que j'ai vues de mes propres yeux, découragent vraiment l'éloge. Toutes ces portes, toutes ces sorties, le nombre incalculable de couloirs, toutes ces allées et venues, me plongèrent dans l'émerveillement. Je passais d'une cour dans une salle, d'une salle à un portique, je quittais un portique pour tomber dans une nouvelle salle, puis dans une nouvelle cour... Le toit de tout l'édifice est en pierre. Les murs sont couverts de bas-reliefs, et chaque cour bordée de colonnades en pierres blanches, d'un travail impeccable. Une pyramide de quarante orgyes se dresse à l'extrémité du labyrinthe. On y accède par une voie souterraine.

Mais, quelles que soient les splendeurs de ce labyrinthe, il n'est rien encore comparé au lac Mœris, près duquel il est construit. Ce lac a un pourtour de trois mille six cents stades, c'est-à-dire autant que toute la côte égyptienne, et s'étend du nord au sud. Il a cinquante toises de profondeur. On voit tout de suite qu'il s'agit d'un lac artificiel. Deux pyramides, en effet, se dressent au milieu, dépassant la surface de cinquante toises et s'enfoncant d'autant sous l'eau. Sur chacune se trouve un colosse de pierre, assis sur un trône. Elles ont donc en tout cent toises de haut. Ce lac, creusé dans une région particulièrement aride, n'est pas alimenté par des sources, mais par un canal qui amène l'eau du Nil. Six mois par an, elle coule du lac dans le fleuve, les six autres, du fleuve dans le lac. Pendant les six premiers mois, la pêche rapporte un talent d'argent au trésor royal, les six autres, seulement vingt mines.

Les gens de Mœris m'ont dit que ce lac aboutit par un conduit souterrain à la Syrte de Libye. Il s'étend en effet vers l'ouest à l'intérieur des terres, le long de la montagne qui domine Memphis. Mais, comme je ne voyais nulle part de déblais et que la chose m'intriguait, je demandai où pouvaient bien être ces déblais. Il m'expliquèrent comment ce lac fut creusé, et je les crus sans peine. A Ninive, en effet, on avait fait la même chose : des voleurs qui voulaient ravir les immenses trésors du roi Sardanapale avaient, à partir de leur maison, creusé une galerie souterraine jusque sous le palais du roi. La nuit venue, ils jetaient les déblais dans le Tigre, près de Ninive. Les Égyptiens firent de même pour creuser le lac Mœris. Ils se débarrassèrent des déblais en les jetant dans le Nil, qui se chargea de les disperser.

Pendant ce temps, les douze rois gouvernaient le pays sans troubles. Un beau jour, ils offrirent un sacrifice dans le temple de Vulcain. Le dernier jour, ils se préparèrent pour les libations, et le grand prêtre leur apporta les coupes en or habituelles, mais il fit mal son compte, et il n'y en eut que onze. Psammétique, qui n'avait pas eu de coupe et qui se trouvait être le dernier, ôta son casque en bronze et le tendit pour la libation. Des casques, tous les autres rois en portaient, mais ils les avaient gardés sur leur tête. C'est tout à fait spontanément que Psammétique avait tendu le sien. Les autres rapprochèrent pourtant ce geste de la prédiction de l'oracle (selon lequel celui des douze qui ferait un jour une libation dans le temple de Vulcain avec un récipient en bronze régnerait seul sur l'Égypte). Cet oracle, donc, leur revint à l'esprit et Psammétique fut soumis à un interrogatoire : ses réponses prouvèrent qu'il avait agi sans préméditation. En conséquence, on ne le condamna pas à mort, mais on l'exila tout de même dans la région des marais (après lui avoir confisqué ses biens et possessions), avec interdiction d'en sortir et de remettre les pieds dans le reste du pays.

Ce Psammétique avait déjà connu une fois l'exil en Syrie, en fuyant devant l'Éthiopien Sabakos, qui venait de tuer son père Nécos. Lorsque l'Éthiopien s'enfuit à son tour d'Égypte, chassé par les visions de son rêve, les gens de Saïs rappelèrent l'exilé. Il reprit donc son règne, et voici que, de nouveau, il se retrouvait en exil, et cette fois dans les marais, à cause d'un malheureux casque ! Furieux d'être ainsi traité et bafoué, il n'eut plus qu'une idée en tête : se venger. Il consulta l'oracle de Bouto qui passait pour le plus sûr d'Égypte : « Ta vengeance te sera apportée par la mer, lui dit l'oracle, sous forme d'hommes de bronze. » Au début, il resta sceptique sur ces prétendus hommes de bronze qui devaient venir le venger. Mais, quelque temps plus tard, des pirates ioniens et doriens, chassés par les vents, débarquèrent en Égypte. Ils avaient tous des armures de bronze. Un Égyptien courut trouver Psammétique dans ses marais et, comme il n'avait jamais vu d'armures de sa vie, il cria au roi : « Des hommes de bronze viennent d'arriver de la mer et pillent toute la campagne ! » Psammétique comprit que la prophétie s'accomplissait. Il s'allia aux Ioniens et aux Cariens, en leur faisant promesses sur promesses et, grâce à eux et aux partisans qu'il avait en Égypte, renversa les onze rois.

Redevenu roi, Psammétique construisit à Memphis les propylées sud du temple de Vulcain, et fit bâtir, en face de ces propylées, une cour destinée au dieu Apis, entourée de colonnades et ornée de bas-reliefs. Chaque fois que le dieu sortait dans la cour, on lui donnait à manger. Apis est le nom égyptien d'Épaphos. Psammétique octroya aux Ioniens et aux Cariens qui l'avaient aidé des terres situées en vis-à-vis, de chaque côté du Nil, qu'on appelle aujourd'hui les « Camps ». Il leur donna ces terres et tout ce qu'il avait promis. Il leur confia même des enfants égyptiens pour qu'ils apprennent le grec. Tous les interprètes de grec qui existent actuellement en Égypte sont des descendants de ces enfants. Les Ioniens et les Cariens habitèrent longtemps les « Camps » qui se trouvent un peu au nord de Bubaste, vers la mer, sur le bras du Nil dit « Pélusien ». Le roi Amasis, par la suite, les déplaça, les installa à Memphis, et les réserva pour sa garde personnelle, de préférence à des Égyptiens. Grâce à ces Grecs d'Égypte, qui n'ont jamais perdu contact avec leur pays d'origine, nous sommes au courant de tout ce qui se passe ici, depuis le règne de Psammétique. Dans les « Camps » d'où ils furent délogés par Amasis, on peut voir, ajourd'hui encore, les cales sèches de leurs bateaux et les ruines de leurs maisons.

J'ai parlé tout à l'heure et ailleurs d'un oracle égyptien célèbre. Je voudrais revenir là-dessus, car cet oracle en vaut la peine. Il se trouve dans le sanctuaire de Latone, dans une grande ville à proximité de l'estuaire Sébennytique, qu'on dépasse quand on remonte le Nil depuis la mer. Cette ville s'appelle Bouto. Il y a également à Bouto un temple d'Apollon et de Diane, et celui de Latone où l'oracle a élu domicile. Ce temple est assez grand, avec des propylées de dix toises de haut. De tout ce que j'y ai vu, c'est le sanctuaire lui-même qui m'a le plus émerveillé : il est entouré d'une enceinte sacrée, et le bâtiment proprement dit est fait d'une seule pierre avec des murs égaux de quarante coudées. Le toit est lui aussi fait d'un seul bloc, avec une corniche de quatre coudées.

Après ce temple, qui est déjà à lui tout seul une chose étonnante, on éprouve une autre surprise quand on découvre l'île de Chemnis. Elle est située sur un lac profond et large, près du sanctuaire de Bouto. D'après les Égyptiens, il s'agirait d'une île flottante. Je ne l'ai jamais vue personnellement ni flotter ni bouger un tant soit peu, et j'avoue avoir été stupéfait d'entendre dire qu'une île pouvait flotter. Ce qui est sûr, en tout cas, c'est qu'il y a dans cette île un grand temple d'Apollon et trois autels, avec, autour, quantité de palmiers. Cette île ne flottait pas autrefois (ce sont toujours les Égyptiens qui parlent), mais un jour, Latone, une des huit divinités primitives et qui habitait Bouto, y cacha et sauva Apollon qu'Isis venait de lui remettre. Typhon arriva dans les parages à la recherche d'Apollon et ne le trouva pas. (Horus est le nom égyptien d'Apollon, Isis celui de Cérès, Bubaste celui de Diane). C'est à la suite de cette histoire que l'île se mit à flotter. Du moins au dire des Égyptiens.

Psammétique régna cinquante-quatre ans. Pendant vingt-neuf ans, il fit le siège de la ville d'Azotos, en Syrie, avant d'arriver à la prendre. Cette ville fut, que je sache, une de celles qui résistèrent le plus de temps à un siège.

Psammétique eut pour fils Nécos*, qui lui succéda. Nécos entreprit les premiers travaux de percement d'un canal vers la mer Érythrée, que Darius le Perse mena ensuite à leur terme. Sa longueur est de quatre jours de navigation, et il est alimenté par le Nil. Il commence un peu en amont de Bubaste, passe près de la ville arabe de Patoum, et aboutit à la mer Érythrée. On a commencé son percement dans la plaine égyptienne qui confine à l'Arabie et qui est dominée par cette immense montagne, près de Memphis, où se trouvent des carrières. Le tracé du canal suit donc, d'ouest en est, le pied de cette montagne, traverse les gorges, puis oblique vers le sud pour se jeter dans le golfe Arabique. Dans son plus court trajet (c'est-à-dire à partir du mont Cassios, à la frontière de l'Égypte et de la Syrie) la distance qui sépare la mer (Méditerranée) de la mer Érythrée est de mille stades. C'est le chemin le plus direct, mais comme le canal fait de nombreux détours, il mesure davantage. Cent vingt mille Égyptiens passèrent leur vie à creuser ce canal. Mais un oracle annonça un beau jour à Nécos qu'il travaillait en réalité pour les barbares, et il en arrêta aussitôt les travaux. Par barbares, les Égyptiens entendent tous ceux qui ne parlent pas leur langue.

Nécos abandonna donc les travaux du canal et se tourna vers la guerre. Il fit construire des trirèmes pour la mer du Septentrion, d'autres pour le golfe d'Arabie (on voit encore l'emplacement de leurs cales sèches). Il s'en servit à l'occasion. Sur terre, il rencontra et battit les Syriens à Magdole, puis s'empara de l'importante ville de Cadytis, en Syrie. Il y consacra à Apollon et envoya aux Branchides de Milet les vêtements qu'il portait au cours de cette campagne. Après quoi, au bout de seize ans de règne, il mourut et laissa le pouvoir à son fils Psammis*.

Pendant le règne de Psammis, une délégation d'Éléens vint le trouver pour lui parler des jeux d'Olympie : la réglementation en vigueur, qui était leur œuvre, leur paraissait si juste et si appropriée qu'aucun peuple — fût-il égyptien — ne leur semblait capable d'en trouver une meilleure. Les Éléens vinrent donc en Égypte et expliquèrent à Psammis le but de leur mission. Le roi réunit ses sujets les plus éclairés et, devant ces aréopages, les Éléens exposèrent en détail la réglementation des jeux d'Olympie. « Pouvez-vous trouver, conclurent-ils à l'adresse des Égyptiens, un réglement plus juste que celui-ci ? — Vos concitoyens sont-ils admis à concourir ? demandèrent les Égyptiens. — Tout le monde sans distinction, Éléen ou non, peut participer à ces jeux. — Alors, votre règlement n'est pas aussi juste que vous le croyez. Comment ne pas résister, en effet, à la tentation de favoriser un de vos concitoyens, au détriment d'un étranger ? Si vous voulez un règlement parfait — s'il est vrai que ce soit la raison qui vous a conduits en Égypte — réservez ces jeux aux seuls concurrents étrangers, en excluant par avance tout Éléen. » Tels furent les conseils des Égyptiens. Psammis ne régna que six ans. Il fit une campagne contre l'Éthiopie et mourut peu de temps après.

Son fils Apriès* lui succéda. Il fut, avec son bisaïeul Psammétique, le plus heureux des rois. Il régna vingt-cinq ans, entreprit une campagne contre Sidon, livra un combat naval contre les Tyriens. Mais il était écrit qu'il finirait mal : la catastrophe eut lieu au cours d'événements que je décrirai plus en détail dans mes « Récits libyens ». Je la rappellerai en deux mots pour le moment : il partit avec une grande armée contre les habitants de Cyrène (en Libye) et subit un sérieux échec. Ses hommes lui en voulurent et se révoltèrent : « Il nous a lancés dans cette expédition, vouée d'avance à l'échec, pour nous faire tous massacrer et régner plus tranquillement sur le reste de la population ! » se dirent ses soldats. Aussi, tous les survivants — et les amis des morts — se révoltèrent-ils ouvertement contre Apriès.

Le roi envoya Amasis vers les révoltés pour qu'il leur parle et les tempère un peu. Ce dernier commença à leur parler, à essayer de les faire revenir sur leur décision, mais, pendant qu'il discourait, un des soldats qui étaient derrière lui mit un casque sur la tête, en déclarant qu'il le « coiffait » ainsi de la royauté. Apparemment, la chose fut loin de déplaire à Amasis, comme la suite le prouva. Une fois proclamé roi, il marcha aussitôt contre Apriès. Ce dernier dépêcha vers Amasis un haut personnage du nom, je crois, de Patarbénios, avec ordre de lui ramener Amasis vivant. Patarbénios rejoignit Amasis, l'invita à le suivre, mais l'autre, se soulevant de sa selle (il était à cheval), lâcha un vent et lui dit de rapporter cette réponse à Apriès. Patarbénios réitéra tout de même son invitation, à quoi Amasis répondit qu'il se préparait en effet à rencontrer Apriès. « Qu'Apriès se tranquillise, dit-il, je vais bientôt aller à sa rencontre en personne, accompagné de quelques amis. » Patarbénios, définitivement éclairé sur les intentions d'Amasis, partit prévenir d'urgence Apriès. Mais, quand il se présenta devant ce dernier sans Amasis, le roi, fou de rage, lui trancha le nez et les oreilles avant même qu'il ait eu le temps d'ouvrir la bouche. Les partisans du roi, en voyant traiter et mutiler de la sorte un homme de cette qualité, abandonnèrent aussitôt Apriès et passèrent chez Amasis. Apriès arma ses troupes auxiliaires et marcha avec vingt mille Ioniens et Cariens contre les Égyptiens. Étrange chose que de voir le roi d'Égypte marcher contre des Égyptiens, et Amasis et les siens contre des étrangers ! Ils se rencontrèrent près de la ville de Momemphis où ils eurent une bonne occasion de mesurer leurs forces.

Comment Amasis régna sur l'Égypte.
Ses lois. Ses plaisirs. Ses amours. Ses offrandes.

Il y a en Égypte sept classes de citoyens : les prêtres, les guerriers, les bouviers, les porchers, les commerçants, les interprètes et les pilotes. Ces sept classes portent des noms en rapport avec la profession qu'elles exercent. Ainsi la classe des guerriers comprend les *calasires* et les *hermotobyes*. Ils sont répartis en différentes provinces ou nomes.

Les hermotobyes occupent les nomes de Busiris, Saïs, Chemnis, Paprémis, l'île de Prosopitis et la moitié de Natho. Au temps de leur splendeur, ils étaient environ cent soixante mille. Ils se consacrent uniquement aux armes et ne connaissent aucun métier manuel.

Les calasires occupent les provinces de Thèbes, Bubaste, Aphtis, Tanit, Mendès, Sébennytis, Arthribite, Pharbaïtis, Thmoreis, Onuphis, Anysis et Mycéphorite (en face de Bubaste). Au temps de leur splendeur, ils étaient deux cent cinquante mille. Eux aussi ne connaissent que le métier des armes. Sans doute est-ce, là encore, une façon de voir que les Grecs ont prise aux Égyptiens ? On ne saurait l'affirmer avec certitude, car les Thraces, les Scythes, les Perses, les Lydiens, et en général tous les peuples barbares ont un respect particulier pour le métier des armes et un dédain correspondant pour les métiers manuels. Toujours est-il que les Grecs, et particulièrement les Lacédémoniens, ont adopté cette mentalité. Les Corinthiens sont à peu près les seuls à n'avoir aucun mépris pour les artisans.

Les guerriers jouissaient en Égypte, comme les prêtres, de privilèges spéciaux. Chacun d'eux avait droit à douze aroures de terre (l'aroure équivaut à cent coudées carrées). Ce privilège était accordé à tous indistinctement, mais d'autres l'étaient, à tour de rôle, pour certains guerriers : chaque année, par exemple, on choisissait mille calasires et mille hermotobyes pour la garde royale. Les gardes royaux, en plus de leurs aroures, touchaient chaque jour cinq mines de blé grillé, deux mines de bœuf, l'équivalent d'un litre de vin.

Donc, Apriès et ses auxiliaires d'un côté, Amasis et ses Égyptiens de l'autre, se rencontrèrent à Momemphis, et la bataille s'engagea. Les auxiliaires firent tout ce qu'ils purent, mais, comme ils étaient très peu nombreux, ils eurent finalement le dessous. Et Apriès, qui croyait son trône si solide que même un dieu, disait-il fréquemment, ne pourrait l'ébranler, se retrouva vaincu, prisonnier, et emmené à Saïs dans son ancien palais devenu à présent la résidence d'Amasis ! Il y resta assez longtemps, bien nourri, bien traité par le nouveau roi. Puis, finalement, les Égyptiens perdirent patience, reprochèrent véhémentement à Amasis de nourrir son propre ennemi — et le leur — dans son palais, et Amasis le leur livra. Les Égyptiens étranglèrent Apriès et l'ensevelirent dans le caveau familial, à l'intérieur du sanctuaire de Minerve, près du temple, à gauche en entrant. Tous les rois de Saïs furent toujours ensevelis dans ce sanctuaire. Le tombeau d'Amasis se trouve un peu plus loin du temple, mais il est tout de même dans la cour intérieure. C'est un portique en pierre, très grand, décoré de colonnades imitant des palmiers, au fond duquel une porte à deux battants donne dans la chambre funéraire.

Dans ce temple de Minerve, à Saïs, on peut voir aussi la sépulture du dieu dont il serait sacrilège de prononcer le nom. Elle est derrière le temple, et occupe tout un mur. On voit aussi dans cette enceinte deux grands obélisques en pierre, près d'un lac entouré d'un parapet de pierre, aussi grand, à première vue, que le lac de la Roue à Délos. On donne, de nuit, sur ce lac, des représentations de sa Passion, que les Égyptiens appellent des Mystères. J'en sais beaucoup plus sur ces Mystères, mais je me garderai bien d'en parler, ainsi que des Mystères de Cérès (que les Grecs appellent la fête des Rites). Tout ce qu'on peut en dire, c'est que les Danaens les ont rapportés d'Égypte et transmis aux femmes pélasges. Ces Mystères se perdirent quand les Doriens envahirent le Péloponnèse et en chassèrent les habitants. Seuls les Arcadiens, qui restèrent sur place, ont pu les conserver.

Donc, Amasis succéda à Apriès. Il était de Saïs, ou plus exactement de la ville de Siouple, dans la province de Saïs. Au début, il fut très critiqué et assez peu estimé. C'était un homme du peuple, issu d'une famille très ordinaire. Mais Amasis finit par se concilier ses sujets, grâce à son habileté et à sa bienveillance, et les ramena à de meilleurs sentiments. Il possédait d'innombrables trésors, dont un bassin en or où lui-même et ses invités se lavaient les pieds quand besoin était. Il le cassa en plusieurs morceaux et fit faire avec cet or la statue d'un dieu qu'il érigea en ville, dans un endroit bien en vue. Les Égyptiens coururent voir cette statue, pleins de respect et d'admiration. Alors, Amasis les rassembla et leur raconta l'histoire, depuis le début : ce dieu, ce n'était qu'un ancien bassin, où tout le monde, il n'y a pas très longtemps, crachait, urinait, se lavait les pieds ! « Eh bien, moi, ajoutait-il, j'ai exactement connu dans ma vie le sort de ce bassin : je n'étais auparavant qu'un homme du peuple, et maintenant je suis votre roi. Aussi, je vous engage vivement à me respecter et à agir correctement à mon égard. » Voilà textuellement comment Amasis conquit les Égyptiens et les persuada de lui servir d'esclaves !

Il avait une façon à lui d'organiser son travail et ses journées : de l'aube jusqu'à l'heure où le marché bat son plein, il se consacrait entièrement aux affaires du pays. Et tout le reste de la journée, il buvait, menait la grande vie avec ses invités, festoyait et se délassait. Ses amis, choqués par cette attitude, finirent par la lui reprocher : « Tu n'agis pas comme l'exigeraient tes fonctions, roi. Tu te laisses vraiment aller à trop de familiarités. Tu devrais au contraire t'installer majestueusement sur ton trône et t'occuper jour et nuit des affaires du pays. Ainsi les Égyptiens auraient-ils l'impression d'être gouvernés, et ta réputation ne pourrait qu'y gagner. Ton attitude, en ce moment, n'a absolument rien de royal ! — Ceux qui possèdent un arc, leur répondit le roi, ne le bandent que lorsqu'ils en ont besoin, et le détendent ensuite. S'il restait constamment bandé, il ne pourrait plus servir au moment voulu. Il en est de même pour l'homme. Lui aussi a besoin de détente ! S'il devait rester toujours tendu et sérieux, il deviendrait fou ou complètement abruti ! Je ne l'ignore pas ; c'est pourquoi je fais, dans ma vie, une place aux choses sérieuses et une place à la détente. »

Quand Amasis n'était qu'un simple particulier, il était déjà, paraît-il, assez porté sur la boisson. Il aimait passablement les plaisirs et n'avait rien d'un homme austère. A force de boire et de festoyer, il lui arrivait très souvent de ne plus avoir d'argent. Alors, il n'hésitait pas à voler un peu partout. Certains l'accusaient, Amasis niait énergiquement, et on le conduisait devant le premier oracle venu. Parfois l'oracle le confondait, parfois il l'innocentait. Eh bien, savez-vous ce qu'il fit quand il devint roi ? Il gratifia du plus profond mépris tous les dieux dont les oracles l'avaient innocenté quand il était coupable, il ne donna pas le moindre argent pour entretenir leurs sanctuaires, n'y mit jamais les pieds et ne leur offrit aucun sacrifice : n'étaient-ce pas des dieux plus que douteux, dont les oracles mentaient effrontément ? En revanche, il témoigna la plus grande estime à ceux qui l'avaient accusé, car ceux-là étaient de vrais dieux qui rendaient de vrais oracles.

Il construisit à Saïs, en l'honneur de Minerve, d'admirables propylées, qui laissèrent loin derrière eux, par leurs dimensions comme par la qualité des matériaux employés, tous les ouvrages précédents. Il offrit également des statues colossales, des sphinx masculins, et restaura un grand nombre d'édifices. Pour ces restaurations, il fit venir d'énormes pierres des carrières de Memphis et de celles d'Éléphantine, ces dernières à plus de vingt jours de navigation de Saïs. Mais le plus extraordinaire de tout, c'est cet édifice en pierre, fait d'un seul tenant, qu'il transporta d'Éléphantine jusqu'à Saïs. Deux mille hommes, tous pilotes bateliers, durent s'y employer. Cet édifice a vingt et une coudées de long, quatorze de large, et huit de haut, à l'extérieur. A l'intérieur, il en a dix-huit de long, douze de large et cinq de haut. Il est toujours à l'extérieur du sanctuaire, près de l'entrée. On ne l'a jamais mis à l'intérieur parce que le contremaître, pendant les opérations de transport, aurait, paraît-il, poussé un profond soupir (de fatigue, sans nul doute, après ces heures d'efforts), mais Amasis, inquiet de ce mauvais présage, ordonna de le laisser là. Ce roi fit encore quantité d'offrandes à beaucoup d'autres sanctuaires : à Memphis, entre autres, un colosse de soixante-quinze pieds de long, devant le temple de Vulcain. Deux autres colosses de vingt pieds de haut sont encore debout sur le même socle. C'est aussi Amasis qui fit achever la construction du temple d'Isis à Memphis, temple tout à fait remarquable.

L'Égypte connut, sous le règne d'Amasis, une période de grande prospérité. Jamais le fleuve n'inonda mieux les terres, jamais les terres ne nourrirent mieux les hommes. Il y aurait eu alors, dans toute l'Égypte, plus de vingt mille villes. Amasis fit encore édicter une loi obligeant chaque Égyptien à déclarer au roi, chaque année, ses moyens d'existence. Quiconque s'y dérobait ou ne pouvait justifier de revenus avouables était condamné à mort. Solon, après sa visite en Égypte, institua une loi identique à Athènes, où elle est toujours en vigueur et donne les meilleurs résultats.

Amasis fut un grand ami des Grecs. Outre les privilèges particuliers qu'il accorda à tel ou tel d'entre eux, il concéda la ville de Naucratis à tous les Grecs qui venaient s'établir en Égypte. Ceux qui n'étaient que de passage disposaient d'emplacements réservés à leurs autels et à leurs temples. Le plus important de ces temples est précisément celui qu'on appelle temple des Grecs, construit en commun par les villes ioniennes de Chios, Téos, Phocée et Clazomènes, les villes doriennes de Rhodes, Cnide, Halicarnasse et Phasélis, et la ville éolienne de Mytilène. Toutes ces villes ont ce temple en commun et veillent aussi à la police du marché. Toutes les autres villes qui le revendiquent le font sans aucun droit. Les gens d'Egine ont construit pour leur propre compte un temple de Jupiter, ceux de Samos un temple de Junon, ceux de Milet un temple d'Apollon. Naucratis était autrefois le seul port de commerce égyptien. Quand un commerçant abordait dans un autre estuaire du Nil, il devait d'abord jurer que c'était contre son gré, et pouvait alors repartir vers Naucratis. Si les vents l'en empêchaient, il transportait sa cargaison dans des *baris* en faisant le tour du Delta, jusqu'à Naucratis. Cette ville avait donc un véritable monopole.

Amasis conclut également avec les Cyréniens un traité d'alliance et d'amitié. Il jugea même à propos de prendre femme chez eux. Avait-il vraiment envie d'une Grecque ou était-ce pour des raisons diplomatiques ? Toujours est-il qu'il épousa une femme du nom de Ladiki, fille de Batos, d'après les uns, de Critoboulos, disent les autres. Malheureusement, chaque fois qu'Amasis voulait coucher avec elle, il devenait impuissant à la posséder, alors que la chose se passait normalement avec les autres femmes ! Comme la situation s'éternisait, il dit à Ladiki : « Ma parole, tu m'as administré un poison ! Ne t'imagine pas que tu vas t'en tirer comme cela ! Je vais te faire mourir de la pire mort qu'ait jamais connue une femme ! » Ladiki eut beau protester, Amasis n'en démordit pas. Alors, elle fit un vœu en elle-même à Aphrodite : si cette nuit même le roi arrivait à la posséder, elle enverrait à la déesse une statue à Cyrène. A peine ce vœu formulé, Amasis la posséda. Et toutes les autres nuits aussi, si bien qu'il l'aima beaucoup. Ladiki exécuta son vœu et envoya une statue à Cyrène. Elle y était encore quand j'y suis passé. Lorsque Cambyse occupa l'Égypte et sut qui était Ladiki, il la renvoya à Cyrène sans par la suite lui faire de mal.

Le lac Mœris et son labyrinthe ont particulièrement impressionné Hérodote. Ce lac couvrait autrefois une superficie beaucoup plus importante qu'aujourd'hui, où il n'occupe plus que le fond de la dépression du Fayoum. Il fut considéré de bonne heure comme une résurgence du Noun, *l'Océan primordial (on ne s'expliquait guère autrement l'existence de cette immense étendue d'eau en plein désert), et le domaine du dieu Sobek, le dieu-crocodile. Ce dieu avait à Crocodilopolis un sanctuaire très important où se situe d'ailleurs l'anecdote rapportée plus haut par Strabon.*

Crocodilopolis s'appelle aujourd'hui Medinet-El-Fayoum, c'est-à-dire la Ville du Fayoum. Fayoum est le nom moderne de la région entourant l'ancien lac Mœris dont le nom actuel est Qaroun. Contrairement à ce que dit Hérodote, il ne s'agit pas d'un lac artificiel mais d'une dépression naturelle comme les six autres oasis du désert libyque (Sélimeh, Kargeh, Daklah, Farafra, Baharieh et Siwa) et qui fut occupée très tôt par l'homme, dès le néolithique. Il est alimenté par un canal qui suit le tracé antique et qui a nom Bahr Youssouf, le Canal de Joseph. Le Fayoum apparaît aujourd'hui comme une immense oasis couverte d'une végétation abondante où domine surtout le palmier et l'eucalyptus et que parsèment de très nombreux villages. Le lac lui-même, par contre, n'offre plus l'aspect verdoyant qu'il devait avoir autrefois. Les bas-reliefs et les fresques antiques représentent souvent les chasses royales dans le Fayoum, montrant de véritables forêts de roseaux, de papyrus et de lotus, habitées par des myriades d'oiseaux aquatiques. Tout cela a évidemment disparu. Le Qaroun est un grand lac bleu entouré de collines arides et nues, où règne un silence angoissant et où, pour ma part, j'ai vu très peu d'oiseaux. Seuls, autour des villages et le long des canaux d'irrigation, veillent les inévitables abou-herden, *ces hérons gardes-bœufs qui ont remplacé les ibis.*

Quant au fameux labyrinthe, il s'agit très certainement du temple funéraire édifié par le pharaon Amenemhat III (qui régna de 1850 à 1800 avant J.-C.) et non par les douze rois dont parle Hérodote — qui n'ont aucune existence historique prouvée. Ce labyrinthe était, avec les Pyramides, les colosses de Memnon et le temple d'Amon à Thèbes (aujourd'hui Karnak) l'une des principales curiosités de l'Égypte. Mais jusqu'à ce jour aucun vestige n'a pu en être retrouvé.

Notons aussi une remarque intéressante: les Égyptiens, tout comme les Grecs, appelaient barbares ceux qui ne parlaient pas égyptien. On voit que chacun, autour de la Méditerranée antique, avait «son» barbare et qu'ainsi les Grecs en étaient quittes avec les Égyptiens. Car là encore la curiosité d'Hérodote pour les langues des pays qu'il visite — il cite nommément plusieurs termes égyptiens — montre que pour lui l'épithète barbare ne recouvre rien d'autre qu'une sensation phonétique étrange.

A la fin de cette description de l'Égypte, Hérodote relate le très bel épisode de la légende d'Osiris que, pour des raisons initiatiques, il se garde de citer en entier. Mais peut-être pouvons-nous aujourd'hui lever ce tabou et écrire le nom du dieu — O-SI-RIS *— qu'il était autrefois interdit à quiconque de prononcer. Et aussi d'en résumer la tragique histoire. Lorsque Isis fut parvenue à retrouver et à rassembler les morceaux épars du corps d'Osiris, elle ressuscita le dieu mort (avec l'aide de Rê) en battant lentement des ailes au-dessus du cadavre. Osiris reprit vie, Isis s'allongea sur lui et conçut le futur Horus. Mais Seth (assimilé par les Grecs au monstre ophidien Typhon) eut vent de l'affaire et pourchassa Isis enceinte. Elle dut chercher refuge dans les marais où elle mit Horus au monde. Cette fuite de la déesse dans les marais est un des épisodes les plus célèbres de la légende. Le lieu où naquit Horus, celui où il grandit élevé par sa mère (ou, selon la version rapportée par Hérodote, par la déesse-nourrice Ouadjet qu'il assimile à Latone-Léto, mère d'Apollon et d'Artémis), devinrent autant de lieux mythiques et de centres religieux en rapport avec la légende, comme d'ailleurs les endroits où avaient été retrouvés les morceaux du corps d'Osiris. C'est l'un de ces centres mythiques et religieux — en rapport avec le séjour d'Isis dans les marais — que décrit Hérodote à propos de la ville de Bouto et de l'île flottante de Chemnis.*

De pharaon en pharaon, de Psammétique en Psammis, et de Psammis en Apriès et en Amasis, l'Égypte s'achemina en quelques générations vers la fin de sa grandeur historique. C'est pendant le règne de cet Amasis, ce roi si bon vivant, ami des plaisirs, des fêtes et des Grecs, que le souverain perse Cambyse entreprit son expédition d'Égypte et envahit le pays. A dater de cette conquête, l'Égypte, malgré un bref sursaut contre les occupants, cessera d'être un empire indépendant. A l'occupation perse succédera celle des Grecs (avec Alexandre le Grand) puis celle des Romains, jusqu'au jour où la victoire définitive du christianisme ruinera les croyances traditionnelles, les sanctuaires, les monuments et les merveilles de l'Égypte. C'est alors qu'un des derniers fidèles des dieux anciens pourra s'écrier :

« Un temps viendra où il apparaîtra que les Égyptiens ont adoré les dieux en vain. De la terre, ces dieux retourneront au ciel, et l'Égypte

sera livrée à l'abandon. Cette terre sainte, patrie des sanctuaires, se couvrira de sépulcres et de morts. Égypte ! Égypte ! Il ne subsistera de tes croyances que des fables qui paraîtront incroyables aux générations futures que des mots sur les pierres qui racontent tes actes de piété !»

Troisième Enquête

ÉTHIOPIE, INDE, ARABIE

L'Éthiopie, l'Inde, et l'Arabie marquent pour Hérodote l'extrême limite du monde connu, vers l'est et vers le sud. Il n'en parle évidemment que par ouï-dire, puisqu'il précise lui-même n'avoir pas été au-delà d'Éléphantine, au cours de son voyage en Égypte. Mais ces contrées, particulièrement la Nubie, l'Éthiopie et les régions riveraines de la mer Rouge, étaient connues depuis longtemps des Égyptiens. L'Égypte entretenait des commerces réguliers avec ce mystérieux pays de Pount, situé aux frontières de l'actuelle Somalie, et vers lequel la reine Hatshepsout, de la XVIIIᵉ *dynastie, avait envoyé des missions de reconnaissance. Ce pays fournissait en abondance de l'encens, des bois précieux, des pierres rares, de l'ivoire et de l'or, et passait pour une terre semi-légendaire, gorgée de richesses fabuleuses.*

En prétendant s'aventurer dans des buts de conquête vers cette Éthiopie située aux confins méridionaux du monde, Cambyse outrepassa les limites que les dieux fixent toujours aux entreprises des hommes. Sa campagne militaire s'achèvera par un désastre : les soldats, décimés par la faim, la soif et la fatigue, mourront dans les déserts du Sud, et Cambyse devra rebrousser chemin après avoir perdu une grande partie de son armée. Un désastre plus total encore frappera les contingents partis vers l'oasis d'Amon, à l'ouest du pays : les cinquante mille soldats perses envoyés en reconnaissance disparaîtront corps et biens, ensevelis sous les rafales de sable. Même si la version fournie par Hérodote exagère quelque peu les faits, elle témoigne de l'emprise que ces pays lointains exerçaient sur l'imagination. L'immensité des déserts, la chaleur torride, le manque d'eau, l'ignorance des routes exactes, et ces vents furieux capables d'ensevelir toute une armée sous une avalanche de sable, constituaient des obstacles redoutables. Mais ils étaient surtout le signe visible d'un interdit plus vaste protégeant ces terres des confins.

*Ce n'est pas un hasard si Hérodote appelle «île des Bien-heureux» les oasis de l'Ouest, et s'il décrit les extrémités de la terre comme «une immense ceinture regorgeant des choses les plus rares et les plus belles». Conquérir l'Éthiopie, parvenir jusqu'à l'oasis d'Amon, recueillir l'encens d'Arabie, apparaissent comme des entreprises interdites ou difficiles, et chacun sait que les portes du paradis ne s'ouvrent guère facilement. L'espace protégeant ces merveilles devient l'ennemi de l'homme: il écarte et détruit quiconque prétend s'aventurer si loin dans un but de conquête. L'échec de Cambyse n'est pas dû seulement à son imprévoyance: il est le châtiment fatal et prévisible frappant tout être atteint de démesure. Nous retrouvons ici la tragédie, à plus d'un titre d'ailleurs, puisque Cambyse, au retour de cette expédition, deviendra fou et commettra des actes insensés. Cette folie le portera là où nul homme n'osait s'aventurer, vers les redoutables frontières de l'autre monde: «Il ouvrit d'antiques tombeaux et contempla les morts.» On pense à la tragédie d'*Ajax *de Sophocle, quand le héros, frappé de folie par Athéna, égorgera des moutons et des bœufs en croyant tuer ses ennemis. Les dieux ne sont pas loin quand la folie est proche, et Hérodote le laisse clairement entendre: Cambyse dut être atteint d'épilepsie, ce mal sacré envoyé par la divinité.*

Par la suite d'ailleurs, le cours de l'histoire va se précipiter. Cambyse apprendra que son frère Smerdis (en perse Bardija) complote contre lui, il partira en hâte vers la Perse et mourra en cours de route, quelque part en Syrie. Darius Ier prendra alors possession du trône, après maints épisodes tragi-comiques, et continuera l'œuvre conquérante de Cambyse. L'Empire achéménide deviendra sous son règne le plus grand empire de l'Antiquité. Mais l'histoire ne joue en réalité qu'un rôle fort secondaire dans cette troisième Enquête, *tout imprégnée des merveilles des extrémités de la terre et des encens du pays d'Arabie...*

Cambyse pénètre en Égypte.
Traversée du désert de Palestine.

C'est précisément contre cet Amasis que Cambyse, le fils de Cyrus, partit en guerre avec ses Grecs d'Ionie et d'Éolie.

Quant aux causes de cette guerre, les voici : Cambyse avait envoyé un messager en Égypte pour demander à Amasis la main de sa fille, sur les conseils d'un médecin égyptien. Celui-ci n'avait jamais pardonné à Amasis de l'avoir arraché à sa femme et à ses enfants pour l'expédier en Perse au chevet de Cyrus qui avait réclamé le meilleur oculiste d'Égypte. Aussi, pour se venger et mettre Amasis dans une situation inextricable, poussa-t-il Cambyse à cette démarche. Amasis n'avait que deux solutions : se résoudre, le cœur brisé, à livrer sa fille au roi des Perses, ou la lui refuser et s'en faire un ennemi. Irrité et impressionné à la fois par la puissance des Perses, Amasis ne pouvait refuser, sachant très bien que Cambyse n'en ferait pas sa femme, mais simplement sa concubine. Il supputa le pour et le contre et finalement décida d'envoyer à Cambyse une des filles d'Apriès (le roi précédent) du nom de Nititis, femme assez belle et qui présentait bien. Il l'habilla princièrement, couvrit de bijoux la belle enfant, et l'expédia chez les Perses comme sa propre fille. Tout alla bien pendant quelque temps, jusqu'au jour où Cambyse salua Nititis en l'appelant du nom de son père, et où la jeune fille lui répondit : « Tu n'as donc pas encore compris, roi, que tu as été mystifié par Amasis ? Il m'a déguisée en princesse et envoyée vers toi comme sa propre fille, alors qu'en réalité je suis la fille d'Apriès, son ancien maître, contre lequel il s'est révolté et qu'il a mis à mort ! » Cette révélation mit Cambyse dans une telle fureur qu'il partit aussitôt en guerre contre l'Égypte. Telle est du moins la version des Perses.

Selon les Égyptiens, Cambyse serait au contraire le fils de cette Nititis, et donc, un des leurs. Ce serait son père, Cyrus, qui aurait demandé la main de la fille d'Amasis, et non Cambyse. Mais cette histoire ne tient pas debout. Les Égyptiens, qui connaissent les usages des Perses mieux que quiconque, savent parfaitement qu'en Perse aucun bâtard ne peut monter sur le trône tant qu'il existe un descendant légitime, et que la mère de Cambyse était Cassandane (la fille de Pharnaspe) et non cette Égyptienne. La vérité, c'est qu'ils dénaturent purement et simplement les faits pour se trouver à tout prix une parenté avec la maison de Cyrus.

Il existe encore une troisième version à laquelle je ne crois guère. Une Perse, venue rendre visite aux femmes de Cyrus, remarqua près de Cassandane de très beaux et très grands enfants. Elle félicita la mère qui lui répondit : « Hélas ! j'ai beau être la mère de tels enfants, Cyrus n'a guère d'attentions pour moi. Il ne jure que par son Égyptienne !

(Elle faisait allusion, dans son dépit, à cette Nititis.) — Alors, mère, quand je serai grand, fit Cambyse, l'aîné des enfants, je mettrai l'Égypte sens dessus dessous, moi ! » Il devait avoir, à cette époque, environ dix ans, et tout le monde s'extasia devant cette réponse. Par la suite, quand il accéda au trône, il se souvint de cette promesse et entreprit sa campagne contre l'Égypte.

Un concours inopiné vint aider Cambyse dans son entreprise. Un nommé Phanès, originaire d'Halicarnasse, mercenaire d'Amasis, conseiller capable et soldat de valeur, s'enfuit d'Égypte, à la suite d'un différend avec le roi, pour rejoindre Cambyse. Comme il était assez haut placé et au courant de beaucoup de choses, Amasis n'eut de cesse qu'il ne le rattrapât. Il envoya à sa poursuite, sur une trirème, le plus fidèle de ses eunuques qui retrouva le fugitif en Lycie. Mais l'autre, qui avait plus d'un tour dans son sac, lui échappa, un beau jour, en enivrant les gardes. Il arriva en Perse au moment même où Cambyse s'apprêtait à marcher sur l'Égypte, sans trop savoir comment il allait franchir le désert ni par où il envahirait le pays. Phanès arriva à point pour lui fournir des renseignements sur Amasis, et le conseiller sur l'itinéraire. « Envoie quelqu'un, lui dit-il, demander en ton nom au roi d'Arabie l'autorisation de traverser sans danger son territoire. »

L'Arabie est en effet la seule voie d'accès possible en Égypte. De la Phénicie jusqu'à la ville de Cadytis*, le pays appartient aux Syriens appelés Syriens Palestiniens. De Cadytis (ville de l'importance de Sardes) jusqu'à Iénissos, les comptoirs de la côte sont tous possession arabe. A partir d'Iénissos, on retrouve les Syriens jusqu'au lac Serbonis (près du promontoire du mont Cassios) où se cache, paraît-il, le serpent Typhon. Cette région, qui s'étend d'Iénissos jusqu'au lac Serbonis et au mont Cassios, est terriblement aride, et sa traversée demande, au bas mot, trois jours de marche.

Je voudrais ici signaler une chose qui passe inaperçue de tous ceux qui arrivent en Égypte par mer : l'Égypte importe de Grèce et de Phénicie, à longueur d'année, des cruches de vin, et il est pourtant impossible de mettre la main dans tout le pays sur la moindre cruche vide. Où passent-elles donc ? allez-vous demander. Voici l'explication : chaque gouverneur a ordre de rassembler toutes les cruches vides de sa ville et de les envoyer à Memphis où elles sont remplies d'eau et expédiées dans ce désert. Ainsi, après un court séjour en Égypte, les cruches partent en Syrie rejoindre leurs « sœurs ». Ce sont les Perses qui ont facilité ainsi la route d'Égypte en installant ces réserves d'eau tout de suite après leur conquête. Mais au moment de l'expédition de Cambyse, ces réserves n'existaient pas. Aussi le Perse, sur les conseils du citoyen d'Halicarnasse, envoya-t-il un messager au roi des Arabes pour qu'il lui facilite la traversée du désert. Demande qui fut acceptée et garantie par serment.

Les Arabes, plus que tout autre peuple, ont le respect de la foi jurée. Quand deux hommes, en Arabie, veulent prêter serment, une tierce personne, debout entre eux, leur incise les paumes près du médius, avec une pierre tranchante, puis imbibe de ce sang un bout d'étoffe pris à leur vêtement et en teint sept pierres disposées entre eux, en invoquant Bacchus et le Ciel. Après quoi, les contractants recommandent à leurs amis leur hôte — ou leur concitoyen (s'il s'agit d'un concitoyen) — et les amis ainsi prévenus sont liés par cet engagement. Les Arabes ne croient qu'à Bacchus et au Ciel. Leur coupe de cheveux — sorte de taille ronde qui laisse les tempes dégagées — serait, d'après eux, la coupe même de Bacchus. Bacchus se dit en Arabe Orotalt, et le Ciel, Alilat.

Les Arabes, donc, après s'être engagés par serment avec Cambyse, remplirent d'eau des outres en peau et en chargèrent le plus grand nombre de chameaux possible. Puis leur caravane partit dans le désert à la rencontre de Cambyse. Cette version me paraît la plus vraisemblable, mais il en existe une autre, plus douteuse, que j'indique tout de même puisqu'elle a cours. Il existe en Arabie un grand fleuve, le Coris, qui se jette dans la mer Érythrée. Le roi d'Arabie aurait, paraît-il, réussi à amener l'eau de ce fleuve jusqu'en plein désert, dans des citernes creusées pour la recueillir et la conserver, à l'aide d'un immense conduit fait de peaux de bœufs et d'autres animaux cousues et ajoutées les unes aux autres. Or, il y a douze jours de marche de ce fleuve jusqu'au désert, et l'eau aurait été amenée en trois endroits différents, par trois conduits !

Pendant ce temps, à l'embouchure du Nil — exactement à l'estuaire Pélusien — Psammétique, le fils d'Amasis, s'était installé pour attendre Cambyse. Car Amasis était mort entre-temps, après un règne de quarante-quatre ans qui se passa à peu près tranquillement. A sa mort, on l'embauma et on ensevelit son cadavre dans le tombeau qu'il s'était fait bâtir lui-même à l'intérieur du temple de Minerve. Pendant le règne de Psammétique, il se produisit un phénomène inouï : pour la première fois, de mémoire d'homme, il se mit à pleuvoir sur Thèbes ! Ce fut vraiment la première et la seule fois, car il ne pleut jamais en Haute-Égypte. Mais cette fois-là, une pluie tomba sur Thèbes.

Les Perses traversèrent le désert et s'installèrent près des campements égyptiens. Les Grecs et les Cariens, auxiliaires du roi d'Égypte, très montés contre Phanès, décidèrent de le punir d'avoir amené une armée étrangère en Égypte : ils firent venir au camp les deux fils de Phanès restés en Égypte, placèrent un cratère bien en vue entre les deux armées, y conduisirent les enfants, et les égorgèrent l'un après l'autre sous les yeux de leur père. Ils versèrent ensuite du vin et de l'eau dans le cratère, et tous les auxiliaires « communièrent » en quelque sorte avec ce mélange. Après quoi, ils partirent au combat. La bataille fut terrible, les soldats tombèrent comme des mouches des deux côtés, mais, finalement, les Égyptiens eurent le dessous.

Les gens du pays me signalèrent une chose curieuse que j'ai pu vérifier moi-même : les ossements des soldats tués au cours de cette bataille forment des tas séparés, ossements perses d'un côté, ossements égyptiens d'un autre. Or, chose étrange, les crânes des Perses sont si tendres qu'on peut les trouer avec un simple caillou, tandis que ceux des Égyptiens sont si durs qu'on n'y parvient à peine qu'à coups de pierre. L'explication qu'on m'en a donnée me paraît assez convaincante : les Égyptiens se rase le crâne dès leur plus tendre enfance et le soleil finit par fortifier et durcir leurs os (ce qui leur évite d'ailleurs la calvitie : il n'y pratiquement pas de chauves en Égypte). Les Perses, qui portent au contraire tout le temps des tiares et des bonnets, ont le crâne plus fragile. C'est un fait que j'ai pu constater par moi-même.

Victoire de Cambyse en Égypte.
Les épreuves du roi Psammétique.
Comment Cambyse traita la momie d'Amasis.

Pour en revenir aux Égyptiens, le combat finit à leur désavantage, et ils durent s'enfuir en désordre. Ils se regroupèrent à Memphis où Cambyse dépêcha un bateau de Mytilène qui remonta le fleuve avec, à son bord, un héraut perse chargé d'entamer des pourparlers. Mais, à peine ce bateau entrait-il à Memphis, que les Égyptiens sortirent en masse de la ville, se ruèrent sur le bateau et le mirent en pièces avec son équipage dont ils promenèrent les restes dans la citadelle. Cambyse assiégea alors la ville et finit par la prendre. Les peuplades libyennes les plus proches se rendirent sans combat pour éviter le sort de Memphis, s'imposèrent elles-mêmes un tribut et envoyèrent des cadeaux à Cambyse. La peur gagna les Cyréniens et les Barcéens qui imitèrent les Libyens. Cambyse accepta avec plaisir les cadeaux des Libyens, mais fit la moue devant ceux des Barcéens et des Cyréniens qui étaient plutôt maigres (tout au plus cent mines d'argent). Aussi jeta-t-il cet argent à la volée à ses troupes.

Dix jours après la prise de Memphis, Cambyse fit installer dans un faubourg de la ville le roi Psammétique et d'autres Égyptiens pour les mettre à l'épreuve. Après quoi, il déguisa en esclave la fille de Psammétique, lui mit une cruche entre les mains, et l'envoya chercher de l'eau avec d'autres jeunes filles égyptiennes de la haute société, toutes vêtues en esclaves. Elles défilèrent, pleurant, criant, gémissant devant leurs pères qui, à ce spectacle, entamèrent un concert de larmes et de lamentations. Seul Psammétique, quand il reconnut sa fille dans le groupe, se contenta de baisser la tête en silence. Après les porteuses de cruches, ce fut le fils de Psammétique qui passa à son tour devant lui, une corde au cou et un mors dans la bouche, avec deux mille autres jeunes gens de son âge. Ils devaient expier le meurtre des marins du bateau mytilénien, les juges royaux ayant décidé que, pour chaque mort mytilénien, dix Égyptiens de haut rang seraient exécutés. Ce fut à leur vue un nouveau concert de pleurs et de gémissements, et seul Psammétique, cette fois encore, observa la même attitude que pour sa fille. Le défilé venait de prendre fin quand Psammétique remarqua, en train de mendier devant les soldats perses, un ancien habitué de ses banquets, homme d'un certain âge qui avait perdu toute sa fortune après avoir été très riche. En le voyant, le roi ne put réprimer les sanglots. Il appela par son nom son ancien compagnon et se frappa la tête de douleur. Des gardes, postés près du roi par Cambyse, rapportèrent au Perse les réactions de Psammétique après chaque défilé. Cambyse en fut surpris et fit questionner l'Égyptien : « Ton maître Cambyse aimerait savoir, Psammétique, pourquoi tu n'as poussé aucun cri ni versé aucune larme en voyant ta fille habillée en esclave et ton fils marcher vers la mort, pour t'apitoyer finalement sur le sort de ce simple mendiant ? — Fils de Cyrus, répondit le roi, les malheurs de mon foyer sont vraiment trop grands pour les larmes. Mais voir un homme, voir un ami, autrefois riche et heureux, réduit sur ses vieux jours à la mendicité, ne trouves-tu pas que cela mérite quelques pleurs ? » Cambyse et son entourage trouvèrent cette réponse très noble, et certains se mirent même à pleurer, y compris Crésus qui avait accompagné le roi en Égypte. Cambyse lui-même, pris de pitié, décida d'épargner le fils de Psammétique et ordonna qu'on aille tout de suite le retirer du groupe des condamnés. Malheureusement, le jeune homme avait été exécuté un des premiers, et il était déjà mort quand les envoyés de Cambyse arrivèrent. Quant à Psammétique, on alla le chercher dans son faubourg et on l'amena devant Cambyse près duquel il vécut par la suite. Il aurait même pu recouvrer son pouvoir en Égypte s'il avait su se tenir tranquille. Les Perses ont l'habitude de traiter généreusement les fils de roi, et au besoin de leur restituer le pouvoir, même si leurs pères se sont révoltés contre eux. Je pourrais en fournir quantité d'exemples : celui du Libyen Thamyros (le fils d'Inaros), celui de Pausiris (le fils d'Amyrtaïos), qui recouvrèrent le pouvoir de leur pères, bien que ces derniers aient toujours comploté contre les Perses. Malheureusement, Psammétique trama de sombres intrigues pour soulever les Égyptiens, et il finit par en recevoir le salaire : il fut découvert, et contraint de boire du sang de taureau, ce qui le fit mourir sur-le-champ.

De Memphis, Cambyse se rendit à Saïs avec, en tête, une idée bien arrêtée qu'il s'empressa de mettre à exécution : à peine arrivé au palais royal, il fit retirer de son sarcophage la momie d'Amasis et la fit fouetter, percer à coups d'aiguillon, lui fit arracher les cheveux ; bref, il s'acharna sur elle de toutes les façons possibles. Et quand ses hommes, épuisés, durent abandonner (car le cadavre embaumé leur résistait encore), Cambyse le fit brûler. Cet ordre sacrilège contrevenait aux traditions des deux peuples, à celles des Perses, d'abord, qui considèrent le feu comme un dieu et trouvent qu'un cadavre humain est une nourriture indigne d'un dieu ; à celles des Égyptiens, ensuite, pour lesquels le feu est une créature vivante qui se dévore elle-même avec sa propre proie. En Égypte, on ne donne jamais de cadavre à dévorer à aucune créature vivante ; c'est même pour cette raison qu'on momifie les morts, afin qu'ils ne soient pas dévorés sous terre par les vers. Ainsi l'ordre de Cambyse choquait-il les usages des deux peuples. Mais les Égyptiens affirment que la momie sur laquelle s'escrima le Perse n'était pas celle d'Amasis : « C'était celle d'un autre homme du même âge, me dirent-ils, car Amasis avait été averti par un oracle du sort qui l'attendait après sa mort. Aussi, pour parer à la menace, fit-il ensevelir près de l'entrée, dans sa propre chambre funéraire, l'homme qui fut fouetté à sa place. Et il recommanda à son fils de prendre soin de le placer tout au fond du sépulcre. » Je suis persuadé, pour ma part, que jamais Amasis ne prit de pareilles précautions, et que toute cette histoire est une pure invention des Égyptiens, destinée à sauver la face.

Des espions sont envoyés en Ethiopie.
La Table du Soleil.
Les momies transparentes.
Une armée disparaît dans le désert.

Quand il en eut terminé avec le cadavre d'Amasis, Cambyse décida trois expéditions : chez les Carthaginois, les Amoniens et les Longue-Vie, peuple éthiopien qui vit dans la zone du littoral sud de la Libye. Il envoya sa flotte contre les Carthaginois, son armée de terre contre les Amoniens et des espions chez les Éthiopiens pour vérifier, avant tout, si cette fameuse Table du Soleil était ou non une réalité, et rapporter, par la même occasion (sous prétexte d'offrir des présents à leur roi), le maximum de renseignements possible sur le pays. Quant à cette Table du Soleil, voici de quoi il s'agit : dans les environs de la ville, il y a une prairie couverte de viandes bouillies de tous les quadrupèdes imaginables. Tous ceux qui occupent une fonction publique quelconque viennent les y déposer, la nuit. Dans la journée, chaque habitant vient se servir. Les gens de l'endroit sont persuadés que c'est la terre elle-même qui, chaque nuit, engendre ces victuailles. Voilà ce que serait la Table du Soleil.

Cambyse décida donc d'envoyer des éclaireurs en Éthiopie, et fit venir d'Éléphantine des Ichthyophages* parlant l'éthiopien. Les Ichthyophages arrivèrent, et Cambyse les envoya en Éthiopie avec des instructions très précises sur ce qu'ils devaient dire : ils emporteraient, en guise de présents, un manteau de pourpre, un collier en or, des bracelets, un vase de parfum en albâtre et une jarre de vin phénicien.

Les Éthiopiens sont, paraît-il, les hommes les plus grands et les plus beaux du monde. Certaines coutumes les différencient des autres hommes, en particulier le choix des rois, car ils prennent toujours pour roi le plus grand et le plus fort, en proportion de sa taille.

Les Ichtyophages arrivèrent chez les Éthiopiens et remirent leurs présents au roi en lui disant : « Cambyse, le roi des Perses, désire devenir ton ami et son hôte. Aussi nous envoie-t-il vers toi avec mission d'entreprendre des pourparlers. Il t'offre également en cadeaux ces objets dont l'usage est, dans son pays, des plus appréciés. » Mais l'Éthiopien comprit très bien le but réel de leur voyage et leur répondit : « Non, ce n'est pas parce qu'il tient à devenir à tout prix mon hôte que le roi des Perses vous envoie vers moi avec tous ces cadeaux. Non, vous mentez effrontément : vous êtes venus pour espionner mon pays, et votre roi n'est pas un homme juste, car, s'il l'était, il n'aurait pas convoité un pays qui n'est pas le sien, ni voulu réduire en esclavage un peuple qui ne lui a rien fait. Remettez-lui donc cet arc, et dites-lui bien ceci : « Quand les Perses seront capables de bander sans effort un arc de cette taille, qu'ils marchent contre les Éthiopiens Longue-Vie avec des forces supérieures en nombre, sinon, qu'ils remercient plutôt les dieux de ne pas avoir, jusqu'à ce jour, donné l'idée aux fils de l'Éthiopie d'ajouter un nouveau territoire à celui qu'ils possèdent déjà. » Sur ce, il débanda l'arc et le remit aux étrangers. Puis il prit le manteau de pourpre et demanda ce que c'était et comment il était fait. Les Ichthyophages lui expliquèrent en détail comment on récolte et on utilise la pourpre en teinture. « En somme, dit le roi, vous êtes des hommes frelatés pour porter ainsi des vêtements frelatés. » Il reposa les mêmes questions à propos du collier et des bracelets. Les Ichthyophages expliquèrent qu'on les utilisait comme parures. Le roi éclata de rire : « Quitte à mettre des chaînes à quelqu'un, on en met chez nous de plus solides ! » De même avec le parfum. Les autres eurent beau lui expliquer qu'on s'en servait pour se parfumer le corps, le roi leur fit des réflexions tout aussi ironiques. Seul le vin, quand on lui apprit comment on le fabriquait, le conquit et même l'enchanta : « De quoi se nourrit votre roi, demanda-t-il, et combien d'années vivent les gens, en moyenne, en Perse ? — Le roi se nourrit de pain, répondirent les espions (qui expliquèrent comment on cultive le blé). Quant à la durée moyenne de la vie, on s'estime chez nous très heureux quand on atteint quatre-vingts ans. — Rien d'étonnant, répliqua l'Éthiopien, qu'à vous nourrir ainsi de fumier vous mouriez si jeunes ! Vous ne pourriez même pas les atteindre vos quatre-vingts ans, si vous n'aviez pas cette boisson pour vous remonter ! fit-il en désignant le vin. Sur ce point, je reconnais que vous êtes les plus forts. »

A leur tour, les espions questionnèrent le roi sur le régime et le genre de vie des Éthiopiens Longue-Vie. « Chez nous, fit-il, on vit facilement jusqu'à cent vingt ans, et il arrive même que certains dépassent cet âge. On se nourrit de viandes bouillies et on ne boit que du lait. »

Les espions s'étonnèrent de cette longévité. Le roi les conduisit alors à une source qui avait la propriété de rendre le corps brillant, comme si elle était d'huile, et qui répandait une odeur de violette. L'eau de cette source était d'une densité si faible que tous les objets, fût-ce le bois ou la matière la plus légère, y coulaient à pic. Sans doute est-ce à cette source, dont ils usent et abusent, que les Éthiopiens doivent leur longévité, si tant est qu'elle ait les propriétés qu'on lui prête. Après quoi, on fit visiter aux espions une prison où tous les prisonniers avaient des chaînes en or, car le cuivre est, en Éthiopie, la matière la plus rare et la plus précieuse. Puis ils se rendirent à la Table du Soleil.

Pour finir, les espions visitèrent les sépultures éthiopiennes, qui sont toutes, paraît-il, en pierre transparente. On momifie le cadavre, à la manière égyptienne ou de toute autre manière. On le recouvre entièrement de plâtre sur lequel on peint, le plus fidèlement possible, les traits du défunt, puis on l'emboîte dans un sarcophage en pierre transparente (sorte de cristal qu'on trouve en abondance dans la région et qui se laisse facilement travailler). Le cadavre reste parfaitement visible dans ce sarcophage. Il ne dégage aucune odeur désagréable et n'a rien de dégoûtant. On a simplement le mort sous les yeux, ou plutôt son effigie. Pendant un an, la famille du mort garde chez elle le sarcophage, lui réserve ses prémices et lui offre des sacrifices. Après quoi, on le transporte hors de la ville.

Les espions regardèrent tout ceci en détail et revinrent auprès de Cambyse pour lui faire leur rapport. Le roi, furieux, décida de partir sur-le-champ contre les Éthiopiens, sans même prendre le temps de prévoir les approvisionnements nécessaires et sans réaliser le moins du monde qu'il se lançait vers les extrémités de la terre. Il fallait être fou et avoir perdu tout son bon sens pour se lancer dans une pareille entreprise. A peine eut-il fini d'écouter les Ichthyophages, qu'il ordonna aux troupes auxiliaires grecques de rester où elles se trouvaient et emmena avec lui son armée de terre. Il arriva à Thèbes, prit cinquante mille hommes qu'il envoya chez les Amoniens pour les réduire en esclavage et brûler leur oracle de Jupiter, puis continua sa route vers l'Éthiopie avec le reste de l'armée. Ils n'avaient pas achevé la cinquième partie du trajet que tous les vivres étaient épuisés. Ils furent contraints de manger les bêtes de somme, si bien qu'il n'en resta plus une seule ! Si Cambyse, à ce moment, était revenu sur son erreur et avait fait marche arrière, on aurait pu, en dépit de sa folie initiale, le considérer comme un homme sensé. Mais il n'en fit rien et continua sa route. Tant que les soldats purent tirer quelque subsistance de la terre, ils survécurent en se nourrissant d'herbes, mais, arrivés dans le désert, certains — ô horreur ! — tirèrent au sort un sur dix d'entre eux et le mangèrent ! Cambyse, craignant que toute son armée ne s'entre-dévorât, finit par revenir sur ses pas et rentra à Thèbes après avoir subi des pertes considérables. De Thèbes, il descendit sur Memphis et congédia les Grecs qui se rembarquèrent pour leur pays. Ainsi se termina l'expédition d'Éthiopie.

L'expédition contre les Amoniens, elle, partit de Thèbes avec des guides et parvint jusqu'à la ville d'Oasis*. Cette ville est habitée par des Samiens de la tribu d'Aischrion, et se trouve à sept jours de marche de Thèbes, en plein désert. En grec, on appelle toute cette région l'île des Bienheureux. L'expédition parvint donc certainement jusqu'à cet endroit, mais, à partir de là, personne ne peut dire ce qu'elle est devenue, à part les Amoniens et ceux à qui ils ont raconté l'histoire. Elle n'est jamais parvenue chez les Amoniens et elle n'est jamais revenue à Oasis. Les Amoniens expliquent cette disparition de la façon suivante : en quittant la ville d'Oasis, l'armée s'engagea dans le désert et, à mi-chemin du trajet entre cette ville et le territoire des Amoniens, un vent du sud, très violent, dut se lever brusquement, pendant que les hommes déjeunaient, et les ensevelir sous des rafales de sable. Ainsi fut engloutie toute l'expédition. Du moins aux dires des Amoniens.

La disparition de cette armée dans les sables n'a été confirmée par aucun document historique, mais elle n'est pas invraisemblable. L'oasis d'Amon — aujourd'hui oasis de Siwa — est situé à 550 kilomètres à l'ouest de Memphis. Mais les contingents perses partirent de Thèbes, non de Memphis, s'imposant ainsi une marche de plus de 900 kilomètres dans un désert aride qu'ils ne connaissaient pas. Cette oasis, beaucoup plus importante autrefois qu'aujourd'hui, possédait entre autres un sanctuaire et un oracle du dieu-bélier Amon, oracle vers lequel Crésus envoya des messagers. C'est également à Siwa qu'Alexandre le Grand, aux dires de la tradition, eut la révélation de son ascendance divine, puisqu'il y fut salué du titre de fils d'Amon. Il est évident que les difficultés du parcours (jointes au fait que les Égyptiens ne durent guère renseigner les Perses sur la meilleure route à suivre) expliquent la disparition d'une armée non préparée à affronter les dangers du désert. Mais cette oasis, comme les autres oasis disséminées dans cette région — Khargeh-Dakhlah, Farafra, Baharieh — et comme tous lieux qu'on tenait pour limitrophes des confins de la terre, passait pour difficile d'accès, voire interdite. On y situait souvent l'entrée du pays des morts (ce que rapporte Hérodote quand il appelle ces oasis l'île des Bienheureux), et la disparition de l'armée perse pouvait passer à juste titre pour un châtiment de la divinité.

Les Éthiopiens Longue-Vie — en grec Macrobes *d'où est tiré d'ailleurs l'adjectif moderne* macrobiotique *— avaient leur capitale à Méroé, ville située au niveau de la sixième cataracte. La mystérieuse Table du Soleil, dont parle Hérodote, devait être une table d'offrandes où l'on disposait en plein air les victuailles offertes au dieu Soleil. Beaucoup d'autres faits relatés paraissent vraisemblables (y compris cet étrange rite funéraire consistant à garder un an dans les maisons les corps embaumés des défunts), mais la description d'Hérodote porte malgré tout l'empreinte de traditions fabuleuses. Cette longévité et la beauté remarquable des hommes, cette fontaine de Jouvence où les Éthiopiens préservent leur jeunesse, cet espace, enfin, où s'enlisent et se perdent les armées de Cambyse, sont des signes et des privilèges qu'on retrouve dans toutes les descriptions de pays mythiques. Ainsi, malgré tout le soin qu'il prend à observer et à décrire, le récit d'Hérodote s'aventure, comme les Perses de Cambyse, jusqu'aux frontières de la légende.*

Les folies de Cambyse. Il tue le dieu Apis. Il tue son frère. Il tue sa femme. Il profane les temples. Où l'on voit que la coutume est reine du monde.

Lorsque Cambyse fut de retour à Memphis, le dieu Apis (que les Grecs appellent Épaphos) se manifesta aux Égyptiens. Tout le pays revêtit aussitôt ses habits de fête et célébra l'événement. Mais Cambyse, convaincu qu'ils se réjouissaient en réalité de ses défaites, convoqua les notables de la ville : « Pourquoi, leur demanda-t-il, le peuple ne s'est-il livré à aucune manifestation lors de mon premier passage, et donne-t-il libre cours à sa joie juste au moment où j'y reviens après avoir subi tant de pertes ? — Le dieu Apis vient de se manifester, répondirent-ils, et, comme cet événement se produit très rarement, tout le monde a l'habitude de le célébrer par des fêtes. » Cambyse ne crut pas un mot de cette explication et condamna à mort les notables pour lui avoir menti.

Les notables une fois exécutés, ce fut au tour des prêtres de comparaître devant Cambyse. Ils lui tinrent exactement le même langage, et Cambyse ordonna d'aller chercher Apis. « On va bien voir, dit-il, ce que va faire ce dieu, soi-disant apparu aux Égyptiens. » Cet Apis (ou cet Épaphos) doit être, selon la tradition, un taureau né d'une vache qui soit incapable de vêler à nouveau. Les Égyptiens disent qu'il est conçu par un éclair qui tombe du ciel sur cette vache et la féconde. On reconnaît Apis aux signes suivants : il est noir avec un triangle blanc sur le front, le dessin d'un aigle sur l'échine, une queue pourvue d'un nombre double de poils et, sous la langue, le dessin d'un scarabée.

Les prêtres amenèrent donc Apis, et Cambyse, pris de folie furieuse, tira son poignard, visa la bête au ventre, et l'atteignit finalement à la cuisse. Et il jeta aux prêtres en éclatant de rire : « Entêtés, avez-vous déjà vu des dieux de chair et de sang qui saignent quand on les frappe ? Il est bien digne de vous, ce dieu ! En tout cas, vous ne vous moquerez pas de moi ! » Et il ordonna de faire fouetter les prêtres jusqu'au sang, et d'arrêter tout Égyptien qu'on surprendrait à célébrer la fête. Les prêtres furent fouettés, les réjouissances s'interrompirent net. Apis, blessé à la cuisse, perdit son sang et acheva de mourir dans son sanctuaire. Les prêtres l'ensevelirent à l'insu de Cambyse.

Peu de temps après, Cambyse devint complètement fou, « en expiation de son crime », dirent les Égyptiens. Son premier acte de folie fut de faire exécuter son frère Smerdis (un vrai frère, né du même père et de la même mère). Smerdis était le seul Perse qui avait réussi à tendre l'arc que le roi d'Éthiopie avait remis aux Ichthyophages. Cambyse, jaloux, l'avait aussitôt renvoyé en Perse. Smerdis y était déjà arrivé lorsque Cambyse rêva que son frère était assis sur le trône royal et que sa tête touchait le ciel. Il craignit que son frère ne le tuât pour s'emparer du pouvoir et dépêcha Prexaspe, son homme de confiance, pour supprimer Smerdis. L'autre arriva à Suse et tua Smerdis, soit à la chasse, selon une première version, soit en le précipitant dans la mer Érythrée, selon d'autres.

Cette première folie ouvrit la série des autres. Il s'attaqua ensuite à sa sœur, qui l'avait suivi en Égypte, et avec laquelle il couchait, bien qu'ils fussent frère et sœur de sang. Voici dans quelles conditions il avait fini par l'épouser, alors qu'épouser sa sœur était une chose tout à fait inconnue des Perses avant lui. Amoureux d'une de ses sœurs, il chercha à l'épouser. Comme ce désir était quelque peu inhabituel, il convoqua les juges royaux et leur demanda s'il n'existait pas quelque loi autorisant le mariage entre frères et sœurs. Les juges royaux appartiennent à l'élite du pays, ils conservent leur charge jusqu'à leur mort, à moins qu'ils n'aient failli dans l'exercice de leur profession ; ils rendent la justice, interprètent le droit ancestral, et tout est pratiquement de leur ressort. Les juges firent à Cambyse une réponse à la fois juste et prudente : il n'existe aucune loi, lui dirent-ils, autorisant le frère à épouser sa sœur, mais nous en avons exhumé une autre qui autorise le roi de Perse à faire tout ce qu'il veut. En somme, malgré leur peur de Cambyse, ils maintenaient cette interdiction, mais évitaient de l'imposer au roi et de signer leur perte grâce à une autre loi allant dans le sens de ses désirs. Cambyse épousa donc celle qu'il aimait et, peu de temps après, posséda de même une autre de ses sœurs. C'est la plus jeune des deux qui le suivit en Égypte et qu'il y tua. Il existe sur cette mort deux versions. D'après les Grecs, Cambyse faisait combattre un lionceau et un jeune chien, et la jeune femme assistait au spectacle. A un moment, le jeune chien eut le dessous et un autre chien, frère du premier, rompit sa laisse, vint à son secours et, à eux deux, ils finirent par vaincre le lionceau. Cambyse prit grand plaisir au spectacle, mais sa femme, à ses côtés, se mit à fondre en larmes. « Pourquoi pleures-tu ? demanda Cambyse. — En voyant ce jeune chien secourir son frère, dit-elle, cela m'a fait penser à Smerdis. Je me suis dit que personne ne viendrait le venger, lui, et je me suis mise à pleurer. » Cela suffit à lui faire perdre la vie. D'après les Égyptiens, tout le monde était à table quand la sœur de Cambyse prit une laitue, l'effeuilla, et demanda au roi : « Est-elle plus belle ainsi ou avec ses feuilles ? — Avec ses feuilles, répondit l'autre. — Pourquoi, alors, as-tu fait subir le même sort à la maison de Cyrus en la dépouillant de ses rameaux ? » Cambyse, furieux, lui laboura le ventre à coups de pied et, comme elle était enceinte, elle avorta et en mourut.

Voilà le genre de folies que commit Cambyse contre ses parents les plus proches. Que ce soit à cause d'Apis ou pour toute autre raison, des malheurs sans nombre ne cessèrent d'accabler les hommes. On dit que Cambyse aurait été atteint, de naissance, de cette grave maladie qu'on appelle le mal sacré. Rien d'extraordinaire, si son corps était réellement atteint de cette infirmité, que son esprit en ait subi le contrecoup.

Il commit aussi quantité de folies contre les Perses. Un jour, il dit à Prexaspe, son homme de confiance (c'est Prexaspe qui lui apportait ses messages, et son fils lui servait d'échanson, ce qui n'était pas un mince honneur): « Prexaspe, comment me jugent les Perses? Que disent-ils au juste sur mon compte? — Maître, répondit l'autre, ils ne tarissent pas d'éloges sur toi, sauf pour la boisson sur laquelle, disent-ils, tu es un peu trop porté. — Vraiment? fit Cambyse, furieux. Ainsi donc, on prétend que j'aime trop le vin, et que c'est lui, sans doute, qui me fait déraisonner et me prive de bon sens? Il faut croire que leurs récents éloges sont bien mensongers! » (Quelques jours auparavant, au cours d'une réunion où figuraient Crésus et des Perses, Cambyse leur avait demandé s'ils le jugeaient digne de son père. « Tu le surpasses encore, répondirent les Perses, puisque tu as maintenu intactes toutes ses possessions et que tu leur as même ajouté l'Égypte et la maîtrise des mers! » A quoi Crésus, qui trouvait l'éloge insuffisant, ajouta: « Pour moi, je ne trouve pas que tu égales ton père Cyrus, car tu n'as pas encore eu un fils tel qu'il en a conçu un en ta personne. » Cambyse apprécia hautement le point de vue de Crésus.)

C'est donc à ses éloges qu'il faisait allusion. « Eh bien, continua-t-il, furieux, à l'adresse de Prexaspe, tu vas pouvoir juger par toi-même qui raisonne juste, les Perses ou moi! Tu vois ton fils, là, près de la porte, si je suis capable de l'atteindre d'une flèche en plein cœur, je prouverai que les Perses parlent sans savoir, sinon, ce sont eux qui auront raison en me prétendant à moitié fou! » Sur quoi, il tendit son arc et toucha l'enfant qui s'écroula. Cambyse fit ouvrir le corps pour vérifier son coup: la flèche était plantée en plein cœur. Ravi, il dit en riant au père: « Tu vois, Prexaspe, que je suis encore bon à quelque chose! Ce sont les Perses qui n'ont plus leur bon sens! Tu n'es pas d'accord? En connais-tu beaucoup qui soient capables de frapper si juste? — Maître, répondit Prexaspe qui commençait à trembler pour sa propre vie en voyant qu'il avait affaire à un fou, même un dieu n'aurait pu viser si juste! » Voilà le genre d'exploits auxquels se livrait Cambyse. Une autre fois, il fit enterrer vivants, la tête en bas, sans motif valable, douze Perses appartenant à l'élite du pays.

Devant ces excès, le Lydien Crésus crut bon de lui faire un peu la leçon: « Roi, n'écoute pas toujours les conseils de ta jeunesse et de ta fougue. Domine-toi, contiens-toi. Sois prudent et pense un peu à l'avenir. Ainsi font les sages. Tu massacres tes propres sujets sans motif valable, tu assassines des enfants. Si tu continues longtemps sur cette voie, crains que les Perses ne se détachent de toi. Ton père Cyrus m'a bien recommandé de t'admonester et de te soumettre mes avis à l'occasion, quand je les trouve justes.» Dans tout ceci, Crésus ne pensait qu'au bien de Cambyse, mais ce dernier le prit très mal et lui répliqua: «Vraiment, tu es bien placé pour donner des conseils aux autres, toi qui as si mal gouverné ton pays et qui as si bien conseillé mon père en lui disant de franchir l'Araxe contre les Massagètes au moment même où ils s'apprêtaient à venir chez nous! Tu t'es perdu toi-même en dirigeant ta patrie n'importe comment, et tu as perdu Cyrus par tes sots conseils! Mais ne te réjouis pas trop vite! Depuis longtemps je n'attendais qu'une occasion de te punir! Aujourd'hui, c'est toi-même qui me la fournis!» Et, en disant ces mots, il saisit son arc pour viser Crésus, mais l'autre eut le temps de bondir et de s'enfuir. Cambyse envoya des serviteurs à sa poursuite avec ordre de le mettre à mort, mais les serviteurs, qui connaissaient les sautes d'humeur de Cambyse, cachèrent Crésus en se disant que, si le roi changeait d'avis, ils seraient récompensés de ne pas l'avoir tué. Si le roi ne regrettait rien, il serait toujours temps d'exécuter Crésus. De fait, Cambyse n'attendit pas longtemps pour regretter son acte et réclamer Crésus. Les serviteurs lui dirent qu'il était toujours vivant, et Cambyse en fut tout heureux. Mais il ne les épargna pas pour autant, et les fit exécuter pour lui avoir désobéi.

Au cours de son séjour à Memphis, Cambyse commit quantité d'autres folies contre les Perses et leurs alliés. Il ouvrit d'antiques tombeaux et contempla les morts. Il pénétra dans le temple de Vulcain et rit à gorge déployée en voyant la statue du dieu. Il faut dire qu'elle ressemble trait pour trait à ces figures phéniciennes — les Patèques — que les Phéniciens placent à la proue de leurs vaisseaux quand ils partent en voyage, et qui ont tout à fait l'aspect de nains. Il pénétra aussi dans le sanctuaire des Cabires, dont l'accès est strictement réservé aux prêtres, et, là encore, éclata de rire devant les statues et les fit brûler. Elles ressemblaient, elles aussi, à celle de Vulcain dont les Cabires seraient les fils.

A en juger par tous ces actes, il est clair que Cambyse avait complètement perdu la raison. Sans quoi, il n'aurait pas passé son temps à tourner en dérision les choses les plus sacrées et les traditions. Si l'on proposait aux hommes, à titre d'expérience, de choisir, parmi toutes les coutumes du monde, celles qu'ils trouvent les mieux, chacun, après réflexion, choisirait certainement les siennes. N'est-il pas persuadé que ses propres coutumes sont nécessairement les meilleures ? Il est donc peu probable qu'un homme, à moins d'être complètement fou, se rie ainsi de tant de traditions respectables. A quel point cette conviction à l'égard de leurs coutumes est ancrée chez les hommes, il serait facile de le prouver par des milliers d'exemples. Je me contenterai d'en citer un : à l'époque où Darius était roi, il réunit un jour les Grecs de son entourage et leur demanda à quel prix ils accepteraient de manger leurs pères après leur mort. « A aucun prix, quel qu'il soit ! Jamais nous ne ferions une chose pareille ! » s'écrièrent-ils. Darius convoqua ensuite ces Indiens appelés Callaties, chez lesquels il est d'usage de manger ses parents et, en présence des Grecs (à qui un interprète traduisait les réponses), leur demanda à quel prix ils accepteraient de brûler leurs pères après leur mort. Les Indiens poussèrent les hauts cris à l'idée d'un tel sacrilège ! Tant il est vrai que les coutumes sont enracinées en chaque peuple, et que Pindare a bien raison qui dit dans un de ses poèmes : « Coutume, ô reine du monde ! »

Que la coutume soit reine du monde, nul n'en disconviendra. C'est là une phrase qui sonne comme un proverbe, extrait de cette sagesse des nations antiques que l'on retrouve sous une forme plus naïve encore chez Ésope et les fabulistes. Mais on aurait tort de sourire devant cet aphorisme d'Hérodote ; il porte en germe toute la tolérance, et aussi le besoin de comprendre, de savoir et de réfléchir qui seront, des siècles plus tard, l'a.b.c. de l'ethnologie. On trouve continuellement chez Hérodote des attitudes et des réflexions admirablement contemporaines, (même si leur formulation paraît désuète) et d'autant plus novatrices et précieuses qu'elles concernent surtout la connaissance de l'homme. Pour comprendre ce que ces réflexions — fort banales à nos yeux — pouvaient avoir en leur temps de neuf et de positif, il suffira de lire les Récits indiens *de Ctésias de Cnide pour voir l'abîme qui le sépare d'Hérodote. Mais n'anticipons pas sur une question que nous aurons à étudier plus en détail à propos de la quatrième* Enquête.

Ce dieu Apis que Cambyse maltraita sans vergogne aimait à s'incarner dans un taureau. Réceptacle de choix pour une divinité, mais qui posait un problème délicat : comment reconnaître un dieu métamorphosé en taureau d'un vulgaire bovin ? Hérodote énumère les signes précis et complexes qui permettaient de distinguer le dieu sous sa forme bovine, signes dont on s'étonne qu'ils aient pu se manifester avec une telle constance pendant des générations de taureaux Apis : un triangle blanc sur le front, un dessin d'aigle sur l'échine, et un dessin de scarabée sous la langue. Il est vrai que, dès l'instant où l'on recherchait ces signes-là plutôt que d'autres, toute tâche aux formes ambiguës pouvait, à la façon d'un test de Rorschach, être interprétée spontanément dans le sens voulu... Ce taureau Apis s'appelait Épaphos en grec. Or, Épaphos était le fils... d'Io, cette Grecque enlevée par des Phéniciens, et qui fut la cause, bien involontaire, des rapts successifs qui aboutirent à la guerre de Troie. Enceinte de Zeus, et transformée en génisse par Héra, elle s'enfuit en Égypte où elle accoucha d'Épaphos.

La folie de Cambyse n'est guère connue que par le récit d'Hérodote. Le passage des Perses en Égypte a été marqué par des dévastations et des incendies dont certains temples portent encore les traces. Mais mettre le feu à des temples ne pouvait suffire pour établir un diagnostic de folie, surtout chez un roi conquérant, pas plus d'ailleurs que le fait d'épouser ses propres sœurs. C'était là une pratique licite en Perse, du moins dans les familles royales (quoi qu'en dise Hérodote), et Cambyse ne violait aucune loi en épousant Roxane et Atossa, ses deux sœurs. Je trouverais plus inquiétant d'ouvrir les tombeaux pour contempler les morts, dès l'instant où l'on ne possède pas l'alibi de l'archéologie. Mais un seul détail dans ce domaine paraît troublant : avoir fait enterrer vivants, la tête en bas, et sans motif valable, *douze Perses appartenant à l'élite du pays. A propos de cette coutume, Hérodote écrit dans sa septième* Enquête : *« C'est une habitude perse que d'enterrer les gens vivants. Il paraît qu'Amestris, la femme de Xerxès, fit enterrer par deux fois sept Perses appartenant à l'élite du pays pour obtenir la bienveillance des dieux souterrains. » Il s'agit là (si le fait est exact, car il n'a jamais été confirmé) d'un rite propitiatoire destiné à se concilier les divinités chtoniennes. Mais Cambyse, lui, le fit sans motif valable, autrement dit : pour le plaisir. Voilà qui révèle sans doute une inquiétante propension au sadisme...*

Nous avons supprimé, avant les passages relatifs à l'Inde et à l'Arabie, l'histoire de la mort de Cambyse et de l'accession au trône de Darius. C'est une suite d'épisodes tragi-comiques où nous retrouvons tous les fils secrets constituant, aux yeux d'Hérodote, la trame de l'histoire humaine : présages, rêves prémonitoires, suicides spectaculaires, substitutions de personnages et même intrigues de harem. Nous résumerons rapidement les faits.

A la suite d'un cauchemar où il vit son frère Smerdis s'emparer du trône de Perse, Cambyse chargea Prexaspe (ce malheureux intendant dont il tua le fils d'une flèche en plein cœur) de partir pour la Perse et de tuer Smerdis (en perse, Bardiya). Prexaspe accomplit sa mission et revint en Égypte. Mais un mage, du nom de Gautama (et qui avait un frère s'appelant lui aussi Smerdis) eut vent de cet assassinat et décida d'en profiter. Il installa donc son frère sur le trône en le faisant passer pour le véritable Smerdis. Lorsque Cambyse apprit la chose, il soupçonna Prexaspe d'avoir failli à sa mission et retourna sur l'heure dans son pays. Mais il mourut en cours de route, dans une ville de Palestine, après avoir fait jurer à sept hauts dignitaires de venger cet affront et de reprendre le trône.

Les sept conjurés — parmi lesquels Darius, le futur roi — mirent le projet à exécution. La fille de l'un d'eux, qui appartenait au harem royal, fut chargée de vérifier nuitamment — une fois calmés les ébats de l'amour — que le roi Smerdis était bien un usurpateur. Rien de plus simple pour s'en assurer : il suffisait de lui tâter les oreilles. Si le roi avait des oreilles, c'était le vrai Smerdis, et s'il n'en avait pas, c'était le frère du mage Gautama auquel on avait tranché autrefois les oreilles à la suite d'un manquement au protocole. La femme exécuta sa mission, tâta nuitamment la tête de son compagnon : l'homme n'avait pas d'oreilles ! Les sept conjurés passèrent aussitôt à l'action et égorgèrent l'usurpateur.

Restait à gouverner la Perse. Quel régime politique choisir ? Les sept conjurés passèrent en revue les mérites respectifs de la démocratie, de l'oligarchie et de la monarchie (gageons qu'il s'agit plutôt là d'une idée d'Hérodote que d'un fait historique) et choisirent la monarchie. Pour désigner le nouveau roi, ils eurent recours à un procédé qui paraîtra bizarre, mais qui n'était jamais qu'une façon détournée de faire entendre aux hommes la voix (et donc l'avis) des dieux : les sept candidats au trône se posteraient sur leurs chevaux, à l'aube, à l'entrée de la ville, et celui dont le cheval hennirait le premier serait désigné comme roi ! Ce système d'élection en valait bien d'autres, à ceci près qu'il permettait trop facilement le subterfuge. Darius comprit vite que, s'il n'aidait pas la « voix des dieux » à se manifester, il ne monterait jamais sur le trône de Perse. Il chargea donc son écuyer de préparer l'affaire : celui-ci cacha la jument préférée du cheval de Darius sur le parcours suivi par le cortège, et le cheval poussa un hennissement sonore dès qu'il renifla la femelle. C'est ainsi que Darius (en perse, Darayavaush), fils d'Hystaspe (en perse Vihtaspa), monta sur le trône de Perse. Une inscription découverte dans les falaises de Béhistoun (ou Bîsutûn) confirme le récit d'Hérodote: Darius se vante d'avoir été désigné comme roi, grâce à son écuyer, et énumère les six conjurés avec lesquels il ravit le pouvoir au mage Gautama.

Quant à l'Inde et à l'Arabie, qui marquent pour Hérodote les extrémités orientales de la terre, on verra qu'il ne les connaissait guère que par ouï-dire. L'Inde se limite pour lui à la vallée de l'Indus, au Pendjab et au désert de Thur. Mais il est curieux de voir que les Égyptiens et les peuples de l'Orient méditerranéen connaissaient déjà l'existence, aux Indes, des ascètes et des yogis.

Un détail mérite une explication parce qu'il a longtemps intrigué les commentateurs: Hérodote emploie à un moment un mot signifiant fourmi, mais il est évident que ce mot désignait pour lui un autre animal. La nature zoologique de cet animal est inconnue. Il doit s'agir d'un mammifère fouisseur analogue à la marmotte ou à quelque rongeur, vivant dans des abris souterrains dont la terre, rejetée sur les bords, contenait des paillettes d'or.

Les encens d'Arabie, qu'il énumère avec force détails et dont la récolte semble tenir du prodige, étaient des produits connus et recherchés par tout l'Orient antique. Les Anciens, apparemment, accordaient une grande importance aux parfums et aux senteurs. Les dieux grecs aussi, d'ailleurs, qui se montraient fort exigeants quant à l'odeur des victimes qu'on leur offrait sur les autels. Ainsi s'achève la troisième Enquête *d'Hérodote: comme une bouffée d'arômes apportée d'Arabie par le vent du désert, ultime et odorant message des pays des extrémités de la terre.*

L'Inde et les Indiens.
La récolte de l'or dans le désert de Thur.

Nous avons dit tout à l'heure que les Indiens offraient au roi quantité de poudre d'or. Cet or, voici comment ils l'extraient. L'Inde, en direction du Levant, n'est plus que sable. De tous les peuples vivants du côté de l'Orient et du soleil, les Indiens sont les premiers et les seuls sur lesquels nous sachions quelque chose de certain. Plus à l'est, le pays n'est plus qu'un désert inhabitable. Les Indiens se partagent du reste en races très nombreuses, qui ne parlent pas la même langue, dont les unes sont nomades, les autres sédentaires. Certaines peuplades vivent dans les régions marécageuses du fleuve, se nourrissant de poissons crus qu'ils pêchent dans des barques faites d'un genre de roseaux dont chaque nœud est assez gros pour qu'on y creuse une barque. Ils portent des vêtements en jonc. Ils ramassent ce jonc le long du fleuve, le découpent et tressent ses fibres comme des nattes pour s'en faire des cuirasses.

D'autres Indiens, les Padéens*, habitent plus à l'est. Ils sont nomades et se nourrissent de viandes crues. Chez ces Padéens, quand quelqu'un tombe malade, ses concitoyens le tuent. Si le malade est un homme, ce sont des hommes, ses meilleurs amis, qui s'en chargent. Ils lui expliquent que sa maladie lui fait perdre ses forces et le rend moins appétissant. L'autre a beau nier énergiquement, affirmer qu'il se porte très bien, on ne l'écoute pas, on le tue et on s'en régale. S'il s'agit d'une femme, ce sont des femmes, ses meilleures amies, qui s'« occupent » de la malade, le reste se passant comme pour les hommes. De même, quiconque parvient à la vieillesse est solennellement immolé et servi dans un festin. Mais rares sont ceux qui parviennent à ce stade , car la plupart tombent malades avant et sont mangés.

D'autres Indiens ont des mœurs fort différentes : ils ne tuent aucune créature vivante, ne sèment rien, ne connaissent pas l'usage des maisons et se nourrissent d'herbes, en particulier d'une plante dont la graine — grosse comme un grain de millet — est entourée d'une cosse. Ils font bouillir la graine avec sa cosse et la mangent. Si l'un d'eux tombe malade, il se retire dans un lieu désert, s'étend sur le sol et nul, désormais, ne se soucie de sa maladie ni de sa mort.

La plupart des Indiens s'accouplent en public comme les bêtes. Ils ont tous la même couleur de peau, assez proche de celles des Éthiopiens. Leur sperme, au lieu d'être blanc comme c'est le cas partout, est aussi noir que leur peau (exactement comme celui des Éthiopiens). Ces Indiens habitent bien au-delà de la Perse, en direction du sud, et n'ont jamais connu la domination de Darius.

D'autres Indiens habitent près de la ville de Caspatyre* et de la Pactyquie. Ils vivent donc beaucoup plus au nord que les autres, en direction de l'Ourse. Leur genre de vie est semblable à celui des gens de Bactriane. Ils sont extrêmement belliqueux, et ce sont eux qui partent en expédition à la recherche de l'or, dans ce désert de sable dont nous avons parlé.

Dans ce désert vivent des « fourmis » géantes d'une taille intermédiaire entre le renard et le chien. On peut en voir dans la ménagerie du roi de Perse qui ont été capturées dans ces régions. Ces « fourmis » creusent le sol pour se faire un terrier en rejetant le sable à la surface, comme les « fourmis » de Grèce (auxquelles elles ressemblent beaucoup). Or ce sable est aurifère et c'est pour le recueillir que les Indiens partent dans ce désert. Chaque Indien possède un attelage de trois chameaux, deux mâles attachés sur les côtés et une femelle au centre, femelle qu'on a pris soin de choisir parmi celles qui viennent de mettre bas et qu'on a ainsi arrachée à ses petits. Ces chameaux sont aussi rapides que les chevaux, et bien plus aptes à porter de lourdes charges.

Le chameau étant un animal familier aux Grecs, je juge inutile de le décrire. Je signalerai seulement (ce que les Grecs ignorent sans doute) que chaque patte postérieure du mâle possède deux cuisses et deux genoux, et que le membre de l'animal passe entre ses deux pattes et est tourné vers la queue.

Donc, les Indiens, montés sur ces attelages, partent à la conquête de l'or, en s'arrangeant pour se trouver sur les lieux au moment des plus grandes chaleurs, quand les « fourmis » restent au frais au fond de leur terrier. La grande chaleur, dans ces régions, commence à l'aube, dès que le soleil se lève, pour durer jusqu'à l'heure où ferment les marchés, et non à midi, comme partout ailleurs. A l'aube, dans ces pays, le soleil est mille fois plus brûlant qu'à midi en Grèce, à tel point que les Indiens, dit-on, passent toutes leurs matinées plongés dans l'eau. A midi, sa chaleur est à peu près identique à celle qu'il a en Grèce et, au fur et à mesure que passe l'après-midi, elle décroît pour devenir ce qu'elle est à l'aube partout ailleurs. Plus le soleil décline, plus la chaleur tombe et, au crépuscule, il fait vraiment bon.

Une fois sur les lieux, les Indiens prennent des sacs, les emplissent de sable, et s'enfuient au plus vite, car les « fourmis », paraît-il, averties par l'odeur, se jettent à leur poursuite et, comme elles battent tous les autres animaux à la course, pas un seul Indien n'en reviendrait vivant s'ils ne prenaient un peu d'avance pendant que les « fourmis » se rassemblent. Les chameaux mâles, qui courent moins vite que les femelles, restent souvent à la traîne. On les détache alors, un par un. Mais les femelles, qui veulent rejoindre au plus vite leurs petits, filent à un train d'enfer. Telle serait la façon dont, aux dires des Perses, les Indiens récoltent leur or. Ils l'extraient aussi du sous-sol de leur pays, mais en quantité moindre.

Les limites de la Terre. L'Arabie.
Ses parfums, ses encens.

Les confins de la Terre semblent avoir été gratifiés des plus grandes richesses, tout comme la Grèce s'est vu octroyer le climat le plus tempéré. L'Inde, comme je l'ai dit plus haut, est le dernier pays habité, vers l'Orient. Les êtres vivants, oiseaux, quadrupèdes, y sont plus grands que partout ailleurs, à l'exception des chevaux d'une race appelée néséenne qui sont plus petits que les chevaux mèdes. L'or s'y trouve en quantité inépuisable. Il est en partie extrait du sol, en partie charrié par les fleuves, en partie ravi aux « fourmis », comme je l'ai raconté plus haut. Là-bas, les arbres poussent à l'état sauvage et produisent une laine qui laisse loin derrière elle — en qualité et en solidité — celle des moutons, et que les Indiens utilisent pour se faire des vêtements.

Quand on va vers le sud, l'Arabie est la dernière des terres habitées. C'est le seul pays qui produise l'encens, la myrrhe, la cannelle, le cinname et le lédanum. La récolte de tous ces produits (exception faite pour la myrrhe) donne aux Arabes un mal inouï.

L'encens est recueilli au moyen de fumigations de styrax, cette gomme que les Grecs importent de Phénicie. Les arbres qui produisent l'encens sont, en effet, gardés par de véritables nuées de serpents ailés (ceux-là mêmes qui cherchent à envahir l'Égypte à certaines époques).

Ils sont assez petits, de couleurs bigarrées, volent sans cesse autour des arbres, et seules les fumées du styrax parviennent à les en écarter.

La terre entière, disent les Arabes, serait submergée par ces serpents s'il ne leur arrivait ce qui arrive aussi aux vipères. De toute évidence, la Providence divine, dans sa sagesse et sa prévoyance, a accordé une grande fécondité aux espèces craintives et comestibles pour qu'elles puissent se perpétuer en dépit du grand nombre qui meurt dévoré. Par contre, elle a créé très peu prolifiques les espèces nuisibles et voraces. Le lièvre, par exemple, qui est la proie de toutes les créatures — hommes, fauves, rapaces — est, pour cette raison même, très prolifique : la femelle est une des seules à pouvoir concevoir, même étant pleine, si bien qu'elle peut porter en même temps des petits déjà couverts de poils, d'autres qui n'en ont pas encore, d'autres à l'état de fœtus, et d'autres enfin tout juste à l'état d'œufs. La lionne, au contraire, animal puissant et vorace, ne peut mettre bas qu'une fois dans sa vie, et un seul lionceau. En mettant bas, elle expulse à la fois matrice et lionceau, car ce dernier, qui possède des griffes beaucoup plus acérées que celles des autres animaux, déchire la matrice maternelle dès qu'il commence à s'agiter. Il achève de la lacérer au fur et à mesure qu'il grandit, si bien qu'au moment de sa naissance il ne reste pour ainsi dire plus de matrice. Si donc les vipères et ces serpents ailés d'Arabie se reproduisaient au rythme de leur fécondité naturelle, la vie deviendrait impossible à l'homme sur la terre. Mais, dès que le mâle s'unit à la femelle et s'apprête à la féconder, celle-ci saisit le mâle à la gorge, au moment où il émet son sperme, et n'en fait qu'une bouchée. Par la suite, le sort de la femelle n'est guère plus enviable : ses petits, pour venger leur père, dirait-on, la dévorent vivante en se frayant une voie à travers ses entrailles pour sortir au jour. Les serpents inoffensifs, par contre, pondent simplement des œufs d'où éclosent une multitude de petits. Si les vipères existent un peu partout sur la terre, les serpents ailés ne vivent qu'en Arabie, ce qui explique sans doute qu'ils y paraissent si nombreux.

Pour récolter la cannelle, les Arabes s'enveloppent le corps entier et le visage, à l'exception des yeux, dans des peaux de bœufs ou d'autres animaux, et partent à la recherche de la plante. Elle pousse dans des lacs peu profonds, près desquels vivent des animaux volants — des sortes de chauves-souris très agressives et qui poussent des cris effrayants. Il faut faire attention et se protéger soigneusement les yeux contre ces animaux en cueillant la cannelle.

La récolte du cinname est encore plus étonnante. Où pousse-t-il exactement, quelles contrées le produisent ? Personne n'en sait rien. Tout ce qu'on peut en dire, c'est qu'il doit vraisemblablement pousser dans le pays où fut élevé Bacchus. Du reste, il porte un nom phénicien. De grands oiseaux, dit-on, transportent les écorces de cinname sur les cimes inaccessibles où ils construisent leurs nids, et les mélangent à l'argile pour la confection de ces nids. Pour parvenir à récolter le cinname, les Arabes découpent des quartiers aussi gros que possible de bœufs, d'ânes ou d'autres animaux, les transportent et les déposent à proximité des nids. Puis ils courent se cacher. Les oiseaux se précipitent sur ces viandes, les emportent jusqu'à leurs aires qui, trop fragiles pour supporter de tels poids, se brisent et dégringolent par morceaux. Les Arabes accourent alors pour recueillir le cinname qu'ils expédient ensuite en divers pays.

Le lédanum (que les Arabes appellent ladanum) a une provenance encore plus singulière. On récolte en effet ce merveilleux parfum au sein de la pire puanteur, très exactement dans la barbe des boucs à laquelle il s'accroche, comme de la glu, quand ces animaux traversent les broussailles. Il sert à la préparation de quantité de parfums, et il est, de loin, le plus répandu en Arabie.

Il s'exhale de toute l'Arabie une odeur délicieuse et merveilleuse. Les Arabes ont deux espèces de moutons très étonnantes, qui n'existent nulle part ailleurs. L'une de ces espèces possède une queue d'au moins trois coudées, si longue qu'à force de traîner par terre elle finirait par s'infecter si le premier berger venu ne leur fabriquait pas de petits chariots de bois pour les soutenir. Les moutons traînent tous avec eux ces petits chariots. La deuxième espèce a une queue très large, d'au moins une coudée.

Vers le couchant, la dernière des terres habitées est l'Éthiopie. Elle renferme beaucoup d'or, des éléphants énormes, quantité d'arbres sauvages, de l'ébène, des hommes très grands et très beaux qui vivent très longtemps. Telles sont les limites extrêmes de l'Asie et de la Libye.

Quant aux limites de l'Europe, vers le couchant, je ne sais rien à leur sujet de très précis. Je ne crois pas une seconde à l'existence de ce fleuve Éridan*, comme l'appellent les barbares, qui se jetterait dans la mer du Septentrion et d'où viendrait l'ambre. J'ignore tout également de ces îles Cassitérides* d'où nous viendrait l'étain. D'abord ce nom d'Éridan est de toute évidence un nom grec et non un vocable barbare ; il a été inventé sans doute par quelque poète. Quant aux îles Cassitérides, j'ai eu beau me renseigner de tous côtés, je n'ai rencontré personne qui ait vu de ses yeux cette mer qui existerait aux confins de l'Europe. Mais c'est un fait que l'ambre et l'étain nous viennent du bout du monde.

C'est vers le nord de l'Europe, quand on marche en direction de l'Ourse, que se trouvent les principaux gisements d'or. Mais d'où provient exactement cet or ? Je ne saurais le préciser avec certitude. Il paraît que des hommes qui n'ont qu'un œil — les Arimaspes* — le ravissent aux griffons, mais je ne peux croire qu'il existe des hommes n'ayant qu'un œil et qui, à part cela, seraient des hommes comme les autres. En tout cas, il est certain que les extrémités de la terre, qui forment comme une immense ceinture autour du monde, regorgent de toutes les choses que nous estimons ici les plus rares et les plus belles.

Il existe en Asie une plaine enfermée de tous côtés par des montagnes et qui communique avec l'extérieur par cinq cols. Cette plaine appartenait autrefois aux Chorasmiens. Elles est située aux limites de leur pays et de ceux des Hycarniens, des Parthes, des Sarangiens et des Thamaniens. Mais aujourd'hui que cette région est sous la domination perse, cette plaine appartient au roi. Un grand fleuve, l'Akis*, coule de cette chaîne montagneuse. Il se partageait autrefois en cinq bras qui passaient chacun par une brèche et arrosaient les pays cités plus haut. Malheureusement, le roi des Perses ferma chaque brèche par une écluse, et les eaux, faute d'issue, refluèrent dans cette plaine qui devint une vaste mer. Les peuples qui, par le passé, profitaient de l'eau du fleuve, se trouvent maintenant acculés à la pire détresse. L'hiver, évidemment, la divinité leur envoie des pluies comme partout ailleurs, mais l'été, le manque d'eau se fait cruellement sentir au moment des semailles du millet et du sésame. Aussi se voient-ils réduits à partir en Perse, avec leurs femmes, à se poster devant les portes du palais royal et à gémir tant et plus. Le roi fait alors ouvrir les écluses qui commandent les régions les plus éprouvées puis, quand elles sont saturées d'eau, fait ouvrir les autres, selon l'ordre des urgences. Mais, m'a-t-on dit, et je suis très porté à le croire, le roi ne rouvre ses écluses que moyennant de fortes sommes qui fournissent à son trésor des ressources inopinées. Ce qui est sûrement la vérité.

Quatrième Enquête

SCYTHIE, LIBYE

Itinéraire de Darius selon Hérodote
Principales nécropoles scythes des régions occidentales
SCYTHIE
IYRQUES
ISSÉDONES
Volga (Oaros)
Don (Tanais)
SCYTHES ROYAUX
THYSSAGÈTES
Dnieper (Borysthène)
MELANCHLÈNES
BOUDINES
Donetz (Hyrsis)
Dniester (Tyras)
Boug (Hypanis)
ALAZONES
Alexandropol
NEURES
Campement de Darius
Région des forêts
Chertomlyck
Nicopol
SAUROMATES
AGATHYRSES
Olbia
MER D'AZOV
Panticapé
CIMMÉRIE
Néapolis
TAURIDE
Cimmeric
MER CASPIENNE
Kostremskaya
Kelermès
Tsarskaya
CAUCASE
Danube (Ister)
CRESTONIENS
GÈTES
MER NOIRE
Rion (Phase)
COLCHIDE
TRAUSES
Les Sources
THRACE
Apollonie
Salmydesse
Bosphore
Sinope
Byzance
Hellespont
Propontide
Cyzique
PONT
MER ÉGÉE
PHRYGIE
Kizil-Irmak (Halys)
CAPPADOCE
ASIE
Suse

La quatrième Enquête *d'Hérodote, consacrée aux coutumes des Scythes et des Libyens, est sans doute l'un des textes les plus fascinants et les plus remarquables de l'Antiquité. Elle va au-delà de la simple description ethnographique, puisqu'elle est aussi une histoire des campagnes militaires de Darius qui eurent lieu entre 514 et 512 avant J.-C. et au-delà des contes et récits merveilleux des autres logographes ou géographes antiques, puisque le monde qu'elle relate, aussi fantastique qu'il paraisse, est un monde réel. Mis en doute par des générations d'historiens pour la seule raison qu'ils semblaient par trop incroyables, les faits décrits par Hérodote ont été confirmés depuis un demi-siècle par les fouilles entreprises dans les tumuli de Crimée, du Kouban et de l'Altaï. A mesure qu'ils exhumaient de leurs fosses gelées les corps des rois scythes, de leurs femmes, de leurs serviteurs et les cadavres soigneusement alignés de leurs chevaux, les archéologues russes purent vérifier mot après mot, objet après objet, les descriptions données par Hérodote. Dans ces steppes battues par le vent, où rien ne résistait à l'assaut des tempêtes, il fallait creuser des fosses profondes pour que les morts soient à l'abri des vivants et des intempéries. D'où ces multiples tumuli qui parsèment encore les plaines du Kouban et les plateaux de l'Altaï, et où reposent les principaux chefs scythes. Aucune découverte — si ce n'est celle de Schliemann à Mycènes, quand il exhuma dans l'enceinte de l'acropole les tombes, les corps et les masques d'or des rois mycéniens — n'a jamais confirmé avec une telle exactitude ce qu'on croyait être de simples légendes du passé. Mais les rois scythes n'ayant jamais eu la renommée de ceux de Mycènes, ces découvertes demeurèrent dans l'ombre. Elles permirent pourtant de connaître et d'approfondir l'une des plus curieuses civilisations de l'histoire, l'une des plus insaisissables aussi, puisque les Scythes, peuple nomade, n'ont guère laissé de traces en ce bas monde. Seuls les morts avaient droit à quelque sollicitude, et seules les tombes prétendaient à quelque pérennité. Le reste — j'entends par là les cadres de la vie quotidienne, les maisons, les tentes, les lieux de culte ou de marché — ne semble guère avoir préoccupé les Scythes. Vivant à l'air libre, à l'état nomade ou semi-sédentaire, aussi légers que l'herbe sur la terre, ils n'ont pas laissé de vestiges durables, sauf en de très rares endroits, ce qui rend d'autant plus précieux les témoignages d'Hérodote.*

*Ces témoignages concernent surtout la vie guerrière et religieuse : chasser, tuer, décapiter et scalper l'ennemi semble être le souci majeur des Scythes. Mais Hérodote se garde bien de juger et de condamner ce monde de violence et de mort, si déconcertant pour un esprit grec. Aux yeux d'un homme comme lui, homme des cités, des dieux enracinés dans le sol qui les a vus naître, citoyen épris de lois, de constitutions, de démocratie, le Scythe est l'anti-Grec par excellence. Il est nomade et non sédentaire, habitant de steppes sans limites et non de cités closes, épris de valeurs et de titres de gloire synonymes pour les Grecs de folie, d'*hybris*, de démesure. Rien en lui n'obéit à la raison, rien ne compose ces principes d'harmonie, d'équilibre et d'égalité auxquels les Grecs étaient si sensibles. Ainsi saisis par Hérodote dans leur singularité provocante, ils durent très certainement représenter pour son public — et surtout pour les Athéniens — une énigme vivante et insoluble, une immense anti-Grèce jouxtant les frontières mal assurées de l'hellénisme. Pourtant, force est de constater qu'Hérodote ne se départit pas, tout au long de cette enquête scythe, de son impartialité habituelle. Beaucoup de descriptions, de constats, de narrations tour à tour épiques et lyriques mais peu de jugements, encore moins de condamnations. Et cependant, il devait être difficile, pour un homme grec — fût-il double par sa naissance et sa culture — d'affronter sans frémir cette Négation vivante de la Grèce, ce presque Sacrilège parcourant à cheval les steppes infinies, les étendues d'herbes traîtresses. Mais c'est ainsi précisément que la Grèce s'est définie, surtout par Hérodote et à travers son œuvre et son regard : comme un foyer qui pense et accepte les autres, le seul à l'avoir fait en son temps et le seul à nous l'avoir transmis. Car connaît-on des textes iraniens ou scythes sur les Grecs ?*

Darius part en guerre contre les Scythes. Origine des Scythes. Des météores miraculeux. Hercule et la femme-serpent. La Cimmérie.

Après la prise de Babylone, Darius décida de s'attaquer aux Scythes. L'Asie, en ce temps-là, était un pays de cocagne, une terre florissante qui regorgeait de richesses. Darius avait du reste un excellent prétexte pour envahir les Scythes qui avaient eux-mêmes occupé la Perse autrefois, massacré tout le monde, et donné les premiers l'exemple des violences.

Les Scythes avaient en effet régné vingt-huit ans sur la haute Asie, envahi tout le pays en poursuivant les Cimmériens, et réduit à néant la puissance des Mèdes, premiers occupants du pays. Quand ils revinrent, vingt-huit ans plus tard, ils eurent la désagréable surprise de trouver en face d'eux, dans leur propre pays, une armée qui leur barrait la route. Leurs vraies épreuves ne faisaient que commencer : en l'absence de leurs maris, les femmes scythes avaient couché avec leurs esclaves !

Les Scythes crèvent les yeux à tous les esclaves qui travaillent dans les laiteries. Le lait de jument est pratiquement la seule boisson des Scythes et, pour en faciliter la traite, les esclaves se servent de tubes en os qui ressemblent à des flûtes ; ils les introduisent dans le vagin de la jument et soufflent dedans : l'air insufflé fait gonfler les veines de la bête et oblige le lait à descendre dans les mamelles. Une fois le lait tiré et versé dans de grands récipients, les esclaves le barattent et recueillent la crème qui se forme sur le dessus, le mets préféré des Scythes. Les Scythes qui ne sont pas paysans, mais nomades pour la plupart, aveuglent les esclaves ou les prisonniers qu'ils emploient à ce genre de travail.

Les femmes scythes couchèrent donc avec ces esclaves, et il naquit une nouvelle génération. En grandissant, elle apprit ses origines et elle se dressa contre les Scythes à leur retour de Médie. Ces jeunes gens commencèrent par creuser un immense fossé depuis les monts de Tauride jusqu'au lac Maiotis*, à l'endroit de sa plus grande largeur, pour isoler le pays, et attendirent les Scythes de pied ferme. Ces derniers essayèrent de franchir le fossé et le combat s'engagea. Après plusieurs rencontres sans résultat, l'un des Scythes s'écria tout à coup : « Écoutez-moi, camarades ! Il faut que nous soyons devenus fous pour perdre du temps à combattre nos propres esclaves ! D'abord, nous y laissons des nôtres, puis, si nous les tuons tous, où trouverons-nous ensuite des domestiques ? Croyez-moi, abandonnons les arcs et les lances et prenons des fouets. Tant qu'ils nous verront combattre avec les mêmes armes, ils se croiront nos égaux. Mais s'ils nous voient marcher contre eux le fouet à la main, leur instinct d'esclaves se réveillera et l'affaire sera réglée en un clin d'œil ! » Aussitôt dit, aussitôt fait. Les esclaves, pris au dépourvu par cette astuce, s'enfuirent sans demander leur reste. Voilà comment les Scythes, après vingt-huit ans d'absence, finirent par rentrer chez eux. C'est précisément pour punir leur audace que Darius rassembla contre eux son armée.

A en croire les Scythes, leur race serait la plus récente de toutes. Leur pays, autrefois, était entièrement désert, mais un beau jour un homme y naquit, un homme qui s'appelait Targitaos*. Ce Targitaos aurait été le fils de Jupiter et d'une fille du fleuve Borysthène*, du moins le disent-ils, mais je n'en crois rien. Il aurait eu trois fils : Lipoxaïs, Arpoxaïs et Colaxaïs. Un jour, une charrue avec son joug, une hache, une coupe et des objets en or tombèrent sur le sol de Scythie. L'aîné les vit tomber le premier et voulut les ramasser, mais, dès qu'il s'en approcha, l'or devint brûlant. Le cadet essaya à son tour, même résultat. Seul le plus jeune put les toucher et les emporter chez lui. Les deux autres tombèrent alors d'accord pour lui laisser la royauté. Les descendants de Lipoxaïs seraient tous les Scythes appelés aujourd'hui Auchates, ceux d'Arpoxaïs, les Scythes Catiales et Traspies, ceux du plus jeune, les Scythes Paralates. En réalité, tous ces peuples sont des Scolotes (le nom de Scythe étant une invention grecque). Ainsi naquirent les Scythes, du moins d'après eux. Mille ans tout au plus se seraient écoulés depuis la naissance de ce Targitaos jusqu'à l'arrivée de Darius. Cet or sacré tombé du ciel est aujourd'hui jalousement gardé par les rois scythes qui lui offrent tous les ans de grands sacrifices. Si celui qui a la garde de cet or s'endort en plein air pendant la cérémonie, il est sûr de ne pas passer l'année. Aussi lui donne-t-on, en compensation, toutes les terres qu'il peut parcourir en une journée à cheval. Comme le pays est immense, Colaxaïs le partagea en trois royaumes pour ses fils.

Quand on avance vers le nord, au-delà des dernières terres habitées, il arrive un moment où l'on ne peut plus continuer ni rien distinguer devant soi, à cause d'innombrables duvets qui tombent du ciel, recouvrent le sol et bouchent tout l'horizon.

Ceci pour la version scythe. Mais les Grecs du Pont-Euxin présentent les choses différemment. Hercule, à force de pousser devant lui les troupeaux de Géryon, serait arrivé dans le pays, alors désert, où vivent aujourd'hui les Scythes. Géryon habitait très loin du Pont-Euxin, dans une île que les Grecs appellent île Érythrée*, au-delà des Colonnes d'Hercule, près de la ville de Gadeira*. Cette ville se trouve sur le bord de l'océan. Cet océan, je le rappelle, prend naissance vers le Levant et entoure toute la terre, du moins selon quelques Grecs qui n'en ont du reste jamais fourni la preuve. Hercule partit donc vers ces pays du Levant et arriva dans l'actuelle Scythie. Surpris par le froid glacial qui y régnait, il s'enroula dans sa peau de lion et s'endormit. Pendant ce temps, ses juments qu'il avait dételées et qui paissaient tranquillement disparurent pendant son sommeil, à la suite de quelque stratagème divin. A son réveil, Hercule ne les vit plus et partit à leur recherche. A force de marcher çà et là, il arriva dans la région dite « région des Forêts » où il rencontra, dans une grotte, une créature des plus bizarres, mi-femme, mi-serpent. Elle était femme de la tête jusqu'au bassin et serpent au-delà. Il la regarda un bon moment, ahuri : « Vous n'auriez pas vu mes juments ? finit-il par lui demander. — Si, c'est justement moi qui les ai, répondit-elle, mais je ne les rendrai que si tu couches avec moi. » Hercule dut s'exécuter. Il n'avait qu'une hâte : retrouver ses bêtes et filer au plus vite. Mais l'autre, après l'amour, faisait traîner les choses en longueur pour profiter du héros le plus longtemps possible. Elle se décida finalement à les lui rendre en lui disant : « J'ai gardé tes juments, et toi, tu m'en as dignement récompensée, car j'ai conçu trois enfants. Avant de t'en aller, dis-moi seulement ce que je dois en faire quand ils seront grands. Les installer dans ce pays qui m'appartient, ou te les envoyer ? — Quand tes fils seront devenus des hommes, répondit Hercule, suis mes instructions et tu n'auras pas à le regretter : donne sans crainte ton royaume à celui qui tendra cet arc ainsi et mettra son ceinturon comme moi. Les autres, renvoie-les. Si tu m'écoutes, tu seras la première à t'en féliciter. » Il banda un des deux arcs qu'il avait toujours sur lui, montra comment il fallait mettre le ceinturon, et remit à la femme les deux objets ; la boucle du dernier avait la forme d'une coupe. Les enfants naquirent, grandirent, et leur mère les baptisa : Agathyrse, Gélon et Scythès. Quand ils eurent l'âge d'homme, elle leur fit subir l'épreuve ; seul Scythès la subit victorieusement. Les autres furent chassés du pays. C'est de ce fils d'Hercule que descendraient tous les Scythes actuels, et c'est en souvenir de la boucle de ceinturon que tous les hommes portent aujourd'hui une coupe à leur ceinture. On dit aussi que la mère s'arrangea pour que ce soit Scythès qui gagne. Telle est la version grecque.

Il existe une troisième version qui me paraît la plus vraisemblable. Les Scythes nomades habitaient autrefois en Asie. Sous la pression des Massagètes qui les malmenaient, ils durent franchir l'Araxe et passer en Cimmérie*. Devant cette invasion, les Cimmériens tinrent conseil et se partagèrent en deux camps : le peuple était d'avis d'abandonner le pays, pensant ne jamais pouvoir résister aux hordes scythes ; les princes, eux, étaient partisans de lutter jusqu'au bout pour la défense de la Cimmérie. Chacun restant farouchement sur ses positions, le peuple décida purement et simplement d'abandonner la Cimmérie aux envahisseurs. Mais les princes, à la seule pensée de la vie heureuse qu'ils avaient menée et des catastrophes qui les attendaient à l'étranger, préférèrent mourir sur place. Une guerre civile éclata, au cours de laquelle tous ceux qui tombèrent furent enterrés par le peuple sur les rives du fleuve Tyras* ; les tombes y sont toujours visibles. Après quoi, tous les survivants s'exilèrent. Quand ils arrivèrent, les Scythes trouvèrent devant eux un désert.

De nos jours, il existe encore en Scythie des murs cimmériens, un détroit cimmérien, un Bosphore cimmérien, et même une contrée qu'on appelle encore la Cimmérie. Les Cimmériens s'enfuirent en Asie devant les hordes scythes, et il semble qu'ils aient colonisé la presqu'île où se trouve l'actuelle ville de Sinope. Les Scythes les poursuivirent, mais ils durent s'égarer en cours de route, laisser le Caucase à leur droite et obliquer vers la Médie. Cette version concorde du reste avec celle des Grecs et des Barbares.

Aristée, fils de Caïotrobe, raconte, par ailleurs, dans un poème épique, qu'un jour le dieu Apollon le fit tomber en transe et l'emmena chez les Issédones : « Au-delà habitaient des hommes qui n'ont qu'un œil, les Arimaspes, puis les Griffons, gardiens de l'or sacré, et au-delà les Hyperboréens* dont le pays s'étend jusqu'à la mer. » Tous ces peuples, sauf les Hyperboréens, passaient leur temps à se quereller. Les Arimaspes chassèrent les Issédones qui chassèrent les Scythes qui, à leur tour, chassèrent les Cimmériens sur les rivages de la mer du Sud en envahissant leur pays. Cette version ne s'accorde guère, il faut le reconnaître, avec celle des Scythes.

J'ai recueilli sur cet Aristée pas mal de renseignements à Proconnèse et à Cyzique. C'était un homme de haute naissance. Un jour, en entrant dans la boutique d'un tisserand (l'histoire se passe à Proconnèse), il y mourut subitement. Le tisserand ferma son atelier et alla prévenir la famille du mort. Le bruit de son décès avait fait le tour de la ville, et les parents d'Aristée se tenaient déjà devant la porte du tisserand avec leurs vêtements de deuil, quand un homme qui arrivait d'Artagne affirma qu'il venait de rencontrer Aristée sur la route de Cyzique et qu'ils avaient bavardé un bon moment ensemble. Comme il insistait et n'en démordait pas, on finit par ouvrir la porte : Aristée avait disparu. Pas le moindre Aristée, mort ou vif.

Il réapparut sept ans plus tard à Proconnèse pour y composer son poème sur les Arimaspes et redisparaître aussitôt après. Je sais aussi que deux cent quarante jours après cette deuxième disparition (d'après les dates fournies à Proconnèse et à Cyzique), les habitants de Métaponte, en Italie, le virent apparaître, leur ordonner de construire un autel à Apollon et de dresser, tout près, une statue d'Aristée. « Votre pays, ajouta-t-il, est le seul endroit d'Italie où Apollon ait jamais mis les pieds. J'étais moi-même du voyage, avec le dieu. Je l'accompagnais sous la forme d'un corbeau. » Et il disparut. Les gens de Métaponte préférèrent consulter l'oracle de Delphes pour savoir à quoi s'en tenir. « Obéissez-lui, dit la Pythie. Vous ne vous en porterez que mieux. » Et ils dressèrent une statue d'Aristée. Elle y est toujours, du reste. sur la place du marché, entourée de lauriers. Mais ceci est une autre affaire.

Les peuples de l'est et du nord de la Scythie. Le froid en Scythie. Les limites septentrionales de la Terre. Le mystérieux pays d'Hyperborée.

Au nord du pays que j'ai l'intention de décrire, personne ne sait au juste ce qu'il y a. Personne n'a jamais rapporté sur ces régions de renseignements précis. Aristée lui-même (ce poète que je viens de mentionner) avoue n'avoir jamais dépassé le pays des Issédones. Les territoires situés au-delà, il ne les décrit que par ouï-dire, d'après les renseignements fournis par les Issédones. J'indiquerai tout de même tout ce que j'ai recueilli sur ces régions, limites extrêmes où ont pu s'étendre mes enquêtes.

A partir du port des Borysthénéites (on appelle ainsi les peuples riverains du fleuve Borysthène), le premier peuple qu'on rencontre est celui des Callipides, de race gréco-scythe. Plus au nord vivent les Alazones*. Ces deux peuples ont les mêmes coutumes que les Scythes, quoiqu'ils soient plutôt cultivateurs et se nourrissent de blé, d'oignons, d'ail, de fèves et de millet. Au nord des Alazones sont établis des Scythes laboureurs qui cultivent eux aussi le blé, mais uniquement pour le vendre. Au-dessus habitent les Neures* et, au-delà des Neures, s'étend, selon toute vraisemblance, un désert inhabité. Tous ces peuples vivent le long du fleuve Hypanis*, à l'ouest du Borysthène.

Si l'on franchit le Borysthène, on rencontre d'abord la région d'Hylia, dite « des Forêts », puis des Scythes cultivateurs, les Borysthénéites (ou Olbiopolites, comme ils se nomment eux-mêmes). Ces Scythes occupent un territoire qui couvre, vers l'est, une distance de trois journées de marche (jusqu'au fleuve Panticapé*) et vers le nord onze jours de navigation en remontant le Borysthène. Au-delà, c'est un immense désert après lequel on rencontre les Androphages*, un peuple qui n'est pas de race scythe. Au-delà des Androphages, le désert s'étend à perte de vue.

A l'est des Scythes cultivateurs, après le fleuve Panticapé, on arrive dans le pays des Scythes nomades qui ne cultivent ni ne sèment rien. A l'exception de la région « des Forêts », ce pays ne possède aucun arbre. Le territoire des nomades couvre quatorze journées de marche vers l'est jusqu'au fleuve Gerros.

Au-delà du Gerros commence le pays des Scythes royaux. Ces Scythes sont de loin les plus courageux et les plus nombreux. Ils considèrent d'ailleurs les autres Scythes comme leurs sujets. Leur pays s'étend au sud jusqu'à la Tauride*, à l'est jusqu'au fossé creusé autrefois par les fils des Aveugles et jusqu'au port de Cremni sur le lac Maiotis. Une partie de leur territoire s'étend jusqu'au fleuve Tanaïs*. Au nord des Scythes royaux habitent les Mélanchlènes* et, au nord de ces derniers, s'étendent des marécages et des déserts inhabitables.

La Scythie proprement dite s'arrête au Tanaïs. Au-delà de ce fleuve, on rencontre d'abord les Sauromates* qui occupent toute la région au nord du lac Maiotis sur une distance de quinze jours de marche, région dénudée, sans un seul arbre. Plus loin vivent les Boudines* qui occupent au contraire une région très boisée. Au nord des Boudines, on rencontre d'abord un désert de sept jours de marche, puis, en obliquant légèrement vers l'est, on arrive chez les Thyssagètes, peuple très nombreux vivant exclusivement de la chasse. Après eux viennent les Iyrques* qui sont, eux aussi, de remarquables chasseurs. Leur méthode consiste à grimper en haut d'un arbre (tout le pays est très boisé) en laissant leur cheval au pied (couché sur le ventre pour être moins visible) et à guetter. Dès qu'ils aperçoivent le gibier, ils le criblent de flèches, sautent sur leur cheval et filent à sa poursuite. Un peu plus à l'est vivent d'autres Scythes qui se sont séparés des Scythes royaux et établis dans cette région.

Jusqu'à ces derniers Scythes, tout le pays décrit forme une plaine au sol très riche mais qui, au-delà, devient rocailleux. Une fois franchie cette région rocailleuse, on rencontre d'immenses montagnes au pied desquelles habite un peuple où hommes et femmes sont chauves de naissance. Ils ont le nez épaté, le menton proéminent et un langage à eux. Ils s'habillent comme les Scythes et se nourrissent surtout de fruits. L'arbre où ils les cueillent s'appelle *pontier*. Il a la taille d'un figuier avec des fruits à noyau, de la grosseur d'une fève. Dès que le fruit est mûr, on le presse dans des linges, et on en recueille un jus sirupeux et noir (*l'aschi*) qu'on mange tel quel ou mélangé à du lait. Le résidu forme une sorte de pâte visqueuse qui sert à fabriquer des galettes. Ces peuples pratiquent très peu l'élevage, leur sol étant très pauvre. Ils vivent sous les arbres qu'ils entourent l'hiver de couvertures en laine blanche pour s'abriter, et dorment l'été à la belle étoile. Ce peuple passe pour sacré, et personne n'oserait jamais l'attaquer. Ils n'ont d'ailleurs aucune arme. Ils arbitrent volontiers les querelles de leurs voisins et accordent refuge et protection à quiconque se réfugie chez eux. On les appelle les Argyppéens*.

Jusqu'à ces Argyppéens et en deçà, le pays est donc à peu près connu. Beaucoup de Scythes se rendent dans ces régions, ainsi que des Grecs habitant les rives du Pont-Euxin et du Borysthène, et il est facile de les interroger. Mais il faut se faire accompagner de sept interprètes, car on y parle sept langues différentes. Jusqu'aux Argyppéens, donc, tout va bien. Mais au-delà, nul ne sait ce qu'il y a au juste, car d'immenses et infranchissables montagnes barrent l'horizon. Les Argyppéens affirment que des hommes aux pieds de chèvre habitent ces montagnes, et qu'au-delà vivent des peuples qui dorment six mois par an, mais j'ai quelque peine à le croire. Tout ce qu'on sait de sûr, c'est qu'à l'est des Argyppéens habitent les Issédones. Ce qu'il y a au nord de ces deux peuples, personne n'en a jamais rien su.

Quand un Issédone a perdu son père, toute la famille amène du bétail, le sacrifie, le dépèce, et dépèce par la même occasion le cadavre du père, qu'on ajoute aux autres viandes. Après quoi, on festoie. La tête du mort est mise à part, rasée, nettoyée, plaquée de feuilles d'or et honorée, au même titre que n'importe quelle statue divine, par de grands sacrifices célébrés chaque année. C'est là un honneur que tout Issédone se doit de rendre à son père, de même que chez nous on célèbre l'anniversaire des morts. La justice règne chez eux comme chez les Argyppéens, et les femmes y ont les mêmes droits que les hommes.

Les Issédones nous sont donc connus. Mais, au-delà, nous ne savons rien. On dit que, vers l'extrême nord, il existe des hommes qui n'ont qu'un œil, et des Griffons gardiens de l'or, ce que les Scythes m'avaient déjà dit et qu'ils tenaient précisément des Issédones. On appelle ces hommes à un œil, les Arimaspes (du scythe *arima* : un et *spon* : œil).

Dans tous ces pays règne, huit mois par an, un hiver très dur. Le froid est tel que, si l'on jette de l'eau par terre, elle gèle instantanément. Toute la mer et le Bosphore cimmérien sont pris par les glaces, si bien que les Scythes établis en deçà du fossé dont nous avons parlé traversent le détroit sur la glace, avec toute leur armée, quand ils partent en campagne contre les Sindes. L'hiver dure pratiquement huit mois, et les quatre autres mois, on ne peut pas dire qu'il fasse chaud. L'hiver, en Scythie, est assez particulier : il n'y tombe pas une seule goutte d'eau, alors que d'ordinaire cette saison est plutôt celle des pluies. Par contre, l'été, c'est un vrai déluge. Leurs orages, eux aussi, sont à contretemps de ceux des autres pays. Ils n'éclatent qu'en été. Lorsqu'il en éclate un en plein hiver, tout le monde crie au prodige ! Quant aux tremblements de terre, ils passent pour surnaturels de toute façon, hiver comme été. Les chevaux scythes résistent assez bien au froid, mais les ânes et les mulets le supportent très mal, alors que, partout ailleurs, c'est l'inverse.

A mon avis, c'est sûrement à cause du froid que les bœufs de Scythie n'ont pour ainsi dire pas de cornes. Je n'en veux pour preuve que ces vers d'Homère, dans *l'Odyssée* :

Libye, où les agneaux portent très tôt des cornes...

ce qui prouve que, dans les pays chauds, les animaux ont leurs cornes de bonne heure et que, dans les climats froids, ils n'en ont pratiquement pas.

Quant à ces duvets qui obscurcissent littéralement l'air en Scythie, qui empêchent d'avancer et bouchent tout l'horizon, en voici la cause : au nord de ce pays, il neige sans arrêt, avec quelques interruptions pendant l'été. Quiconque a jamais vu de la neige tomber dru reconnaîtra que ces flocons ressemblent à s'y méprendre à des duvets. Quand les Scythes parlent de duvets, ce n'est donc, pour eux, qu'une façon imagée de désigner la neige.

Ni les Scythes ni personne d'autre ne m'a jamais parlé des Hyperboréens, sauf peut-être les Issédones, et encore ! Si les Issédones savaient quelque chose, les Scythes le sauraient aussi. Seul Hésiode a mentionné ce peuple, et Homère, dans ses *Épigones*, si ce poème est bien de lui.

Finalement, ce sont les gens de Délos qui possèdent les meilleurs renseignements sur ce peuple : les Hyperboréens apportaient chaque année chez les Scythes des offrandes enveloppées dans de la paille. De Scythie, ces offrandes passaient chez tous les peuples voisins échelonnés vers le couchant jusqu'à l'Adriatique. De là elles partaient vers le midi, pour arriver à Dodone d'où elles descendaient jusqu'au golfe Maliaque, en Eubée. Elles traversaient l'île jusqu'au port de Carystos, d'où elles s'embarquaient pour Délos. La première fois, les Hyperboréens envoyèrent deux jeunes filles, Hypéroché et Laodicé, pour les accompagner avec une escorte de cinq Hyperboréens ; on les appelle aujourd'hui encore : les Porteurs. Mais cette délégation ne revint jamais. Pour ne pas perdre à chaque fois leur délégation, les Hyperboréens se contentèrent par la suite de déposer leurs offrandes à la frontière la plus proche, et de prier gentiment leurs voisins de les acheminer à la frontière suivante. Chaque année, elles parvenaient à Délos selon l'itinéraire indiqué plus haut. Je sais, d'autre part, qu'en Thrace et en Péonie les femmes enveloppent toujours de paille les offrandes qu'elles font à Diane.

En l'honneur des deux Hyperboréennes qui moururent à Délos, les jeunes gens de l'île portent les cheveux courts. Les jeunes filles de Délos, avant de se marier, coupent leurs cheveux, les enroulent autour d'un fuseau et les déposent sur la tombe des Deux Vierges, à gauche en entrant dans le sanctuaire de Diane, au pied d'un olivier. Selon une autre tradition, deux autres Hyperboréennes, Argé et Opis, seraient venues à Délos avant les Vierges pour apporter des offrandes à la patronne des accouchements, la déesse Ilythie. Les femmes de Délos les célèbrent aujourd'hui encore par des collectes et des hymnes où figurent leurs noms : ces hymnes furent composés par Olin, un poète de Lycie. Après les hymnes et la quête, on fait des sacrifices et on répand la cendre des victimes sur les tombes d'Opis et d'Argé qui sont derrière le temple de Diane, face au Levant, près de la salle des fêtes des gens de Céos. Mais j'en ai assez dit sur les Hyperboréens. Mieux vaut passer sous silence cette stupide histoire d'Abaris, ce soi-disant Hyperboréen qui fit le tour du monde, sans manger, à cheval sur sa flèche magique.

La civilisation des Scythes n'est guère connue que depuis une cinquantaine d'années, et les récits d'Hérodote et ceux de quelques auteurs romains furent longtemps les seuls témoignages existant sur ces peuples nomades dont l'habitat s'étendait des monts de l'Altaï jusqu'au Dniepr. Mais ces témoignages parurent si incroyables qu'on ne leur prêta guère d'attention. Nous verrons plus loin les détails de ces coutumes et de ces rites qui ont tant surpris et horrifié les historiens des temps classiques. Le problème aujourd'hui n'est plus de savoir s'ils sont exacts ou non, puisqu'ils ont été confirmés par les fouilles archéologiques, mais de déterminer l'origine et l'habitat précis des peuples groupés sous le nom général de Scythes. Des trois versions mentionnées par Hérodote, la plus vraisemblable, historiquement, est la troisième. Les Scythes n'étaient ni des autochtones ni des descendants d'Héraclès, mais probablement la branche iranienne de groupes indo-européens issus d'Asie occidentale. La présence de certains éléments mongoloïdes parmi les Scythes d'Asie ne prouve nullement, comme le pensent certains, une origine purement mongole des Scythes, mais plutôt un mélange entre éléments nomades et sédentaires. Les recherches les plus récentes des historiens russes, particulièrement Rudenko et Kiselev, entreprises sur les corps momifiés des nécropoles altaïques de Pazirik, confirment l'hypothèse d'une origine indo-européenne avec, d'un côté une branche iranienne cantonnée en Russie du Sud, et d'un autre un sous-groupe altaïque mêlé d'éléments mongoloïdes. La preuve en est que ces Scythes royaux, décrits plus loin par Hérodote (peuple semi-sédentaire établi autour de la mer d'Azov), parlaient une langue très proche de l'iranien. Les quelques mots scythes indiqués par Hérodote appartiennent tous au groupe iranien, comme l'a montré E. Benvéniste. Il faut préciser que certains archéologues russes penchent cependant pour une autre hypothèse : l'origine ouest-sibérienne des Scythes. Dans ce cas, on s'expli-

querait assez bien l'apparition des Scythes dans le Caucase en venant du nord-ouest. La version d'Hérodote recouperait alors les renseignements perses et chinois. Ces derniers parlent notamment de la grande invasion des Hiung-Nu, aux environs de l'an 800 avant J.-C., devant lesquels auraient fui les Massagètes, puis les Cimmériens devant les Massagètes. En tout cas, les documents perses et assyriens concordent pour prouver que les premiers groupes scythes s'installent dans la Russie du Sud vers le début du VIIIe *siècle avant J.-C. Mais ici, une remarque s'impose: Hérodote groupe sous le nom de Scythes des peuples ethniquement très différents. La Scythie — c'est-à-dire toutes les régions de la Russie du Sud allant du Boug à l'Oural — était habitée par des peuples aux origines très diverses, qui n'étaient pas tous de provenance iranienne ou altaïque. Les archéologues russes distinguent aujourd'hui en Scythie trois groupes culturels différents. Le premier comprend les Scythes proprement dits qui occupaient les steppes du cours inférieur du Boug et du Dniepr, la Crimée et la région de la mer d'Azov. Ils correspondent à ceux qu'Hérodote appelle les Scythes royaux. Le second comprend de nombreuses tribus agricoles et pastorales vivant de chasse et de pêche dans les régions boisées, civilisation des forêts plus que des steppes. Le troisième correspond à la civilisation syndo-méotique qui s'était établie dans le bassin du Kouban, le fleuve coulant du Caucase dans la mer d'Azov. Ces peuples d'ethnies différentes avaient toutefois des coutumes et des langues très voisines, ce qui explique qu'Hérodote n'y ait vu qu'un seul peuple.*

Un détail possède aussi son importance: les trois objets tombés du ciel et ramassés par le cadet des trois frères scythes. La charrue, la hache et la coupe en or symbolisent les trois fonctions essentielles des sociétés indo-européennes: l'agriculture, la guerre et la religion. L'historien G. Dumézil a montré, au cours d'une série d'ouvrages remarquables, et particulièrement dans une étude intitulée Les Classes sociales dans la Perse ancienne*, *que le «fait divers» cité par Hérodote prouve combien les structures sociales des tribus scythes s'apparentaient à celles de la société iranienne.*

*Quant à cet Aristée de Proconnèse, qui tombe en extase, «s'envole» chez les peuples d'Hyperborée, meurt chez un tisserand et réapparaît sept ans plus tard pour écrire une épopée intitulée l'*Arimaspée, *il ressemble étrangement à ces chamans décrits par Mircea Eliade dans son ouvrage* Le Chamanisme et les techniques archaïques de l'extase*. *Les chamans faisaient fonction de sorciers guérisseurs et passaient,* *lorsqu'ils étaient possédés par le dieu, pour effectuer des voyages dans l'au-delà. Les faits mentionnés par Hérodote à propos d'Aristée coïncident avec les données de l'histoire des religions, et font de cette fameuse* Arimaspée *(dont le texte n'a jamais été retrouvé) le récit probable d'un voyage chamanique dans l'autre monde.*

L'ultime étape de ce voyage mena Aristée chez les Hyperboréens dont le nom signifie « ceux d'au-delà du vent du nord ». Ce peuple, plus légendaire que réel, habitait les confins septentrionaux du monde, au-delà des Griffons, gardiens de l'or sacré (probablement les mines d'or du nord de l'Altaï). Il passait pour rendre un culte important au dieu grec Apollon qui se rendait chez lui tous les dix-neuf ans. Comme tous les pays situés aux extrémités du monde, l'Hyperborée était une terre paradisiaque, regorgeant de richesses, dont les habitants ignoraient la maladie et la vieillesse. Notons toutefois qu'on a retrouvé à Délos, dans le sanctuaire d'Artémis, le tombeau des deux vierges hyperboréennes. Le récit d'Hérodote n'est donc pas une pure invention : un peuple a existé, au-delà du Danube, plus haut encore peut-être, qui entretenait avec les Grecs des relations intermittentes, et que l'imagination des poètes appela les Hyperboréens. A Délos comme en Scythie, la légende a rencontré l'histoire.

Description de la Terre.
L'Asie, l'Afrique, l'Europe.
Exploration de l'Afrique par des Phéniciens et des Carthaginois.
Périple de Scylax dans l'océan Indien.

S'il existe des hommes à l'extrême nord de la Terre, dits « Hyperboréens », je me demande pourquoi il n'en existerait pas aussi à l'extrême sud, des « Hypernotiens » en quelque sorte. Et je ris quand je vois ces innombrables *Descriptions de la Terre* dont aucune ne contient une seule description sensée. Ces gens écrivent froidement que la Terre est entourée entièrement par l'océan, qu'elle est ronde, comme façonnée au tour, que l'Asie et l'Europe ont la même étendue, etc. Je crois donc utile de résumer brièvement les dimensions de chaque continent et leur configuration générale.

La Perse s'étend jusqu'à la mer Australe, appelée mer Érythrée. Au nord de la Perse se situent le pays des Mèdes, puis celui des Saspires et, plus au nord, celui des Colchidiens qui s'étend jusqu'à la mer Septentrionale où se jette le Phase. Ces quatre peuples occupent en somme toutes les terres situées entre ces deux mers.

A partir de ces pays, deux grandes péninsules s'étalent vers le couchant jusqu'à la mer Occidentale : la première commence au Phase, longe le Pont-Euxin et l'Hellespont jusqu'en Troade, au cap Sigée et, au sud, part du golfe Myriande, limitrophe de la Phénicie, jusqu'au cap Trispion. Trente peuples différents habitent ce pays. La deuxième péninsule s'étend vers la mer Érythrée et comprend la Perse, l'Assyrie qui lui fait suite et l'Arabie. Elle prend fin au golfe Arabique (du moins selon l'opinion généralement admise) où débouche le canal que fit creuser Darius à partir du Nil. Entre la Perse et la Phénicie s'étendent d'immenses plaines. A partir de la Phénicie, cette péninsule longe la Méditerranée pour former la Syrie Palestine jusqu'en Égypte où elle prend fin. Trois peuples seulement habitent ces pays.

Tels sont les pays constituant l'Asie occidentale, si l'on prend la Perse comme point de départ. Les pays de l'Asie orientale (les Mèdes, les Saspires et les Colchidiens) sont limités au sud par la mer Érythrée, au nord par la Caspienne et l'Araxe, à l'est par l'Inde*, la dernière des terres habitées. Au-delà de l'Inde, ce n'est qu'un désert dont nous ne savons rien. Telle est approximativement la configuration générale de l'Asie.

La Libye fait suite à l'Égypte et prolonge en somme cette deuxième péninsule. Elle se rétrécit en arrivant en Égypte et forme entre la mer Érythrée et la Méditerranée une bande de terre d'environ mille stades de large. Mais tout de suite après, la péninsule s'élargit et on arrive en Libye. J'admire vraiment ces savants géographes qui ont su diviser la terre et délimiter la Libye, l'Asie, l'Europe. Leurs différences sont en effet plus qu'évidentes. A elle seule, l'Europe égale, en longueur, les deux autres continents. Quant à sa largeur, elle défie toute comparaison.

La Libye est limitée de tous côtés par la mer, sauf dans la partie où elle se rattache à l'Asie. Le roi d'Égypte Nécos fut, je crois, le premier à la faire entièrement explorer. Quand il eut terminé le percement du canal du Nil au golfe Arabique, il fit équiper des vaisseaux et envoya des Phéniciens explorer toute la Libye, avec ordre de revenir par les Colonnes d'Hercule et la Méditerranée. Les Phéniciens partirent de la mer Érythrée, naviguèrent sur la mer Australe et, à chaque automne, abordaient la côte de Libye, semaient du blé et attendaient la récolte. Le blé récolté, ils reprenaient la mer. Ils naviguèrent ainsi pendant deux ans et, la troisième année, doublèrent les Colonnes d'Hercule et revinrent en Égypte. Au retour, ils racontèrent une chose que je n'arrive pas à m'expliquer : en faisant le tour de la Libye, *ils eurent un moment le soleil à leur droite !* Telle fut la première exploration connue de la Libye.

Par la suite, des Carthaginois confirmèrent ces récits. Sataspe, fils de Teaspis, fut en effet envoyé en exploration avec mission de contourner toute la Libye. Mais, effrayé par la longueur du parcours, déprimé par la solitude, il revint sans avoir été jusqu'au bout. Il avait violé une jeune fille, la fille de Zopyre, et il allait être empalé pour ce crime quand sa mère, sœur de Darius, obtint sa grâce. Elle promit à Xerxès d'infliger à son fils un châtiment pire que le pal : faire le tour complet de la Libye jusqu'au golfe Arabique ! Sataspe partit en Égypte, équipa un vaisseau et navigua en direction des Colonnes d'Hercule. Il passa le détroit, doubla le cap appelé cap Soleïs*, et fit voile vers le sud. Pendant des mois et des mois, il navigua et, comme ce voyage semblait ne jamais devoir finir, il revint en arrière et regagna l'Égypte. Une fois rentré dans son pays, il fit son rapport à Xerxès : « Au point extrême de notre navigation, nous avons rencontré, en longeant les côtes, des hommes de très petite taille, habillés avec des feuilles de palmier. Chaque fois que nous faisions mine d'approcher ou d'accoster, ils s'enfuyaient dans leurs montagnes en abandonnant leurs villes. Nous ne leur fîmes aucun mal. Chaque fois que nous avons débarqué et pénétré dans ces villes, ce fut juste pour prendre dans les maisons de quoi nous approvisionner. Je n'ai pu accomplir ma mission jusqu'au bout, car, à un moment, notre vaisseau fut complètement immobilisé par un calme plat, et il fut impossible de continuer la navigation. » Xerxès ne crut pas un mot de toute cette histoire et fit empaler Sataspe pour n'avoir pas accompli sa mission jusqu'au bout. Ce Sataspe avait à son service un eunuque qui s'enfuit à Samos après la mort de son maître, en emportant tous ses biens. Il se les fit d'ailleurs voler par un habitant de l'île que je connais très bien... Mais mieux vaut changer de sujet...

L'Asie nous est surtout connue par les recherches et découvertes de Darius. Il voulut déterminer l'emplacement exact de l'embouchure de l'Indus, le seul fleuve, avec le Nil, où l'on trouve des crocodiles. Il fit équiper des vaisseaux commandés par des marins éprouvés, entre autres Scylax, de Caryanda. Ils partirent de Caspatyre, dans le pays des Pactiens, descendirent le fleuve en direction de l'est jusqu'à la mer, continuèrent leur navigation en direction de l'ouest et, trente mois plus tard, débarquèrent en Égypte, à l'endroit même d'où les Phéniciens de Nécos étaient partis. Après quoi Darius soumit les Indiens et eut pratiquement la maîtrise de toute la mer Australe. En somme, l'Asie présente à peu près la même configuration que la Libye.

Quant à l'Europe, personne ne sait exactement si elle est limitée par la mer au nord et à l'est. On sait seulement qu'elle est à peu près égale en longueur aux deux autres continents réunis.

Je ne comprends vraiment pas pourquoi on a cru bon de diviser en trois continents distincts la Terre qui forme un tout, ni pourquoi on a choisi le Nil, en Égypte, et le Phase, en Colchide, pour servir de frontière entre ces trois continents.

Qui sont les auteurs de ces délimitations ? Et où ont-ils été chercher ces noms de Libye, d'Europe et d'Asie ? Impossible à dire. Le nom de Libye viendrait, paraît-il, de Libye, une femme du pays ; celui d'Asie, d'Asié, la femme de Prométhée ; dans la version libyenne, il ne s'agirait pas de la femme de Prométhée, mais d'Asié, le fils de Cotys. Quant à l'Europe, on ne sait rien sur elle, ou presque. Est-elle entourée d'eau ? D'où lui vient ce nom, et qui l'a trouvé ? Évidemment, on peut toujours dire que c'est la célèbre Europe, cette fille de Phénicie, qui le lui a donné. Mais tout le monde sait très bien que ladite Europe n'a jamais débarqué sur le continent qui porte son nom, et qu'en fait de voyage elle s'est contentée d'aller de Phénicie en Crète et de Crète en Lycie. Je crois qu'il vaut mieux ne pas aller plus loin et adopter, sans trop en chercher l'origine, la terminologie courante.

Les fleuves de Scythie.

Le Pont-Euxin, vers lequel Darius se dirigeait avec son armée. contient les peuples les plus ignorants. Qu'on les prenne en groupe ou séparément, l'intelligence n'est pas leur fort, exception faite pour les Scythes et pour un homme du nom d'Anacharsis. Pour assurer leur sécurité, les Scythes ont inventé un astucieux stratagème, le seul qu'on puisse mettre à leur crédit, et ils ont admirablement résolu cette question primordiale puisque, en fait, aucun envahisseur ne peut leur échapper ni, à l'inverse, leur mettre la main dessus. Un peuple errant qui vit sans murailles et sans villes, un peuple de cavaliers et d'archers qui transportent avec eux leurs maisons, en somme un peuple nomade vivant uniquement de ses troupeaux et habitant sur des chariots n'est-il pas pratiquement insaisissable et invincible ? Il faut dire que le pays se prête à ce genre de vie et que les fleuves sont leurs meilleurs alliés. La Scythie est une vaste plaine où sources et herbages abondent, sillonnée de fleuves aussi nombreux que les canaux d'Égypte. Ces fleuves, les voici, les principaux du moins, c'est-à-dire ceux qui sont navigables à partir de leur embouchure : ce sont l'Ister, le Tyras*, l'Hypanis, le Borysthène, le Panticapé, l'Hypakyris, le Gerros et le Tanaïs.

L'Ister, le plus grand fleuve connu, a un débit égal, été comme hiver. C'est le plus occidental des fleuves de Scythie, et le plus important si l'on en juge par le nombre de ses affluents. Ces affluents sont : le Porata (que les Grecs appellent Pyréta), le Tarante, l'Arare, le Naparis et l'Ordesse, tous coulant à travers la Scythie. Le Porata est le plus important des cinq et le plus à l'est. Le second, le Tarante, est à l'ouest du Porata et d'un débit plus faible. Les trois autres (Arare, Naparis et Ordesse) coulent entre les deux premiers avant de se jeter dans l'Ister. Ces cinq rivières sont, en somme, les affluents scythes de l'Ister. Un autre affluent, le Rais, vient du pays des Agathyrses*.

De l'autre côté, l'Atlas, l'Auras et le Tibizisis coulent des sommets de l'Hœmus et viennent se jeter dans l'Ister, en direction du nord. L'Arthris, le Noès et l'Artarès sont les affluents thraces du fleuve ; ils proviennent très exactement du pays des Crobyzes. Le Scios vient de Péonie et du mont Rhodope, et traverse les monts Hœmus avant d'aboutir à l'Ister. L'Agrès arrive d'Illyrie, rencontre le Broggs et se jette avec lui dans l'Ister. Le Carpis et l'Alpis arrivent de l'Ombrie du Nord.

L'Ister prend naissance chez les Celtes qui sont, avec les Cynètes, les derniers habitants de l'Europe, vers l'ouest, et traverse toute l'Europe avant d'obliquer vers la Scythie. Ce sont ses nombreux affluents, plus que son débit propre, qui font de l'Ister un fleuve si important. Réduit à son seul débit, il est largement supplanté par le Nil qui ne reçoit aucun affluent. Si l'Ister a un débit aussi égal, été comme hiver, je crois que la raison en est la suivante : son débit normal, à peu de choses près, est son débit d'hiver, car il neige beaucoup dans ces pays, et il pleut très peu. L'été, toute cette neige se met à fondre et à grossir le fleuve ; à quoi s'ajoutent les pluies torrentielles et continuelles, l'été étant là-bas la saison des pluies. En somme, les pertes d'eau dues à l'évaporation sont compensées par la fonte des neiges et l'apport des pluies, si bien que l'équilibre est rétabli et que l'Ister conserve un débit très régulier.

Le deuxième fleuve de Scythie, le Tyras, vient du nord et prend sa source dans un grand lac, à la frontière de la Scythie et de la Neuride. Les Grecs Tyrites ont établi des comptoirs à son embouchure.

Le troisième, l'Hypanis, vient de Scythie. Il prend naissance dans un grand lac sur les rives duquel paissent des chevaux sauvages, entièrement blancs. Son débit reste très faible au début et ses eaux restent très douces, pendant cinq jours de navigation environ, mais, à partir de là, à quatre jours de son embouchure, il devient terriblement salé. Il s'y déverse une source dont les eaux sont si chargées en sel qu'elle suffit à elle seule à troubler toute l'eau de l'Hypanis. Cette source se trouve aux frontières du pays des Scythes laboureurs et des Alazones. Elle s'appelle, en scythe, Exampée (ce qui veut dire : la Voie sacrée). Le Tyras et l'Hypanis suivent quelque temps une route parallèle sur le territoire des Alazones, puis bifurquent pour couler chacun de son côté vers la mer.

Le quatrième fleuve, le Borysthène, est, après l'Ister, le plus important et le plus productif des fleuves scythes, on pourrait même dire de tous les fleuves, excepté le Nil qui reste vraiment à part. Ses ressources sont innombrables : il procure aux troupeaux d'excellents pâturages, fournit quantité de poissons, possède une eau limpide et d'un goût agréable, bien qu'elle coule entre des berges bourbeuses. Ses rives se prêtent admirablement aux cultures et, quand elles sont en friche, fournissent une herbe haute. Enfin son embouchure possède des salines naturelles. On y pêche d'énormes poissons sans arêtes qu'on appelle ici *antakées*, et que les gens du pays mettent à saler. Son cours est navigable pendant quarante jours jusqu'à Gerros, mais, au-delà, on ignore tout. On sait seulement que le Borysthène traverse des régions désertiques avant de parvenir chez les Scythes cultivateurs qui occupent ses rives sur une distance de dix jours de navigation. Il est le seul fleuve, avec le Nil, dont personne n'ait pu trouver les sources, pas plus moi qu'un autre Grec. Le Borysthène et l'Hypanis, à proximité de la mer, se jettent dans une sorte de lagune. Un promontoire sépare les deux fleuves, sur lequel on a bâti un temple de Cérès. C'est un peu plus loin, sur les rives de l'Hypanis, qu'habitent les Borysthénéites.

Le cinquième fleuve, le Panticapé, prend sa source, lui aussi, dans un lac. Les Scythes cultivateurs occupent tout le territoire compris entre ce lac et le Borysthène. Le Panticapé se jette dans ce dernier après avoir traversé la région des Forêts.

Le sixième fleuve, l'Hypakyris, prend naissance dans un lac d'où il traverse, en son milieu, le pays des Scythes nomades, avant de se jeter dans la mer près de la Cascinite, en laissant sur sa droite la région des Forêts et cet endroit qu'on appelle le Cours d'Achille.

Le septième fleuve, le Gerros, est un bras du Borysthène qui s'en détache à la hauteur de la région appelée justement Gerros où le cours du fleuve cesse d'être connu. Ce Gerros coule vers la mer et sert de frontière naturelle entre les Scythes royaux et les Scythes nomades, avant de se jeter dans l'Hypakyris.

Le huitième fleuve, le Tanaïs, sort lui aussi d'un grand lac et débouche dans le lac Maiotis qui sert de frontière entre les Scythes royaux et les Sauromates. Un autre fleuve, l'Hyris*, se jette dans le Tanaïs.

Tels sont les principaux fleuves de Scythie.

L'herbe de Scythie passe pour stimuler les sécrétions de la bile chez les bêtes; on peut facilement s'en assurer en les disséquant. En somme, on peut dire que les Scythes ne manquent de rien.

Le résumé que nous donne Hérodote du monde connu à son époque est important à plus d'un titre: il montre que certaines traditions (d'origine pythagoricienne très certainement) affirmaient déjà la rotondité de la Terre, et il mentionne aussi les tout premiers périples accomplis autour de l'Afrique et à travers l'océan Indien. Ces expéditions, ordonnées par Néchao II (le Nécos d'Hérodote) et par Darius, avaient surtout pour but de rechercher de nouvelles routes commerciales et militaires, nécessaires à l'extension des deux empires. Il n'en est pas moins vrai qu'elles constituent les premiers voyages d'explora-

tion autour de l'Afrique (la Libye d'Hérodote) et des côtes indiennes et arabiques.

Le périple de Néchao, décidé par ce même pharaon qui avait entrepris le creusement d'un canal du Nil à la mer Rouge, fut entrepris au VII*e siècle avant J.-C. par des équipages phéniciens. Ils partirent du golfe de Suez, longèrent la côte orientale d'Afrique, et doublèrent le cap de Bonne-Espérance. C'est alors qu'ils virent le soleil se lever à leur droite, phénomène incompréhensible pour eux puisque, faute de repères suffisamment précis, ils croyaient toujours descendre vers le sud. Ils remontèrent ainsi toute la côte occidentale d'Afrique et revinrent en Égypte par le détroit de Gibraltar. Ce voyage dura trois ans, et rien ne permet de le mettre en doute. Si les Égyptiens ne s'étendirent pas outre mesure sur les détails de ce périple et n'en publièrent aucune relation écrite, c'est sans doute qu'ils ne tenaient nullement à divulguer le secret de cet itinéraire. La connaissance des routes maritimes, des mouillages, des passes et des hauts-fonds, voire du régime des vents, constituait alors autant de secrets commerciaux et militaires que chaque État ou empire conservait jalousement pour lui. Il est donc très possible que d'autres expéditions aient eu lieu sans qu'aucune d'entre elles ait été ébruitée.*

Le périple de Sataspe, lui, fut effectué en sens inverse du précédent, c'est-à-dire en contournant l'Afrique par l'ouest et à une date plus tardive, puisqu'il fut ordonné par Xerxès. Parti de la côte nord de l'Égypte, Sataspe franchit le détroit de Gibraltar et descendit la côte occidentale africaine jusqu'au golfe de Guinée, très probablement. C'est là qu'il aperçut des Pygmées, et le bref récit rapporté par Hérodote est la première mention connue de ce peuple.

Quant au périple de Scylax, il dut avoir lieu quelque temps après la prise du pouvoir par Darius, donc aux alentours des années 520 avant J.-C. et il faut noter à ce propos que c'est l'unique cas où Hérodote laisse entendre clairement que cette exploration du cours de l'Indus et de la route maritime de l'océan Indien avait un but militaire.

Même si le résultat de ces navigations resta longtemps secret, elles contribuèrent à donner peu à peu une idée plus précise de la Terre. Pour Hérodote en tout cas, le monde exploré et connu de son temps allait, vers l'est, jusqu'à la vallée de l'Indus et le désert de Thur; vers le sud jusqu'à l'actuel Soudan; vers l'ouest jusqu'au golfe de Guinée et aux montagnes de l'Atlas marocain; vers le nord enfin, jusqu'aux îles Cassitérides, proches de la Cornouaille, et aux régions limitrophes de la mer Baltique. On voit qu'en dépit des fables qui circulaient sur les peuples habitant ces régions éloignées (fables qu'Hérodote n'entérine pas entièrement), on pouvait se faire du monde habité une idée qui n'était nullement extravagante. Elle sera d'ailleurs reprise et précisée par les savants et géographes du temps de Ptolémée, notamment par Ératosthène, mais cela est une autre histoire... et une autre géographie.

Coutumes des Scythes.
Des sacrifices humains au dieu Mars.
Comment les Scythes traitent leurs ennemis.
L'enterrement des rois en Scythie.

Les seuls dieux auxquels les Scythes attachent quelque importance et rendent un culte sont Vesta, Jupiter, la Terre son épouse, Apollon, Vénus Céleste, Hercule et Mars. Ces dieux-là, tous les Scythes les honorent. Les Scythes royaux y ajoutent Neptune. En langue scythe, Vesta s'appelle Tabiti ; Jupiter, Papaios (c'est-à-dire le Père, ce qui est très juste) ; la Terre, Api ; Apollon, Goitosyros ; Vénus Céleste, Argimpasa ; Neptune, Thagimasada. En général, les Scythes n'élèvent ni statues, ni autels, ni temples à leurs dieux, sauf à Mars qui, lui, a droit à un temple.

Les rites des sacrifices sont à peu près les mêmes chez tous les peuples de Scythie et pour tous les dieux : ils prennent une victime, lui attachent d'abord les pattes et la mettent debout à l'endroit voulu. Puis le sacrificateur, debout derrière la bête, tire sur la corde et invoque le dieu pendant qu'elle trébuche et tombe. Après quoi il prend un lacet, le passe autour du cou de l'animal, le noue à un bâton et le tord jusqu'à l'étranglement. Tout ceci se passe sans feux, sans libations, sans prémices. Une fois étranglée, la victime est dépecée et mise à cuire.

Comme le bois est très rare en Scythie, ils utilisent les os de l'animal comme combustible. On les extrait, on les racle bien, et on jette la viande désossée dans des marmites du pays : ces marmites ressemblent fort aux cratères de Lesbos, mais elles sont beaucoup plus grandes. S'il n'y a pas de marmite, on bourre la carcasse de la victime avec les viandes, en les arrosant d'eau. Ces os brûlent à merveille, et la carcasse contient facilement toutes les chairs désossées. En somme, c'est la victime qui fournit elle-même le combustible nécessaire à sa cuisson. Quand la viande est cuite, le sacrificateur en prend un morceau et le jette devant lui. On sacrifie ainsi, en Scythie, les bœufs et tous les animaux, y compris les chevaux.

Pour Mars, les choses se passent autrement. Dans chaque district principal, il y a un temple de Mars fait de fagots de bois entassés sur une aire de trois stades carrés et sur une hauteur un peu moindre. Au sommet, on aménage une sorte de terre-plein auquel on accède par un côté, les trois autres étant à pic. On y ajoute chaque année cinquante chariots de fagots, pour maintenir l'édifice qui s'effondre constamment sous l'effet des intempéries. En haut de ce «temple», on plante un cimeterre en fer qui est en somme la «statue» du dieu. Chaque année on offre des sacrifices à ce cimeterre, sans regarder à la dépense. On lui immole des bœufs, des chevaux, et, au besoin, des prisonniers de guerre, à raison d'un sur cent. Pour les prisonniers, le rite du sacrifice est différent: on leur répand du vin sur la tête, on les égorge au-dessus d'un récipient pour recueillir le sang qu'on verse ensuite sur le cimeterre, en haut du temple. Pendant ce temps, au pied du monticule sacré, le sacrificateur tranche le bras droit de chaque corps immolé (tout le bras, de l'épaule jusqu'à la main) et le jette en l'air. Et tout le monde s'en va, en laissant tels quels ces corps et ces bras, là où ils sont tombés.

Ajoutons qu'en Scythie on ne sacrifie jamais les porcs et que, d'ailleurs, il n'en existe pratiquement pas dans tout le pays.

Tout Scythe qui a abattu son premier ennemi doit boire de son sang. Il doit aussi rapporter au roi les têtes de ceux qu'il a tués, sous peine d'être privé du butin. La plupart du temps ces têtes sont scalpées: on incise le crâne en faisant le tour des oreilles, on le secoue de toutes ses forces jusqu'à ce que seule la peau vous reste dans les mains, on la récure soigneusement avec une côte de bœuf, on la pétrit pour l'assouplir, et on s'en sert comme essuie-mains. Chaque Scythe prend soin de l'attacher aux rênes de son cheval pour bien la montrer, la bravoure, en Scythie, étant proportionnelle au nombre de ces «essuie-mains». D'autres confectionnent des manteaux en cousant ces peaux bout à bout, manteaux qu'ils portent sur les épaules à la façon des bergers. Ou bien ils prennent sur le cadavre la peau de la main droite avec les ongles et en font des couvercles pour leurs carquois. Il faut dire que la peau de l'homme est d'un excellent effet, si blanche, si lustrée, si brillante ! Beaucoup s'amusent à écorcher leurs ennemis des pieds à la tête, à tendre la peau sur des supports en bois et à promener ce trophée à cheval.

Voilà pour les têtes ou les peaux des ennemis ordinaires. Mais quand il s'agit d'une ennemi particulièrement haï, on lui scie le crâne en dessous des sourcils, on nettoie l'intérieur et on s'en sert pour boire. Les pauvres utilisent cette « coupe » telle quelle, les riches en dorent l'intérieur. Quand deux Scythes se disputent et que le roi donne raison à l'un deux, celui-ci en fait autant avec le crâne de son adversaire. C'est pourquoi tout Scythe qui se respecte met son point d'honneur, quand il reçoit des visiteurs de marque, à leur présenter sa « collection » de têtes. « Quelques compatriotes, explique-t-il, qui m'ont cherché querelle et dont j'ai triomphé. » Le tout avec suffisance.

Une fois par an, chaque gouverneur de district prépare, dans un cratère, un mélange d'eau et de vin qu'il offre à tous les Scythes ayant tué des ennemis dans l'année. Ceux qui n'ont tué personne n'ont pas le droit d'en boire : méprisés par tous les autres, ils restent assis dans un coin, et c'est, pour un Scythe, la pire des humiliations. Par contre, ceux qui ont à leur actif un brillant palmarès ont droit à deux coupes qu'ils boivent coup sur coup.

Les devins sont légion en Scythie. Ils pratiquent la divination à l'aide de baguettes de saule. Ils en prennent une bonne poignée, les laissent tomber pour qu'elles s'éparpillent et les ramassent une à une en interprétant leur sens et leur disposition. Ce mode de divination est, paraît-il, très ancien. Les Énarées — qu'on surnomme ici les Efféminés — le font même remonter à Vénus. Ils utilisent aussi des écorces de tilleul qu'ils taillent en lanières et qu'ils enroulent et déroulent autour de leurs doigts pour prédire l'avenir.

Quand le roi des Scythes tombe malade, on fait venir à son chevet les trois devins les plus réputés. Ces derniers consultent leurs baguettes de saule et concluent, en général, que tel ou tel citoyen a invoqué le foyer du roi par un faux serment : en effet, c'est une pratique courante chez les Scythes d'invoquer le foyer du roi dans les grandes occasions. Le citoyen mis en cause est immédiatement arrêté, conduit devant le roi, et s'entend dire par les devins qu'il a prêté un faux serment et qu'il est responsable de la maladie du roi. L'autre proteste, nie, s'indigne... On fait alors venir six autres devins, qui consultent de nouveau leurs baguettes : ou ils le déclarent coupable et on lui tranche la tête séance tenante tandis que les devins se partagent ses biens, ou ils le déclarent innocent et on fait venir d'autres devins. Si, en dernier lieu, la majorité des devins innocente le « coupable » ce sont les premiers devins qui sont mis à mort.

Pour les exécuter, on entasse du bois dans un chariot tiré par des bœufs, on y place les devins, ligotés et bâillonnés, et on met le feu au tout en poussant des cris pour effrayer les bœufs. Très souvent, les bêtes brûlent avec les devins, mais, la plupart du temps, le timon calciné se brise à temps et les bœufs s'enfuient, à moitié brûlés. On exécute les devins pour quantité d'autres raisons. Quand le roi condamne ainsi à mort un citoyen, il fait égorger par la même occasion ses enfants, ou plus exactement ses fils, car les filles sont épargnées.

Quand deux Scythes veulent prêter serment, ils remplissent de vin une grande coupe en terre cuite, y versent quelques gouttes de sang, en s'entaillant ou en se piquant, trempent dans ce mélange un cimeterre, des flèches, une lance et un javelot, en prononçant toutes les imprécations d'usage. Après quoi tout le monde boit le contenu de la coupe, les contractants comme les témoins.

Les tombeaux des rois de Scythie se trouvent au lieu-dit Gerros, cet endroit au-delà duquel le Borysthème cesse d'être navigable. A la mort du roi, les Scythes creusent à Gerros une grande fosse carrée et, quand elle est finie, prennent le cadavre enduit de cire, le ventre nettoyé et bourré de souchet broyé, d'aromates, de graines de persil et d'anis ; ils le mettent sur un chariot et se rendent à Gerros en traversant toutes les provinces de Scythie. Chaque peuple prend le deuil en accueillant le cortège sur son territoire. Prendre le deuil, en Scythie, consiste à se trancher un bout d'oreille, à se raser entièrement la tête, à se taillader les bras, à se griffer le front et le nez, à s'enfoncer des flèches dans la main gauche. Le cortège passe ainsi de peuplade en peuplade, chacune d'elles venant s'ajouter au défilé. Finalement, le cortège arrive à Gerros, aux confins de l'empire scythe, au pays des Tombeaux comme on l'appelle. On dépose le cadavre dans la fosse, sur un lit de gazon, autour duquel on fiche des piquets qu'on recouvre d'un dais de roseaux. Après quoi on étrangle une des concubines du roi, son échanson, son cuisinier, son écuyer, son domestique, son messager, ses chevaux, et on jette le tout dans la fosse avec des échantillons de tous ses biens et des coupes en or, mais jamais en argent ou en cuivre. On comble la fosse, et chacun rivalise d'ardeur pour élever par-dessus un tertre aussi haut que possible.

Un an après, on célèbre l'anniversaire de l'enterrement. On choisit les cinquante serviteurs royaux les plus dévoués, qui sont tous Scythes de naissance, et on les étrangle ainsi que les cinquante plus beaux chevaux du roi. Ces chevaux, on les vide, on leur nettoie le ventre, et on les empaille. Puis on plante en terre deux piquets sur lesquels on fixe une moitié de roue tournée vers le bas, la deuxième moitié étant fixée plus loin sur deux piquets identiques. Quand on a disposé çà et là un certain nombre de ces supports, on prend les chevaux, on les empale horizontalement sur une grosse poutre qui les traverse jusqu'à la nuque, et on les hisse sur chaque support. Chaque cheval est ainsi soutenu par deux supports, l'un pour l'avant-train, l'autre pour l'arrière-train, les jambes pendant de chaque côté, dans le vide, sans toucher terre. On leur passe un mors et des rênes qu'on tend vers l'avant en les fixant à un piquet. Les cinquante serviteurs étranglés sont empaillés et empalés à leur tour verticalement sur un pal qui leur monte jusqu'à la nuque et dont l'extrémité inférieure s'emboîte exactement dans la poutre supportant les chevaux. Ainsi, chaque mort chevauche son cheval. Et les Scythes s'en vont, après avoir dressé et installé autour du tombeau royal ces cavaliers d'un genre vraiment particulier.

Ceci pour les rois. Les cadavres des simples particuliers sont promenés par la famille sur un chariot, qui fait le tour de tous les amis. Chaque ami visité offre un banquet et régale tout le monde, y compris le mort à qui on sert sa part comme aux autres. Ce cortège funèbre dure environ quarante jours, puis on enterre le mort. Après les funérailles, les Scythes se purifient en se frictionnant et en se lavant la tête. Pour se laver en entier, ils dressent une tente, à l'aide de trois piquets autour desquels ils tendent des couvertures de laine, et mettent à l'intérieur une sorte d'auge remplie de pierres chauffées à blanc. Ils jettent sur ces pierres des graines de chanvre. (Il existe en Scythie un chanvre très proche du lin, mais beaucoup plus fourni et plus haut, qui croît aussi bien à l'état sauvage qu'en culture, et avec lequel les Thraces font des vêtements qui ressemblent à s'y méprendre à des vêtements de lin). Ces graines, au contact des pierres brûlantes, se mettent aussitôt à fumer et dégagent une telle vapeur qu'on ne tarde pas à suffoquer. Les Scythes adorent ces bains de vapeur qui remplacent chez eux les bains ordinaires, et ils en crient littéralement de plaisir.

Les femmes scythes, elles, préfèrent râper sur une pierre rugueuse des morceaux de cyprès, de cèdre et d'arbre à encens, délayer le tout dans de l'eau pour en faire une sorte de pâte et se l'appliquer sur le corps et le visage. Elles sentent alors admirablement bon et, lorsqu'elles retirent cette pâte, le lendemain, elles ont la peau nette et fraîche.

Les étranges coutumes décrites par Hérodote durent avoir quelque chose d'extravagant, même pour les Grecs les plus tolérants. Cette passion pour les têtes des ennemis, cette manie de les couper, de les décorer et de les conserver chez soi comme trophée, ce culte de la violence et de la mort, l'immolation des prisonniers et, pour certaines tribus, le cannibalisme rituel, tout cela avait de quoi surprendre et même choquer un Grec. On chercherait en vain, pourtant, chez Hérodote, la moindre allusion désobligeante, le moindre jugement péjoratif à l'égard de ces peuples au comportement forcené : il décrit, il rapporte, il cherche parfois à expliquer, mais sa mission d'enquêteur s'arrête là. Si on se dit par ailleurs qu'Hérodote ne dut guère s'aventurer dans les steppes de Scythie et qu'il réunit les renseignements en question auprès des commerçants grecs et scythes de la ville d'Olbia, on reste confondu par l'ampleur et la précision de ses informations. Décrire par ouï-dire la vie quotidienne de dizaines de peuplades ainsi que des rites funéraires complexes — et ce, avec une minutieuse exactitude — est un exploit digne des meilleurs ethnographes contemporains. On devine, derrière une si prodigieuse collecte, une curiosité passionnée jointe à un sens critique sans cesse actif, sans lequel il n'eût guère rapporté, à l'instar de tant d'autres écrivains de son temps, que des légendes, des contes ou des invraisemblances.*

Au cours des fouilles opérées par les archéologues russes, les tombes scythes livrèrent des milliers d'objets — dont beaucoup en argent et en or. Elles livrèrent aussi des vases, particulièrement à Voronej, à Kul Olba et à Chertomlyck, décorés de dessins représentant la vie des Scythes. Ces scènes où l'on voit des Scythes au repos, fourbissant leurs armes ou domptant leurs chevaux, sont l'exacte illustration des récits d'Hérodote. Sur l'une d'elles figure même un Scythe tenant d'une main sa lance et de l'autre la tête coupée d'un ennemi.

Quant aux rites funéraires, il faudrait des pages entières pour en décrire la nature et les modalités. Disons qu'on a retrouvé un peu partout en Crimée, dans la presqu'île de Ketch, dans le Kouban, sur les bords du Boug et du Dniepr, et jusque dans l'Altaï, des tumuli funéraires contenant les squelettes et les objets indiqués par Hérodote. La préservation de beaucoup d'entre eux tient d'ailleurs du miracle. Les tumuli de l'Altaï, par exemple, ont livré depuis 1927 (tout particulièrement à Pazirik) des corps et des objets fragiles dans un état de conser-

vation stupéfiant. L'eau de pluie, en s'infiltrant entre les pierres amoncelées sur les fosses, finit par geler et former une couche de glace qui protégea l'intérieur des tombeaux. On put retrouver ainsi, non seulement les corps des chefs et de leurs serviteurs, avec leur peau et leurs cheveux, mais des selles, des tissus, des masques de feutre et des tapis intacts !

Il était difficile, après pareille confirmation, de mettre en doute les faits décrits par Hérodote. Dans ces tombes, en général, le roi repose seul dans la chambre principale de la fosse, allongé sur le dos, la tête tournée vers l'orient. Il porte de nombreux bijoux en or. Un poignard ou une épée est placé à proximité. Les murs sont recouverts de tapis, et le sol de nombreux objets usuels : cuillers, plaques, ceintures, coupes, disposés près du mort. On a même retrouvé, dans l'une de ces tombes, des montants de tente, des manteaux de feutre et de cuir ainsi qu'un chaudron contenant encore les graines de chanvre mentionnées par Hérodote à propos des bains de vapeur ! Autour de la chambre principale, d'autres pièces plus petites contiennent les corps des femmes et des serviteurs qui ont suivi leur maître dans la mort. Tous sont vêtus de leurs plus beaux habits et tournés vers l'orient. Enfin, autour des chambres, gisent les débris du chariot ayant servi au transport funèbre et les chevaux avec leur harnachement. Leur nombre varie selon la richesse du mort, de dix à plusieurs centaines. Dans la seule nécropole d'Ulali, au Kouban, on en a retrouvé jusqu'à quatre cents !

Les rites d'anniversaires, célébrés un an après la mort du roi, permettent de comprendre certains aspects de ces coutumes funéraires. Le roi mort était censé continuer dans l'au-delà sa vie terrestre. D'où la nécessité d'avoir à ses côtés les objets et les êtres qui le servaient de son vivant : armes, femmes, écuyers, serviteurs, chevaux. Les armes sont à portée de main, les chevaux équipés et prêts à partir, les écuyers eux-mêmes reposent (à Chertomlyck, par exemple) les pieds en direction du maître, pour se lever au moindre appel. Détail curieux : dans une des tombes de Pazirik, le chef, qui avait été scalpé par un ennemi de son vivant, avait à ses côtés une barbe postiche pour qu'il puisse, dans l'au-delà, porter les signes visibles de la royauté !

Darius se met en marche vers la Scythie. Le Pont-Euxin. Les Thraces et leurs coutumes. Un peuple immortel.

Darius se prépara donc à envahir la Scythie et envoya messagers sur messagers dans toutes ses provinces. Les unes fournirent les troupes d'infanterie, d'autres, les vaisseaux, d'autres furent chargées de construire un pont sur le Bosphore thrace. Artaban, le frère de Darius, supplia bien ce dernier de renoncer à cette entreprise insensée, mais l'autre resta sourd à tous ses conseils, et Artaban n'insista pas. Quand tout fut prêt, Darius quitta Suse avec son armée.

Au moment même où l'armée s'ébranlait, un Perse, Oiobaze, père de trois fils, tous trois mobilisés pour la campagne de Scythie, supplia Darius de lui en laisser au moins un. « Ta demande me semble raisonnable, répondit Darius. Pour la peine, je te les laisse même tous les trois ! » Le père, fou de joie, se voyait déjà chez lui, au milieu de ses trois fils. Hélas ! « Je vais les lui laisser, ses trois fils, dit Darius, mais pas au sens où il l'entend ! » Et il ordonna de les faire égorger tous les trois !

De Suse, Darius arriva en Chalcédoine, sur le Bosphore, à l'endroit où il avait ordonné de construire un pont, et il s'embarqua à destination des Roches Cyanées, appelées autrefois les Roches Errantes. Là, du sommet d'une éminence, il put contempler l'admirable panorama du Pont-Euxin, cette mer étonnante de onze mille cent stades de long et trois mille trois cents de large. L'embouchure du Pont-Euxin a une largeur de quatre stades, et le Bosphore qui la continue est un canal de cent vingt stades de long. Il aboutit à la Propontide (mer de cinq cents stades de large et de quatorze cents de long) qui débouche elle-même dans l'Hellespont*, détroit de sept stades de large et de quatre cents de long.

Voici comment on a pu établir ces mesures : en belle saison, un vaisseau parcourt en moyenne soixante-dix mille toises de jour et soixante mille de nuit. De l'entrée du Pont-Euxin jusqu'au Phase, il y a neuf jours et huit nuits de navigation, soit onze mille cent stades, et, de la ville de Thesmycire, sur le Thermodon, jusqu'au pays des Sindes, sur la côte de Colchide (c'est-à-dire dans la plus grande largeur), trois jours et deux nuits de navigation ; cela fait trois mille trois cents stades. J'ai pu constater moi-même l'exactitude de ces distances. Ajoutons qu'un lac, le lac Maiotis, débouche lui aussi dans le Pont-Euxin.

Darius contempla le Pont-Euxin et revint par mer jusqu'à l'endroit où l'on avait construit un pont sur le Bosphore. Il contempla aussi le Bosphore, et fit ériger sur le rivage deux stèles en marbre blanc, où il grava, en grec et en assyrien, la liste de tous les peuples qu'il emmenait avec lui. Le nombre total des effectifs (marine non comprise) se montait à sept cent mille hommes, avec la cavalerie, et à plus de six cents navires. Ces stèles, par la suite, furent transportées à Byzance par les habitants, et utilisées pour construire l'autel de Diane l'Ordonnatrice, sauf une, couverte de caractères assyriens, qu'on laissa près du temple de Bacchus. L'endroit où ce pont fut construit doit se trouver, d'après mes calculs, à mi-chemin de Byzance et du temple qui marque l'entrée du Pont-Euxin. Darius, fort satisfait de cet ouvrage (je parle du pont), félicita Mandroclès, l'architecte, et le gratifia d'une multitude de cadeaux. Sur ces richesses, Mandroclès préleva de quoi faire exécuter un tableau représentant ce pont sur le Bosphore, avec l'armée qui le franchit, et Darius assis sur un siège d'honneur. Ce tableau fut déposé dans le temple de Junon, avec cette inscription :

Mandroclès a soumis le poissonneux Bosphore
Par un pont dont voici pour Junon une image :
J'y gagne une couronne et les Samiens la gloire.
Darius le Grand Roi voit ses ordres accomplis.

Darius franchit le pont et passa en Europe. Il ordonna aux Ioniens de pénétrer dans le Pont-Euxin, de naviguer jusqu'à l'Ister, et d'y construire également un pont en l'attendant. En effet, la flotte était composée exclusivement d'équipages ioniens, éoliens et hellespontins. Les bateaux doublèrent les Roches Cyanées, atteignirent l'Ister, remontèrent le fleuve sur deux jours de navigation. Là, les équipages construisirent un pont à l'endroit précis où l'Ister se divise. Darius, pendant ce temps, fit route à travers la Thrace et parvint aux sources du Téare où il établit ses campements pour trois jours.

Au dire des gens du pays, les sources du Téare sont célèbres pour leurs vertus thérapeutiques, surtout contre la gale. Ce fleuve a trente-huit sources qui jaillissent toutes au pied du même rocher. Elles sont juste à mi-chemin des villes d'Héraion et d'Apollonie, sur les bords du Pont-Euxin, à deux jours environ de chaque ville. Le Téare se jette dans le Contadesde, ce dernier dans l'Agriane, l'Agriane dans l'Hèbre qui se jette dans la mer près d'Ainos.

L'endroit plut énormément à Darius et il fit ériger une stèle : « Les sources du Téare donnent la plus limpide et la meilleure des eaux douces. Jusqu'à ces sources est venu le plus beau et le meilleur des hommes, Darius, roi des Perses et de tout le continent. »

Après quoi, Darius quitta les sources et parvint sur les rives d'un autre fleuve, l'Artisque, qui coule à travers le pays des Odryses. Il désigna un emplacement sur les bords du fleuve où chaque soldat, en passant, devait déposer une pierre. Ce qui fut fait. Et l'armée continua sa route en laissant derrière elle un gigantesque amoncellement de pierres.

Avant d'arriver à l'Ister, Darius se heurta aux Gètes*, ces peuplades qui se croient immortelles, et les soumit. Les Thraces qu'il avait rencontrés en cours de route — ceux qui habitent la région de Salmydesse et de Mésambrie, et les peuplades Scyrmiades et Nipséennes — s'étaient rendus sans combat. Mais les Gètes s'étaient mis en tête de lui résister, ce qui équivalait à un suicide. Ils furent réduits en esclavage en fort peu de temps, bien qu'ils soient les plus courageux des Thraces.

Par « peuple qui se croit immortel », je veux dire que les Gètes ne croient pas à la mort. Pour eux, tout homme qui meurt va rejoindre en réalité Zalmoxis, un être divin qu'on appelle aussi Gébébizis. Tous les cinq ans, ils envoient à Zalmoxis un messager désigné par le sort. Pour lui « expédier » ce messager, on prend trois hommes armés de courts javelots, on saisit le messager par les pieds et les mains, on le balance deux ou trois fois en l'air et on le laisse retomber sur la pointe des javelots. S'il en meurt, c'est que le dieu leur est favorable. S'il n'en meurt pas, on s'en prend au messager lui-même, on le traite d'incapable, et on en « expédie » un autre, en prenant bien soin de lui confier les recommandations tant qu'il vit encore. Ces mêmes Gètes décochent force flèches contre le tonnerre et les éclairs, en menaçant ce dieu qui est, d'après eux, le seul qui existe.

Si j'en crois ce que m'en on dit les Grecs de l'Hellespont et du Pont-Euxin, ce Zalmoxis serait en réalité un homme, qui aurait même été autrefois l'esclave de Pythagore à Samos. Une fois affranchi, il fit fortune et regagna son pays. Ainsi, après avoir vécu au milieu des Grecs les plus raffinés — entre autres Pythagore —, après avoir connu les douceurs de la vie ionienne, et acquis une connaissance de la vie combien plus profonde que celle des Thraces, il se retrouva au milieu de ce peuple, l'un des plus misérables et des plus benêts de la terre. Il fonda une sorte de cénacle où il traitait royalement les principales personnalités du pays et leur transmettait son enseignement, au milieu des banquets. Il leur enseignait surtout que la mort n'existe pas, que tout le monde, lui, eux et leurs descendants, iraient après leur décès dans un lieu où ils connaîtraient les joies d'une éternelle béatitude. Tout en donnant ces festins et en prodiguant ces enseignements, il se fit construire en secret une maison souterraine où il disparut un beau jour et s'enferma trois ans. Tout le monde le crut mort et le pleura, mais il réapparut la quatrième année, et tous les Thraces, de ce jour, crurent pour de bon à son enseignement. Telle serait la véritable histoire de Zalmoxis, d'après les Grecs.

Pour ma part, je ne refuse nullement de croire à cette histoire de maison souterraine, mais le reste me laisse plus sceptique. Il est plus que probable que ce Zalmoxis fut antérieur à Pythagore. Mais laissons cela. Que Zalmoxis soit ou non un dieu, cela n'empêcha pas les Gètes d'être vaincus par Darius et enrôlés de force dans son armée...

Les Thraces sont, après les Indiens, le peuple le plus important de la terre. S'ils n'avaient qu'un seul chef à leur tête, ils seraient même, et de loin, le plus puissant. Mais demander aux Thraces de s'unir et d'entreprendre une action commune, c'est réclamer l'impossible. Leurs noms varient beaucoup avec les régions, mais leurs coutumes sont partout les mêmes, à peu de choses près, à l'exception de celles des Gètes, des Trauses* et des tribus situées au-delà des Crestoniens*.

Les Gètes, on l'a déjà vu, sont ces gens qui se croient immortels. Les Trauses ont des coutumes assez proches de celles des autres Thraces, sauf pour la naissance ou la mort. Quand un enfant naît chez les Trauses, toute la famille s'assied autour du nouveau-né et commence à gémir sur les malheurs qui l'attendent et qui sont le lot inévitable des hommes. Mais lorsque quelqu'un meurt, on l'enterre dans la liesse générale. N'est-il pas désormais délivré du fardeau de la vie et en possession d'une absolue béatitude ?

Les peuples situés au-delà des Crestoniens ont des coutumes tout aussi singulières : chaque fois qu'un homme meurt, toutes ses femmes (car ces peuples sont polygames) commencent à se disputer pour savoir quelle est celle qu'il préférait. Tout le monde participe avec ardeur à la discussion, et celle qui est désignée en fin de compte, toute fière de ce choix, est égorgée sur la tombe au milieu des félicitations générales. Elle seule à le droit d'être enterrée aux côtés de son mari. Les autres femmes en éprouvent une terrible humiliation, car cet échec est pour chacune un véritable affront.

D'autres Thraces ont l'habitude de vendre leurs enfants à l'étranger comme esclaves, de laisser à leurs filles toute liberté de coucher avec qui elles veulent, mais, par contre, de surveiller jalousement leurs femmes. Il faut dire qu'ils les achètent très cher aux beaux-parents. Le tatouage est chez eux une marque d'extrême distinction, et n'être pas tatoué déprécie son homme. Le travail y est mal vu. Vivre, pour les Thraces, consiste à ne rien faire, à profiter de la guerre et de ses pillages. Telles sont leurs coutumes les plus notables.

Les Thraces ont pour dieux Mars, Bacchus et Diane. Seuls les rois célèbrent Mercure, auquel ils rendent de très grands honneurs, qu'ils invoquent à chaque serment et dont, précisément, ils prétendent descendre.

Les cérémonies funéraires, chez les gens aisés, consistent à laisser le corps exposé trois jours, à lui sacrifier quantité de victimes, et à clore ces trois jours de deuil par un grand festin. Puis on enterre le cadavre ou on le brûle. On lui élève un tertre, et on donne des «jeux funèbres» qui consistent surtout en combats singuliers.

Qu'y a-t-il au nord de la Thrace? Personne ne le sait au juste. Tout ce qu'on peut en dire, c'est qu'au-delà de l'Ister, il n'y a plus qu'un vaste désert. Le seul peuple qui semble y séjourner, d'après ce qu'on m'a dit, est celui des Sigynnes, qui portent le costume mède. Ils ont des chevaux à poils longs et fournis, qui sont pratiquement impossibles à monter, mais font d'excellentes bêtes d'attelage. Aussi tout le monde, chez les Sigynnes, se déplace-t-il en chariot. Ce peuple s'étendrait jusqu'à l'Adriatique, au pays des Énètes. Les Sigynnes seraient d'anciens colons mèdes, mais c'est tout ce que je sais sur leur origine. Ce terme de *Sigynne* est utilisé par les Ligures, qui habitent à l'intérieur des terres au nord de Massalia, pour désigner les commerçants, et par les Chypriotes pour désigner les lances.

Les pays situés au-delà de l'Ister seraient, disent les Thraces, infestés d'abeilles, et c'est une des raisons pour lesquelles on n'y va jamais. Cela me paraît pour le moins bizarre, les abeilles craignant toujours le froid. Je crois plutôt que c'est le froid qui rend inhabitables les régions qui s'étendent en direction de l'Ourse.

Darius franchit l'Ister et pénètre en Scythie. Configuration générale du pays.

Darius arriva sur l'Ister, le franchit avec toute son armée, grâce au pont construit par les Ioniens, puis ordonna à ces derniers de détruire le pont et de le suivre désormais par voie de terre avec tous les équipages de la flotte. Les Ioniens s'apprêtaient à lui obéir quand Coès, fils d'Erxandre, chef des Mytiléniens, sollicita l'autorisation de parler à Darius et lui dit : « Roi, tu vas pénétrer dans un pays sans cultures et sans villes. Laisse donc ce pont tel qu'il est et confies-en la garde à ceux qui l'ont construit. Si nous mettons la main sur les Scythes et réussissons notre entreprise, nous aurons ainsi une voie de retour. Si nous n'y arrivons pas, nous serons au moins sûrs de pouvoir rentrer ! Je ne crains pas du tout que nous soyons battus par les Scythes, mais simplement que nous errions un peu partout à leur recherche, au milieu des pires difficultés. Tu vas dire que je parle de façon intéressée, pour pouvoir rester ici ? Mais non. Si je te dis tout cela, c'est parce que je le pense et que cette solution me paraît la meilleure. Car, personnellement, je te suivrai partout et, pour rien au monde, je ne resterai à l'arrière ! » Darius trouva ces conseils judicieux. « Étranger, lui dit-il, n'oublie pas de venir me voir quand je serai de retour chez moi, pour y chercher de bonnes récompenses en échange de tes bons conseils. » Sur ce, il prit une courroie, y fit soixante nœuds et convoqua tous les Ioniens : « Ioniens, leur dit-il, j'ai changé d'avis au sujet du pont. Aussi, écoutez-moi bien : vous voyez cette courroie ? Dès que je serai parti contre les Scythes, défaites-en chaque jour un nœud. Si je ne suis pas de retour quand vous aurez défait tous les nœuds, retournez chez vous ! Jusque-là, veillez sur ce pont, entretenez-le et gardez-le bien. Vous me rendrez un grand service. » Et, sur ce, Darius se mit aussitôt en marche contre les Scythes.

La côte scythe fait suite à celle de Thrace, à partir du golfe que dessine cette dernière à proximité de l'embouchure de l'Ister. Elle commence donc tout de suite après ce fleuve. Pour estimer avec le maximum d'exactitude l'étendue de la Scythie, le mieux est de mesurer la longueur de son littoral.

A partir de l'Ister, la côte scythe, regardant vers le midi, s'étend jusqu'à la ville de Carcinitis. A partir de là, un grand massif montagneux avance dans le Pont-Euxin pour former ce qu'on appelle la Chersonèse Taurique, habitée par les Taures*, et son extrême pointe, la Chersonèse Trachée (c'est-à-dire Rocailleuse) dont la côte orientale donne elle aussi sur la mer.

La Scythie, exactement comme l'Attique, est en effet limitée de deux côtés par la mer : au sud et à l'est. Pour donner une meilleure idée de la situation des Taures, supposons, toutes proportions gardées, qu'un peuple étranger habite chez nous le cap Sounion, de Thoricos jusqu'à Anaphlyste. Il serait, par rapport aux Athéniens, dans la même situation que les Taures par rapport aux Scythes. Pour ceux qui ne connaîtraient pas l'Attique, supposons qu'en Iapygie, un peuple étranger aux Iapyges habite la péninsule qui avance dans la mer, de Brindisi à Tarente. Et l'on pourrait multiplier ainsi les comparaisons... D'autres Scythes habitent la région qui s'étend au nord de la Tauride et à l'ouest du Bosphore cimmérien et du lac Maiotis, jusqu'au fleuve Tanaïs. En franchissant l'Ister et en s'enfonçant vers l'intérieur des terres, on verra que la Scythie est limitée au nord par le pays des Agathyrses, des Neures, des Androphages et des Mélanchlènes.

Les dimensions du pays sont à peu près égales, qu'on longe le littoral ou qu'on aille de la côte vers l'intérieur. La Scythie dessine donc une sorte d'immense carré dont deux des côtés donnent sur la mer. Il faut en effet vingt jours de marche pour aller de l'Ister au Borysthène et de ce dernier au lac Maiotis. Et il en faut vingt aussi pour aller de la mer jusqu'au pays des Mélanchlènes, limite extrême de la Scythie vers le nord. En prenant comme moyenne journalière de marche deux cents stades, on voit que la Scythie en fait à peu près quatre mille d'est en ouest et autant du nord au sud.

Les peuples de Tauride. Anthropophages et hommes-loups. Les amours des Amazones.

Les Scythes s'aperçurent très vite qu'ils ne pourraient résister à l'armée perse en rase campagne, et ils envoyèrent des messagers chez leurs voisins les plus proches. Les rois de ces derniers s'étaient précisément réunis pour décider de la conduite à tenir en face de cette invasion. Ces rois étaient ceux des Taures, des Agathyrses, des Neures, des Androphages, des Mélanchlènes, des Gélons*, des Boudines et des Sauromates.

Les Taures ont pour habitude de sacrifier à la Vierge les naufragés et les Grecs capturés en mer, en les assommant à coups de massue. Après quoi, ils leur coupent la tête et l'empalent en haut d'une croix. Les corps sont jetés au fond d'un ravin sur le rebord duquel est bâti le temple de la Vierge ou, selon d'autres, simplement enterrés. Mais tout le monde est d'accord sur le sort réservé aux têtes. Ladite Vierge serait, du propre aveu des Taures, Iphigénie, la fille d'Agamemnon. Quant aux ennemis qu'ils font prisonniers, ils sont emmenés dans la maison du vainqueur qui leur coupe la tête, la fiche au bout d'une perche qu'il installe sur son toit, au-dessus du trou de la cheminée. « Ainsi, déclarent-ils, nous avons des gardiens pour veiller sur nos maisons. » Les Taures vivent à peu près uniquement de guerre et de piraterie.

Les Agathyrses sont des gens efféminés qu'on voit toujours couverts de bijoux. Les femmes, chez eux, sont communes à tous. « Grâce à cela, disent-ils, nous sommes tous frères, nous formons comme une grande famille, et cela évite les haines et les jalousies. » A part ce détail, leurs coutumes sont celles des Thraces.

Les Neures ont adopté les coutumes des Scythes. Une vingtaine d'années avant l'expédition de Darius, une véritable invasion de serpents venus des déserts les obligea à quitter leur pays qui en était infesté. Ils partirent s'installer chez les Boudines. Ces Neures seraient tous des sorciers que cela ne m'étonnerait qu'à moitié. Les Scythes et les Grecs établis en Scythie ne racontent-ils pas qu'une fois par an chaque Neure se change en loup pendant quelques jours pour reprendre ensuite sa forme humaine ? Pour ma part, je n'en crois rien, mais ils vous soutiennent la chose avec insistance, et au besoin par des serments.

Les Androphages sont les plus sauvages habitants de ces régions. Justice, lois, tout cela leur est inconnu. Ils sont nomades et s'habillent comme les Scythes. Ils ont une langue à eux, et sont les seuls à être anthropophages.

Les Mélanchlènes portent des vêtements sombres, d'où leur nom. A part cela, ils ont les mêmes coutumes que les Scythes.

Les Gélons forment une race nombreuse et puissante. Ils ont les yeux très bleux et les cheveux roux. Leur capitale, Gélonos, est entièrement construite en bois, avec une enceinte assez haute, en bois elle aussi, dont chaque mur a trente stades. A l'intérieur de la ville, maisons, temples, tout est en bois. Les Gélons ont des temples consacrés aux dieux grecs, avec des statues et des autels analogues à ceux de Grèce, mais en bois évidemment. Tous les deux ans, ils organisent des processions en l'honneur de Bacchus. Ces Gélons doivent avoir du sang grec, peut-être descendent-ils des colons grecs établis en Scythie... Le «gélonien» est, du reste, un mélange de scythe et de grec.

Les Boudines ont une langue et des coutumes assez différentes de celles des Gélons. Ils sont le seul peuple scythe à manger des poux. Les Gélons, eux, savent cultiver la terre, se nourrissent de blé, possèdent des jardins, et diffèrent profondément des Boudines par leur teint comme par leur aspect général, ce qui n'empêche pas les Grecs de toujours confondre ces deux peuples. Le pays des Boudines est très boisé, couvert d'immenses forêts aux essences variées. Dans l'une de ces forêts, il y a un grand lac autour duquel poussent des roseaux. On y prend des loutres, des castors, des martres dont les peaux servent à border les autres fourrures, et les testicules à soigner les maladies de la matrice.

Quant aux Sauromates, voici leur histoire. A l'époque où les Grecs combattirent les Amazones* (que les Scythes appellent les Oiorpata, de *Oior:* homme, et *pata:* tuer, donc les Tueuses d'hommes), et quand ils les vainquirent à la bataille de Thermodon, ils repartirent en emmenant sur trois de leurs vaisseaux toutes les Amazones qu'ils avaient pu capturer vivantes. En cours de route, elles se mutinèrent et massacrèrent les équipages. Ne sachant pas naviguer, ni se servir d'une voile ou d'un gouvernail, elles dérivèrent et allèrent s'échouer à Cremni, près du lac Maiotis, sur le territoire des Scythes nomades. Elles débarquèrent, progressèrent vers l'intérieur du pays où elles aperçurent une bande de chevaux sauvages dont elles s'emparèrent et avec lesquels elles se mirent à piller la contrée. Les Scythes, qui n'avaient jamais entendu parler des Amazones, et ne connaissaient ni leur langage ni leur costume, restèrent stupéfaits. «D'où peuvent bien venir ces créatures?» se demandèrent-ils. Ils les prirent d'ailleurs pour des hommes, ou plutôt pour des adolescents, et engagèrent la bataille. Ce n'est qu'à la fin du combat, en examinant les cadavres, qu'ils s'aperçurent que c'étaient des femmes. Sur quoi ils décidèrent de les épargner et d'envoyer à leur rencontre une troupe de jeunes Scythes. Ces Scythes devaient s'installer à proximité des femmes et se contenter de les imiter. Si elles les poursuivaient, ils s'enfuiraient sans combattre et reviendraient aussitôt l'alerte passée. Tout ceci à seule fin de les « apprivoiser » et d'en avoir des enfants.

Les Scythes partirent et suivirent les instructions reçues. Voyant qu'ils ne marquaient pas d'intentions hostiles, les Amazones les laissèrent tranquilles et, de jour en jour, les deux camps se rapprochèrent insensiblement. Pour la circonstance, les Scythes avaient adopté le genre de vie des Amazones : ils n'avaient avec eux que des armes et des chevaux, et vivaient de chasse et de pillage.

Chaque jour, vers midi, les Amazones s'isolaient dans la nature pour faire leurs besoins. Les Scythes, comme il se doit, en firent autant. Un des Scythes tomba par hasard sur une Amazone, la jeta aussitôt par terre et fit l'amour avec elle sans qu'elle opposât la moindre résistance. Mieux même, elle lui proposa de revenir le lendemain avec un autre, au même endroit ; tout ceci par gestes, puisqu'ils ne pouvaient se comprendre autrement. Le Scythe raconta au camp son aventure et retourna le lendemain au « rendez-vous » avec un camarade. Son Amazone l'y attendait effectivement avec une amie. Dès lors, tous les autres Scythes eurent tôt fait d' « apprivoiser » le reste des Amazones. Les deux camps n'en firent plus qu'un, chaque Scythe s'installant avec l'Amazone qu'il avait connue en premier.

Les hommes ne purent jamais arriver à parler l' « amazone », mais les femmes se mirent très facilement au « scythe ». Dès qu'ils purent se comprendre, les Scythes dirent à leurs femmes : « Nous avons des parents dans ce pays, et des biens. Cessons de mener cette existence et revenons chez nous. Vous resterez nos femmes, nos seules femmes.
— Impossible, répondirent les Amazones, impossible de cohabiter avec les femmes de chez vous. Nous sommes trop différentes. Nous, nous tirons à l'arc, nous lançons le javelot, nous montons à cheval, nous ne sommes pas des ménagères. Vos femmes, à vous, passent leur vie enfermées dans leurs chariots à s'occuper du ménage au lieu d'aller à la chasse. Si vous tenez à nous garder, retournez chez vous, prenez les biens qui vous appartiennent et revenez ici. »

Les Scythes s'exécutèrent et revinrent chez les Amazones avec leurs biens. « Maintenant que nous vous avons séparés de vos familles et que nous avons à moitié pillé votre pays, leur dirent les femmes, mieux vaut ne pas nous attarder dans ces parages. Quittons ce pays, traversons le Tanaïs et installons-nous par là. » Les Scythes acceptèrent une fois de plus, et tout le monde partit vers le Tanaïs. Ils traversèrent le fleuve et s'avancèrent, en direction de l'est, jusqu'à des régions situées à trois jours de marche du Tanaïs, et à trois jours au nord du lac Maiotis.

Voilà pourquoi, de nos jours, les femmes Sauromates, à l'image de leurs aïeules, les Amazones, montent encore à cheval, vont à la chasse, font la guerre et s'habillent comme des hommes. Les Sauromates parlent le scythe, mais un scythe déformé, tel que le parlaient les Amazones. Pour pouvoir se marier, les vierges sauromates doivent tuer d'abord un ennemi, ce qui fait que beaucoup meurent vieilles filles, faute d'avoir rempli cette condition.

La campagne de Darius en Scythie. Il poursuit vainement l'ennemi à travers les steppes. La famine de l'armée. D'étranges cadeaux.

Les messagers scythes se présentèrent donc devant les rois des peuples que je viens de décrire et leur exposèrent la situation : « Darius, qui occupe déjà tout le continent d'en face, a jeté un pont sur le Bosphore et progresse maintenant sur notre propre sol. Il a traversé et soumis la Thrace, et il est en train de construire un pont sur l'Ister. Allons-nous le laisser détruire notre pays sans réagir ? Non. Unissons-nous et marchons contre lui. Si vous ne le faites pas, il n'y aura plus pour nous que deux solutions : nous enfuir ou conclure un arrangement avec Darius. Mais, dans les deux cas, votre sort n'en vaudra guère mieux, car le Perse en veut à toute la Scythie et vous anéantira en même temps que nous. En voulez-vous la preuve ? Si Darius ne voulait s'attaquer qu'à nous, il n'aurait envahi que notre territoire en laissant les autres tranquilles. Mais, en fait, il détruit tout ce qu'il rencontre sur sa route. Il a déjà soumis toute la Thrace, et nos plus proches voisins, les Gètes. » Les rois accueillirent diversement les propositions des Scythes. Le Gélon, le Boudine et le Sauromate étaient d'avis d'aider les Scythes. Mais l'Agathyrse, le Neure, l'Androphage, le Mélanchlène et le Taure répliquèrent, d'un commun accord : « Si vous n'aviez pas donné l'exemple en attaquant les Perses autrefois, nous vous aurions aidés volontiers, car votre raisonnement est très sensé. Mais vous avez attaqué les Perses les premiers et, tant que la divinité l'a bien voulu, vous vous êtes imposés chez eux. Aujourd'hui que le vent a tourné et que cette même divinité est passée dans leur camp, ils ne font jamais que vous rendre la pareille. Ne comptez donc pas sur nous pour aller provoquer des gens qui ne nous ont rien fait. S'ils nous attaquent, nous nous défendrons, mais, tant que les choses n'en sont pas là, nous restons tranquillement chez nous. Ce n'est pas à nous que les Perses en veulent, mais à vous. Ne vous en prenez qu'à vous. »

Ne pouvant compter sur leurs voisins, les Scythes décidèrent alors de n'engager aucun combat en rase campagne et de se retirer ou au besoin de s'enfuir, en comblant les puits et les sources et en brûlant toutes les cultures. Ils se divisèrent en deux groupes : le premier, auquel se joignirent les Sauromates, sous le commandement du roi Scopanis, eut pour mission de se replier devant les Perses en les entraînant vers le Tanaïs et le lac Maiotis, et de relancer l'ennemi s'il cessait la poursuite. Le deuxième groupe, qui comprenait les deux autres royaumes de Scythie, auxquels se joignirent les Gélons et les Boudines, fut placé sous le commandement des rois Idanthyrse et Taxacis ; il devait se replier, lui aussi, à un jour de marche des avant-gardes perses, en traversant le territoire des peuples qui avaient refusé leur alliance. Puisque ces peuples avaient fait preuve de mauvaise volonté, ils apprendraient au moins ce qu'est la guerre ! Les meilleurs cavaliers scythes partirent en éclaireurs à la rencontre de Darius, tandis que tout le reste, femmes, enfants et troupeaux, fuyait en désordre vers le nord.

Pendant que toute la Scythie battait en retraite vers le nord, les éclaireurs rencontrèrent les Perses à trois jours de marche de l'Ister. Ils prirent soin de toujours rester à un jour de marche de l'armée perse et rasèrent entièrement la région. Des Perses se lancèrent à la poursuite des cavaliers scythes dès qu'ils les aperçurent ; les autres, comme prévu, se replièrent vers le Tanaïs, franchirent le fleuve toujours suivis des Perses, et tout le monde se retrouva bientôt sur le territoire des Boudines.

Tant que les armées traversèrent les steppes désertes de Scythie et du pays des Sauromates, il n'y eut que demi-mal, mais, chez les Boudines, il en fut tout autrement : les Perses incendièrent leur capitale, cette ville construite tout en bois, que ses habitants avaient entièrement évacuée. Après quoi, la poursuite reprit de plus belle. Mais, aux confins du pays, ils tombèrent en plein désert. Ce désert s'étend au nord du pays des Boudines, sur sept jours de marche environ. Au-delà vivent les Thyssagètes, chez lesquels jaillissent quatre fleuves (le Lycos, l'Oaros*, le Tanaïs et le Syrgis) qui traversent leur territoire avant de se jeter dans le lac Maiotis.

Quand Darius se vit devant cette étendue désertique, il stoppa la poursuite et établit ses campements sur les rives de l'Oaros. Il les fortifia en faisant construire huit fortins, espacés les uns des autres d'une soixantaine de stades ; les ruines de ces ouvrages subsistent encore de nos jours. Pendant ce temps, les Scythes contournèrent les campements par le nord et disparurent complètement. Darius, persuadé qu'ils s'étaient enfuis vers le couchant, interrompit la construction des fortins et reprit aussitôt la poursuite.

Il parvint en Scythie à marches forcées et tomba sur le deuxième groupe scythe. Ceux-ci se replièrent en restant toujours à un jour de marche en avant des Perses, et l'infernale poursuite recommença. Les Scythes traversèrent, comme prévu, les États qui avaient refusé leur alliance, en commençant par les Mélanchlènes. Quand le pays des Mélanchlènes fut retourné de fond en comble, ils passèrent chez les Androphages, puis chez les Neures, et chez les Agathyrses. Mais ces derniers, en voyant tous leurs voisins chassés à la fois par les Scythes et les Perses, prirent les devants et interdirent aux Scythes l'accès de leur territoire. Et tandis que les Mélanchlènes, les Neures et les Androphages fuyaient en désordre vers le nord, les Agathyrses, bien armés, montèrent la garde à leur frontière. Les Scythes renoncèrent à les envahir et obliquèrent en entraînant les Perses sur leur propre territoire.

Ce petit jeu n'ayant aucune raison de finir, Darius se décida à envoyer un messager au roi scythe Idanthyrse*. « Roi de malheur, lui dit-il, pourquoi te dérobes-tu sans arrêt ? Car enfin, de deux choses l'une : ou tu te crois assez fort pour m'affronter, et alors pourquoi ne le fais-tu pas ? Ou tu te sais trop faible, et qu'attends-tu pour apporter à ton maître la terre et l'eau ? — Ta première hypothèse était la bonne, lui fit répondre le roi scythe. Je n'ai jamais fui devant qui que ce soit, et ce n'est pas aujourd'hui que je vais commencer. Pourquoi je me déplace sans cesse ? Parce que je fais toujours ainsi en temps normal ! Si je n'ai pas engagé le combat jusqu'à présent, c'est que je ne suis pas pressé. Nous n'avons ni villes ni cultures à défendre à tout prix. Si vous tenez absolument à vous battre, essayer de trouver les tombeaux de nos pères et profanez-les si vous l'osez ! Vous verrez alors si nous sommes ou non des soldats ! Pour l'instant, je n'engagerai aucun combat. Tel est mon bon plaisir. Quant à mes maîtres, selon le terme que tu as employé, je ne m'en connais que deux : Jupiter qui est mon ancêtre, si tu l'ignores, et Vesta, la reine des Scythes. Et puisque tu te prétends mon maître, j'ai effectivement l'intention de t'offrir quelque chose, quelque chose dont tu te souviendras longtemps ! »

A ce seul mot de maître, tous les rois scythes avaient failli s'étouffer de rage. Ils envoyèrent aussitôt le premier groupe, commandé par le roi Scopanis, vers les Ioniens qui gardaient le pont sur l'Ister, pour entamer des pourparlers avec eux. Et le deuxième décida alors de ne plus entraîner les Perses à l'aventure, mais de les harceler sans arrêt, chaque fois qu'ils partiraient au ravitaillement. Ce qui fut fait. La cavalerie scythe mettait régulièrement en fuite la cavalerie perse qui refluait vers les fantassins pour s'appuyer sur eux. Les Scythes regagnaient alors leur ligne pour éviter toute rencontre avec l'infanterie ennemie. Même la nuit, les Scythes s'amusaient à ce genre de guérilla.

Les seules victoires des Perses, qui leur permirent quelquefois de stopper la cavalerie ennemie, furent remportées — tenez-vous bien — grâce à leurs ânes et à leurs mulets. La Scythie, en raison de son climat très froid, ne possède aucune de ces bêtes de somme. Aussi, chaque fois que les Scythes chargeaient contre les Perses et qu'un âne se mettait à braire, les chevaux scythes, effrayés, se cabraient et commençaient à s'emballer. Ce furent là les seules « victoires » de Darius.

Quand les Perses donnèrent les premiers signes d'épuisement et d'abattement, les Scythes imaginèrent un moyen de leur redonner quelque courage et de leur faire boire ainsi la coupe jusqu'à la lie. Ils sacrifiaient volontairement quelques troupeaux qu'ils laissaient errer en évidence et sur lesquels les Perses se jetaient avec avidité. Ils retrouvaient ainsi un peu d'optimisme.

Darius tomba plusieurs fois dans ce piège, mais se trouva finalement acculé à la famine. Les Scythes lui envoyèrent alors un messager qui lui apporta en cadeaux : un oiseau, un rat, une grenouille et cinq flèches. « Pourquoi a-t-on choisi ces offrandes ? » demandèrent les Perses au messager. « Je ne sais pas, répondit-il. Tout ce qu'on m'a dit, c'est de vous les remettre. Si vous avez un peu d'imagination, vous trouverez bien ce qu'elles veulent dire. »

Les Perses commencèrent à s'interroger sur le sens de ces étranges cadeaux. Darius pensait qu'ils représentaient la terre et l'eau, symboles de la reddition : « Le rat vit dans la terre, dit-il, où il se nourrit des mêmes produits que l'homme. La grenouille vit dans l'eau, l'oiseau ressemble au cheval par sa rapidité, et les flèches signifient sûrement que les Scythes vont nous remettre leurs armes. » Mais Gobryas, un Perse de l'entourage de Darius, les interpréta tout autrement : « A mon avis, ces cadeaux signifient ceci : si vous n'êtes pas capables de vous envoler dans le ciel comme cet oiseau, de vous cacher sous la terre comme ce rat, ou de disparaître au fond des marais comme cette grenouille, vous ne reviendrez jamais vivants chez vous, car vous serez frappés par ces flèches. »

L'interprétation de Gobryas était la bonne. Les Perses, trompés par la tactique des Scythes, continuèrent leur vaine poursuite jusqu'à la rive droite de l'Oaros (la Volga) et là, brisés par la faim, la lassitude, l'épuisement, décidèrent de rebrousser chemin. La retraite fut longue et difficile. Une partie des troupes seulement parvint à rejoindre le Danube et à le traverser. Et Darius retourna en Perse sans avoir pu vaincre les Scythes. D'autres, que nous connaissons bien, subiront, après lui, les mêmes mésaventures...

Au cours de sa marche vers la Scythie, Darius traversa des contrées qui, pour être plus proches de la Grèce, n'en étaient pas moins très peu connues, telle la Thrace. Hérodote est le premier à donner une description précise des Thraces, peuple étrange où la barbarie s'alliait aux formes les plus raffinées de civilisation. Rude et archaïque dans ses mœurs, la Thrace n'en passait pas moins pour la patrie des poètes et des inspirés : Orphée, Musée, étaient originaires de Thrace, et le Zalmoxis dont parle Hérodote (qui était en fait une divinité) joua auprès des Gètes le même rôle que Pythagore auprès des Grecs. Or le récit d'Hérodote confirme cette réputation mystique de la Thrace : tous ces peuples semblent vraiment préoccupés par l'au-delà, et la mort apparaît nettement, chez les Gètes, les Trauses et les Crestoniens, comme une porte ouverte sur l'immortalité...

Par la suite, les Perses traversèrent des contrées habitées par des peuples à la réputation fort différente, en particulier les Taures. Ils occupaient le littoral sud de l'actuelle Crimée, et sacrifiaient à la Vierge les naufragés rejetés sur leurs rives. Cette Vierge n'était autre que la grande déesse Tabiti, mentionnée par Hérodote au rang des divinités scythes. On la voit, sur certains objets trouvés dans les tumuli de Crimée, représentée entre deux fauves maîtrisés. C'est à cette Tabiti que les Taures immolaient les voyageurs de passage. Cette coutume inspira en partie Euripide quand il écrivit sa tragédie Iphigénie en Tauride.

Une remarque d'Hérodote à propos des Gélons, peuple scythe qui vivait entre le cours supérieur du Dniepr et le Don, soulève le problème des « villes » scythes. Beaucoup de Scythes — ceux qu'Hérodote appelle les Scythes laboureurs — menaient une existence sédentaire ou semi-sédentaire, partagée entre l'agriculture et l'élevage. Installés au début dans de simples enclos qui abritaient hommes et troupeaux, ils agrandirent et consolidèrent ces établissements primitifs qui finirent par devenir de gros bourgs, situés de préférence près des fleuves, et entourés de remparts en bois et de fossés. Les maisons y furent d'abord en bois, puis en pierre. Plusieurs de ces bourgs ont été retrouvés et fouillés, et certains d'entre eux, comme Kaminskoé, sur le bas Dniepr, et Élissavetovskoé, sur le Don, avaient l'importance de véritables villes.

Quant aux Amazones, leur légende et leur histoire étaient fort connues des Grecs. Qu'elles aient préféré la vie libre et sauvage dans la steppe à celle des femmes scythes se conçoit aisément. Les femmes scythes, en effet, n'accompagnaient jamais leur mari à cheval. Elles suivaient les hommes dans des chariots à quatre et six roues, recouverts d'une capote de feutre et divisés en compartiments. On a d'ailleurs retrouvé dans certaines tombes des maquettes en terre cuite de ces chariots. Ils étaient souvent décorés de tentures et de tapis, et constituaient par excellence « l'intérieur » des ménagères scythes.

Les étranges cadeaux offerts par les Scythes à Darius : un rat, un oiseau, une grenouille et cinq flèches, étaient moins des présents qu'un message. Ce message est même le plus vieil exemple connu en Occident « d'écriture » pictographique. Bien entendu, de tels messages étaient fort ambigus (la fausse interprétation de Darius le prouve) mais l'ambiguïté était probablement voulue par les Scythes et ne pouvait que les servir. De tels messages pictographiques sont encore utilisés par certains peuples d'Afrique et d'Asie centrale. Dans un même ordre d'idées, la courroie à nœuds remise par Darius aux Ioniens préposés à la garde du pont sur le Danube était évidemment un calendrier, d'un usage encore courant à l'époque en Perse et en Grèce. Ce type de courroies à nœuds servait aussi à la transmission de certains messages, et fut utilisé par tous les peuples anciens, depuis les Chinois jusqu'aux Incas.

Les Perses, en tout cas, comprirent trop tard le véritable sens du message des Scythes. Leur campagne militaire s'acheva par une retraite peu glorieuse et Darius tourna alors vers d'autres terres ses désirs de conquête. Fut-ce pour « changer de climat » et ne plus entendre parler des Scythes ? Toujours est-il que les Perses choisirent les déserts de Libye pour théâtre de leurs exploits. On n'aurait su trouver contraste plus total. Mais là, l'histoire et la géographie les favorisèrent, et les Perses purent étendre jusqu'à Cyrène et à Barca les limites de l'empire achéménide qui recouvrit, à l'exception de la Grèce et de l'Europe occidentale, la presque totalité du monde alors connu.

Les récits libyens. Les peuplades de la côte de Libye. Les Nasamons et leurs amours. Les Psylles et leur disparition. La légende du lac Triton.

Pendant que Mégabaze s'occupait en Europe des affaires de Darius, une autre expédition militaire perse avait lieu contre la Libye où la Perse contrôlait quelques peuplades. La Libye regorge en effet de peuples de toutes sortes, dont la plupart se moquaient éperdument du roi des Perses. Ces peuples, les voici.

En partant d'Égypte, on rencontre d'abord les Adyrmachides* qui ont les mêmes coutumes que les Égyptiens, mais s'habillent à la libyenne. Les femmes portent des bracelets de cuivre à chaque cheville et gardent leurs cheveux très longs, si bien que les poux y pullulent. Lorsqu'elles en attrapent un, elle le mordent un bon coup (pour se venger, peut-être) et le jettent. Ce sont les seuls Libyens à se comporter ainsi avec les poux. Ils sont aussi les seuls à offrir à leur roi des jeunes filles nubiles. Le roi fait un choix parmi elles et déflore celles qui lui plaisent. Les Adyrmachides habitent toute la côte qui va d'Égypte au port de Plynos*.

Ensuite vienne les Giligames* dont le territoire s'étend vers le couchant jusqu'à l'île d'Aphrodinas, en passant par l'île de Platéa, ancienne colonie phénicienne, Port-Ménélas* et la ville d'Aziris*. C'est dans cette région qu'on voit les premiers champs de silphium*, depuis la côte en face de Platéa jusqu'à l'entrée de la Grande Syrte. Ces Giligames ont les mêmes coutumes que les Adyrmachides.

En continuant vers l'ouest, les Asbystes* font suite aux Giligames. Ils habitent au sud de Cyrène. La côte appartenant aux Cyréniens, leur pays n'a aucun débouché sur la mer. Ils conduisent à merveille les quadriges, mais, à part cela, leurs coutumes sont celles des Cyréniens.

A leur suite viennent les Auschises qui habitent au sud de la ville de Barca* et dont le territoire débouche vers la mer dans la région des Évespérides*. Une petite peuplade, les Bacales, habite l'intérieur du pays Auschise, et possède un débouché sur la mer de Tauchra, ville de la province de Barca. Ils ont tous les mêmes mœurs que les Cyréniens.

Les Nasamons font suite aux Auschises. C'est un peuple très nombreux. L'été, ils laissent leurs troupeaux au bord de la mer et gagnent l'intérieur du pays, vers l'oasis d'Augila, pour y récolter les dattes, qui y sont très belles et très abondantes. Ils attrapent aussi des sauterelles, les mettent au soleil, les broient dès qu'elles sont sèches, et mélangent cette poudre à leur lait. Chaque Nasamon a plusieurs femmes, mais, en général, les femmes Nasamones appartiennent plutôt à la communauté, comme chez les Massagètes. Quand un Nasamon a envie d'une femme, il plante son bâton devant elle et la prend. La première fois qu'un Nasamon se marie, la coutume veut que sa fiancée couche avec tous les convives de la fête pour sa nuit de noces ; chacun en profite pour lui offrir son cadeau à ce moment-là. Pour prêter serment, ils étendent la main sur les tombeaux de leurs ancêtres, de ceux tout au moins qui passent pour avoir été particulièrement intègres, et jurent en leur nom. Ils consultent ces même ancêtres pour connaître l'avenir, en se couchant et en s'endormant sur leurs tombes. Les rêves qu'ils ont cette nuit-là ont un sens prémonitoire. En gage de ses serments, chaque contractant offre à boire à l'autre, dans le creux de sa main, et, s'il n'y a aucun liquide dans les parages, ramasse de la poussière par terre et la lèche.

Près des Nasamons vivaient les Psylles*, qui, aujourd'hui, n'existent plus. Le vent du sud avait complètement tari leurs citernes, et leur pays n'avait plus une goutte d'eau. Ils tinrent conseil, rapportent les Libyens, et décidèrent de partir en guerre contre ce vent. Mais, dès qu'ils arrivèrent dans la région des dunes, le vent du sud se mit à souffler avec une telle violence qu'il les engloutit tous sous les sables. Depuis leur disparition, les Nasamons occupent leur territoire.

Vers l'intérieur du pays, au sud des Nasamons, dans la région des fauves, habitent les Gamphasantes* qui fuient jalousement tout contact avec les autres humains, ne possèdent pas une seule arme de guerre et ne savent pas se défendre.

Le long de la mer, en direction du couchant, les Maces* font suite aux Nasamons. Ils se rasent entièrement le crâne, en laissant juste au sommet une sorte de houppe. Ils fabriquent des boucliers en peau d'autruche. Un fleuve, le Cinyps, qui prend sa source au pied de la colline des Grâces, traverse leur territoire avant de se jeter dans la mer. Cette colline, située à deux stades du littoral, est le seul endroit boisé de toute la région.

Les plus proches voisins des Maces sont les Gindanes*. Les femmes Gindanes portent autour des chevilles une multitude de bracelets en cuir dont chacun représente un amant. Celle qui en a le plus passe pour la plus douée des Gindanes puisqu'elle a su séduire un si grand nombre d'hommes.

Sur le promontoire qui prolonge vers la mer le pays des Gindanes, vivent les Lotophages*. Ils se nourrissent exclusivement de cette plante dont le fruit a la grosseur de celui des lentisques et le goût sucré des dattes. Ils en font aussi du vin.

Les Machlyes font suite aux Lotophages. Ce sont, eux aussi, des amateurs de lotus. Leur territoire s'étend jusqu'au fleuve Triton qui se jette dans le grand lac du même nom où se trouve l'île de Phla*.

Ce lac a une histoire que voici : lorsque Jason eut achevé la construction de son navire *Argo*, il y chargea un trépied de bronze, des bœufs destinés à une hécatombe, et s'en alla. Il contourna le Péloponnèse pour se rendre à Delphes, mais, en doublant le cap de Malée, le vent se leva et l'entraîna sur les côtes de Libye, sur les hauts-fonds du lac Triton* où il s'échoua. Le dieu Triton arriva alors en personne et lui proposa de lui indiquer une passe pour regagner la mer s'il lui donnait le trépied. Le marché fut conclu, Triton indiqua la passe à Jason et prit le trépied qu'il plaça dans son propre temple. Puis il s'assit dessus et prophétisa : « Si un jour, dit-il aux Argonautes, un de vos descendants parvient à reprendre ce trépied, cent villes grecques s'établiront alors autour du lac. » Dès qu'ils apprirent cette prédiction, les Libyens de la région s'empressèrent de cacher le trépied.

Les Auséens* vivent tout près de là et partagent avec les Machlyes le pourtour du lac. Ces derniers portent les cheveux longs par derrière et les Auséens par-devant. Chaque année, pour la fête de Minerve, les filles du pays se divisent en deux camps et se battent à coups de pierre et de bâton, en souvenir d'un ancien culte de la déesse. Toutes celles qui meurent de leurs blessures sont appelées fausses vierges. Avant le combat, on choisit la plus belle fille du pays, on lui met une armure grecque, un casque corinthien, et on l'installe sur un char qu'on promène tout autour du lac. Comment habillaient-ils ces filles avant l'arrivée des Grecs, je n'en sais trop rien. Sans doute devaient-ils leur mettre des vêtements égyptiens puisque le bouclier et le casque sont d'origine égyptienne. Minerve, disent les Libyens, serait une fille de Neptune et du lac Triton que Jupiter n'aurait adopté que par la suite. Les femmes, chez les Auséens aussi, appartiennent à tout le monde. Ils ignorent tout à fait le mariage et font l'amour comme les bêtes. Quand une femme a mis un enfant au monde, on attend deux mois, puis on rassemble tous les hommes, et celui auquel il ressemble le plus est déclaré son père.

Les peuples du désert et des confins de la Libye. Mœurs des Libyens nomades et des Libyens sédentaires. La faune de Libye. La côte occidentale d'Afrique.

Tout ceci ne concerne que les peuplades libyennes du littoral. En allant vers le sud, à l'intérieur des terres, on traverse d'abord la région des grands fauves, puis on arrive à une zone de dunes qui semblent couvrir tout le continent, de l'Égypte jusqu'aux Colonnes d'Hercule. On trouve au sommet de ces dunes, tous les dix jours de marche, d'immenses blocs faits de sel aggloméré au milieu desquels jaillissent des sources d'eau douce. Des hommes se sont installés autour de ces sources et vivent, en quelque sorte, aux confins du désert, au sud de la région des grands fauves. Le premier peuple qu'on rencontre ainsi, en partant d'Égypte, à dix jours de marche de Thèbes, est celui des Amoniens. Ils possèdent un temple de Jupiter où le dieu est représenté comme à Thèbes, avec une tête de bélier. Il existe chez les Amoniens une source dont l'eau est chaude à l'aube, tiède dans la matinée, et froide à midi. Les Amoniens en profitent alors pour arroser leurs jardins car, au fur et à mesure que le soir approche, la source se réchauffe et devient brûlante à minuit. On l'appelle la Source du Soleil.

Après dix jours de marche à travers les dunes, on parvient à l'oasis d'Augila* où les Nasamons viennent récolter leurs dattes.

A dix jours encore d'Augila, on trouve une nouvelle oasis avec du sel, de l'eau et des dattiers. C'est là que vivent les Garamantes*, peuple très important, qui ont trouvé le moyen d'avoir des cultures en transportant du terreau sur leurs salins. De là aux Lotophages il y a, au bas mot, trente jours de marche. Il existe chez ces Garamantes une variété de bœufs aux cornes très recourbées vers l'avant qui les obligent à paître à reculons ! Sinon les cornes s'enfonceraient dans le sol et ils ne pourraient plus avancer. A part ce détail, ils ne diffèrent en rien des autres bœufs. Les Garamantes donnent la chasse, sur leurs chars, aux Éthiopiens Troglodytes* qui ont la réputation d'être imbattables à la course. Ces Troglodytes se nourrissent de quantité de reptiles, serpents, lézards. Leur langue est très particulière et ressemble aux cris des chauves-souris.

A dix jours des Garamantes, on rencontre une autre oasis habitée par les Atarantes*. C'est le seul peuple que je connaisse où personne n'ait de nom individuel. Quand le soleil est au zénith, ils le maudissent tant et plus, et lui adressent les pires insultes parce qu'il brûle tout, pays et habitants.

Une autre oasis se trouve encore à dix jours de marche des Atarantes, près du mont Atlas*. Ce mont a une base circulaire, l'aspect d'un pic, et il est si haut que sa cime disparaît perpétuellement dans les nuages, hiver comme été. C'est ce mont Atlas qui, d'après la légende, soutiendrait le ciel. Il a donné son nom aux gens qui habitent dans son voisinage, et qu'on appelle Atlantes. Ils ne mangent aucune créature vivante et ne font jamais de rêves.

Tels sont les peuples qui s'échelonnent dans le désert jusqu'au pays des Atlantes. Je ne sais absolument rien sur ceux qui vivent au-delà. Ce désert continue jusqu'aux Colonnes d'Hercule et même plus loin. De dix jours en dix jours, on y retrouve des oasis et des habitants qui se construisent des maisons avec des blocs de sel. Heureusement qu'il ne pleut jamais dans ces pays ! On extrait du sol un sel blanc ou rouge, selon les endroits. Au-delà de la région des dunes, dans l'extrême sud de la Libye, ce n'est plus qu'un désert, sans bêtes, sans pluies, sans arbres, sans la moindre goutte d'eau.

De l'Égypte jusqu'au lac Triton, tous les peuples que nous avons décrits sont des nomades. Ils se nourrissent de lait et de viande, sauf de viande de vache qui est strictement interdite dans tout le pays, comme en Égypte, ainsi que l'élevage du porc. A Cyrène, les femmes, par égard pour l'Égyptienne Isis, s'abstiennent de manger de la vache. Les femmes de Barca s'interdisent aussi le porc.

A l'ouest du lac Triton, les Libyens sont sédentaires et ont des coutumes assez différentes, particulièrement à l'égard des enfants. Presque tous les nomades, en effet, dès que leurs enfants ont quatre ans, leur brûlent les veines du crâne et même des tempes avec un bout de laine brute, pour leur éviter à jamais tout écoulement d'humeurs. « Voilà pourquoi, disent-ils, nous sommes tous si bien portants. » Je ne saurais affirmer que c'est uniquement dû à cette pratique, mais le fait est qu'ils se portent à merveille. Si l'enfant est pris de convulsions pendant l'opération, on l'arrose avec de l'urine de bouc, et les spasmes cessent aussitôt. Mais ce sont les Libyens qui le disent.

Pour faire un sacrifice, les nomades coupent d'abord un bout d'oreille à leur victime et le jettent par-dessus leur épaule. Après quoi, ils l'étranglent. Ils ne sacrifient qu'au Soleil et à la Lune, sauf ceux qui habitent autour du lac Triton qui sacrifient surtout à Minerve, à Neptune et à Triton lui-même.

Le costume et les égides des femmes de Libye ont inspiré ceux de nos statues de Minerve. La seule différence entre les deux costumes est que celui des Libyennes est en cuir, et que les franges bordant les égides sont de simples courroies au lieu de représenter des serpents. Ce nom même d'égide prouve bien que ces vêtements nous viennent de Libye. Les femmes, ici, portent des sortes de capes qu'elles appellent des *égées :* ces capes en peau de chèvre rasée sont garnies de franges et teintes en garance. Le terme d'égée a donné en grec : égide. Je suis sûr aussi que nombre de nos cris rituels viennent de Libye, car les Libyennes poussent ce genre de cris à merveille ! Nos attelages à quatre chevaux s'inspirent aussi nettement de ceux de Libye.

Dans l'ensemble, les nomades ont les mêmes coutumes funéraires que les Grecs. Seuls, les Nasamons enterrent leurs morts assis, et prennent grand soin de toujours redresser les moribonds sur leur séant pour que la mort ne les surprenne pas couchés. Les habitations nomades sont faites de tiges d'asphodèle et de bambou entrelacées ; elles sont très faciles à déplacer.

A l'ouest du fleuve Triton, faisant suite par conséquent aux

Auséens, commence le pays des Libyens sédentaires, des Maxyes*. Ces Maxyes vivent dans des maisons, pratiquent la culture, et s'enduisent le corps de vermillon. Ils se rasent toute la moitié gauche du crâne et laissent intacte l'autre moitié. Leur territoire, comme celui de toute la Libye occidentale, est très boisé et rempli de fauves, alors que toute la Libye orientale, jusqu'au lac Triton, n'est qu'un désert de sable. Ce pays des Libyens sédentaires est très accidenté, couvert de végétation, et peuplé de serpents énormes, de lions, d'éléphants, d'ours, d'aspics, d'ânes à cornes, de monstres à tête de chien, ou même sans tête, et qui ont les yeux sur le poitrail (du moins au dire des Libyens), d'hommes et de femmes très sauvages, et de quantité d'autres créatures monstrueuses.

Chez les nomades, on ne trouve absolument aucun de ces animaux, mais on rencontre en revanche des gazelles, des chevreuils, des antilopes, des ânes sans cornes, qui peuvent rester des jours entiers sans boire, des oryx dont on utilise les cornes pour faire des montants de lyre, de petits renards, des hyènes, des porcs-épics, des panthères, des béliers sauvages, des chacals, des boryes et des dictyes, des crocodiles de huit coudées de long qui vivent entièrement sur terre et ressemblent plutôt à des lézards, des autruches et de petit serpents à cornes. On y trouve aussi tous les animaux habituels, à part les cerfs et les sangliers qui sont totalement inconnus en Libye. Il existe aussi trois variétés de souris : les dipodes, les zégeries (mot libyen qui signifie : rat des collines) et les souris-hérissons. Des belettes vivent dans les champs de silphium. Autant que mes enquêtes m'ont permis de la recenser, je crois que c'est là toute la faune du pays des nomades.

Les Maxyes ont pour voisins les Zauèces, où ce sont les femmes qui conduisent les chars à la guerre. Ces Zauèces sont limitrophes des Gyzantes dont tout le territoire regorge d'abeilles. Le miel est chez eux une véritable industrie. Tous ces peuples s'enduisent le corps de vermillon et se nourrissent de singes dont leurs montagnes fourmillent littéralement.

Il existe dans cette région une île, Kyranis*, de deux cents stades de long, qu'on peut atteindre à gué depuis la terre ferme et qui est couverte de vignes et d'oliviers. Cette île possède un lac dont les gens du pays extraient de l'or, à l'aide de plumes d'oiseaux enduites de poix, du moins d'après les Carthaginois. Mais, après tout, pourquoi ne serait-ce pas vrai ? J'ai bien vu, de mes propres yeux, des gens extraire de la poix du lac de Zante, dans une région qui est, du reste, couverte de lacs, et où le plus grand fait bien soixante stades carrés et deux toises de profondeur. On y plonge une branche de myrte attachée à l'extrémité d'une gaffe, et on en retire une sorte de poix qui sent le bitume, mais de bien meilleure qualité que la poix de Pierie. On la décharge dans un fossé et, quand il est plein, on la transvase dans des amphores. Tout ce qu'on jette dans ce lac de Kyranis ressort, paraît-il, à quatre stades de là, dans la mer, par un canal souterrain. En somme, tout ce qu'on dit de cette île me semble très plausible.

Les Carthaginois m'ont dit autre chose : il existe sur la côte libyenne située au-delà des Colonnes d'Hercule un pays avec lequel leurs navires font du commerce d'or. Une fois arrivés sur les lieux, les Carthaginois débarquent leurs marchandises sur le rivage, remontent a bord et font de la fumée. Les indigènes se rendent alors sur la plage, y déposent leur or en échange des marchandises et s'éloignent. Les Carthaginois débarquent de nouveau, comptent l'or, et s'en vont si la somme les satisfait. Sinon, ils remontent à bord sans toucher à rien et attendent. Les indigènes reviennent et ajoutent de l'or jusqu'à ce que tout le monde soit d'accord. Tout ceci se passe sans histoire et sans heurts. Les Carthaginois ne touchent jamais à l'or ni les indigènes aux objets tant que durent les marchandages.

Tels sont les différents Libyens que mes enquêtes m'ont permis d'approcher. Tous ces peuples se sont toujours, pour la plupart, éperdument moqués du roi des Perses. Ajoutons que ce pays est habité, en tout, par quatre races différentes : deux races autochtones, les Libyens au nord, et les Éthiopiens au sud, et deux étrangères : Les Phéniciens et les Grecs.

Du point de vue de la fertilité, la Libye est loin d'égaler l'Asie et l'Europe. Il faut faire une exception pour la région du Cinyps, dont la richesse est comparable à celle des meilleures terres d'Asie. Son riche terreau, ses sources nombreuses, ses pluies toujours régulières contrastent singulièrement avec le reste du pays. Sa production de céréales égale à peu près celle de Babylone. La région des Évespérides est, elle aussi, assez fertile. Certaines années exceptionnelles, le rapport y fut de cent pour un, et trois cents pour un dans la région du Cinyps. Dans la région de Cyrène, la plus septentrionale de toutes, on fait trois récoltes par an. On commence par le littoral, puis on passe à la zone intermédiaire, dite « des collines », pour finir par la dernière, tout à l'intérieur, si bien que les premières récoltes sont déjà bues ou mangées quand on entame celles de la dernière zone. En Cyrénée, toutes ces récoltes s'étalent sur au moins six mois.

Mais en voilà assez sur tous ces pays.

Ces Récits libyens *d'Hérodote se sont révélés eux aussi d'une étonnante vérité, malgré le caractère apparemment fantaisiste de certaines descriptions. En tout cas, les mœurs des Nasamons, par exemple, me paraissent d'une simplicité et d'une franchise dont devraient s'inspirer tous ceux qui s'occupent aujourd'hui de stages de prétendue bioénergie. Quoi de plus simple en effet, quand on désire une femme, que de planter devant elle son bâton (il suffit d'en avoir un sur soi en permanence) et de lui faire ainsi une déclaration phallique non déguisée ? La coutume des noces nasamones, elle aussi, a de quoi désamorcer les futurs conflits des époux. Proposer à sa femme, le soir des noces, de faire d'abord l'amour avec tous les amis de son mari, est certainement une solution pour la paix future des unions. Mystérieux et attirants sont aussi ces Gamphasantes qui fuient tout contact avec les autres humains et sont des adeptes de la non-violence. Il a dû exister souvent, dans l'Antiquité, de ces groupes pratiquant la non-violence et surtout la désertion hors des communautés humaines et sur lesquels, par définition, nous ne pouvons avoir aucun renseignement, si ce n'est incidemment par des voyageurs tels qu'Hérodote. Notons aussi la coutume des Auséens exposant les nourrissons de deux mois et attribuant leur paternité à ceux auxquels ils ressemblent le plus. Cette solution, pour fantasque qu'elle paraisse, est d'autant plus raisonnable qu'elle s'exerce évidemment à l'intérieur de groupes humains restreints. Pour le reste, le plus important à noter est la mention de tribus se servant de chars contre les Éthiopiens Troglodytes, fait qu'on a toujours considéré comme fantaisiste et prouvant le peu de sérieux de l'auteur. Eh bien, il se trouve qu'il avait entièrement raison, une fois de plus, comme l'ont montré les explorations et travaux d'Henri Lhote avant guerre dans le massif du Tassili, au sud-ouest du Fezzan. Il eut alors la surprise d'y découvrir les traces d'occupations successives et importantes, pendant tout le cours du premier millénaire. Il y revint après la guerre et put relever, sur les parois des grottes et des surplombs, de nombreuses fresques, se recouvrant les unes les autres, œuvres des différentes tribus, crétoises, égyptiennes, libyennes et nègres ayant occupé le site. Dans son livre* A la découverte des fresques du Tassili*, *il relate les différentes étapes de son travail et les rapprochements immédiats qui s'imposèrent alors avec le texte d'Hérodote. Ces Éthiopiens Troglodytes ne seraient autres que les occupants du Tassili,* *et les Garamantes, ces peuples installés au Fezzan, dont la capitale correspondait à l'actuelle ville de Djerma. La présence sur les fresques du Tassili de bœufs à cornes recourbées vers l'avant montre que des échanges devaient avoir lieu entre Troglodytes et Garamantes. Les recherches d'Henri Lhote ont même abouti à la découverte d'une véritable* route des chars* *qui, dès le premier millénaire, reliait la Grande Syrte au Niger à travers le Tassili, le Hoggar et le Tanezrouft ! Il est probable que cette route se parcourait précisément à l'aide des chars mentionnés par Hérodote et dont on a, jusqu'à ce jour, découvert plus de trois cents peintures dans les grottes du Tassili.*

Quant à la campagne militaire des Perses en Libye, quelque peu oubliée, et d'ailleurs fort secondaire pour nous, elle semble s'être limitée à la prise des deux villes libyennes de Cyrène et de Barca. Ces deux villes avaient entre elles des conflits auxquels l'occupation perse mit fin une fois pour toutes. Cette Phérétimé dont il est ici question était la reine de Cyrène qui avait fait appel au gouverneur perse de l'Égypte, Aryande, pour se venger des Barcéens. La chute de la ville marqua la fin des conquêtes perses en Libye, et l'extrême avancée, vers le sud, des soldats de l'armée de Darius.

L'expédition des Perses en Libye. Fin des voyages d'Hérodote d'Halicarnasse.

Les Perses quittèrent donc l'Égypte pour venger Phérétimé et arrivèrent devant Barca. Ils mirent le siège devant la ville et réclamèrent les meurtriers d'Arcélisas. Mais, comme tous les habitants étaient solidaires du meurtrier, ils rejetèrent l'ultimatum des Perses. Le siège dura neuf mois, au cours desquels les Perses creusèrent des galeries souterraines pour tenter de pénétrer dans la ville en passant sous les remparts et livrèrent, en surface, de violents assauts. Mais un forgeron de Barca réussit à détecter ces galeries souterraines à l'aide d'un bouclier recouvert de bronze. Il l'appliquait sur le sol en différents endroits et, chaque fois qu'on creusait le sol à proximité, le bouclier se mettait à vibrer. Les Barcéens n'avaient plus qu'à creuser une contre-galerie et à massacrer les sapeurs. Quant aux assauts perses, leur résultat ne fut guère plus brillant. Cela dura assez longtemps. Les hommes tombaient des deux côtés, et tout le monde commençait à s'impatienter. Le général perse Amasis finit par se rendre compte qu'il ne viendrait jamais à bout des Barcéens par les grands moyens et décida d'employer la ruse. Il fit creuser une tranchée qu'il camoufla en la recouvrant de planches et de terre et, dès le lever du jour, invita les Barcéens à des pourparlers. Les autres acceptèrent et on signa un accord. Cet accord, garanti par des serments et des sacrifices qui eurent lieu précisément au-dessus de cette tranchée, stipulait que les parties respecteraient leurs engagements tant que cette terre resterait ce qu'elle est. Les Barcéens paieraient à Darius un tribut convenable et les Perses promettaient de ne plus les attaquer. Les Barcéens, mis en confiance par ce traité, ouvrirent toutes grandes les portes de leur ville où les Perses pénétrèrent sans la moindre difficulté. Au même moment, ils découvrirent la tranchée camouflée et occupèrent en masse toute la ville. Qui aurait pu les accuser de parjure ? Le sol n'était-il pas différent, maintenant, de ce qu'il était au moment des serments ?

Un fois la ville prise, les Perses livrèrent à Phérétimé les principaux coupables barcéens. Celle-ci les fit empaler et disposa leurs corps tout autour de la ville. Elle fit aussi couper les seins de leurs femmes et en tapissa les murailles.

Et les Perses n'eurent plus qu'à retourner en Égypte en emmenant tous les autres Barcéens en esclavage...

Le point extrême de l'avance perse en Libye fut la ville d'Évespéride. Tous les Barcéens emmenés comme esclaves furent exilés en Perse, où Darius leur assigna comme résidence un bourg de Bactriane qu'ils appelèrent Barca, et qui existe encore de nos jours.

Quant à Phérétimé, elle eut une fin des plus sinistres. A peine rentrée de Libye, où elle s'était vengée des Barcéens avec la cruauté que l'on sait, elle fut dévorée vivante par les vers qui grouillaient dans son corps ! Tant il est vrai que les vengeances excessives attirent sur les hommes la haine des dieux.

Les plus anciens voyages du monde

ANNEXES

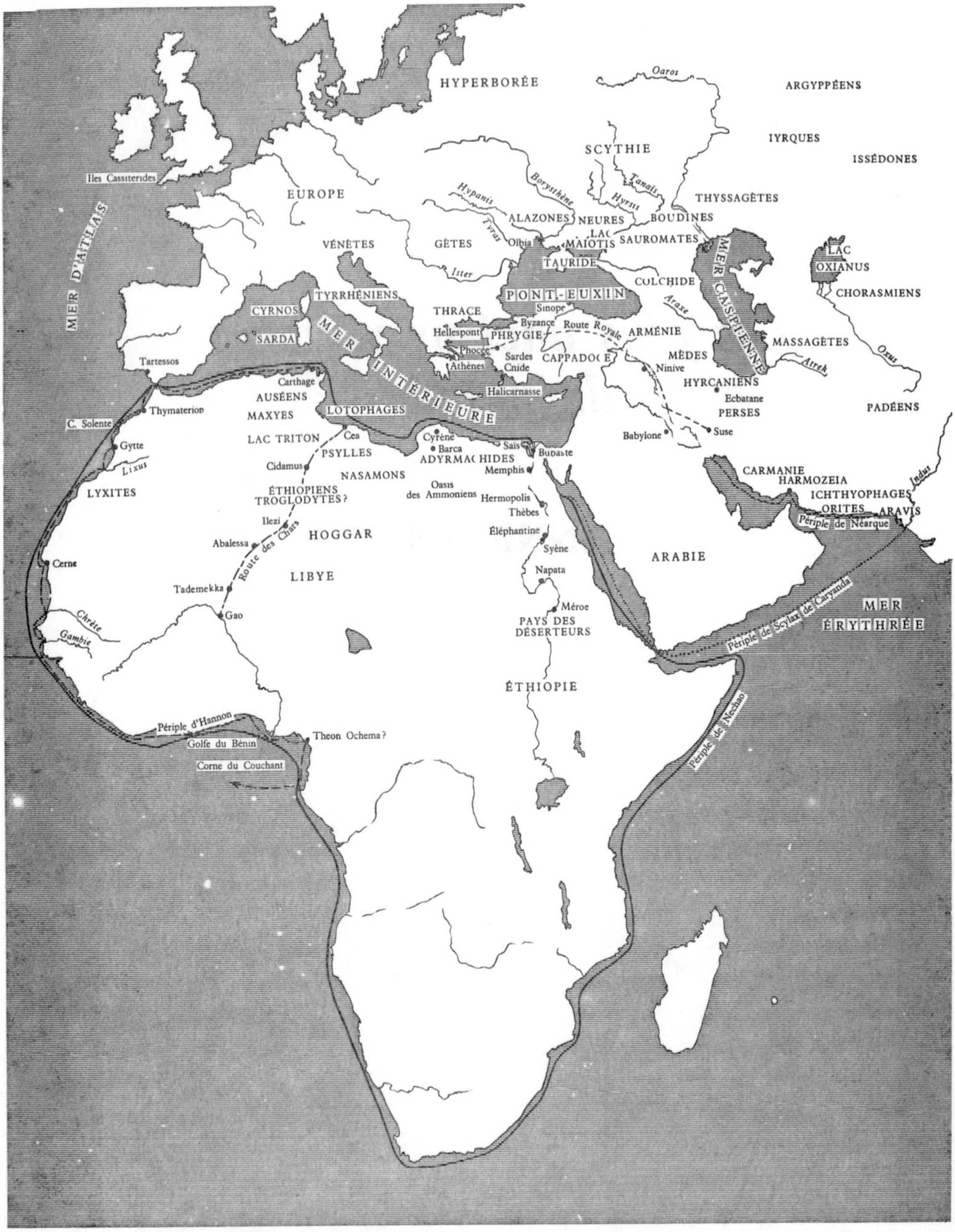
HYPERBORÉE
ARGYPPÉENS
IYRQUES
ISSÉDONES
SCYTHIE
Oaros
Borysthène
Tanaïs
Hyrgis
Hypanis
Tyras
THYSSAGÈTES
Iles Cassitérides
EUROPE
ALAZONES
NEURES
BOUDINES
LAC MAIOTIS
SAUROMATES
VÉNÈTES
GÈTES
Olbia
Ister
TAURIDE
MER CASPIENNE
LAC OXIANUS
CHORASMIENS
MER D'ATLAS
TYRRHÉNIENS
PONT-EUXIN
COLCHIDE
CYRNOS
THRACE
Sinope
Araxe
SARDA
MER INTÉRIEURE
Byzance
Hellespont
PHRYGIE
Route Royale
ARMÉNIE
MASSAGÈTES
Phocée
Sardes
Athènes
Cnide
CAPPADOCE
MÈDES
Ninive
Atrek
Oxus
Tartessos
Carthage
Halicarnasse
HYRCANIENS
Ecbatane
AUSÉENS
MAXYES
LOTOPHAGES
PERSES
PADÉENS
Thymaterion
C. Solente
Gytte
Lixus
LAC TRITON
Cea
PSYLLES
Cyrène
Barca
Saïs
Bubaste
Babylone
Suse
Cidamus
ADYRMACHIDES
Memphis
CARMANIE
HARMOZEIA
Indus
LYXITES
NASAMONS
ÉTHIOPIENS TROGLODYTES?
Oasis des Ammoniens
Hermopolis
Thèbes
ICHTHYOPHAGES
ORITES
ARAVIS
Périple de Néarque
Ilezi
HOGGAR
Éléphantine
Abalessa
Route des Chars
Syène
ARABIE
Cerne
LIBYE
Napata
Tademekka
Méroe
MER ÉRYTHRÉE
Périple de Scylax de Caryanda
Chrète
Gambie
Gao
PAYS DES DÉSERTEURS
ÉTHIOPIE
Périple d'Hannon
Theon Ochema?
Golfe du Bénin
Corne du Couchant
Périple de Néchao

En guise d'apologie

Ainsi prend fin la première partie des récits d'Hérodote d'Halicarnasse. La seconde partie, qui comprend cinq Enquêtes, *correspond à son œuvre proprement historique. Elle retrace les préparatifs de Xerxès contre la Grèce, après la mort de Darius, et décrit les batailles de Marathon, de Salamine et de Platées. Ces quatre premières* Enquêtes *constituent donc une immense introduction à l'histoire des guerres Médiques et un panorama des peuples qui, sous la conduite de Xerxès, furent amenés à envahir la Grèce.*

S'il fallait juger cette œuvre à partir de critères contemporains (ce que je me garderai bien de faire) on pourrait à loisir en inventorier les failles, les insuffisances, les erreurs. Mais ce serait précisément méconnaître son sens que la juger à partir de principes apparus bien après, grâce d'ailleurs au travail d'Hérodote. A en parcourir sommairement les thèmes, on voit que ces enquêtes couvrent la presque totalité des activités humaines et qu'Hérodote a finalement mené ses recherches avec plus de méthode et de sérieux qu'il n'y paraît. Sa curiosité s'étend à tout, avec une rigueur suffisante pour que ses témoignages soient aujourd'hui encore nos meilleurs guides. On peut trouver dans son œuvre des descriptions de coiffures, de costumes (plus de quarante modèles différents), de types physiques, d'armes, de techniques métallurgiques, d'organisations sociales, de fêtes profanes et religieuses, de rites matrimoniaux et funéraires, de procédés de divination, de tatouages, de techniques de tissage, de jeux, de modes d'alimentation, de techniques agricoles, pastorales et forestières. On y trouve des descriptions de villes, de monuments, de sanctuaires, de statues, de modes de construction, des réflexions personnelles et très nombreuses sur la linguistique (plus de dix-huit langues citées), la médecine, la minéralogie, les phénomènes géologiques et, bien entendu, l'ethnologie et la religion. Arrêtons là cette énumération. Elle donne une idée de la curiosité d'Hérodote et de ses qualités d'observateur et d'ethnographe. Il suffira d'ailleurs de lire les deux textes suivants, le Périple d'Hannon, *et les* Récits indiens *de Ctésias de Cnide pour voir combien l'œil, la voix et l'esprit d'Hérodote demeurent irremplaçables. Les quelques erreurs décelées dans son œuvre ont fait trop vite oublier qu'en un temps où tout restait à découvrir, la recherche et la simple observation correcte du réel ont exigé de l'homme les mêmes qualités créatrices que nous employons aujourd'hui à la recherche de l'imaginaire.*

Le Périple d'Hannon *date de la fin du* VIe *siècle avant J.-C. C'est le plus ancien récit d'exploration dont le texte nous soit parvenu. Hannon fut chargé d'explorer la côte d'Afrique pour y établir des colonies carthaginoises. Le texte original de ce* Périple *fut écrit en langue punique et déposé dans le temple de Saturne à Carthage, ainsi que les peaux de gorille appelées à l'époque «peaux de Gorgone» qu'Hannon rapporta de son périple. Tous les voyageurs de passage pouvaient aller les voir et consulter la relation. C'est ainsi qu'elle nous est parvenue dans une traduction grecque faite au* IVe *siècle avant J.-C., dont le lecteur trouvera ici le texte intégral, et ensuite le commentaire.*

Périple d'Hannon.

Les Carthaginois décidèrent d'envoyer Hannon explorer les côtes de Libye situées au-delà des Colonnes d'Hercule pour y fonder des établissements phéniciens. Hannon partit donc à la tête d'une flotte de soixante vaisseaux, portant chacun cinquante rameurs et emmenant en tout trente mille personnes, hommes et femmes, ainsi que des vivres et des marchandises.

Deux jours après avoir dépassé les Colonnes d'Hercule, nous avons fondé, sur une colline dominant une vaste plaine, une ville que nous appelâmes Thymatérion.

Après quoi, nous avons continué vers l'ouest, jusqu'au cap

Solente, couvert de forêts épaisses. Nous y avons élevé un temple de Neptune, et avons repris ensuite notre navigation en direction du sud, cette fois. Au bout d'une demi-journée, nous sommes arrivés à un lac, très proche de la mer, couvert de joncs très hauts, sur les rives duquel nous aperçûmes un grand nombre d'éléphants et autres bêtes féroces.

Après avoir dépassé ce lac, nous avons repeuplé les villes du littoral et nous en avons fondé de nouvelles : Carillon, Gytte, Ucris, Mellita et Arambyo.

De là, nous sommes arrivés à l'embouchure du Lyxus, grand fleuve venant de Libye. Des Lyxites nomades faisaient paître leurs troupeaux le long du fleuve, et nous restâmes quelque temps chez ces gens avec qui nous devînmes grands amis.

Au-delà des Lyxites, dans l'intérieur des terres, habitent des Éthiopiens très difficiles à approcher. On les appelle même, par ici, les Inhospitaliers. Leur région est infestée de bêtes fauves et entourée de hautes montagnes où le Lyxus prendrait sa source. Au milieu de ces montagnes vivent des indigènes d'aspect très étrange, les Troglodytes, qui courent plus vite, dit-on, que les chevaux.

Nous prîmes des Lyxites pour interprètes et continuâmes à naviguer pendant douze jours en direction du sud, en longeant des côtes désertes. Puis nous obliquâmes, naviguâmes pendant une journée en direction du soleil levant, et découvrîmes, au fond d'un golfe, un îlot de cinq stades de circonférence que nous avons baptisé île de Cerne et où nous avons fondé une colonie. D'après la durée de notre voyage, on peut conjecturer que cette île est à peu près à l'opposé de Carthage. Il faut en effet autant de temps pour aller de Cerne aux Colonnes d'Hercule que des Colonnes d'Hercule jusqu'à Carthage.

En quittant Cerne, nous avons dépassé un fleuve important, le Chrète. Puis nous sommes arrivés dans un grand estuaire où se trouvaient trois îles, plus grandes que Cerne. Nous avons doublé ces îles en direction du fond de l'estuaire que nous avons atteint au bout d'une journée de navigation. Sa rive est dominée par de hautes montagnes habitées par des sauvages revêtus de peaux de bêtes qui nous jetèrent des pierres pour nous empêcher d'approcher.

En continuant notre navigation, nous atteignîmes un fleuve très grand et très large rempli de crocodiles et d'hippopotames. De là, nous avons fait demi-tour et regagné Cerne.

De Cerne, nous avons repris notre navigation en direction du sud, pendant douze jours, au cours desquels nous longeâmes des côtes habitées par des Éthiopiens qui prirent la fuite en nous apercevant. Leur langue était inconnue de nos interprètes lyxites. Le dernier jour, nous mouillâmes au pied de hautes montagnes couvertes d'arbres très divers, mais tous odoriférants.

Après avoir pendant deux jours côtoyé des montagnes, nous arrivâmes dans un golfe immense dont les rives étaient très plates et où, la nuit, nous vîmes briller des feux qui changeaient constamment de place et d'éclat.

Nous fîmes provision d'eau et nous repartîmes. Nous naviguâmes pendant cinq jours le long des côtes et arrivâmes dans un autre golfe, très grand, que les interprètes dirent se nommer la Corne du Couchant. Une grande île se trouvait dans ce golfe. Dans cette île, il y avait un lac salé et, sur le lac, un îlot. Nous débarquâmes dans l'île en question qui était couverte de forêts. Mais, pendant la nuit, nous avons aperçu de grands feux et entendu un vacarme assourdissant de timbales, de tambours et de cris, à tel point que nous prîmes peur et quittâmes l'île rapidement.

Nous fîmes voile, le plus vite possible, et longeâmes une côte torride d'où nous arrivaient des parfums merveilleux et où des torrents de feu coulaient vers la mer. La chaleur rendait la terre inabordable.

Alors la peur nous saisit de nouveau et nous continuâmes à naviguer à toutes rames, pendant quatre jours. La dernière nuit, nous aperçûmes une terre couverte de flammes au centre de laquelle s'élevait une colonne de feu si haute qu'elle semblait toucher le ciel. C'était un volcan, qu'on appelle, dit-on le *Théon Ochéma*, le Char des Dieux.

Au bout de trois jours de navigation, nous arrivâmes à un golfe appelé la Corne du Sud. Au fond de ce golfe, une île très semblable à celle dont nous avons déjà parlé contenait, elle aussi, un lac. Dans ce lac il y avait une autre île peuplée d'hommes sauvages. Les femmes étaient hideuses et entièrement velues. Les interprètes nous dirent que c'étaient des Gorilles. Nous poursuivîmes les mâles, mais ils s'enfuirent avec agilité et nous lancèrent des pierres. Nous pûmes prendre trois femelles qui refusèrent de nous suivre ; elles mordaient et griffaient ceux qui les maintenaient, si bien qu'il fallut les tuer. On les dépouilla pour rapporter les peaux à Carthage. Les vivres nous manquant, nous arrêtâmes là notre navigation.

De tel périples furent sans doute accomplis avant celui d'Hannon. Des fouilles récentes effectuées sur la côte marocaine ont révélé un port phénicien datant du VIIIe *siècle avant J.-C. Phéniciens et Carthaginois parcoururent très souvent la côte du Maroc et celle du Rio de Oro pour y faire du trafic d'or et y fonder des comptoirs et des colonies. Mais aucun récit ne nous est jamais parvenu de ces premières expéditions, et celui d'Hannon constitue donc le premier témoignage écrit.*

Une chose frappe d'emblée à sa lecture : le nombre des voyageurs. Naviguer avec trente mille personnes sur soixante vaisseaux, correspondait en fait à transporter la population de plusieurs villes. On voit que les buts de ce périple étaient aussi économiques, et qu'il s'agissait de fonder et de maintenir de façon durable des colonies carthaginoises tout au long de la côte marocaine. Les actuelles ville de Méhédia et de Mogador doivent leur origine à ce périple. Quant au voyage lui-même, il semble qu'on puisse localiser ainsi les différents lieux décrits par Hannon : partis de l'actuelle Méhédia (ou Mehdia sur la côte marocaine, au nord de Rabat), les explorateurs doublèrent le cap Cantin, déjà signalé par Hérodote (dans le texte : cap Solente) puis longèrent la baie de Safi, sur les rivages de laquelle ils aperçurent des éléphants. La seule ville alors fondée ayant laissé des traces est Gytte, qui correspond à l'emplacement de la ville de Mogador. La région infestée de bêtes fauves et habitée par les Éthiopiens Inhospitaliers (tout simplement des Noirs peu coopérants) pourrait correspondre aux contreforts de l'anti-Atlas mais il n'existe aujourd'hui aucun fleuve conforme à la description d'Hannon. L'île de Cerne mentionnée ensuite correspond plus probablement à la baie d'Arguin, au sud du cap Blanc, de même que le fleuve Chrète pourrait être le fleuve Sénégal. Après une exploration jusqu'au fleuve Gambie, les bateaux continuent vers le sud mais les « hautes montagnes couvertes d'arbres très divers » sont impossibles à identifier. Par contre, le golfe « immense aux rives très plates » peut correspondre au golfe de Bénin. Par la suite, la Corne du Couchant et la grande île pourraient être celle de Fernando Po dans le golfe de Guinée, tandis que les volcans décrits sous le nom de Char des Dieux pourraient être la chaîne volcanique des monts Cameroun. L'ultime exploration — marquée par la rencontre avec des gorilles — se serait faite dans la baie du Gabon. Il faut cependant indiquer qu'il existe, sur les localisations de ce périple, des versions si différentes que je ne saurai les mentionner. D'ailleurs, pour être honnête, je dois avouer que je n'ai là dessus aucune lumière particulière.

On peut aussi noter un fait caractéristique : le laconisme et la brièveté de ce récit. Aucun merveilleux, aucun romantisme, n'y président mais plutôt l'appréhension devant l'inconnu, la peur des forces naturelles, l'angoisse devant ces feux, ces cris, ces musiques étranges entendues sur les rives. La première, la plus belle et la plus exaltante des aventures humaines se trouve ainsi résumée en quelques lignes, avec la sécheresse d'un journal de bord.

Les œuvres du géographe grec Ctésias de Cnide, qui vécut dans la seconde moitié du V*e* *siècle et se trouve donc légèrement postérieur à Hérodote, n'ont subsisté qu'à travers des fragments conservés par l'écrivain byzantin Photius, au* IX*e* *siècle après J.-C. Ces fragments se rapportent à deux textes intitulés* Récits indiens *et* Récits persans. *Nous donnerons d'importants extraits du premier. Ctésias de Cnide passa la plus grande partie de sa vie à la cour du roi de Perse Artaxerxès, et nul ne sait s'il se rendit jamais aux Indes ou s'il écrivit ses* Récits indiens *à partir de renseignements fournis par des voyageurs. Il ne semblerait pas en tout cas, à en juger par la description qu'il en fait, qu'il ait vraiment visité le pays. Il est surtout difficile d'admettre que Ctésias de Cnide ait écrit son œuvre après celle d'Hérodote. Ce seul texte montre combien le regard et l'observation d'Hérodote furent en leur temps une révolution et une victoire de la raison. Les* Récits indiens *de Ctésias de Cnide n'en ont pas moins le charme suranné des anciens textes et du seul témoignage existant sur ce qu'étaient, avant Hérodote et lui-même, les premières* Descriptions de la Terre.

Récits indiens.

...Il y a dans l'Inde des éléphants qui peuvent renverser les murailles, de petits singes qui ont des queues de quatre coudées et de très grands coqs. Les perroquets y parlent comme les hommes. Ils sont de la grosseur d'un épervier, avec le devant de la tête couleur pourpre, la barbe noire, le corps couleur de cinabre jusqu'au cou. Ils parlent en général l'indien, mais si on leur apprend le grec, ils parlent le grec. Quant aux chiens, ils sont, là-bas, de très grande taille, et se battent volontiers contre les lions.

Il existe dans l'Inde de grandes montagnes dont on extrait la sardoine, l'onyx et autres pierres précieuses. Le disque du soleil y paraît deux fois plus gros qu'ailleurs, et il y fait si chaud que bien des gens meurent suffoqués par la chaleur. Les vents soulèvent sur la mer de l'Inde des vagues comme celles qu'ils soulèvent en Grèce. La mer elle-même y est chaude en surface et jusqu'à quatre doigts de profondeur, si bien que les poissons séjournent beaucoup plus bas, de peur de mourir de chaleur.

Le fleuve Indus coule entre des montagnes et traverse de nombreuses plaines. Sur ses rives pousse un roseau qu'on appelle le roseau indien. Il est si énorme que deux hommes parviennent à peine à l'entourer de leurs bras réunis. Il atteint la hauteur d'un mât de grand navire. Il en existe évidemment de plus petits. Ces roseaux peuvent être mâles ou femelles. On distingue le mâle à ce qu'il n'a pas de mœlle à l'intérieur.

La mastichore est un animal de l'Inde qui a une face humaine, la taille d'un lion et la peau rouge comme le cinabre. Il a trois rangées de dents, des oreilles très semblables à celles de l'homme, et les yeux d'un bleu tirant sur le vert. Sa queue ressemble à celle du scorpion et renferme à son extrémité un aiguillon de plus d'une coudée. D'autres aiguillons se trouvent également de chaque côté de cette queue. Lorsqu'on s'approche de l'animal, il vous frappe de son aiguillon et on en meurt sans rémission. Si on l'attaque de loin, il dresse sa queue en avant et lance son aiguillon qui vous frappe comme une flèche. Tout animal atteint de ce dard en meurt, à l'exception de l'éléphant. La longueur de ce dard est d'environ un pied. Sa grosseur est celle d'un petit jonc. Ce nom de mastichore signifie en indien : anthropophage. La mastichore, en effet, sans pour autant dédaigner les autres animaux, a une prédilection pour l'homme. Elle se bat à coups de griffes et d'aiguillons, ces derniers renaissent d'ailleurs au fur et à mesure. Ces animaux pullulent dans l'Inde. On les chasse à dos d'éléphant d'où on les larde de flèches et de lances.

Dans la plus grande partie de l'Inde, le soleil est frais à son lever, et jusqu'à midi, après quoi il devient brûlant. Ce n'est nullement son ardeur qui donne aux Indiens un teint si foncé : ils sont noirs de naissance. Il y en a aussi parmi eux qui sont presque blancs de peau, mais très peu.

Au beau milieu de l'Inde vivent des hommes noirs qu'on appelle Pygmées. Ils parlent l'indien et sont très petits. Les plus grands ne dépassent pas deux coudées. Ils portent les cheveux très longs, jusqu'aux genoux et même plus bas. Ils ont une barbe très fournie. Quand elle a poussé jusqu'au bout, ils abandonnent alors tous leurs vêtements, leur barbe par-devant et leurs cheveux par-derrière leur en tenant lieu ; le tout maintenu par une ceinture, ils n'ont que faire d'autres vêtements. Ils sont dans l'ensemble camus et plutôt laids. Leurs animaux, bœufs et moutons, sont eux aussi pygmées. Les chevaux ne dépassent pas la taille de nos béliers. Trois mille de ces Pygmées font partie de la suite du roi des Indes. Ils sont très habiles au tir à l'arc. Ils ont aussi le sens de la justice et observent les mêmes lois que les Indiens. Ils chassent le lièvre et le renard, sans chiens, avec seulement des faucons, des aigles et des corbeaux.

L'Inde regorge d'or et d'argent. L'or ne se trouve pas dans les fleuves, comme c'est le cas dans le Pactole, mais la plupart du temps dans les massifs montagneux. Ces montagnes sont habitées par des griffons, sorte d'oiseaux-quadrupèdes de la taille d'un loup, avec des pattes et des griffes de lion. Ces animaux rendent très difficiles la recherche et le transport de l'or.

Il existe aussi dans l'Inde un oiseau que les gens de l'endroit appellent en indien : *dicairos,* c'est-à-dire : le Juste. Il n'est guère plus gros qu'un œuf de perdrix. Il enfouit ses déchets sous la terre pour qu'on ne puisse les trouver. Si, cependant, un homme les découvre et s'amuse à en manger, ne serait-ce qu'un grain, il s'endort de grand matin, sombre dans l'inconscience, et meurt au crépuscule.

Il y a aussi dans ce pays un arbre qu'on appelle *parébon.* Il a la taille d'un olivier, mais on ne le trouve que dans les jardins du roi. Il ne produit ni fleurs ni fruits, il possède quinze racines très solides dont les plus minces ont au moins l'épaisseur d'un bras humain. Si on parvient à en arracher une et qu'on l'approche de n'importe quel corps, elle l'attire : or, argent, airain, pierres, tout est attiré. Si on en prend un morceau gros comme le bras, il attire les oiseaux, les agneaux. Si on jette un morceau de cette racine, gros comme une pièce de monnaie, dans de l'eau ou du vin, ces liquides se coagulent aussitôt mais reprennent dès le lendemain leur aspect habituel.

Un autre fleuve que l'Indus traverse l'Inde. Il n'est pas très important et n'a que deux stades de long. Les Indiens, dans leur langue, l'appellent : l'Hypoborus, ce qui veut dire : le Bénéfique. Chaque année, pendant trente jours, il charrie de l'ambre. Car en amont, dans les montagnes, il existe, dit-on, des arbres qui poussent le long du fleuve et qui, à certaines saisons, pleurent et répandent des larmes de résine qui tombent dans le fleuve et s'y durcissent aussitôt. L'arbre lui-même s'appelle: *liptochore,* en indien, ce qui signifie: le Gentil.

Près des sources du fleuve dont nous avons parlé, pousse une fleur pourpre. Dans la même région vit un animal de la taille d'un scarabée rouge. Il a des pattes très longues et le corps aussi mou que celui d'un ver. Il vit sur les arbres qui portent l'ambre, se nourrit de leurs fruits et fait mourir l'arbre, exactement comme chez nous les insectes qui font mourir la vigne. Les Indiens le broient et se servent de cette poudre pour teindre en rouge leurs étoffes.

Dans cette même région vivent des hommes à tête de chien, vêtus de peaux. Ils n'ont pratiquement aucun langage. Ils aboient comme des chiens et se comprennent très bien entre eux. Leurs dents et leurs ongles sont plus longs que ceux des chiens. Ils ont la peau noire et le sens de la justice. Ils s'entendent très bien avec les autres Indiens. Ils comprennent parfaitement l'indien, mais ne peuvent répondre qu'en aboyant ou par des gesticulations comme, chez nous, les sourds-muets. Les Indiens les appellent Calystriens, c'est-à-dire Têtes-de-chien. Ils sont au nombre d'environ cent vingt mille.

Ces hommes Têtes-de-chien habitent surtout les montagnes. Ils vivent de la chasse et ne travaillent jamais. Ils font cuire ou sécher au soleil les viandes des animaux qu'ils tuent, et élèvent des troupeaux de brebis et de chèvres dont ils boivent le lait. Ils se nourrissent des fruits du liptochore, l'arbre à ambre. Ce fruit a un goût sucré. Ils le font sécher au soleil et le mangent, comme on fait chez nous avec les raisins. Ils construisent parfois des radeaux sur lesquels ils chargent ces fruits secs, de l'ambre, et des fleurs pourpres à teinture qu'ils vont vendre aux Indiens. Ils leur achètent en échange du pain, de la farine et du coton, et aussi, quelquefois, des épées, des arcs et des javelots qu'ils utilisent pour la chasse.

Les Têtes-de-chien ne vivent pas dans des maisons, mais dans des grottes. Ils chassent les animaux sauvages à l'arc et au javelot, et souvent à la course, car ils courent très vite. Les femmes ne se lavent qu'une fois par mois, et les hommes jamais, sauf les mains. Ils s'enduisent le corps trois fois par an d'un liquide gras qu'ils extraient du lait. Leurs habits sont en peaux tannées et très minces, à part les riches, très peu nombreux, qui portent du lin. Pour tout lit, ils se contentent de feuillages. Quelques propriétaires possèdent des troupeaux, mais, la plupart du temps, toutes les richesses du groupe font partie du patrimoine commun. Tous, hommes et femmes, ont une queue au-dessus des fesses, comme les chiens, avec cette différence qu'elle est plus velue. Ils font l'amour par-derrière, comme les chiens, et le faire autrement serait la pire des insultes. Ils sont d'un naturel paisible, aiment la justice, et vivent très longtemps.

Au-delà des Hommes Têtes-de-chien vivent d'autres Indiens, très noirs. Ils ne travaillent jamais, ne mangent jamais de blé, ne boivent jamais d'eau. Ils se nourrissent exclusivement de lait de chèvre ou de brebis. Leurs enfants naissent sans anus et ne peuvent donc rien rejeter. Leurs excréments sortent par la même voie que l'urine, sous forme de substances troubles, un peu comme le fromage, mais moins compactes. Il y a aussi dans le fleuve Indus un ver qui ressemble assez de forme au ver du figuier. Il a environ sept coudées de long. Il est si gros qu'un enfant de dix ans aurait peine à le prendre dans ses bras. Ce ver n'a que deux dents, mais tout ce qu'il parvient à saisir avec, il le dévore. Il passe ses journées dans la vase du fleuve, sort la nuit, et se jette sur tout ce qu'il rencontre : bœuf, chameau... Il le mord, l'entraîne dans le fleuve, et n'en fait qu'une bouchée. On l'attrape avec un grand hameçon auquel on accroche un agneau ou un chevreau. Une fois pris, le ver est suspendu pendant trente jours au-dessus de récipients en terre, et il distille pendant ce temps une huile très visqueuse qui remplit au moins dix bonnes jarres. Après quoi, on jette l'animal, on scelle les jarres, et on les porte au roi. Personne d'autre que lui n'a le droit d'avoir cette huile. Elle enflamme tout ce qu'elle touche, bois ou chair.

Dans les montagnes de l'Inde où poussent les roseaux, existe un peuple d'environ trente mille personnes dont les femmes n'enfantent qu'une fois dans leur vie. Leurs enfants naissent avec une dentition superbe. Hommes et femmes viennent au monde avec les cheveux blancs, et leurs poils restent blancs jusqu'à la trentaine. Après quoi, ils commencent à foncer, si bien qu'à soixante ans, ils ont la barbe et les cheveux d'un noir d'ébène. Ils ont huit doigts à chaque main et à chaque pied. Ils sont d'un naturel très belliqueux. Ils ont les oreilles si longues qu'elles se touchent l'une l'autre et qu'ils s'en enveloppent le dos et les bras jusqu'aux coudes...

Et l'écrivain byzantin Photius, qui rapporte dans ses Commentaires *ce texte de Ctésias de Cnide, ajoute en conclusion : « Ctésias affirme avoir vu de ses propres yeux la plupart de ces choses. Il a volontairement omis certains faits et certaines histoires, de peur qu'on ne l'accuse d'avoir écrit des choses incroyables. »*

Arrien

RÉCITS INDIENS
et
PÉRIPLE DE NÉARQUE EN MER ÉRYTHRÉE

Les Récits indiens *et le* Périple de Néarque en mer Érythrée *sont l'œuvre d'Arrien, un historien grec du* IIe *siècle après J.-C. Ils figurent, sous forme d'appendices, dans le grand récit qu'il entreprit des campagnes d'Alexandre le Grand, sous le titre d'*Anabase, *en hommage à Xénophon. Il s'agit d'une compilation de textes antérieurs dus à des logographes et géographes comme Mégasthène, Ératosthène et Ctésias de Cnide (pour les Indes) et de la transcription du récit perdu que fit Néarque, général d'Alexandre, au retour de l'expédition des Indes. On verra, par le ton très différent de celui de Ctésias de Cnide, qu'Arrien s'attache davantage à la vraisemblance et à l'analyse des informations et se montre bien moins crédule que son prédécesseur. Comme les textes cités ci-dessous le sont avant tout à titre comparatif — et aussi parce qu'ils sont pratiquement introuvables — les très brefs commentaires qu'ils supposent seront intégrés dans le cours du récit sous forme de parenthèses.*

Récits indiens.

Les villes et les castes de l'Inde.

Les Indiens n'élèvent jamais de monuments à leurs morts, la valeur d'un homme et les poèmes qu'on lui consacre ensuite suffisant amplement, disent-ils, à perpétuer sa mémoire.

Il n'est guère possible de fixer avec exactitude le nombre des villes indiennes, car elles sont légion. Les villes bâties au bord de la mer ou des fleuves sont toutes faites en bois, les briques ne pouvant résister longtemps aux pluies et aux fleuves qui submergent toutes les campagnes chaque fois qu'ils débordent. Les villes bâties sur les hauteurs et dans tous les endroits secs sont faites de briques et d'argile mélangées. La plus grande ville de l'Inde est Palimbothra, capitale de la province des Prassiens, au confluent de l'Erranovoa et du Gange (*il s'agit de l'actuelle Patna*). Le Gange est le plus grand fleuve de l'Inde et l'Erranovoa vient au troisième rang. Ce dernier serait même le plus important de tous s'il ne se jetait dans le Gange. D'après Mégasthène, Palimbothra mesure, dans sa plus grande longueur, quatre-vingts stades et quinze dans sa plus grande largeur. Un fossé de quatre phlètres de large et de trente coudées de profondeur l'entoure entièrement. Le mur d'enceinte a cinq cent soixante-dix tours et soixante-quatre portes.

Autre remarque importante sur l'Inde : tous ses habitants y sont libres, il n'y a pas d'esclaves comme à Lacédémone. Mais dans cette dernière ville les ilotes font tout de même des travaux d'esclave alors que chez les Indiens il n'existe aucun esclave, en général, à plus forte raison aucun esclave indien.

Les Indiens sont répartis en sept castes. La première est celle des Sages (*autrement dit des Brahmanes*). Ils sont en nombre restreint, mais d'autant plus considérés et estimés. Ils ne sont astreints à aucun travail ni à aucun impôt. La seule chose qu'ils aient à faire est de célébrer des sacrifices aux dieux pour le compte de la communauté. Lorsqu'un particulier veut célébrer un sacrifice, il y a toujours un Sage pour surveiller la cérémonie, sans quoi elle risquerait de ne pas être agréée par les dieux. Les Sages sont les seuls à connaître et à prédire l'avenir et les seuls, du reste, à avoir le droit de prophétiser. Leurs prophéties se rapportent en général au temps qu'il fera et aux catastrophes qui doivent survenir. Ils n'exercent jamais leur art pour le compte des particuliers, soit que leurs prophéties ne concernent pas les menus détails, soit qu'ils refusent eux-mêmes de s'abaisser à des futilités. Si un Sage s'est trompé trois fois dans ses prédictions, on ne lui fait rien mais on l'oblige à se taire et personne, désormais, ne pourra le contraindre à ouvrir la bouche, une fois qu'il a été condamné au silence.

Ces Sages vivent nus, été comme hiver, dans les prairies et autres lieux où règne la fraîcheur, sous de grands arbres qui font de l'ombre dans un rayon de cinq phlètres autour de leur tronc (d'après Néarque) et qui pourraient facilement abriter une foule entière. Les Sages se nourrissent des fruits et de l'écorce de ces arbres qui est aussi sucrée et nourrissante que le fruit des dattiers.

La deuxième caste, la plus nombreuse de toutes, est celle des cultivateurs. Ils ne savent pas ce que c'est qu'une arme de guerre et ne sont jamais astreints à combattre. Leur rôle est de travailler la terre et de payer des impôts aux rois ou aux États indépendants. Si une guerre éclate entre Indiens, personne n'a le droit de toucher aux cultivateurs ni d'endommager leurs champs. Aussi voit-on les soldats combattre et s'entre-tuer pendant qu'un peu plus loin les cultivateurs labourent tranquillement leurs champs, taillent leurs arbres, cueillent leurs fruits ou font leur moisson.

La troisième caste est celle des pâtres, bergers et bouviers. Ils habitent dans les montagnes, en nomades, loin des villes et des villages. Ils doivent payer des impôts sur leurs troupeaux et font la chasse aux oiseaux et aux bêtes sauvages.

La quatrième caste est celle des artisans et des boutiquiers. Eux aussi doivent payer des impôts sur leurs commerces, à l'exception des fabricants d'armes qui reçoivent, au contraire, de l'argent du Trésor public. Les marins, ceux qui naviguent sur les fleuves, et les constructeurs de bateaux font partie de cette caste.

La cinquième caste, la plus importante après celle des cultivateurs, est celle des guerriers. Ils n'ont à s'occuper exclusivement que de la guerre et mènent une vie des plus agréables et des plus princières. On leur fournit leurs armes et leurs chevaux, ils ont des domestiques à leur disposition pour soigner leurs montures, nettoyer leurs armes, conduire leurs éléphants ou leurs attelages. Tant que la guerre dure, les guerriers se battent. La paix conclue, ils se laissent vivre. Ils touchent une solde suffisante pour nourrir toute une famille, et largement.

La sixième caste est formée par ceux qu'on appelle aux Indes les contrôleurs. Ils surveillent les campagnes et les villes, font leur rapport au roi ou aux autorités compétentes quand il s'agit d'États indépendants. Tout mensonge est absolument interdit dans leurs rapports et jamais aucun Indien, du reste, n'a fait de rapports mensongers.

La septième caste comprend tous ceux qui discutent avec le roi ou les magistrats des intérêts de la communauté. Cette caste est très restreinte mais elle est, de loin, la plus éclairée et la plus juste. Elle fournit les magistrats, les gouverneurs, les administrateurs, les trésoriers, les chefs militaires (généraux et amiraux), les intendants et ceux qui surveillent les travaux des champs.

Il est interdit de se marier hors de sa propre caste. Ainsi un cultivateur ne peut épouser une femme de la caste des artisans et inversement. Il n'est pas possible non plus d'exercer deux métiers à la fois ni de changer de caste : par exemple, devenir cultivateur quand on est berger ou berger quand on est artisan. Sauf pour la caste des Sages. N'importe qui peut devenir Sage car c'est cette caste qui assume, de loin, les tâches les plus ardues.

Les animaux des Indes. La chasse à l'éléphant. Les tigres et les serpents.

Les Indiens chassent, à la façon des Grecs, des bêtes sauvages de toutes sortes ; mais la chasse à l'éléphant se déroule chez eux de façon particulière, du fait même que ces bêtes ne ressemblent à aucune autre. Ils choisissent un endroit plat, bien ensoleillé, circonscrivent un emplacement assez grand pour contenir une armée entière et creusent tout autour un fossé. Ce fossé a cinq coudées de large et quatre de profondeur. Les déblais sont vidés et tassés sur les deux bords du fossé de façon à former deux murs. On perce des ouvertures dans le mur externe par lesquelles la lumière pénètre et qui permettent aux chasseurs d'observer les bêtes quand elles s'approchent de l'enclos. Ce travail fini, on place dans cet enclos trois ou quatre femelles soigneusement dressées, on édifie, comme unique voie d'accès, un pont sur le fossé et on le camoufle avec de la terre et des herbes pour que les bêtes n'éventent pas le piège ; après quoi les chasseurs vont se poster à l'abri dans leurs fossés. Les éléphants sauvages n'approchent jamais dans la journée des lieux habités mais, dès que la nuit tombe, ils errent par bandes, à la recherche de nourriture, sur les traces du plus puissant et du plus courageux d'entre eux.

Dès que les éléphants sont assez près de l'enclos, ils entendent les barrissements des femelles, éventent leur odeur et se précipitent vers elles. Ils sont obligés de faire le tour du fossé jusqu'au pont et s'élancent à l'intérieur. Les chasseurs aussitôt se précipitent et, pendant qu'un groupe va prestement retirer le pont, les autres courent au village le plus proche avertir les tribus que les éléphants sont pris. Les habitants prennent alors des éléphants courageux et spécialement dressés et partent vers l'enclos. Ils n'engagent pas tout de suite le combat avec les bêtes prisonnières. Ils attendent que la faim et la soif commencent à les épuiser et, quand ils jugent le moment venu, replacent le pont et pénètrent à l'intérieur des murs. Une violente bataille s'engage entre les bêtes sauvages et les autres, mais les premières, épuisées par la faim, perdent vite courage et finissent par succomber. Les hommes sautent à terre, attachent prestement l'extrémité des pattes des bêtes fatiguées qui ne cherchent même plus à résister et les font battre par les autres éléphants jusqu'à ce qu'elles tombent à terre d'épuisement. Il n'y a plus qu'à passer une corde autour du cou des vaincus et à les monter. Pour que les bêtes ne soient pas tentées de faire quelque coup de tête et de se débarrasser de leur cavalier, on leur entaille le cou à l'aide d'un couteau tranchant et on passe la corde dans la blessure à vif; elle entame la plaie au moindre mouvement du cou et oblige la bête à garder la tête immobile. A partir de ce moment, les éléphants se rendent compte qu'ils sont vaincus et se montrent dociles. Il n'y a plus qu'à les mener, la corde au cou, à la suite des éléphants apprivoisés.

Les bêtes trop jeunes ou difformes sont remises en liberté et regagnent leurs repaires. Les autres sont conduites dans les villages où les chasseurs leur offrent des roseaux et des herbes à manger. En général, les bêtes déprimées les refusent. Alors les Indiens les entourent, se mettent à chanter, à jouer du tambour, à frapper des cymbales, ce qui finit par amadouer les éléphants.

L'intelligence est un des apanages de l'éléphant, plus encore que pour toute autre bête. Certains, m'a-t-on dit, ont ramassé d'eux-mêmes leur cornac tué au cours d'un combat et ont ramené son corps pour qu'on puisse l'enterrer. D'autres l'ont protégé et se sont battus pour le défendre quand il gisait à terre. Un autre, qui avait tué son cornac dans un accès de fureur, en mourut de remords et de désespoir.

J'ai vu de mes propres yeux un éléphant jouer des cymbales pendant que d'autres dansaient. On avait attaché des cymbales aux pattes antérieures de l'animal et une autre à sa trompe. L'éléphant frappait les cymbales des deux pattes avec celle de la trompe et faisait danser ses congénères qui tournaient en file autour de lui, dressant et pliant leurs pattes à tour de rôle, en mesure.

La saillie se fait au printemps, comme chez les taureaux et les chevaux, quand les espèces d'ouvertures que les femelles ont près des tempes se dilatent et répandent leur odeur. La gestation dure au minimum seize mois et au maximum dix-huit. Les femelles ne mettent bas, comme les juments, qu'un seul petit, qu'elles allaitent ensuite pendant huit ans. Les éléphants peuvent vivre jusqu'à deux cents ans, mais la plupart meurent avant, de maladie. Quand ils ont les yeux malades on les leur soigne avec du lait de vache. Pour les autres maladies, on leur fait boire du vin rouge. On guérit souvent leurs blessures en appliquant dessus des cataplasmes de viande de porc cuite. C'est ainsi que les Indiens soignent leurs éléphants.

Le tigre, disent les Indiens, est un animal beaucoup plus redoutable que l'éléphant. Néarque dit n'avoir jamais vu l'animal lui-même, mais seulement des peaux. Le tigre est de la taille d'un grand cheval, et il est plus rapide et plus vorace qu'aucun autre animal. S'il se trouve en face d'un éléphant, il lui bondit sur la tête et l'étrangle en un rien de temps. Les animaux que nous connaissons sous le nom de tigres ne sont en réalité que des fauves, du genre chacal, au pelage moucheté et de grande taille.

Quant à ces « fourmis » des Indes décrites par les précédents voyageurs, Néarque dit bien qu'il n'en a pas vu de vivantes, mais que des dépouilles en ont été amenées aux campements macédoniens. (*Il s'agit de sorte de marmottes. Voir les* Récits indiens *d'Hérodote*). Mégasthène affirme que tout ce qui a été écrit sur ces « fourmis » est exact : ce sont des animaux qui creusent le sol et en déterrent l'or, non par amour de l'or, mais simplement pour se creuser des terriers. Ces « fourmis » sont plus grandes que des renards et se font des terriers proportionnés à leur taille. Le sol de ces régions étant aurifère, c'est grâce à elles que les Indiens recueillent l'or. Mégasthène n'en parle cependant que par ouï-dire et moi-même je ne sais rien d'autre sur la question.

Les perroquets, dit Néarque, sont aux Indes un véritable sujet d'ébahissement. Et il décrit l'oiseau, son allure, sa façon de parler avec une voix humaine. Pour ma part j'ai déjà vu pas mal de perroquets et beaucoup de gens les connaissent, aussi est-il inutile de les ranger parmi les singularités du pays, pas plus que les singes. Tout le monde connaît leur taille, leur aspect, la façon dont on les capture.

Néarque dit qu'on chasse aussi, aux Indes, des serpents très agiles et très bigarrés. Pithon, le fils d'Antigène, en captura un de onze coudées, mais les grands serpents sont, paraît-il, encore bien plus longs. Aucun médecin grec n'a pu trouver de remède contre les morsures des serpents des Indes. Mais les Indiens, eux, en ont trouvé. Alexandre s'était entouré des meilleurs médecins indiens et avait fait savoir dans toute l'armée que tout homme mordu par un serpent devait aussitôt se rendre à la tente du roi. Les médecins indiens savent soigner aussi les autres maladies, mais elles y sont rares du fait du climat tempéré. Dans les cas graves on va consulter les Sages qui, sans doute, avec l'aide de la divinité, guérissent ce qui peut se guérir.

Mœurs des Indiens.

Les Indiens portent des vêtements de lin. Ils récoltent ce lin sur des arbres. Le lin indien est d'une blancheur beaucoup plus éclatante que tous les autres, à moins que ce ne soit le teint foncé de ceux qui le portent qui le fasse paraître tel. Ils sont vêtus d'une tunique de lin qui s'arrête à mi-jambes et d'un manteau simplement jeté sur les épaules qui leur couvre également la tête. Ils portent des boucles d'oreilles d'ivoire, du moins les gens aisés car tous les Indiens n'en ont pas. Leurs barbes sont teintes en différentes couleurs : les uns se la blanchissent, les autres se la foncent, certains ont une barbe écarlate, d'autres, pourpre, d'autres, verte. Les personnages haut placés se font précéder, l'été, par des porteurs d'ombrelles. Ils ont des chaussures de cuir blanc, confectionnées avec la plus grande minutie ; les semelles sont bariolées et les talons très hauts pour paraître plus grands.

Les Indiens ont toutes sortes d'armes. Les fantassins ont un arc aussi grand qu'eux, qu'ils fichent dans le sol en le maintenant du pied gauche et qu'ils bandent au maximum pour tirer. La flèche a au moins trois coudées de long, et aucun bouclier, aucune cuirasse, si solides soient-ils, ne peuvent résister à de telles flèches. Leur bras gauche tient un bouclier en peau de bœuf, plus étroit mais presque aussi haut qu'eux. Des javelots remplacent parfois les arcs. Ils ont tous un grand couteau qui a, au moins, trois coudées de long. Dans les corps à corps qui sont d'ailleurs rares entre Indiens, ils les manient à deux mains pour mieux frapper. Les cavaliers ont deux javelots, du genre saunia, et un bouclier plus petit que celui des fantassins.

Les chevaux sont sellés et bridés d'une façon qui n'est ni grecque ni celte : on leur entoure l'extrémité de la bouche d'une courroie de peau de bœuf cousue et ornée de clous de fer et de cuivre, qui sont arrondis et retournés par-derrière. Les riches utilisent des clous d'ivoire. Le mors est une sorte de broche de fer à laquelle on attache les rênes qui freinent le cheval ; lorsqu'on tire sur les rênes, les clous le piquent et l'obligent à obéir.

En ce qui concerne leur aspect physique, les Indiens sont maigres, grands, plus sveltes et alertes que les autres hommes. Ils utilisent en général pour voyager des chameaux, des chevaux, des ânes et des éléphants, ces derniers réservés aux gens aisés. Les rois ne se déplacent qu'à dos d'éléphant ; après, par ordre de prestige, viennent le quadrige, le chameau et le cheval. Voyager avec un seul cheval fait très mauvais effet.

Les femmes les plus vertueuses ne se laissent séduire à aucun prix, si élevé soit-il, sauf dans un seul cas : une femme ne s'estime jamais déshonorée aux Indes en se donnant pour le prix d'un éléphant. Elle semble même particulièrement fière de voir sa beauté estimée au prix de cet animal.

Dans le mariage le mari ne donne ni ne reçoit rien. Les pères des jeunes filles en âge d'être mariées les conduisent devant tout le monde et les offrent à quiconque sera vainqueur à la course, à la lutte, à la boxe, bref, à quiconque fera preuve de qualités viriles.

Les Indiens se nourrissent de pain et pratiquent le labourage, sauf dans les montagnes où ils se nourrissent uniquement de gibier.

Je pense en avoir assez dit sur les Indes. Les choses les plus intéressantes de ce pays ont déjà été décrites par Néarque et Mégasthène, tous deux voyageurs sérieux et dignes de foi. Mon intention, en effet, n'est pas tant de m'attarder sur les mœurs des Indiens que de raconter le périple de la flotte d'Alexandre, des Indes jusqu'en Perse. Que l'on considère donc tout ce qui précède comme une simple digression.

Le Périple de Néarque en mer Érythrée.

Les préparatifs du départ.

Voici donc le récit du périple accompli par Néarque, avec sa flotte, depuis les bouches de l'Indus jusqu'au golfe Persique, à travers cette mer qu'on appelle la mer Érythrée.

Alexandre voulait faire explorer toute la côte qui va des Indes jusqu'au golfe Persique. Il était partagé entre la crainte de voir sa flotte tout entière disparaître, au cours de ce long périple, en s'échouant, par exemple, sur quelque rivage désertique, sans eau et sans ressources (ce qui aurait réduit à néant ses précédents succès et tous les efforts déployés pour les obtenir), et ce désir qui le tenaillait de toujours se lancer dans de nouvelles aventures. Ce fut finalement ce dernier qui l'emporta.

Mais il ne savait à qui confier le commandement d'une telle expédition. Il fallait quelqu'un de compétent et qui sache aussi inspirer confiance aux hommes pour que l'équipage n'ait pas l'impression d'être envoyé à la mort. Alexandre alla donc consulter Néarque à ce sujet. Ils passèrent en revue pas mal de gens mais aucun ne convenait : l'un parce qu'il refuserait de courir un tel risque, l'autre parce qu'il était trop timoré, tel autre parce qu'il n'avait qu'un désir : rentrer chez lui au plus vite, d'autres enfin pour telle ou telle raison. Finalement, Néarque dit à Alexandre : « C'est moi-même, roi, qui conduirai ta flotte, j'en prends devant toi l'engagement. Avec l'aide des dieux, je mènerai tes vaisseaux et tes équipages sains et saufs jusqu'en Perse, si du moins la navigation est possible dans ces régions et si cette entreprise est à la portée d'une intelligence humaine. » Alexandre, au début, ne voulut pas que son ami risquât sa vie dans une entreprise aussi périlleuse, mais l'autre insista si bien que le roi, touché de son dévouement, lui confia le commandement de la flotte. Cette décision fit régner la confiance parmi les soldats et les équipages désignés pour le voyage. « Jamais Alexandre, pensèrent-ils, n'aurait choisi Néarque s'il devait y avoir le moindre danger et s'il n'était pas certain lui-même que nous en reviendrons sains et saufs. »

L'importance et l'animation des préparatifs, la mise en ordre des bateaux, le zèle des triérarques envers les équipages et les soldats qui devaient s'embarquer, rendirent confiance et entrain même aux plus tièdes. Cette confiance se mua en enthousiasme quand on sut qu'Alexandre en personne était descendu par l'Indus jusqu'à la mer offrir des sacrifices à Neptune et aux autres dieux marins, et faire à l'Océan lui-même des cadeaux somptueux.

Néarque offrit lui aussi des sacrifices à Jupiter Sauveur et donna des jeux gymniques. Après quoi ils levèrent l'ancre et descendirent l'Indus. Ils mouillèrent le premier jour à cent stades de leur point de départ, dans un endroit appelé Stoura, près d'un grand canal où ils restèrent deux jours. Le quatrième jour, ils repartirent et gagnèrent un autre canal, trente stades plus aval, déjà alimenté par la mer qui y pénétrait à marée haute et y laissait une partie de ses eaux en se retirant. Cet endroit s'appelle Caumara. Après avoir encore navigué vingt stades, ils mouillèrent à Corestine, toujours le long du fleuve. Ils quittèrent Corestine et parvinrent aux bouches de l'Indus après une très courte navigation. La côte est très rocheuse à cet endroit et les écueils forment des brisants. Ils délimitèrent là un chenal de cinq stades où la mer ne brisait point, par lequel ils gagnèrent le large à la marée haute. Puis ils longèrent la côte sur une distance de cent cinquante stades et mouillèrent près de l'île sablonneuse de Crocala, où ils restèrent le jour suivant.

Le pays des Arabis.

Cette région est le pays des Arabis, peuple indien dont j'ai déjà parlé dans mon autre ouvrage. Ce nom leur vient du fleuve Arabios qui traverse leur pays et le sépare de celui des Orites. La flotte quitta Crocala et longea la côte avec, à tribord, le mont Eiron et à bâbord une île basse séparée du littoral par un étroit chenal. Ils doublèrent cette île et mouillèrent dans un port vaste et très joli que Néarque baptisa : Port-Alexandre (*l'actuelle ville de Karachi*). Dans le goulet du port, à deux stades environ du rivage, il y avait une île : Bibacta. Toute cette région s'appelle Sangada. C'est le long de cette île située face à la mer — qui protège le port contre les vents du large violents et incessants — que la flotte jeta l'ancre. Néarque fit édifier un camp qu'il entoura d'un mur de pierres pour que les barbares ne s'avisent pas de venir le piller. Ils restèrent là vingt-quatre jours pendant lesquels les soldats s'occupèrent à pêcher des moules, des huîtres et des coquillages, tous d'une taille extraordinaire à côté des nôtres. Comme boisson, ils buvaient de l'eau de mer.

Dès que le vent s'apaisa, ils repartirent et, soixante stades plus loin, mouillèrent le long d'un rivage sablonneux, près duquel se trouvait une île déserte. La flotte s'abrita derrière cette île qui s'appelait Domai. La côte n'avait pas d'eau, mais ils en trouvèrent à l'intérieur des terres, après vingt stades de marche. Le lendemain, ils naviguèrent de nuit pendant trois cents stades et atteignirent Sranga où ils mouillèrent près du rivage et trouvèrent de l'eau à huit stades de la côte. Ils repartirent et mouillèrent à Saccala, un lieu désertique. Puis ils passèrent deux écueils si proches l'un de l'autre que les rames heurtaient le roc des deux côtés à chaque coup, et mouillèrent à Morontobara, à trois cents stades environ de Saccala. Le port de Morontobara est grand, profond, de forme circulaire et bien abrité. Malheureusement son entrée est très étroite. Les gens du pays appellent ce port : Port des Femmes, car une femme, paraît-il, y aurait régné la première. Après avoir franchi les écueils, ils rencontrèrent de fortes lames et une mer très agitée qu'ils ne purent éviter en prenant le large. Le lendemain ils virent, à bâbord, une île si proche du rivage que le passage avait plutôt l'air d'un chenal. Ce chenal était long d'environ soixante-dix stades. De nombreux arbres et d'épaisses forêts se dressaient sur le rivage. Des arbres de toutes sortes ombrageaient l'île. Ils la doublèrent à l'aube en prenant cet étroit chenal, au moment du reflux. Cent vingt stades plus loin, ils mouillèrent à l'embouchure de l'Arabios, dans un grand et beau port où malheureusement il n'y avait pas d'eau douce, celle de l'Arabios étant mêlée d'eau de mer. Ils trouvèrent cependant, à l'intérieur des terres, une sorte de réservoir naturel. Ils y puisèrent et retournèrent aux vaisseaux. A proximité du port, une île déserte assez haute, autour de laquelle abondaient les huîtres et toutes sortes de poissons, marquait la fin du pays des Arabis qui sont les derniers Indiens dans cette direction. A partir de là commence le pays des Orites.

Le pays des Orites.

A partir des bouches de l'Arabios, ils longèrent le pays des Orites. Ils mouillèrent à Pangala après deux cents stades de navigation, à proximité d'une barrière rocheuse près de laquelle ils purent jeter l'ancre. Les équipages restèrent sur les bateaux tandis que quelques soldats débarquèrent pour aller chercher de l'eau. Le lendemain, ils levèrent l'ancre à l'aube et, au bout de quatre cents stades, au crépuscule, arrivèrent à Cabana, où ils mouillèrent au large d'un rivage désert, craignant les nombreux brisants. Au cours de cette navigation, un vent violent se leva et détruisit deux gros bateaux et un vaisseau léger. Les hommes se sauvèrent à la nage, le naufrage s'étant produit assez près de la rive. Ils partirent de Cabana vers minuit et naviguèrent jusqu'à Cocala, à deux cents stades de là. Les bateaux mouillèrent sur leur ancre et Néarque fit débarquer les équipages pour qu'ils se reposent un peu des fatigues de la traversée. Il construisit un camp retranché pour les protéger des barbares. A cet endroit précis, Alexandre avait fait préparer des réserves de blé pour approvisionner la flotte. Il fallut dix jours pour les transférer à bord, pendant lesquels ils réparèrent les avaries des vaisseaux.

Ils repartirent par vent favorable, naviguèrent pendant cinq cents stades et jetèrent l'ancre près d'un fleuve torrentueux, le Toméros (*le fleuve Hingol à la frontière sud de l'Iran et du Pakistan*). L'estuaire de ce fleuve formait une lagune sur les bords de laquelle vivaient des hommes, dans de minuscules cabanes. Ils furent saisis de frayeur à la vue des vaisseaux et se groupèrent en hâte le long du rivage, prêts à empêcher tout débarquement. Ils étaient armés de lances d'une longueur de six coudées dont la pointe, durcie au feu, était aussi solide que du fer. Ils devaient être dans les six cents. Quand Néarque vit qu'ils semblaient décidés au combat, il disposa ses vaisseaux assez près du rivage pour que leurs flèches puissent l'atteindre, mais hors de portée des lances. Il prit ensuite les soldats les plus adroits et les plus habiles à la nage, les arma légèrement, et leur ordonna de gagner la rive. Dès qu'ils auraient pied, ils devaient attendre leurs compagnons, se disposer sur trois rangs et, au signal donné, pousser leurs cris de guerre et s'élancer sur l'ennemi. Les hommes plongèrent des bateaux, nagèrent vigoureusement, se regroupèrent dès qu'ils eurent pied, poussèrent des cris de guerre en l'honneur d'Ényalos et s'élancèrent à l'assaut. Pendant ce temps, les troupes restées à bord les épaulaient en poussant des cris et en arrosant les barbares d'une grêle de flèches. Ces derniers, surpris par l'éclat des armes et la soudaineté de l'attaque, atteints par quantité de flèches qui frappaient des hommes à moitié nus, s'enfuirent sans demander leur reste. Certains furent tués, d'autres faits prisonniers. Quelques-uns purent se réfugier dans la montagne. Les prisonniers étaient velus de la tête aux pieds et ils avaient, à la place des ongles, de véritables griffes dont ils se servaient pour dépecer et découper les poissons et les bois tendres mieux qu'avec des instruments en fer. Les objets plus durs, ils les cassaient à l'aide de pierres tranchantes. Ils ignoraient l'usage du fer, s'habillaient de peaux de bêtes et certains même de vêtements faits avec les écailles de grands poissons.

Les Grecs tirèrent les navires à sec pour réparer les avaries et se remirent en route six jours après. Au bout de trois cents stades, ils arrivèrent aux confins du pays des Orites à l'endroit appelé Malana (*aujourd'hui Ras Malan, près du cap Ormara au Pakistan*). Les Orites habitent l'intérieur du pays, s'habillent comme les Indiens et ont les mêmes armes de guerre. Mais ils ont une langue et des coutumes fort différentes.

La longueur de ce parcours fut en tout de mille stades le long de la côte des Arabis et de mille six cents stades le long de celle des Orites.

A partir de Malana ils ne rencontrèrent plus d'Indiens tant qu'ils longèrent les côtes indiennes (*en fait, les côtes de l'actuel Belouchistan*), mais Néarque remarqua un phénomène curieux : chaque fois qu'ils naviguaient vers le large en direction du midi, les ombres des corps semblaient elles aussi tournées vers le midi ; mais quand le soleil était au zénith, on ne voyait plus une seule ombre nulle part. Quant aux astres qu'ils avaient l'habitude de voir auparavant, certains avaient complètement disparu, d'autres ne s'élevaient guère au-dessus de l'horizon et ceux qui appartenaient aux constellations toujours visibles se couchaient pour se lever aussitôt après. Ce que relate Néarque n'a rien d'étonnant. A Syène en Égypte, on montre un puits où, à midi, au solstice d'été, n'apparaît pas une seule ombre. L'Inde étant un pays méridional, il est naturel d'y observer les mêmes phénomènes, surtout dans l'océan Indien, le plus méridional de tous. Mais assez sur ce sujet.

Le pays des Ichthyophages.

Les Ichthyophages* se nourrissent de poissons, c'est d'ailleurs de là que vient leur nom. Très peu d'entre eux pratiquent la pêche faute d'en connaître les secrets et de posséder les embarcations nécessaires. La plupart du temps, ils prennent le poisson à marée basse, à l'aide de filets de deux stades de long faits d'écorces de dattiers tordues en fil comme on fait pour le lin. A marée basse, la mer ne laisse aucun poisson à sec, mais, en revanche, en laisse en abondance dans les flaques et les creux, surtout les petits et parfois quelques grands. Ils mangent tels quels, au sortir de l'eau, les plus petits qui sont tendres. Les gros sont mis à sécher au soleil, puis réduits en poudre, sorte de farine avec laquelle ils font du pain, parfois même des galettes. Leurs troupeaux se nourrissent eux aussi de poissons séchés, car tout le pays est aride, sans pâturages ni herbages. Les Ichthyophages pêchent aussi quantité de crabes, d'huîtres et de coquillages. Le pays possède des salines naturelles. Tous ceux qui habitent ces régions désertiques, sans arbres et sans fruits, se nourrissent exclusivement de poissons. D'autres, mais très peu, cultivent quelques lopins de terre et se nourrissent de poissons et de froment, mais en fait le poisson est, pour ainsi dire, le pain du pays. Les plus riches construisent leurs maisons avec les baleines échouées dont les os font office de bois de construction. Les os plats sont utilisés comme poutres. La plupart des Ichthyophages construisent leurs maisons avec des arêtes de poisson.

Il existe dans l'océan de grandes baleines et des poissons beaucoup plus gros que chez nous. Néarque raconte qu'en partant de Cuiza, ils virent soudain, à l'aube, une gerbe d'eau jaillir devant eux comme soulevée par une violente tornade. Les hommes, terrifiés, demandèrent aux pilotes ce qui arrivait et quelle était la cause de ce phénomène. Ceux-ci répondirent que c'étaient simplement des baleines qui rejetaient l'eau dans les airs, en soufflant; les rames leur en tombèrent des mains! Pour les rassurer et les ragaillardir, Néarque leur cria de disposer leurs vaisseaux face aux bêtes, comme pour les attaquer de front, de pousser leurs cris de guerre et de frapper l'eau bruyamment avec leurs rames. Ils ramèrent donc en direction des baleines au signal convenu et, quand ils en furent tout près, commencèrent à pousser des cris, à sonner de la trompette, à frapper l'eau de toutes leurs forces, bref à faire un vacarme effroyable. Les baleines, au moment même où les bateaux allaient les heurter, plongèrent brusquement et firent surface un peu plus loin, en poupe, en soufflant l'eau. Les marins applaudirent à grands cris à ce salut inespéré et félicitèrent Néarque de son audace et de son astuce.

Au moment où la mer se retire, il arrive que des baleines s'échouent en différents endroits du littoral, à cause des bas-fonds, ou que d'autres soient rejetées sur le rivage par de violentes tempêtes. Alors, elles pourrissent et se décomposent, leurs chairs se détachent par lambeaux; il ne reste plus que leur squelette, utilisé comme bois de construction. Les os des côtes servent de poutres, les plus petits de solives, ceux des mâchoires de portes. Certaines baleines atteignent jusqu'à vingt-cinq orgyes (*soit quarante-cinq mètres!*).

Au cours de leur navigation le long de la côte des Ichthyophages, ils entendirent parler d'une île déserte, à cent stades au large. Les gens du pays l'appellent Nossala et disent qu'elle est consacrée au Soleil et que personne ne doit y aborder. Si quelqu'un y aborde par mégarde, il disparaît à jamais. Il paraît qu'un vaisseau léger égyptien disparut ainsi dans les parages de cette île. Néarque fit faire le tour de Nossala par un bateau de trente rames avec ordre de crier le long du rivage le nom de ce capitaine égyptien, sans y aborder. Comme personne ne répondait, il mit délibérément le cap sur l'île et accosta, malgré la résistance de l'équipage. Il mit lui-même pied à terre et fit ainsi justice de toutes ces fables. On raconte aussi que cette île aurait été habitée par une des Néréides dont l'histoire ne dit pas le nom. Chaque fois qu'un homme débarquait, elle se donnait à lui, puis le changeait en poisson et le rejetait à la mer. Le Soleil, furieux, lui intima l'ordre de quitter l'île. La Néréide accepta à condition qu'en échange le Soleil mette fin à ses envoûtements. Ce qui fut accordé. Alors, prise de remords envers les hommes qu'elle avait changés en poissons, elle leur rendit leur forme humaine : de ces hommes descendraient les actuels Ichthyophages. Néarque a réduit à néant toutes ces fables, mais faut-il vraiment le louer de s'être donné tant de mal pour un si piètre résultat ? Il n'était guère difficile de les réfuter et c'est perdre vraiment son temps que de collecter des fables à dormir debout pour en démontrer l'inconsistance.

La Carmanie.

Au-delà des Ichthyophages, à l'intérieur du pays, dans une région insalubre et sablonneuse, vivent les Gadrosiens. L'armée d'Alexandre et Alexandre lui-même y subirent les déboires que j'ai racontés dans mon ouvrage.

La flotte arriva en Carmanie après avoir quitté le pays des Ichthyophages (*l'actuelle province iranienne de Kermàn, qui en a conservé le nom*). Elle mouilla au large, sur les ancres, à cause des brisants qui empêchaient d'approcher la côte. De là, elle obliqua vers le nord-ouest, au lieu de continuer vers l'ouest. La Carmanie est un pays beaucoup plus luxuriant que celui des Orites et des Ichthyophages. L'eau et les prairies y abondent. La flotte mouilla à Badis, endroit couvert d'arbres, de vignes excellentes et de blé. De là, ils parcoururent huit cents stades et jetèrent l'ancre près d'un rivage désert, d'où ils aperçurent un long promontoire s'avançant très loin en mer, à un jour de navigation environ de leur mouillage. Ceux qui connaissaient le pays dirent que ce cap était territoire arabe et qu'il s'appelait Macéta (*l'actuel cap Masandam dans le détroit d'Ormüz*). Les Assyriens venaient s'y ravitailler en cannelle et autres épices. A partir de ce mouillage et de ce cap, le golfe paraissait s'enfoncer vers l'intérieur pour former la mer Érythrée. Onésicrite, dès qu'il vit ce promontoire, voulut mettre le cap droit sur lui pour ne pas perdre de temps à longer le golfe. « As-tu perdu l'esprit ? lui demanda Néarque. Tu sais très bien pourquoi Alexandre a décidé cette expédition. Ce n'est pas pour éviter à son armée de rentrer à pied par le continent, mais pour que nous explorions minutieusement toute cette côte, ses golfes, ses îles et ses mouillages, que nous visitions les villes bâties sur ses rivages et sachions si tout ce pays est fertile ou non. Nous n'allons pas tout faire échouer, au moment de toucher au but, d'autant plus que nous ne manquons pas de vivres. » Ce promontoire avançant loin vers le sud, Néarque craignait du reste de n'y trouver qu'une terre désertique, calcinée et sans eau. Cet avis l'emporta, et je suis certain que cette décision sauva toute l'expédition, car ce promontoire est effectivement aride et sans eau ainsi que tout le pays environnant.

Ils levèrent l'ancre, naviguèrent donc en longeant la côte et, au bout de sept cents stades, mouillèrent près d'un autre rivage du nom de Néoptona. Ils en repartirent à l'aube, naviguèrent cent stades et mouillèrent à l'embouchure du fleuve Anamis, dans un lieu accueillant et fertile, bien que dépourvu d'oliviers, du nom d'Harmozeia. C'est là qu'ils débarquèrent pour goûter enfin, après tant d'épreuves, les joies du repos.

Index documentaire

Les noms géographiques sont en minuscule.
Les noms propres sont en petites capitales.
Les noms de peuples et d'ethnies sont en italique.

Adyrmachides. — Les Adyrmachides habitaient la côte méditerranéenne de l'Égypte tout au long de l'actuel golfe de Sollum. La ville de Plynos correspond à l'actuel Sidi Barani. La défloration par le roi des jeunes filles nubiles est plutôt une coutume africaine.

Agathyrses. — Peuple scythe qui vivait entre le Danube et le Dniester. L'étymologie de son nom semble thrace plutôt que scythe. A noter que le caractère « efféminé » des Agathyrses qu'Hérodote décrit couverts de bijoux peut venir d'un rite de fête ou d'une cérémonie religieuse. Il est toujours difficile de savoir si Hérodote parle d'un fait courant ou exceptionnel.

Akis. — L'actuel fleuve Atrek ou Atrak qui se jette dans la mer Caspienne.

Alazones. — Peuplade de Scythes sédentaires qui vivait entre le Boug et le Dniepr. On a effectivement retrouvé dans ces régions, près de Kaminskoé notamment, les vestiges de villages de cultivateurs.

ALYATTE. — Roi de Lydie qui régna de 610 à 561. Il annexa à son pays l'Anatolie occidentale.

AMASIS. — D'abord général de l'armée égyptienne, il prit le pouvoir en 568 à la suite d'une révolte des soldats. Il régnait toujours sur l'Égypte lorsque le roi perse Cambyse envahit le pays en 528. Il mourut la même année. Psammétique III lui succéda.

Amazones. — Le problème de l'existence des Amazones a soulevé maintes polémiques depuis un siècle. La tradition situait leur pays soit au pied du Caucase, soit en Thrace soit en Crimée. On les rencontre dans maintes légendes grecques : dans celle d'Héraklès qu'elles combattent quand il veut ravir la ceinture de leur reine Hippolyte ; dans celle de Thésée qui enlève l'une d'elles, Antiope, à la suite de quoi elles envahissent l'Attique. En dehors de l'étymologie proposée par Hérodote qui est entièrement fantaisiste, la tradition veut que leur nom vienne de *a-mazos*, c'est-à-dire sans sein. Elles sont souvent représentées en effet avec le sein gauche découvert et le sein droit coupé. Mais l'étymologie véritable serait iranienne, de *ha-mazan*, nom d'une tribu guerrière où les femmes combattaient aussi. Des légendes circulaient en Amérique du Sud au moment de la conquête espagnole selon lesquelles il existait des tribus indiennes où seules les femmes combattaient. D'où le nom d'Amazonie que l'on donna alors à cette région.

Amoniens. — Habitants de l'oasis d'Amon, aujourd'hui Siwa, près de la frontière égypto-libyenne. Il s'y trouvait un important sanctuaire du dieu Amon qu'Alexandre le Grand vint consulter et où il eut, dit-on, la révélation de sa nature divine.

Androphages. — Étymologiquement, leur nom signifie : mangeurs d'homme. Ils vivaient au nord du Dnieper. Là encore, Hérodote décrit peut-être un cannibalisme rituel et non une pratique courante.

APRIÈS. — Roi d'Égypte qui régna non pendant 25 ans comme le dit Hérodote mais de 588 à 568.

Arabes. — Hérodote mentionne surtout, sous ce terme, des tribus sémites habitant les régions situées au sud de la mer Morte, entre autres les Nabatéens. Les témoignages sur leurs coutumes et leurs protocoles sont les plus anciens qui existent. Hérodote les décrit d'ailleurs plus loin dans la septième *Enquête* : « Ils avaient de longues robes tenues par une ceinture et pour armes, de grands arcs tenus dans la main droite qu'ils tendaient en renversant leur courbure. »

Arabie. — Pour Hérodote, l'Arabie correspond à la région située au sud de la Palestine et à la côte orientale de la mer Rouge.

Araxe. — Il existe de nos jours encore un fleuve Araks (ou Aras), affluent de la Kura qui se jette dans la mer Caspienne au sud de Bakou, mais ni son cours ni son embouchure ne correspondent à la description d'Hérodote. On ne saurait l'identifier avec l'Oxus (l'actuel Amou-Daria) car Hérodote distingue bien les deux fleuves.

Ardericca. — Cette bourgade d'Assyrie, à proximité de Babylone, est décrite plus en détail par Hérodote dans la cinquième *Enquête.* Description fort intéressante puisqu'elle est la première mention du... pétrole : « Elle se trouve à deux cent dix stades de Suse et à quarante stades de cet étrange puits d'où l'on tire à la fois du sel, de l'huile et du bitume. Voici comment on s'y prend : on utilise un treuil et au bout de la corde, on attache la moitié d'une outre. On plonge cette outre dans le liquide et on la retire. On la verse ensuite dans un bassin d'où le liquide s'écoule dans un autre bassin en se fragmentant. Le bitume se dépose instantanément, le sel se cristallise et seule l'huile coule jusqu'au bout dans des récipients où on la recueille. Les Perses nomment cette huile *radinakè*, c'est-à-dire pétrole. Elle est noirâtre et sent très fort. »

ARGANTHONIOS. — Roi qui aurait régné sur la ville de Tartessos pendant quatre vingt ans, au dire d'Hérodote. Pline l'Ancien, lui, dit qu'il régna cent cinquante ans !

Argyppéens. — Les Argyppéens sont une tribu scythe à éléments mongoloïdes. Les couvertures de laine dont parle Hérodote doivent être très certainement des tentes de feutre. Ils se rasaient entièrement le crâne pour des raisons rituelles, ce qui explique la méprise d'Hérodote qui les croit chauves de naissance. Ils vivaient dans le territoire occupé aujourd'hui par les Kalmouks, c'est-à-dire entre la mer d'Aral et l'Afghanistan.

Arimaspes. — Il s'agit là, sans la moindre ambiguïté, d'un peuple mythique, censé vivre dans l'extrême nord, au-delà de l'Oural. L'étymologie donnée par Hérodote pour expliquer leur œil unique montre que la langue scythe avait des affinités avec la langue ossète. En effet, le linguiste russe Abayev ainsi que Georges Dumézil y retrouvent la racine *asp-* signifiant cheval. Arimaspes signifierait alors le Peuple des chevaux.

Asbystes. — Les Asbystes habitaient la région de l'antique ville de Cyrène, qui donna son nom à la Cyrénaïque. Mais ils vivaient à l'intérieur des terres, jouxtant les Adyrmachides, assimilés aujourd'hui aux Tjéhénou, que mentionnent les textes égyptiens.

ASTYAGE. — En iranien, son nom est Ichtumégû. Dernier roi de Médie qui régna de 585 à 550 et fut détrôné par son petit-fils Cyrus.

Atarantes. — Peuple libyen qui occupait l'actuel Fezzan et peut-être le massif du Tassili. Il était très probablement de race berbère. Son nom peut se rapprocher du berbère *adrar* signifiant montagne.

Atlantes. — Ce terme ne désigne pas ici les habitants mythiques de l'Atlantide mais les tribus censées vivre au pied du mont Atlas, à l'extrême occident du Maghreb. Mais Hérodote étend manifestement leur habitat assez loin vers l'est.

Atlas. — A l'origine Atlas était un géant, frère de Prométhée, condamné par Zeus à soutenir la voûte céleste et relégué aux extrémités occidentales de la terre, près du Jardin des Hespérides. Par la suite, il fut pétrifié par Persée (qui brandit la tête de la Gorgone) et changé en montagne. Les traditions grecques le situaient soit dans l'actuel Atlas marocain soit sur la côte méditerranéenne de l'Espagne.

Augila. — Oasis du désert libyen. Aujourd'hui Aoudjila. (ou Al-Jaghbub).

Auséens. — Peuple libyen qui occupait le rivage de la petite Syrte. Un des nombeux exemples — comme celui des Agathyrses — de polygamie et de polyandrie.

Aziris. — Ville de Libye correspondant peut-être à l'actuelle ville de Dernah. Dans un passage antérieur non traduit, Hérodote la décrit comme « encadrée de beaux vallons boisés, au bord d'un fleuve ».

Babylone. — Les vestiges les plus anciens de Babylone remontent au XXIVe siècle avant J.-C. Elle connut deux périodes très florissantes : au XVIIIe siècle, sous la dynastie des Hammourabi et au VIIe siècle sous celle des Néo-Babyloniens. Elle fut effectivement prise par Cyrus en 539. Quand Hérodote la visita, sans doute au temps où le Perse Tritantaichmès y était satrape, dans les années 460-450, elle était donc encore occupée par les Perses. Il faut noter aussi qu'à la suite de sa victoire, Cyrus libéra les Juifs déportés à Babylone par les Assyriens et leur restitua les objets sacrés dérobés par les vainqueurs. D'où le surnom d'*Oint de Yahvé* que les Hébreux donnèrent à Cyrus.

Barca. — Ville de Libye fondée

— comme Cyrène — par des colons grecs et qui devait se trouver à l'est de l'actuelle Benghazi.

Borysthène. — L'actuel fleuve Dnieper qui se jette dans la mer Noire. Son port était justement Olbia où Hérodote séjourna certainement et où vivait à l'époque une importante communauté de colons et de commerçants grecs.

Boudines. — Scythes chasseurs qui vivaient dans les régions boisées du cours supérieur du Boug.

Bouto. — Ville de Basse-Égypte où se trouvait un important sanctuaire de la déesse Ouadjet (assimilée par les Grecs à Latone, mère d'Apollon et d'Artémis). Elle avait été la nourrice d'Horus, dans les marais, lors de la fuite d'Isis. Le nom actuel est Kawm-al-Faraïn.

Bubaste. — Ce nom signifie Maison de Bastet. C'était une ville de Basse-Égypte où se trouvait un sanctuaire de la déesse-chatte Bastet. On y célébrait chaque année des fêtes à caractère populaire en l'honneur de la déesse. Ses ruines s'appellent aujourd'hui Tall-Bastah, juste à côté de la ville d'Az-Zaqaziq.

Cadytis. — L'actuelle ville de Gaza, au sud de la Palestine.

Calendrier. — Le problème du calendrier est essentiel pour chaque peuple. Nous avons précisé ce qu'était le calendrier égyptien où l'année commençait le 15 juin. Le calendrier grec ne comptait que 354 jours avec six mois de 29 jours et six de 30 jours. Aussi intercalait-on un mois de 30 jours la 3ᵉ, la 5ᵉ et la 8ᵉ année de chaque cycle de huit ans. La chronologie, à partir de l'époque alexandrine, partait de la première célébration des Jeux Olympiques (1ʳᵉ Olympiade) correspondant à 776 avant J.-C. selon notre système.

CAMBYSE. — Fils de Cyrus le Grand. Il régna de 528 à 522. Il s'agit en fait de Cambyse II, en perse Kamboujiya.

CANDAULE. — Dernier roi de Lydie, assassiné par Gygès en 670. Le nom grec Myrsilos signifie «fils de Myrsile».

Carie.*Cariens.* — La Carie occupait le littoral et les montagnes d'Asie Mineure, entre la Lydie au nord et la Lycie au sud. Sa capitale, Mylasa, tomba aux mains des Perses dans la seconde moitié du VIᵉ siècle. Les Cariens parlaient une langue indo-européenne qui n'était pas le grec puisqu'à deux reprises, Hérodote la qualifie de «barbare». Il est à noter que beaucoup de Cariens, peuple qui semblait d'humeur souvent belliqueuse, furent engagés comme mercenaires dans les armées égyptiennes.

Cartes du monde antique. — Le monde antique semble avoir connu l'usage des cartes avant Hérodote. On a retrouvé, par exemple, dans les ruines de Nippur une carte sumérienne du IIIᵉ millénaire avant J.-C. représentant l'univers tel que l'imaginaient les Sumériens. On sait aussi que des cartes égyptiennes, dessinées ou peintes sur papyrus, représentaient soit le Royaume des morts soit des emplacements de mines d'or et de pierres précieuses, comme c'est le cas d'un papyrus d'époque ramasside du musée de Turin. Avant Hérodote, le physicien-philosophe Anaximandre et le logographe Hécatée de Milet établirent des cartes géographiques dont aucune ne nous est parvenue. L'une d'elles était gravée sur bronze. Elle fut présentée aux Spartiates par un certain Aristagoras de Milet (toujours l'Asie Mineure !) qui voulait les entraîner dans une guerre contre les Perses. Il leur présenta, dit Hérodote, « une tablette de bronze qui portait, gravée, la carte de la Terre tout entière avec toutes les mers et tous les fleuves ».

Caspatyre. — Ville des Indes non identifiée. La province qu'Hérodote nomme la Pactyquie correspond à l'actuel Pendjab.

Cassitérides (Iles). — Leur nom, en grec, signifie : îles de l'étain. On les identifie avec les îles Scilly, près de la Cornouailles d'où l'étain parvenait jusqu'en Grèce.

Caucase. — Hérodote mentionne le Caucase et ses habitants dans la première *Enquête*. Il décrit les Caucasiens comme un peuple avant tout forestier, se nourrissant de fruits et expert en teintures végétales. C'est la première mention historique de ce peuple qui jusqu'alors passait pour légendaire. Le Caucase était essentiellement associé à la légende de Prométhée.

Cauniens. — Peuple d'Asie Mineure. Le fait que les femmes cauniennes soient admises au banquet avec les hommes surprend Hérodote, pour qui les femmes traditionnellement ne sont jamais associées aux festivités des hommes.

Chemnis. — Ville d'Égypte où se trouvait un sanctuaire de Persée. Aujourd'hui Akhmim, en Moyenne-Égypte.

CHÉOPS. — Pharaon de la IVe dynastie qui régna vers 2 700 avant J.-C.

CHÉPHREN. — Pharaon successeur de Chéops. Il prit sa suite vers 2 665.

Cimmérie. — Le mot grec *Kimméryi* — peut-être emprunté, par l'Asie Mineure, à l'hittite *Kammara* — désignait une contrée brumeuse et nordique. Il se retrouve dans son nom moderne : la Crimée. A noter que ce qu'Hérodote appelle le Bosphore cimmérien correspond à la presqu'île de Kertch. On y voit encore des restes de remparts et de fossés pouvant correspondre aux Murs décrits par Hérodote.

Cimmériens. — D'après R. Ghirsman (*Perse*, Univers des Formes, Gallimard), les Cimmériens doivent être identifiés avec les tondateurs de la civilisation du Luristan. Ils se réunissaient périodiquement en amphyctionies, comme le font les Lurs nomades aujourd'hui encore. Ces Cimmériens, originaires de l'actuelle Crimée, auraient envahi au VIIIe siècle avant J.-C. le royaume d'Urartu (Arménie turque) et la Médie. Les travaux de Piotrivski sur le royaume d'Urartu et ceux de Mélikishvilé et Diakhonov, auteurs d'une *Histoire de la Médie*, vont dans le même sens. Les Cimmériens étaient des cavaliers nomades qui, au cours de leur installation en Médie, fusionnèrent avec les Mèdes. Ils ont une parenté ethnique certaine avec les Mèdes, et les mêmes divinités. Parmi ces dieux figurait *Sraosha*, « dieu luttant entre deux animaux » , associé à Mithra. C'est un dieu justicier qui lutte contre les démons. Il y avait aussi une grande déesse de la fécondité, *Ashi*, ainsi que *Mithra*, « l'illustre au collier d'or », et

Zurvan, dieu du firmament et du destin. Des textes assyriens mentionnent une alliance des Mèdes et des Cimmériens en 673 contre les Assyriens. L'âme de cette révolte et de cette alliance fut un nommé Kashtariti (qu'on identifie avec le Phraorte d'Hérodote). Le nom des Cimmériens apparaît pour la première fois en Asie intérieure vers 722-715, au cours de leur lutte contre le royaume d'Urartu.

Les archéologues russes donnent, à propos des Cimmériens, des indications différentes. Ils les identifient avec les auteurs de ce qu'on appelle la « culture à catacombes » ou « civilisation des catacombes » qui fut très importante dans la Russie du Sud. A cette civilisation, succéda celle qu'on appelle la « civilisation des tombes à charpentes » (vers 1000-900 av. J.-C.) attribuée, elle, à des peuples protoscythes.

Les fouilles effectuées en Crimée par les archéologues russes ont révélé que les Cimmériens, malgré ce qu'en dit Hérodote, n'ont pas tous été chassés par les Scythes. Ils continuèrent, après la pénétration scythe en Crimée, d'y avoir des villages, voire des villes, comme Cimméric (colonie grecque fondée sur un campement cimmérien, près de l'actuelle ville de Kertch) et d'autres sur la rive droite du Dniepr. Un camp cimmérien tardif, datant du VIIe siècle av. J.-C., a été fouillé sur la rive droite de la petite rivière Tchernoleska, dans la région de Kirovograd.

CLÉOBIS et BITON. — Les deux statues de Cléobis et Biton mentionnées par Hérodote dans l'épisode de Crésus et Solon ont été effectivement retrouvées à Delphes en 1893 par les archéologues de l'École française. Leur base comportait un fragment d'inscription confirmant le récit d'Hérodote. Elles se trouvent au musée de Delphes.

Cnidiens. — Habitants de la presqu'île de Cnide, à l'extrémité sud-orientale de la Turquie. Cnide fut la patrie de plusieurs physiciens, logographes et géographes dont Ctésias puis Eudoxe, astronome inventeur d'un nouveau cadran solaire. L'endroit etait célèbre en Grèce pour son sanctuaire d'Apollon Triopien et pour celui d'Aphrodite où se trouvait une statue renommée de Praxitèle. Les Cnidiens parlaient le grec dorien.

Colchide. — Province située au pied du Caucase. Le lieu était connu depuis la légende des Argonautes, où Jason alla en Colchide chercher la Toison d'or.

Crestoniens. — Hérodote ne s'étend guère sur les Crestoniens. C'était une peuplade thrace qui semble avoir pratiqué la polygamie.

CRÉSUS. — Roi de Lydie qui succéda à Alyatte en 561 et régna jusqu'à la prise de Sardes par Cyrus en 546.

Crocodilopolis. — Nom grec de la capitale du Fayoum qui signifie en grec : Ville des Crocodiles. Le dieu-crocodile Sobek y avait un sanctuaire réputé. La ville moderne de Médinet-el-Fayoum occupe son emplacement.

Cyrnos. — Nom grec de la Corse. Le combat naval mentionné par Hérodote entre les Tyrrhéniens (Étrusques), les Carthaginois et les Phocéens eut lieu dans la mer de Sardaigne en 538 av. J.-C.

CYRUS. — Le Cyrus dont Hérodote raconte l'enfance et l'accession au trône est Cyrus II, dit Cyrus le Grand. Il était petit-fils d'Astyage par sa mère Mandane. Originaire de la famille des Achéménides, il fonda l'empire perse et ravit le trône à Astyage en 558. Intelligent, généreux, habile, il a laissé, malgré ses nombreuses conquêtes, le souvenir d'un roi juste et sage, admiré de ses propres ennemis. Sa légende, amplifiée et « romancée » par Xénophon, donna naissance à la *Cyropédie* ou *Éducation de Cyrus*. Platon en parle en termes identiques dans son dialogue des *Lois*.

DARIUS. — Le Darius mentionné par Hérodote, qui vint au pouvoir grâce à la ruse de son écuyer et s'engagea dans une campagne militaire désastreuse en Scythie, est Darius Ier, en perse Darayaraush. Il régna de 521 à 486. Il était fils de Vishtaspa (en grec Hystaspe), gouverneur de la province de Parthie et d'Hycarnie et, dans l'inscription de Bisûtûn, déclare avoir vaincu le mage Gautama avec six autres conjurés. Il réorganisa entièrement l'administration de l'empire, institua des satrapies ou provinces, régies par des gouverneurs, et fit construire la fameuse Route royale qui reliait Suse à Sardes.

DÉIOCÈS. — Chef mède qui fonda la première dynastie mède vers 715. Il établit la capitale du royaume mède à Ecbatane (l'actuelle Hamadan).

Distances. — Les distances indiquées par Hérodote varient beaucoup en exactitude selon qu'il s'agit de distances terrestres et maritimes et aussi selon qu'il a parcouru lui-même les distances en question ou qu'il les mentionne par ouï-dire. Nous donnerons d'abord un exemple de son imprécision. Dans un passage non traduit ici de l'histoire de Crésus et de Cyrus, Hérodote indique que la largeur la plus faible de la Cappadoce (c'est-à-dire de l'actuelle Turquie) correspond à cinq jours de marche, depuis la côte faisant face à l'île de Chypre jusqu'à celle, au nord, de la mer Noire. Or cette distance est de cinq cents kilomètres. Hérodote précise bien : *pour un bon marcheur*. Mais aucun marcheur, si bon soit-il, ne fait cent kilomètres à pied par jour, surtout en traversant les monts du Taurus ! On a pensé que *bon marcheur* pouvait signifier *courrier rapide* mais c'est vraiment faire dire aux mots ce qu'ils ne veulent pas dire. La seule indication plus précise que nous ayons sur les déplacements et les transports au temps d'Hérodote figure dans une description détaillée de la Route royale qui reliait Sardes à Suse au temps de Darius et qu'Hérodote décrit dans sa cinquième *Enquête :* « On trouve sur tout le parcours de cette route (*de Sardes à Suse*) de nombreux relais et de très beaux caravansérails. On y traverse sans arrêt des pays habités, en toute sécurité. Vingt relais servent de halte à travers toute la Lydie et la Phrygie. Aux confins de la Phrygie, on arrive sur le fleuve Halys (*le Kizil-Irmak déjà mentionné*) surplombé par des gorges qu'on doit franchir avant de traverser le fleuve et qui sont surveillées par une importante forteresse. On parvient en Cappadoce, d'où on arrive en vingt-huit étapes aux frontières de la Cilicie. On franchit deux défilés gardés par deux forteresses et on arrive, en trois étapes, en Arménie. Un fleuve navigable, l'Euphrate, sert de frontière entre les deux pays. En Arménie, on trouve quinze relais, dotés chacun d'une garnison. Quatre fleuves navigables traversent le pays. Le premier est le Tigre. Le deuxième et le troisième ont le même nom, bien qu'il s'agisse de deux fleuves différents dont l'un prend sa source en Arménie et l'autre en pays Matiène. Le quatrième est le Gynde (*il en sera question dans l'histoire de Cyrus*). D'Arménie en pays Matiène, il y a quatre étapes et, de là jusqu'au fleuve Choaspe, onze étapes. C'est sur ce Choaspe qu'est construite la ville de Suse. C'est donc un total de cent onze étapes qu'il faut parcourir pour aller de Sardes à Suse... » En supposant qu'un marcheur fasse cent cinquante stades par jour (30 kilomètres environ), il faut donc quatre-vingt-dix jours pour aller de Sardes à Suse (Hérodote estimant la distance qui sépare les deux villes à treize mille cinq cents stades, soit 2 700 kilomètres).

Cette route était également parcourue par des courriers à cheval, qui se relayaient à chaque étape et qu'Hérodote qualifie de « plus rapides du monde ».

Dans sa quatrième *Enquête*, il fixe comme moyenne de marche deux cents stades ; soit 35 kilomètres par jour. Il est donc impossible à un marcheur d'effectuer le parcours décrit plus haut (en Turquie) en cinq jours. Par contre, la chose serait possible à des courriers montés comme ceux décrits sur la Route royale.

Éléphantine. — Ville de Haute-Égypte située à l'emplacement de l'actuel Assouan. Le Nil était censé y prendre naissance dans une caverne consacrée au dieu Hàpy. Le nom de la ville vient du grec *elephantis* - ivoire, parce qu'on y importait de l'ivoire d'Éthiopie.

Éridan. — Le Pô. Certaines traditions antiques, comme en témoigne la légende des Argonautes, reliaient l'Éridan à l'Ister, autrement dit le Pô au Danube. Cela permit à Jason et à la nef Argo de rentrer en Grèce depuis la mer Noire en remontant le cours du Danube et en descendant celui du Pô jusqu'à la mer Adriatique. Hérodote ignore apparemment cette tradition.

Érythrée. — Tous les géographes antiques appelaient mer Érythrée l'ensemble constitué par la mer Rouge, le golfe Persique et l'océan Indien. On situait également vers les Colonnes d'Hercule (Gibraltar) une île Érythrée. Érythrée signifie rouge en grec.

Éthiopie. — L'Éthiopie est déjà mentionnée dans l'*Odyssée* comme une contrée merveilleuse peuplée d'hommes très beaux. Hérodote ne connaît en fait sous le nom d'Éthiopie que ce qui correspond à la Nubie et au nord du Soudan, jusqu'à Khartoum. La capitale en fut tour à tour Napata et Méroé, au niveau de la sixième cataracte. Les Égyptiens appelaient l'Éthiopie le pays de Koush.

Éthiopiens. — Le terme éthiopien désignait dans l'Antiquité (et pendant les premiers siècles du christianisme, chez les Pères de l'Église, par exemple) tout homme à la peau noire. Son emploi équivalait donc à celui, moderne, de nègre. Mais Hérodote fait une distinction entre ceux qu'il appelle les Éthiopiens de Libye (de

Halys. — L'actuel fleuve Kizil-Irmak qui traverse l'Anatolie et se jette dans la mer Noire, entre l'ancienne Sinope et Samsoun.

Hellespont. – L'actuel détroit des Dardanelles. Une légende, en rapport avec celle des Argonautes, racontait comment Hellé, descendante d'Hellénos, héros éponyme des Grecs, s'était enfuie dans les airs sur un bélier volant et était tombée dans la mer qui porte aujourd'hui son nom. C'est ce bélier volant, à toison d'or, que Jason alla chercher en Colchide.

Hermos. — Appelé «rocailleux» par Hérodote parce que son cours était à sec en été. Il correspond à l'actuel fleuve Gédyz qui se jette dans la mer Égée, au nord d'Izmir.

Hypanis. — Fleuve de Scythie. L'actuel Boug, qui se jette dans la mer Noire. La ville d'Olbia se trouvait près de son embouchure.

Hyperboréens. — Peuple mythique vivant à l'extrémité septentrionale de la terre. Son nom, hyper-borée, signifie: au-delà du vent du nord. Il passait pour ne connaître ni maladie ni vieillesse. Homère et Pindare le mentionnent. Le dieu Apollon était censé y séjourner tous les dix-neuf ans et y chanter chaque nuit ses propres hymnes, entre l'équinoxe de printemps et le lever des Pléiades. Il possédait un temple rond au centre de leur ville.

Hyrsis. — Fleuve de Scythie. L'actuel Donetz.

Ibérie. — Les Anciens appelaient Ibérie toute la côte orientale de l'Espagne. Il existait aussi une Ibérie en Géorgie.

Ichthyophages. — Les Ichthyophages, dont le nom signifie mangeur de poisson, étaient des peuplades de pêcheurs établies sur la côte égyptienne de la mer Rouge.

IDANTHYRSE. — Roi scythe dont l'existence historique semble probable. Il résista à l'invasion perse avec les autres chefs Taxacis et Scopanis, vers 516 av. J.-C.

Inde. — L'Inde marquait, pour Hérodote, les limites orientales de la terre habitée. Elle s'arrêtait, pour lui, à l'Indus et au désert de Thur, c'est-à-dire à l'actuel Pakistan. Certaines traditions, reprises par Ctésias de Cnide, et plus tard par l'écrivain Arrien, mentionnent déjà l'existence de brahmanes et même de yogis. Les peuples indiens cités par Hérodote sont les Pactyes et les Padéens.

Issédones. — Peuple indo-européen habitant à l'est de la mer Caspienne et au sud de l'Oural. Un affluent du fleuve Tobal, l'Isset, porte toujours leur nom.

Ister. — Le Danube. Son cours passait pour symétrique de celui du Nil en Libye. On croyait qu'il prenait sa source chez les Celtes, à Pyréné (qu'Hérodote prend pour une ville au lieu d'une montagne). D'autres traditions inconnues d'Hérodote, le reliaient à l'Éridan (le Pô).

Iyrques. — Peuple indo-européen de chasseurs établi au sud de l'Oural.

KYAXARE. — Roi de Médie qui régna de 625 à 585 (l'occupation scythe couvrant les années 653 à 625).

Kyranis (île). — Ile de la côte libyenne, correspondant géographiquement aux îles Kerkenna, en face de Sfax.

LABYNÈTE. — De son véritable nom, Nabonide. Dernier roi de Babylonie. Il régna de 555 jusqu'à la prise de la ville par Cyrus en 539.

Labyrinthe. — Nom donné par les auteurs anciens aux souterrains du palais minoen de Cnossos, en Crète, et au temple funéraire que le pharon Amenemhat III fit construire près du lac Mœris.

Lac de Gygès. — L'actuel lac Mermere Golü, au nord de Sardes.

Libye. — Les géographes anciens appelaient Libye tous les pays situés en Afrique. Le terme recouvre donc, soit le désert de l'actuelle Libye, soit n'importe quel pays africain. La Libye d'Hérodote comprenait tous les pays du littoral méditerranéen, qu'il connaît assez bien, jusqu'à l'actuelle Tunisie, les monts Atlas et la côte marocaine et le désert du Sahara qu'il connaît à travers les récits des Nasamons et des Garamantes.

Lotophages. — Peuple déjà mentionné dans l'*Odyssée.* Leur nom signifie: mangeurs de lotos. Le lotos serait, soit le jujube, soit la datte dont la douceur (toute nouvelle pour eux) aurait séduit les compagnons d'Ulysse au point de leur faire oublier leur foyer. On les situait traditionnellement sur les rives de la Petite Syrte et dans l'île de Djerba (île de Phla).

Lycie. — Contrée d'Asie Mineure limitrophe de la Carie au nord. Sa capitale était Xanthe. Conquise par Harpage, elle fut incorporée à l'empire de Cyrus.

Lyciens. — Peuple de la côte sud d'Asie Mineure. Ils possédaient encore, au temps d'Hérodote, des coutumes matriarcales.

Lydie. — Contrée d'Asie Mineure, riveraine de la mer Égée et bordée au sud par le fleuve Méandre. Sa capitale était Sardes, et ses villes principales Éphèse, Colophon, Lébédos, Téos, Clazomènes et Phocée. Elle eut pour souverains légendaires Tmolos et Omphale, et pour rois historiques: 22 rois de la dynastie des Héraclides et 4 rois de la dynastie des Mermnades. Son histoire s'étend du XIIᵉ jusqu'au VIᵉ siècle, quand Sardes tomba aux mains de Cyrus en 546. Le mont Tmolos et le fleuve Pactole alimentaient en or le Trésor lydien. Une seule merveille valait la peine d'être vue en Lydie: le tombeau du roi Alyatte, près du lac de Gygès.

Lydiens. — L'un des peuples les plus importants d'Asie Mineure. Ils inventèrent l'usage de la monnaie. Ils semblent avoir eu un goût et un talent prononcés pour le commerce, ainsi qu'un amour immodéré de l'or, au point de prostituer leurs propres filles.

Maces. — Peuplade de la côte libyenne. Ils portaient une sorte de houppe sur la tête, coiffure qu'on retrouve encore chez certains habitants des oasis égyptiennes.

Mages. — Les Mages étaient, non un peuple, mais une caste sacerdotale de race mède, qui disposait, dans la Perse ancienne, de certains privilèges héréditaires, religieux et politiques. Ils célébraient les sacrifices du feu, récitaient les hymnes sacrés des Gâthas, interprétaient les songes et les prodiges. Ils donnèrent naissance, plus tard, à la légende des Rois mages.

Maiotis (lac). — L'actuelle mer d'Azov, au nord de la Crimée.

MANÉTHON. — Prêtre égyptien du IIIᵉ siècle av. J.-C. qui écrivit en grec des *Récits égyptiens*, malheureusement perdus. Il n'en reste que des fragments, cités par divers auteurs grecs et latins. Ils ont permis cependant de reconstituer certaines listes dynastiques égyptiennes.

Massagètes. — Peuple indo-européen établi entre la mer Caspienne et la mer d'Aral. Beaucoup d'historiens russes l'identifient avec les auteurs de la civilisation du Khorezm. Le Khorezm fut un État très puissant, établi au même emplacement que celui des Massagètes, et qui se libéra du joug achéménide à partir du IVᵉ siècle. Le Khorezm correspond à la Chorasmie d'Hérodote.

Maxyes. — Peuplade sédentaire qui occupait les rivages de l'ancienne Tunisie. Ils s'enduisaient le corps de vermillon, sans doute au cours de certaines cérémonies et non chaque jour, comme le croit Hérodote.

Mèdes. — Peuple indo-européen dont on trouve des traces, sur le site de Sialk dès le Xᵉ siècle. Il serait à l'origine, dit R. Ghirshman, des poteries trouvées dans la nécropole B. La Médie s'étendait géographiquement de la chaîne de l'Elbourz à celle des Zagros, à l'est et au sud. Les Mèdes cohabitèrent avec les Scythes, lors de l'invasion scythe au VIIIᵉ siècle, comme en témoignent les tombes médo-scythes de Sakarand et de Kizkapan. Les Mèdes s'habillaient de robes amples et longues avec de larges manches. De nombreux bas-reliefs de Persépolis représentent les Mèdes.

Mélanchlènes. — Le mot *mélanchlène* signifie en effet : vêtu de sombre (ou de noir), mais comme il s'agit d'un mot grec, ils devaient, eux, avoir un autre nom. Il est rare, dans ses descriptions de peuplades, qu'Hérodote n'indique pas les noms indigènes. Cette appellation viendrait donc des Grecs qui avaient pu avoir des contacts avec eux.

Memphis. — Nom grec d'une ville de Basse-Égypte, située à la pointe du Delta, appelée en égyptien Mennofer. Elle fut, dès sa fondation par Ménès au IIIᵉ millénaire et jusqu'au Nouvel Empire, la ville la plus importante d'Égypte. Elle possédait un sanctuaire célèbre du dieu Ptah, et un Sérapéum où l'on ensevelissait après leur mort les taureaux Apis.

Méroé. — Ville située à 1 100 km au sud d'Éléphantine, dans le Soudan. Elle correspond à l'actuelle Kabouchia. Elle prit surtout de l'importance à partir du VIᵉ siècle av. J.-C. La ville de Napata, située plus au nord, éclipsa Méroé en tant que capitale royale éthiopienne quand les souverains éthiopiens régnèrent sur l'Égypte au moment de la XXVᵉ dynastie. Il existait à Méroé un sanctuaire d'Amon, construit par Ramsès II. Une stèle du musée du Caire, où le roi dit être parti en guerre sur décret de l'oracle du temple d'Amon, confirme entièrement le récit d'Hérodote.

Mesures. — Hérodote utilise, dans ses *Enquêtes*, un certain nombre de mesures de longueur et de poids dont nous donnons ici l'équivalence :
mesures de longueur : le doigt (environ 18 centimètres), la coudée (entre 44 et 53 centimètres, selon qu'il s'agit de la coudée ordinaire ou de la coudée royale) et l'orgye (environ 1,750 mètre) ;

mesures de distance: le pas (environ 75 centimètres), le phlètre (environ 30 mètres), le stade (environ 180 mètres), le parasange (environ 6 kilomètres) et le schène (environ 10 kilomètres);
mesures de poids: la drachme (environ 4 grammes), la mine (environ 430 grammes), le talent (environ 26 kilos) et le talent babylonien (environ 30 kilos).

MIN. — Roi dont le nom correspond sans doute à celui du pharaon Ménès (en égyption Méneï). Il fut l'un des plus anciens rois d'Égypte, mais non le premier. La pierre de Palerme, sur laquelle on a trouvé gravées les annales des dynasties memphites, mentionne le nom de plusieurs rois ayant régné avant Ménès. Il fut sans doute le premier souverain ayant pu unifier les royaumes de Haute et de Basse-Égypte, vers 3 000 av. J.-C. Des fouilles récentes ont mis au jour, près de Thèbes, un tombeau qui serait le sien. La fondation du Mur Blanc de Memphis date de l'époque de Ménès.

MŒRIS. — Il n'a jamais existé de pharaon de ce nom. Hérodote a confondu le nom du lac avec celui d'un roi. Le constructeur des digues, des pyramides et du labyrinthe du lac Mœris était le pharaon Amenemhat III, qui régna de 1842 à 1797 av. J.-C.

Mœris (lac). — Aujourd'hui, le lac Qaroun dans le Fayoum. Il occupe le fond d'une dépression, le Fayoum, qui fut autrefois beaucoup plus vaste qu'aujourd'hui. Il était rempli de crocodiles, et la ville construite sur ses bords fut appelée par les Grecs Crocodilopolis. Le lac Mœris était en fait une dépression naturelle, et non l'œuvre artificielle des pharaons.

Monde antique. — Le monde connu à l'époque d'Hérodote, tel qu'on peut le préciser à travers ses récits, comprenait la plus grande partie de l'Europe jusqu'à la côte atlantique de l'Espagne (avec la ville de Tartessos) et les îles Scilly près de la Cornouailles. Hérodote connaissait aussi par ouï-dire l'existence des pays de l'ambre, riverains de la mer du Nord et de la mer Baltique. L'Asie comprenait tous les actuels pays du Proche et du Moyen-Orient, la Palestine, l'Arabie et l'Inde jusqu'à l'Indus. Vers le nord, l'Asie s'arrêtait aux monts de l'Altaï. Il connaissait par ouï-dire l'existence de la Sibérie et des peuplades finno-ougriennes. La Libye désignait l'Afrique et comprenait tout le littoral africain du Nord jusqu'au Maroc. Hérodote connaissait par les récits des marins carthaginois l'existence de la côte du Rio de Oro et des peuples vivant dans le massif du Tassili. Pour Hérodote, la superficie de l'Europe équivalait à celle de l'Asie et de la Libye réunies.

MYCÉRINOS. — Pharaon égyptien qui régna vers 2 600. Il semble, d'après la description qu'il en donne, qu'Hérodote ait confondu, sous le nom de Mycérinos, le pharaon *Men-kéré,* de la IVe dynastie.

Nasamons. — Peuplade de Libye qui occupait les rivages de la Grande Syrte. Ils pratiquaient la polygamie et se nourrissaient de lait, de dattes et de sauterelles. Les formalités de l'amour étaient, chez eux, réduites à la plus simple expression: quand un Nasamon désirait une femme, il lui suffisait de planter son bâton devant elle. Le symbole était des plus clairs.

Naucratis. — Ville ancienne située sur la branche canopique du Nil, en Basse-Égypte, et fondée au VIIe siècle av. J.-C. par des marchands grecs. Le roi égyptien Amasis en fit une ville grecque autonome, qui devint un centre de commerce et d'échange très important à l'époque saïte.

NÉCOS. — Le pharaon Néchao II, qui régna de 609 à 594. Il pratiqua une politique d'expansion vers l'Est et vers le Nord, et contrôla toute la Palestine et la Syrie. Il entreprit aussi le percement d'un canal qui n'existe plus aujourd'hui, mais dont le tracé suivait un ancien bras du Nil.

Neures. — Peuple scythe vivant entre le Dniestr et le Dniepr. « Une fois par an, chaque Neure se change en loup », dit Hérodote. Il doit s'agir, soit d'une croyance relative au loup-garou, soit de cérémonies d'initiation au cours desquelles les jeunes Neures revêtaient des masques de loup.

Nil. — Fleuve le plus long du monde (6 500 km). Il se compose du Nil Blanc, qui prend sa source dans les grands lacs de l'Ouganda, et du Nil Bleu, qui prend sa source dans les montagnes d'Abyssinie. Les deux Nil se rejoignent à Khartoum. Le problème des crues du Nil et de leur origine ne se pose plus depuis la construction du barrage d'Assouan puisqu'elles sont supprimées. A noter que pour les Égyptiens le Nil passait pour une résurgence du Noun, l'océan primordial qui recouvrait le monde à l'origine et qui resurgissait en Haute-Égypte, près d'Éléphantine, et en Basse-Égypte, près du Caire.

Ninive. — Capitale assyrienne, située sur la rive gauche du Tigre, face à Mossoul. Ses origines sont très anciennes, mais son heure de gloire date surtout de Sennachérib et d'Assurbanipal, au VIIe siècle, qui y édifièrent de somptueux palais. Ninive fut prise par le roi mède Kyaxare en 612, avec l'aide des Scythes et du roi babylonien Nabopalessar.

NITOCRIS. — Reine de Babylone, d'après Hérodote. Il peut s'agir de la reine Naqia, épouse de Sennacherib qui régna de 683 à 670, ou d'une confusion avec le nom perse de Nabuchodonosor qui était Nabukadracara et dont la consonance féminine a pu tromper Hérodote.

NITOCRIS. — Reine égyptienne qui, d'après Manéthon, aurait régné vers 2350.

Oaros. — Fleuve de Scythie. L'actuelle Volga.

Oasis d'Amon. — Aujourd'hui oasis de Siwa, à 550 km à l'ouest de Memphis, et à 350 km de la côte libyenne. Des caravanes s'y rendaient régulièrement à partir de la vallée du Nil. L'oasis fut beaucoup plus riche dans l'Antiquité qu'aujourd'hui puisqu'on y cultivait la vigne et qu'elle produisit un cru célèbre, réservé à la table des Pharaons.

Olbia. — Avant-poste grec fondé par des colons originaires de Milet, en 645 av. J.-C., sur la mer Noire, entre l'embouchure du Boug et du Dniepr, à 38 km au sud de l'actuelle ville de Nikolaïev. Olbia devint un comptoir grec important, puis une ville gréco-scythe. Les Scythes y écoulaient des céréales, des peaux, et de l'or venu de l'Altaï. La ville occupait, à l'époque la plus florissante, une superficie de 33 hectares. Les fouilles entreprises depuis cinquante ans ont permis de dégager une nécropole, l'agora et plusieurs quartiers de la ville haute. Olbia possédait des maisons fort spacieuses et des rues assez larges pour permettre la circulation de véhicules dans les deux sens. Notons que les Grecs avaient établi d'autres comptoirs en Crimée, notamment à Cherson, sur la côte occidentale, en plein territoire des Taures, où les fouilles ont révélé d'importantes exploitations agricoles et vinicoles.

Olympe (mont). — Il s'agit ici du mont Olympe de Mysie, l'actuel mont Uludag, près de Bursa (Brousse).

Oxus. — L'actuel fleuve Amou-Daria qui se jette dans la mer d'Aral et sert de frontière entre l'U.R.S.S. et l'Afghanistan.

Pactole. — Fleuve d'Asie Mineure, affluent de l'Hermos, dont les flots roulaient des paillettes d'or.

Padéens. — Peuple indien qui occupait la région de l'actuel Pendjab.

Panticapé. — Panticapé était le nom d'un fleuve et d'une ville de Scythie. Le fleuve n'a pas été identifié avec certitude. Il correspond sans doute à l'actuel Psel, affluent de la rive gauche du Dniepr. La ville, de fondation grecque, était située près du détroit de Kertch (le Bosphore cimmérien d'Hérodote) et devint la capitale du royaume du Bosphore.

Pasargade. — Première capitale de l'empire achéménide, bâtie dans la province du Fars par Cyrus le Grand, entre 559 et 550 av. J.-C. On peut y voir aujourd'hui encore les ruines du palais d'Audience, composé d'une salle hypostyle donnant sur un triple portique, ainsi que les vestiges d'un temple du feu, et un monument funéraire connu sous le nom de tombeau de Cyrus. Notons que le nom primitif de Pasargade était Parsagada, ce qui signifiait « Camp des Perses ».

Pédasiens. — Peuple habitant le sud de l'Asie Mineure. Chaque fois qu'un malheur menaçait le pays, une grande barbe poussait à la statue d'Athéna. Nul, jusqu'à ce jour n'a pu expliquer ce prodige !

Péluse. — Ville située à la frontière de l'Égypte et de la Palestine. Le site actuel — tell Farameh — comporte encore les fondations d'un petit fort.

Périple de Néchao. — Périple ordonné par le pharaon Néchao II (le Nécos d'Hérodote) à la fin du VIIe siècle av. J.-C. C'est la première circumnavigation connue autour du continent africain. Les marins phéniciens descendirent le long de la côte orientale de l'Afrique, doublèrent le cap de Bonne-Espérance, revinrent par le détroit de Gibraltar. Rien ne permet de mettre en doute ce voyage. On révélait à l'époque peu de détails sur ce genre d'entreprise pour ne pas livrer les secrets des routes, des passes et des vents, et garder « l'exclusivité » de ces itinéraires dont les buts étaient avant tout commerciaux. Ils eurent lieu en un temps où commerce et initiation étaient pratiquement synonymes.

Périple de Sataspe. — D'après les renseignements fournis par Hérodote, Sataspe partit d'Égypte, franchit le détroit de Gibraltar et descendit la côte africaine jusqu'au golfe de

Guinée, où il dut rencontrer des Négrilles et des calmes plats. Ce voyage eut lieu sous le règne de Xerxès entre 480 et 470 av. J.-C.

Périple de Scylax. — Scylax partit de Caspatyre, ville non identifiée, mais située dans le nord de l'actuel Pakistan (province du Pendjab), descendit l'Indus, doubla toute la côte sud de l'Arabie, et remonta la mer Rouge jusqu'en Égypte. Ce périple, ordonné par Darius, dut avoir lieu après la prise du pouvoir par Darius, en 521.

Persépolis. — Capitale de l'empire achéménide édifiée non loin de Pasargade par Darius, à partir de 520, et continuée sous Xerxès et Artaxerxès 1er. La construction demanda plus de soixante ans. Il ne s'agit pas à proprement parler d'une capitale politique ni diplomatique, mais plutôt d'une capitale religieuse où, chaque année, les envoyés de tous les peuples soumis à l'empire perse venaient le jour du Now Rouz, ou Nouvel An, déposer leurs offrandes au pied du Roi des Rois, sous l'égide du grand dieu Ahura Mazda. Aucun étranger ne pouvait assister à ces cérémonies, ce qui explique qu'Hérodote ne mentionne nulle part Persépolis. Les frises de l'*apadana*, ou salle d'Audience, représentent la procession majestueuse des peuples soumis au Grand Roi. Toutes les satrapies ou provinces y sont représentées. L'aspect monumental du site, l'immensité de la salle d'Audience et de la salle du Trône, dite « salle aux Cent Colonnes », étaient bien faites pour impressionner les vassaux du Grand Roi. Les ruines de Persépolis ont livré un grand nombre de bas-reliefs et de sculptures dont beaucoup portent la marque d'influences égyptienne, élamite, babylonienne et hittite.

Perses. — Peuple indo-européen appartenant à la branche indo-iranienne ou aryenne. Ils s'établirent au IXe siècle dans le pays de Parsua, au sud et sud-ouest du lac Urmiya, et de là s'étendirent sur tout le plateau iranien où ils fondèrent un royaume autonome sous l'impulsion du premier roi historique, Achéménès. Ils introduisirent l'usage du cheval, des divinités nouvelles, et une religion qui restera longtemps marquée par l'influence du dualisme mède, représenté par la classe des Mages.

Phase. — Fleuve de Colchide, l'actuel Rion, qui se jette dans la mer Noire au pied des monts du Caucase. C'est de cette région que provenaient des oiseaux multicolores appelés en grec *phasiani* (oiseaux du Phase) et qui sont les faisans.

Phla (île de). — Ile de la côte libyenne correspondant sans doute à l'actuelle île de Djerba, dans la Petite Syrte.

Phocée. — La ville de Phocée se trouvait au nord de l'actuelle ville d'Izmir, face à l'île de Chio.

PHRAORTE. — Roi de Médie qui régna de 675 à 653. On l'identifie avec le Kashtariti qui se révolta contre les Assyriens en 673 av. J.-C.

Plynos. — Port libyen correspondant à l'actuel Sidi Barani, à 450 km à l'ouest d'Alexandrie.

Pont-Euxin. — La mer Noire.

Port Ménélas. — Port libyen correspondant à l'actuelle ville de Bardia, à l'est de Cyrène. Le roi de Sparte, Ménélas, était censé y avoir débarqué, à la recherche d'Hélène réfugiée en Égypte.

PSAMMÉTIQUE. — Il s'agit de Psammétique Ier, qui régna de 663 à 609. Il fut le premier pharaon de la dynastie saïte.

PSAMMIS. — Psammétique II, qui régna en Égypte de 594 à 588.

Psylles. — Peuple de Libye qui occupait les rivages de la Grande Syrte. Ils disparurent au cours d'une guerre contre le vent du sud.

RHAMPSINITE. — D'après les travaux ordonnés par ce pharaon (propylées du temple de Ptah à Memphis), et mentionnés par Hérodote, il peut s'agir de Ramsès III, qui régna de 1170 à 1139.

Route des chars. — Route dont le tracé, établi à la suite des recherches d'Henri Lhote (*A la découverte des fresques du Tassili,* Éd. Arthaud), reliait la côte méditerranéenne à Gao, sur le Niger. Ses relais principaux étaient Cidamus (l'actuel Ghadamès), Ilizi (Fort-Polignac), Abalessa (dans le Hoggar) et Tadamekka (l'actuel es-Souk). Les populations cavalières de Libye utilisaient sur cette route des chars dont de très nombreuses peintures et gravures figurent dans le massif du Tassili. Elle semble avoir été pratiquée dès le début du Ier millénaire av. J.-C.

Route royale. — Cette route a déjà été mentionnée dans l'article *distances* mais l'on peut ajouter ici les précisions suivantes : elle reprenait le tracé d'une route commerciale joignant Sardes à la Ptérie en Cappadoce. Cette route ancienne passait par Pessimonte, Gordion (capitale de la Phrygie), Ancyre (à l'emplacement de l'actuelle ville d'Ankara) et la Ptérie. Jusqu'à Suse, elle représentait 2 700 km en cent onze étapes. Indépendamment des voyageurs, cette route était également parcourue par des courriers à cheval qui se relayaient fréquemment et parvenaient ainsi à des « moyennes » remarquables. Dans sa huitième *Enquête,* Hérodote nous donne les indications suivantes : « Nul n'est plus rapide au monde que ces courriers royaux. Voici comment les Perses ont imaginé leur poste : la route est jalonnée de relais, à raison d'un relais par jour, et à raison d'un homme par journée. Ces courriers partent par tous les temps, qu'il neige, qu'il pleuve ou même qu'il fasse nuit et vont avec une extrême rapidité. » On appelle ces relais en perse des *angareion.*

Saïs. — Ville du Delta, située sur la branche canopique du Nil. Aujourd'hui Sa-el Hagha. Elle joua un rôle important à une époque tardive, à partir de la XXVIe dynastie. La déesse Neith (assimilée à Athéna-Minerve) y avait un sanctuaire réputé où l'on célébrait chaque année la fête des Illuminations.

Sardes. — Capitale du royaume de Lydie en Asie Mineure. Résidence de Crésus. Fut prise par les Perses en 546. Les fouilles menées dès 1914 par les archéologues de l'université de Princeton révélèrent d'importants vestiges, toujours visibles : un temple d'Artémis, l'acropole, le théâtre et, à quelque distance, la nécropole de Bin Tépé.

Sauromates. — Peuple nomade apparenté aux Scythes, qui fit son apparition dans la Russie du Sud à partir du IVe siècle av. J.-C. Il est difficile de vérifier les mythes d'origine des Sauromates, tels que les rapporte Hérodote. Les découvertes effectuées en 1929 dans le sud de la Russie ont confirmé en tout cas ses affirmations : une tombe livra une femme sauromate enterrée avec ses armes. Les femmes sauromates participaient à la guerre et à la chasse à cheval. Les Sauromates jouèrent, sous le nom de Sarmates, un grand rôle à partir du Ier siècle av. J.-C.

Scythes. — Peuple de la Russie du Sud, appartenant à la branche indo-iranienne du groupe indo-européen. Parmi tous les peuples qu'Hérodote appelle Scythes, seuls les Scythes royaux correspondent ethniquement aux Scythes. Leur civilisation, nomade ou semi-sédentaire, se caractérise par l'usage du fer et du cheval, et par une division sociale tripartite (agricole, guerrière, religieuse). Les Scythes sont décrits plus en détail dans les commentaires du texte.

SÉMIRAMIS. — En assyrien, Sammuramat. Reine dont le nom signifiait « la Dame du Palais ». Elle régna au IXe siècle à Babylone. Par la suite, les Grecs en firent la fille d'une déesse, exposée dans la forêt et recueillie par des bergers. Elle devint Sémiramis.

Serbonis (lac). — Grande lagune située à l'est de l'actuel Port-Saïd.

SÉSOSTRIS. — Il peut s'agir du pharaon Sansworet, de la XIIe dynastie. Il y eut trois pharaons de ce nom qui conquirent et pacifièrent la Nubie, et s'avancèrent vers le Nord jusqu'en Syrie. On ne possède aucun document ni aucune trace d'une présence égyptienne au-delà de la Syrie.

Soleis (cap). — L'actuel cap Cantin, au Maroc, au nord de la ville de Safi. Il figure dans le *Périple d'Hannon* sous le nom de cap Solente.

SOLON. — L'un des sept Sages de la Grèce antique (qui étaient, d'après Platon, Thalès de Milet, Pittacos de Mytilène, Bias de Priène, Solon d'Athènes, Cléobule de Lindos, Myson de Chénée et Chilon de Lacédémone). L'entrevue avec Crésus est purement fictive, mais le voyage de Solon en Égypte est également mentionné par Platon. C'est au cours de ce voyage que les prêtres égyptiens firent à Solon le récit de l'engloutissement de l'Atlantide.

Suse. — Ville située sur les rives du Choaspe (l'actuel fleuve Kerkha) qui se jette dans le golfe Persique. Cyrus semble y avoir résidé, mais c'est Darius qui en fit la capitale politique, diplomatique et administrative de l'empire achéménide. On y voit encore le palais de Darius avec la salle d'Audience ou *Apadana.* On y découvrit aussi une inscription célèbre où Darius énumère la provenance des matériaux qui servirent à édifier la capitale : les poutres en cèdre venaient du Liban ; l'or venait de Sardes et de Bactriane ; le lapis-lazuli et la cornaline de la Sogdiane ; la turquoise de la Chorasmie ; l'argent et l'ébène de l'Égypte ; le décor mural d'Ionie ; l'ivoire d'Éthiopie ; le bois de yaka de Kerman et du Gandhara ; la pierre des colonnes de l'Élam. Les tailleurs de pierres venaient d'Ionie et de Sardes ; les orfèvres étaient des Mèdes et des Égyptiens ; les gens de Sardes et les Égyptiens travaillèrent le bois ; les Babyloniens façonnèrent les briques cuites. Des Mèdes et des Égyptiens ornèrent les murs.

Syrie. — La Syrie, pour Hérodote, désigne tout le littoral palestinien et la côte de Gaza à Antioche.

Tanaïs. — Fleuve de Scythie. L'actuel Don.

TARGITAOS. — Ancêtre légendaire des Scythes. Ces derniers pensaient que Targitaos avait vécu un millier d'années avant leur arrivée dans le pays. C'est pourquoi les tombes royales se trouvent surtout sur le territoire associé au nom de Targitaos.

Tartessos. — La ville de Tartessos était située près de l'actuelle ville de Cadix, sur la côte occidentale d'Espagne. Elle correspond à la Tarsis biblique.

Taures. — Peuple habitant la partie sud de l'actuelle Crimée. Ils adoraient la grande déesse Tabiti, à laquelle ils immolaient les voyageurs et les naufragés rejetés sur leur côte. Euripide a écrit une tragédie, *Iphigénie en Tauride,* qui s'inspire des récits et légendes concernant les Taures.

Tauride. — La Tauride correspondait à la côte sud de l'actuelle Crimée.

Téos. — Ville d'Asie Mineure, au sud de Phocée, entre Éphèse et Izmir.

Thrace. — La Thrace correspondait à toute l'actuelle Turquie d'Europe jusqu'au Danube. Ses villes principales étaient Abdère, Salmydesse et Nicopolis.

Thraces. — Les Grecs groupaient sous le nom de Thraces différents peuples habitant le nord de la Grèce et s'étendant jusqu'au Danube. Le caractère rudimentaire de leur civilisation n'excluait pas une certaine spiritualité à laquelle les Grecs furent sensibles : la Thrace passait pour la patrie des poètes Orphée et Musée, et l'une des terres d'élection de Dionysos.

Trauses. — Peuple thrace qui, à en juger par les descriptions d'Hérodote, était d'un naturel pessimiste. Ils pleuraient à la naissance des enfants et enterraient les morts dans une liesse générale. Mais il faut noter que cette attitude est aussi à la base de la sagesse tragique des Grecs : ***Mieux vaut n'être pas né.***

Triton (lac). — La localisation de ce lac auquel se rattachaient maintes légendes a varié selon les auteurs. Il correspondrait soit à la Petite Syrte, soit à la dépression du Chott-el-Djerid.

Troglodytes. — Sous le nom d'Éthiopiens Troglodytes Hérodote décrit des tribus correspondant assez bien aux actuels Teda du Tibesti.

Tyras. — Ancien fleuve de Scythie. L'actuel Dniestr.

Tyrrhénie. — La Tyrrhénie correspondait à l'Étrurie.

Voyages. — Hérodote ne nous renseigne qu'indirectement sur sa façon de voyager. Il va de soi qu'il dut utiliser différents moyens de locomotion, à savoir les bateaux, les caravanes, les montures et... la marche à pied. *Voyages par mer.* Nous avons mentionné plus haut les navires rapides à cinquante rames appelés *pentécontères*, utilisés à des fins militaires et pour les missions urgentes. Ces bateaux longs et fins pouvaient, par bon temps, couvrir jusqu'à 150 km par jour, mais la moyenne probable oscillait entre 90 et 125 km. Ces chiffres s'entendent de la navigation à la rame, plus régulière que la navigation à voile. On naviguait en suivant les côtes et on s'arrêtait la nuit, dans les mers inconnues. Hérodote, dans la quatrième *Enquête*, indique, comme vitesse moyenne pour la traversée du Pont-Euxin, soixante dix-mille toises ou orgyes de jour et soixante mille de nuit. La toise valant 1,77 m, cela représente 125 et 105 km. Les gros vaisseaux de cabotage, ronds et ventrus, étaient évidemment beaucoup plus lents.

Voyages par terre. Dans la quatrième Enquête, Hérodote fixe à deux cents stades la distance parcourue chaque jour par un bon marcheur. Le stade équivaut à 177 mètres, ce qui représente 35 km par jour. Il existait évidemment d'autres moyens de locomotion : les chameaux (pour les caravanes), les mulets et les chevaux. Les courriers à cheval de la Route royale parvenaient, grâce aux relais, à des moyennes journalières de 100 km.

Xanthe. — Capitale de la Lycie, située sur le fleuve du même nom (aujourd'hui le Koca Cayi). Les fouilles menées depuis plusieurs années par l'École française d'archéologie ont confirmé les faits décrits par Hérodote. Elles ont permis de mettre au jour d'intéressants monuments funéraires, entre autres celui qu'on appelle le tombeau des Harpyes, l'agora de la ville et un théâtre assez bien conservé.

COMMENTAIRE DES ILLUSTRATIONS

1. MÈDE ET PERSE. Le Mède est à gauche, reconnaissable à sa coiffure ronde et le Perse à droite. Il s'agit d'officiers se rendant à la réception du Noruz, ou Nouvel An, à Persépolis. Hérodote, dans la 7e *Enquête*, écrit à propos des soldats perses qu'ils « avaient sur la tête le bonnet de feutre souple qu'on appelle tiare, sur le corps des tuniques bariolées à manches longues... ». A l'époque de Cyrus le Grand, les Perses avaient adopté le costume mède : robe longue et ample laissant le corps à l'aise, mieux adapté au faste de la cour. L'officier perse tient en main une fleur de lotus. Bas-relief de l'escalier est de l'Apadanâ à Persépolis. *(Photo Roger Viollet).*

2. PALAIS DE DARIUS A PERSÉPOLIS. Reconstitution extraite de Pierrot-Chipiez, *Histoire de l'Art antique*. Cette reconstitution, comme presque toutes celles de cette époque, ne correspond pas entièrement à la réalité. Il s'agit ici du petit palais de Darius, celui qu'on appelle le Tatchara, situé à l'angle sud-ouest de la terrasse de Persépolis. Ce n'était pas la résidence principale du Grand Roi mais un édifice destiné à recevoir momentanément le souverain achéménide. *(Photo Michaelidès).*

3. SALLE HYPOSTYLE DE XERXES A PERSÉPOLIS. Reconstitution extraite de Pierrot-Chipiez, op. cit. C'est la salle dite des Cent Colonnes, commencée par Xerxès et achevée par Artaxerxès Ier. Elle était située dans la partie est de la terrasse. On ignore sa destination exacte. On pense que ce vaste édifice devait servir aux audiences du Grand Roi. *(Photo Michaelidès).*

4. PALAIS DE XERXÈS A PERSÉPOLIS. Reconstitution extraite de Pierrot-Chipiez, op. cit. Il s'agit du bâtiment appelé Hadish, situé à l'angle sud-ouest de la terrasse et édifié à l'époque de Xerxès. Le souverain devait y recevoir ses hôtes de marque mais non y loger à demeure car on a retrouvé son palais principal dans la plaine, au bas de la terrasse, en 1952. *(Photo Michaelidès).*

5. TRIBUTAIRE BACTRIEN. Les bas-reliefs de l'escalier est de l'Apadanâ à Persépolis figurent les envoyés de vingt-trois satrapies de l'empire perse venant apporter au Grand Roi les tributs annuels, lors du Noruz. Hérodote dit des Bactriens, dans la 7e *Enquête,* « qu'ils portaient à la guerre des coiffures proches de celles des Mèdes ». Les cheveux sont ceints d'un bandeau et les oreilles portent des boucles. Il s'agit vraisemblablement d'une tenue d'apparat. La Bactriane était l'une des satrapies les plus orientales de l'empire. Elle occupait le nord de l'actuel Afghanistan. *(Photo Rostamy).*

6. TRIBUTAIRE ARMÉNIEN. Le bas-relief le montre conduisant, debout, deux chevaux offerts au Grand Roi. Bas-relief de l'escalier est de l'Apadanâ à Persépolis. *(Photos R. Viollet).*

7. TRIBUTAIRE INDIEN. Bas-relief de l'escalier est de l'Apadanâ à Persépolis. *(Photo R. Viollet).*

8. TRIBUTAIRE PHÉNICIEN. Il apporte en tribut des poignées de métal ciselées. Bas-relief de l'escalier est de l'Apadanâ à Persépolis. *(Photo R. Viollet).*

9. VUE GÉNÉRALE DE BABYLONE. Reconstitution du Pr. Dr. E. Unger. On reconnaît, longeant la rive du fleuve, les tours et les remparts de l'enceinte intérieure de la ville. Derrière, dressant ses sept étages vers le ciel, l'Étéménanki ou tour de Babel. Ce document illustre bien l'émerveillement que devait éprouver tout voyageur découvrant pour la première fois Babylone avec ses murailles hérissées de tours, l'étagement de ses terrasses blanches, les jardins suspendus et l'immense tour de Babel. *(Photo Michaelidès, d'après «Babylon» de E. Unger).*

10. ASSYRIENS. Relevé de Rossellini d'après les peintures murales du temple d'Abou-Simbel. Ces peintures figurent le défilé des différents peuples soumis par le pharaon et présentent un panorama très précis des types et des costumes des peuples orientaux. Extrait des *Monumenti dell'Egitto et della Nubia* (1832-1844). *(Photo Michaelidès).*

11. LA PORTE D'ISHTAR A BABYLONE. C'était la porte principale de la ville, située au nord, point de départ des processions et de la voie sacrée menant vers le sanctuaire de Mardouk. On voit, juste derrière, les jardins suspendus et, tout au fond, la masse de l'Étéménanki dominant la ville. *(Photo Michaelidès, d'après «Babylon» de E. Unger).*

12. ASSYRIENS. Même origine que l'illustration précédente. N° 10. Extrait de l'op. cit. *(Photo Michaelidès).*

13. COUR INTÉRIEURE D'UN TEMPLE ÉGYPTIEN. Ce temple est situé près de la Grande Pyramide dont la masse imposante se profile derrière le sanctuaire. La reconstitution des statues caryatides et celle des costumes des participants prêtent évidemment à discussion. C'est l'Égypte romantique des premiers voyageurs qui est restituée dans ces planches, une Égypte dont le graveur exagère à souhait le climat fantastique. Extrait de Cassas, *Voyage pittoresque de la Syrie, de la Phénicie et de la Basse-Égypte* (1798). (*Photo Michaelidès*).

14. SCÈNE DE SACRIFICE A L'ENTRÉE D'UN TEMPLE ÉGYPTIEN. Il s'agit d'une reconstitution due à Cassas, op. cit. Cette reconstitution, ainsi que la suivante, est évidemment assez libre et n'emportera guère l'adhésion des archéologues. Mais elle restitue à merveille le rituel impressionnant qui présidait aux sacrifices et qui a si souvent frappé Hérodote lui-même. *(Photo Michaelidès).*

15. INTÉRIEUR D'UN TEMPLE ÉGYPTIEN. Cette reconstitution est extraite de la monumentale *Description générale de l'Égypte,* ensemble de 24 volumes parus de

1809 à 1813 à la suite de la campagne de Napoléon en Égypte. Les relevés et les restaurations ont été l'œuvre de savants scrupuleux et présentent beaucoup plus d'exactitude que ceux de Cassas. Dans la pénombre du temple aux murs couverts de fresques, un prêtre médite. C'est l'Égypte de la sagesse, l'Égypte religieuse et fervente qu'évoque cette gravure minutieuse mais habitée par la présence du divin. *(Photo Michalidès).*

16. DIEU-SERPENT. Le caractère fantastique des divinités égyptiennes, telles qu'elles apparaissent aux voyageurs non initiés, est bien visible dans cette représentation d'un dieu-serpent. Peinture murale relevée par Champollion le Jeune et extraite de *Le Panthéon égyptien. (Photo Michaelidès).*

17. CAVALIER SCYTHE. Ce cavalier figure sur une tenture de feutre découverte dans le tumulus n° 5 de la nécropole de Pazirik, dans l'Altaï. Cette tenture est datée du ve siècle avant J.-C. et fut retrouvée dans un état exceptionnel de conservation. Le dessin complet représente un cavalier devant la Grande Déesse. *(Photo E. Lessing-Magnum).*

18. DANS LE PAYS DES MORTS. Hérouben, chanteuse du dieu Amon, adore, dans le pays des morts, le dieu Gebu, représenté sous forme de crocodile. Papyrus d'Hérouben. XXIe dynastie. Musée du Caire. *(Photo E. Arthaud, op. A. Martin).*

19-20. LIBYENS. Ces Libyens proviennent, comme les Assyriens représentés plus haut, des peintures du temple d'Abou-Simbel. On remarquera la curieuse tonsure des deux personnages, à signification rituelle sans doute. Hérodote note à plusieurs reprises que les nomades Libyens se rasent les cheveux et que les Maxyes se rasent toute la moitié gauche du crâne. A noter aussi les tatouages du personnage du haut. Extrait de *Monumenti dell' Egitto et della Nubia. (Photo Michaelidès).*

21. LES CHARS DES GARAMANTES. Peinture rupestre du site d'Alan-Edoument. C'est là l'un de ces documents découverts et relevés par Henri Lhote au cours de ses recherches dans le massif du Tassili et qui confirme de façon étonnante les récits d'Hérodote. On a trouvé plus de trois cents figurations de chars dans les sites peints du Sahara. Les historiens ne s'accordent pas tous sur la date présumée de ces chars. Pour les uns, ils seraient d'époque romaine, pour d'autres dépoque crétoise. On ne peut s'empêcher en tout cas de voir revivre le récit d'Hérodote avec ces guerriers Garamantes poursuivant sur leurs chars, à travers le désert, les populations noires Troglodytes. (*Photo Ed. Arthaud, op. G. Franceschi*).

22. GRIFFON SCYTHE. Il s'agit d'une tenture en feutre trouvée dans le tumulus de Pazirik et représentant un griffon. Cet animal fantastique qui passait pour garder l'or sacré, jouait un rôle essentiel dans la mythologie des Scythes. *(Photo Pierre Rondière).*

Bibliographie

La présente bibliographie ne mentionne que les ouvrages cités dans ce livre.

JEAN DESHAYES : *Les Civilisations de l'Orient ancien* (Arthaud, 1969).

JEAN YOYOTTE : *Égypte ancienne* (Histoire Universelle, Tome 1, La Pléiade, 1956) ; (Histoire de l'Art, Tome 1, La Pléiade, 1961). *Les Trésors des Pharaons* (A. Skira, 1968).

ZACHARIE MAYANI : *Les Hyksos et le Monde de la Bible* (Payot, Paris, 1956). *Les Étrusques commencent à parler* (Arthaud, 1961).

JEAN PRZYLUSKI : *La Grande Déesse* (Payot, Paris, 1950).

E. BENVÉNISTE : *Les Mages dans l'Iran ancien* (Paris, 1938).

AMIR MEHDI BADI : *Les Grecs et les Barbares* (3 vol. 1963-1968, Payot, Lausanne).

ANDRÉ PARROT : *Ziggurats et tour de Babel* (Albin Michel, 1949).

A. ERMAN : *La Religion des Égyptiens* (Payot, Paris, 1937).

G. POSENER : *Dictionnaire de la civilisation égyptienne*, article *Chronologie* (F. Hazan, 1959).

GEORGES DUMÉZIL : *L'Idéologie tripartite des Indo-Européens* (Bruxelles, 1958).

MIRCÉA ÉLIADE : *Le Chamanisme et les Techniques archaïques de l'extase* (Paris, 1968).

HENRI LHOTE : *A la découverte des fresques du Tassili* (Arthaud, 1958).

TABLE

LES PLUS ANCIENS VOYAGES DU MONDE - ANNEXES.

Cet ouvrage a été réalisé sur
Système Cameron
par la SOCIÉTÉ NOUVELLE FIRMIN-DIDOT
Mesnil-sur-l'Estrée
pour le compte des Éditions Seghers
le 11 février 1985

Imprimé en France
Dépôt légal : 2e trimestre 1981
N° d'édition : L 333 – N° d'impression : 2116